Ce livre pour vous les amoureux de l'automobile, en vous souhaitant autant de plaisir à le lire que j'ai eu de plaisir à l'écrire

Dictionnaire *amoureux* de l'automobile

Les droits d'auteur de ce Dictionnaire amoureux de l'automobile *seront reversés au Secours populaire français pour permettre à des jeunes de passer leur permis de conduire.*

Luca de Meo

Dictionnaire *amoureux* de l' automobile

Dessins d'Alain Bouldouyre

Plon
www.plon.fr

Collection créée par Jean-Claude Simoën
et
dirigée par Grégory Berthier-Saudrais

92, avenue de France
75013 Paris
Tél. : 01 45 87 50 01
www.plon.fr
www.lisez.com

Mise en pages : Nord Compo
Dépôt légal : octobre 2024
ISBN : 978-2-259-31882-2

#lisez! engagé
www.lisez.com
Pour plus d'information :
Imprimé sur du papier issu de forêts gérées durablement.

À tous ceux que j'ai rencontrés et qui m'ont fait grandir.

À ma famille.

Préface

C'est mon plus beau cadeau de Noël, celui qui a changé ma vie, celui qui m'a décidé à faire carrière dans l'automobile. Je n'avais que 7 ans, mais plus rien ne m'a fait changer d'avis ensuite. Nous sommes à la fin du mois de décembre 1973 à Abidjan, en Côte d'Ivoire, où ma famille est installée. Je suis un petit garçon déjà attiré par les belles voitures. Pour me faire plaisir, mon père me propose de faire un tour dans une Lancia Fulvia, pilotée par un grand pilote italien, Arnaldo Cavallari. Celui-ci s'apprête à participer au Rallye du Bandama, qui réunit, tous les ans à cette époque, un plateau de stars de l'automobile. Cavallari et ses coéquipiers séjournent dans notre maison, car mon père entretient des relations poussées avec le groupe Fiat auquel appartient la marque Lancia. Pendant et juste après cette balade, j'ai le souffle coupé par l'émotion. Je vis un rêve qui trouve son paroxysme lorsque le pilote me donne une photo dédicacée de la voiture avec laquelle il court. Je l'ai gardée jusqu'à aujourd'hui. Je me mets alors à dessiner des voitures tout le temps, une habitude qui ne m'a jamais quitté. J'imagine que je vais devenir designer, car je pense, à tort, que ce sont eux qui fabriquent les voitures. Une chose est sûre, mon vœu d'enfant s'est exaucé : je n'ai travaillé que dans un seul secteur d'activité… l'automobile. Au sortir de mes études dans l'école de management Bocconi de Milan, j'ai enchaîné les jobs dans les plus grands groupes européens et dans plusieurs pays. J'ai fait mes classes chez Renault avant d'aller chez Toyota Europe. Des galops d'essai avant de devenir manager. En 2002, âgé de 35 ans, j'entre dans la galaxie Fiat. Leurs recruteurs m'ont repéré. Je suis heureux de rejoindre le fleuron de mon pays, même s'il traverse une crise sévère. Mon premier poste est celui de directeur général de Lancia. Je suis à peine arrivé qu'un événement peu banal survient. En traitant une pile de courriers et de documents qui me sont destinés, mon assistante attire mon attention sur le garage dans lequel la collection de voitures de course de la marque prend la poussière. Curieux, je bouscule mon emploi du temps pour aller découvrir ces voitures qui ont fait l'histoire de Lancia. J'imagine déjà que l'on pourra les mettre en valeur dans un musée. Une fois sur place, je me régale. Certains des modèles sont de pures merveilles, comme la Stratos, un de mes bolides préférés. Soudain, au fond du hangar, j'aperçois un modèle Fulvia. J'ai un pressentiment, je m'approche. Mon cœur se met à battre très vite. Incroyable ! C'est bien elle, la voiture d'Arnaldo Cavallari dans laquelle je suis monté enfant. Comme on se retrouve ! C'est au minimum un signe du destin.

D'une certaine façon, cela me confirme qu'une bonne étoile veille sur moi. À ce moment, mon moteur, c'est la passion davantage que l'ambition. Mais cette passion va déplacer des montagnes et m'aider à chaque instant de ma carrière : elle m'a notamment permis de rencontrer des personnages extraordinaires du monde de l'automobile. Auprès d'eux, j'ai appris et progressé.

Le premier, c'est Sergio Marchionne, une véritable gloire dans mon pays, parce qu'il a réussi à redresser à la fois Fiat en Italie et Chrysler aux États-Unis. Il a osé me confier les commandes de Fiat, le navire amiral du groupe de la famille Agnelli. À ses côtés, j'ai piloté le relancement couronné de succès de la mythique Cinquecento.

Le deuxième, c'est l'ingénieur Ferdinand Piëch en Allemagne. Ce membre de la famille Porsche a créé la marque Audi. Chez Volkswagen, dont il était président, j'ai mesuré notamment à quel point il est important de s'intéresser à tous les détails techniques d'une nouvelle voiture. Je l'ai vu passer des heures à observer, sous un soleil de plomb, dans le désert du Kalahari, en Afrique du Sud, la dilatation des caoutchoucs des voitures. Il était aussi capable d'arriver en Tesla à une réunion de managers pour les sensibiliser aux innovations de la concurrence !

Le troisième, c'est Jean-Dominique Senard. L'ancien patron de Michelin, le leader mondial du pneu, qu'il a laissé en excellente forme, a eu l'audace de prendre la présidence de Renault à un moment où le groupe français était plongé dans une crise profonde. Sa finesse, sa courtoisie, sa générosité, sa vision du leadership et du management m'ont convaincu de relever le défi du redressement de cette institution. S'il n'avait pas été là, je n'aurais pas accepté cette mission périlleuse.

À chacune des étapes de ma vie professionnelle, qui m'ont conduit à m'immerger dans plusieurs pays différents, je me suis construit une solide connaissance de l'automobile. Une culture que je nourris en permanence : ma curiosité me pousse à en savoir toujours plus. Sur les modèles les plus célèbres comme sur les ingénieurs, les mécaniciens et les entrepreneurs qui ont pris tous les risques pour aller au bout de leurs idées. L'intention de ce « Dictionnaire amoureux » est de montrer à quel point cette histoire est riche de moments forts, d'anecdotes étonnantes et d'initiatives parfois méconnues qui ont changé le cours des choses. Un voyage dans le temps qui raconte l'essor du monde moderne.

La voiture est parfois l'objet de critiques. Mais elle reste au cœur de nos vies, indéboulonnable ! Elle incarne la liberté de partir en vacances ou d'aller faire ses courses, quand, et où, on le souhaite. Signe de son importance, elle est l'objet de débats sans fin aussi bien dans les allées du pouvoir que sur les plateaux de télévision ou aux comptoirs des bistrots qui font le charme de la France. À tous les échelons, on s'empoigne volontiers sur les limitations de vitesse, l'état des routes et des ponts, les chantiers qui causent des embouteillages, les tarifs des péages, les ronds-points… J'y vois surtout des preuves d'amour.

Cette industrie est née à la fin du XIXe siècle par la volonté de personnalités très fortes, dont les noms sont encore souvent présents aujourd'hui. Elle a su rebondir après les crises les plus aiguës, comme les guerres, la dépression des années 1930 ou les chocs pétroliers. Elle mobilise une foule de métiers et de compétences qui convergent vers elle ! Plus que jamais, elle est le moteur de notre destinée industrielle. Pour qu'une voiture soit produite en série, les technologies les plus sophistiquées doivent prouver leur robustesse et leur compétitivité. La bascule vers la propulsion électrique, qui s'accompagne d'une montée en puissance du software et de l'intelligence artificielle dans la conception des nouveaux véhicules, en apporte une nouvelle preuve. L'industrie automobile reste un secteur d'avenir qui incite au progrès et qui, surtout, partage toujours la valeur qu'il crée avec d'autres acteurs de l'économie.

Partager : c'est ce qui a motivé ma volonté de ne pas écrire ce livre seul. D'abord, un journaliste expérimenté, Rémy Dessarts, m'a accompagné dans cet exercice nouveau pour moi. Son travail d'enquête pour débusquer des informations méconnues, mettre en lumière des documents historiques oubliés ou restituer des témoignages captivants a été déterminant pour mener à bien ce projet. Ensuite, j'ai souhaité qu'une communauté de personnalités unies par la passion de l'automobile y soit associée. Une communauté qui s'étend de la tech (Google, BlaBlaCar) au sport automobile, à la musique et, bien sûr, à mes collègues de l'industrie automobile (Michelin, Porsche, Volkswagen...). Chefs d'entreprise, dirigeants du sport automobile, anciens pilotes, publicitaires, créateurs ou designers ont ainsi apporté leur contribution. Quel bonheur, par exemple, de revivre les 24 Heures du Mans dans le cockpit de Jacky Ickx, de se remémorer les spots de publicité qui ont marqué leur époque avec Maurice Lévy, d'apprendre que Jim Farley, le patron de Ford, s'est acheté sa première Mustang à l'âge de 14 ans ou de comprendre ce qui unit la musique et l'automobile avec Jean-Michel Jarre. Qu'elles racontent leur histoire ou livrent leur vision du métier, ces grandes signatures démontrent que cette aventure est avant tout collective. Une grande famille, très internationale, s'est donc réunie à cette occasion pour célébrer l'automobile. Je suis fier d'être l'un des siens.

2 CV

« Deuche », « deudeuche », « doche », « deux-pattes », « chaise longue sous un parapluie », « escargot de fer » en Angleterre, « 2 poils » en Belgique, « Due Cavalli » en Italie... aucune voiture dans l'histoire n'a eu droit à autant de surnoms que la 2 CV. Signe que la « boîte à sardines » (encore un autre petit nom) faisait vraiment partie de la famille. Des familles, plus exactement, car la petite Citroën ratissait large : de l'agriculteur au médecin de campagne, de l'employé à la bonne sœur en cornette, du jeune marié à l'artisan. Il fallait être né avec une cuillère d'or dans la bouche pour ne jamais être monté dans une 2 CV ; et encore, les hippies fils de famille s'en étaient aussi entichés.

Les chiffres ne mentent pas : 5,1 millions d'exemplaires vendus et une carrière longue de quarante-deux ans. Une histoire un peu folle, mais très éclairante sur les défis et les prouesses de l'industrie automobile. Elle commence en 1936. Citroën, au bord de la faillite, venait de se faire racheter par Michelin. Le patron, Pierre Boulanger, placé à la direction par la firme clermontoise, avait l'esprit clair : il voulait une petite voiture populaire, simplissime et rustique, au prix le plus bas possible. Nom de code : TPV, pour « très petite voiture ». Il commanda une vaste étude de marché auprès de 10 000 automobilistes, une première à l'époque. Son cahier des charges tomba, bref mais directif : « Une voiture pouvant transporter deux cultivateurs en sabots, 50 kg de pommes de terre ou un tonnelet à une vitesse maximale de 60 km/h, [...] pouvant être maniée sans problème par une conductrice débutante. Son confort doit être irréprochable : les paniers d'œufs transportés à l'arrière doivent arriver intacts. Enfin, je vous précise que son esthétique importe peu. » Le tout à un prix trois fois moins élevé que celui de la Traction. Il fallait être visionnaire pour imaginer une telle démocratisation, alors que la voiture restait un objet de luxe. Preuve, une fois encore, que les grands succès se forgent souvent dans les grandes ruptures. Et avec de grandes gueules, si vous me permettez l'expression. Comme l'était André Lefebvre (le futur père de la DS), placé à la tête du projet TPV. Avec lui, les idées les plus iconoclastes furent mises sur la table dans le but de faire le plus efficace possible au moindre prix. Un air de voiture low cost avant l'heure.

Beaucoup de tôle nervurée, donc, pour rigidifier la carrosserie et compenser l'extrême minceur du métal – 6 dixièmes de mm –, gage de légèreté et d'économies. Un seul type de vis utilisé quasiment partout. Pas de tableau de bord, mais un compteur de vélo qui entraînait aussi les essuie-glaces mécaniques. En dessous, une molette pour actionner les balais à l'arrêt. Petit moteur de 375 cm^3 et 9 ch SAE. Un seul phare (le second sera royalement accordé quelques mois avant le lancement). Toit en toile qui descendait jusqu'au pare-chocs arrière. Pas pour prendre le soleil, mais pour alléger. Des banquettes façon lit de camp. Parfois, l'originalité allait trop loin. Pour la suspension, par exemple, le bureau d'études monta une usine à gaz avec barres de torsion, blocs de caoutchouc, ressorts verticaux ou horizontaux et hydropneumatique. Il fut abandonné. Mais qu'importe, les idées fusaient et, dans le lot, il y en avait toujours de lumineuses. En 1939, des prototypes commencèrent à rouler, suivis d'une présérie de 250 exemplaires. Mais tout s'arrêta à la déclaration de la guerre. Les TPV furent détruites, sauf une poignée d'entre elles, cachées au centre d'essais de La Ferté-Vidame (Eure-et-Loir) ou dans les sous-sols du bureau d'études de Citroën, rue du Théâtre, dans le 15e arrondissement de Paris. Pendant l'Occupation, les Allemands eurent vent du projet et exigèrent d'y avoir accès. Ils proposèrent même en échange de montrer les plans de leur « toute petite voiture » à eux, celle qui allait devenir la Coccinelle. Refus de Pierre Boulanger. Courageux, il pilota en secret la poursuite des études de la future 2 CV. De sorte qu'à la Libération le projet put redémarrer tout de suite, à vive allure.

En 1948, elle était prête pour le Salon de l'automobile. Dans un secret absolu, jusqu'au dernier moment. Au point que le projet TPV fut détourné par l'opinion publique en « toujours pas vu ». Mais cela valait la peine d'avoir attendu. Au premier jour du Salon, le patron enleva théâtralement la bâche qui recouvrait la vedette du jour. Et là, stupeur devant cet improbable engin ! Une sorte de « parapluie sur quatre roues », un minimalisme poussé à l'extrême. Beaucoup d'observateurs crièrent même à la plaisanterie. Un journaliste néerlandais se moqua de ce « vilain petit canard ». Un de ses confrères américains demanda : « L'ouvre-boîte est-il fourni ? »

Et le public ? Emballé ! Pour la première fois, les familles avaient sous les yeux une voiture d'encombrement normal, avec quatre vraies places, assumant sans honte son aspect utilitaire. Au prix incroyable de 185 000 francs, soit 96 000 francs de moins que le modèle le moins cher du marché, la Renault 4 CV. Certes, la marque aux chevrons ne tiendra pas sa promesse et vendra ses premiers modèles à 228 000 francs ; 19 % de moins quand même que sa rivale. Le succès fut phénoménal. Excessif, même, car la fabrication ne suivait pas. Fin 1949, 876 exemplaires seulement avaient été construits. Il y avait six ans d'attente. Et, pour espérer la réduire un peu, il fallait prouver le besoin impératif de rouler en 2 CV. Les meilleurs dossiers venaient des agriculteurs, des infirmières, des curés de campagne... Malgré cela, la France était en train de tomber amoureuse de la deux-pattes. On aimait passionnément son excellente tenue de route. Son levier de vitesses facile à manier. Ses suspensions dodelinantes, mais très confortables sur les routes en piètre état de l'après-guerre. Sa robustesse. Sa simplicité d'entretien. Ses aspects pratiques : « Elle porte, elle emporte, elle transporte n'importe quoi », dira la pub. Sa bonne bouille, enfin, son côté sympa, accessible à tous et ludique, comme un pied de nez aux voitures bourgeoises. Ce petit côté « revanche sociale » sera immortalisé dans le film culte de Gérard Oury *Le Corniaud*. Bourvil, au volant de sa 2 CV, se fait rentrer dedans par Louis de Funès et sa Rolls-Royce Silver Cloud. Choc des carrosseries, choc des cultures. Et bien sûr, à la fin, le brave Bourvil prend sa revanche.

Quant à ses défauts, on lui en pardonnait beaucoup. Son moteur anémique de 9 ch SAE, poussé à 12 ch en 1954, puis à 26 ch de nombreuses années plus tard. La deuche est la seule voiture au monde dont la puissance aura triplé au cours de sa carrière… Sa façon de hoqueter à chaque démarrage, faute de joints homocinétiques sur les cardans. Ses portes avant « suicide », s'ouvrant dans le mauvais sens, de l'avant vers l'arrière. Ses demi-vitres avant relevables, qui tombaient sans cesse sur le bras. Sa jauge à essence qui n'était pas électrique : il fallait sortir du réservoir une tige graduée pour connaître le niveau. Sa malle arrière fermée par une simple toile. Son unique couleur, le gris. Face aux critiques, la marque aux chevrons a eu une attitude assez déconcertante, un brin insolente, diront certains : elle n'améliora sa voiture qu'au compte-gouttes, à partir du début des années 1960. À quoi bon dépenser de l'argent, devait se dire la direction du constructeur, puisque les ventes sont aussi bonnes ? Bien sûr, elle s'est un peu embourgeoisée au fil des ans. Mais pas tant que cela. La montée en gamme devait être assurée par la Dyane, lancée en 1967. Or, celle-ci ne perça jamais et disparut du catalogue en 1983. Avant la 2 CV qui, décidément, tenait la forme et multipliait les séries spéciales : Charleston, Spot, 007 (James Bond)…

Jusqu'à ce 27 novembre 1990, où le dernier exemplaire sortit de l'usine portugaise de Mangualde à 16 h 30. Depuis, beaucoup de dirigeants de l'industrie automobile ne rêvent que d'une chose : trouver la formule magique de la voiture capable, comme la 2 CV, de traverser plus de quatre décennies sans presque rien changer.

A

Abarth, Karl

C'est un Autrichien qui a donné aux Italiens le goût des bombinettes qui accélèrent très fort. Un peu comme Amédée Gordini en France. Karl Abarth, disparu en 1979, a marqué de son empreinte l'histoire de l'industrie automobile italienne. Préparateur de génie, passionné de sport automobile, toujours prêt à prendre lui-même le volant de prototypes pour battre des records, il est l'inventeur du tuning premium, cette technique qui permet de booster soi-même les performances de sa voiture et, surtout, d'augmenter fortement le bruit de son pot d'échappement. Il a collaboré avec de nombreux constructeurs pour développer des versions boostées de certains de leurs modèles. Il a aussi assemblé ses propres petits bolides aux formes étonnantes qui font aujourd'hui le bonheur des collectionneurs. Il a conçu 115 modèles. Des dérivatifs ou des pièces uniques.

Sa vie est un roman, qui traverse une grande partie du XXe siècle entre l'Autriche, son pays natal, et l'Italie, où il est devenu une légende. Karl Abarth naît en 1908 à Vienne sous le signe du Scorpion, qui deviendra le logo de sa marque, et d'un père d'origine italienne. Dès l'âge de

8 ans, le jeune Karl se passionne pour tout ce qui roule. Il adore visiter les garages. À 11 ans, sa vocation transparaît déjà : avant d'affronter des concurrents plus âgés que lui dans une course de trottinettes, il a l'idée de recouvrir ses roues avec des lanières de cuir. Cela augmente sa vitesse, il gagne. Un peu plus tard, à 15 ans, il s'inscrit dans un club de moto et participe à ses premières courses. Il part ensuite une première fois en Italie pour travailler dans l'entreprise milanaise Carrozzeria Castagna, qui fabrique notamment des composants de deux-roues. Avant de revenir en Autriche pour être embauché chez Motor Thun, un constructeur de motos local. Il s'engage à fond dans les compétitions de deux-roues. Il prend des risques. Un peu trop, même : en 1933, il se blesse gravement sur le circuit de Linz. Il profite de sa longue convalescence pour développer un side-car innovant avec lequel il a l'idée de défier, en 1934, le train de l'Orient-Express sur une distance de 1 375 km entre Vienne et Ostende. Il gagne cette course insolite et commence à devenir célèbre. Retour en Italie, où il se rapproche d'un certain Anton Piëch, le beau-fils de Ferdinand Porsche, créateur de la marque éponyme. Au passage, il épouse la secrétaire de son nouvel ami. Abarth travaille alors dans une structure italienne sur des projets de nouvelles voitures bénéficiant du savoir-faire de la marque allemande. Il a conçu 22 Porsche de compétition… mais revenir sur les circuits de moto le hante. En 1938, le gouvernement Mussolini lui demande de courir sous les couleurs de l'Italie, ce qu'il accepte. Hélas, il se crashe de nouveau, à Ljubljana, en 1939. Gravement blessé, il est hospitalisé en Slovénie lorsque la guerre éclate. Il reste dans ce pays pendant le conflit mondial, travaillant tout au long de cette période dans l'usine Ignaz Vok.

Au fil de ces expériences, il s'est forgé une compétence d'ingénieur technique de haut niveau. Un atout maître quand, la paix revenue, l'industrie automobile entre dans une phase de forte expansion. Karl Abarth veut sa part du gâteau. Il fourmille d'idées. En 1949, il prend plusieurs décisions qui signent le début de sa deuxième vie : il adopte la nationalité italienne, se rebaptise Carlo pour enfoncer le clou et crée son entreprise à Merano, une ville du Sud-Tyrol très proche de la frontière avec l'Autriche. À cette occasion, il s'associe à Armando Scagliarini, le père d'un jeune pilote de course. L'objectif des deux compères est d'abord de fabriquer des voitures destinées à la compétition en série limitée. En 1950, une Abarth 204A pilotée par Tazio Nuvolari remporte ainsi sa première victoire dans une course de côte en Sicile. Mais ils lancent également une activité de production d'équipements permettant de gonfler les performances des voitures : soupapes, leviers de vitesses au volant et, surtout, pots d'échappement.

Il ne faut pas attendre longtemps pour que la jeune entreprise se rapproche de Fiat, le champion transalpin du secteur. En 1951, Abarth déménage à Turin, fief du constructeur et centre névralgique de l'industrie automobile du pays. La société commence par fabriquer des prototypes pour le compte du géant du Piémont, dont par exemple l'Abarth 1500 Biposto, une voiture expérimentale au look incroyable présentée au Salon de Turin en 1952. Abarth a le vent en poupe : la jeune entreprise collabore avec la nouvelle vague des designers italiens, Pinin Farina, Zagato, Bertone, Ghia… et peaufine sa réputation en musclant des moteurs existants, comme le quatre cylindres 1900 d'Alfa Romeo. Il est installé dans un modèle coupé Abarth Alfa 2000 dessiné par Ghia et lancé en 1954. Une bombe.

Mais c'est bien sûr avec Fiat et le lancement de la 600 que « le Scorpion » change de dimension. Les versions dérivées qu'il développe multiplient les victoires. Idem ensuite avec la 500 et ses variantes, les Abarth 595 et 695. À cette époque, Carlo Abarth veut aussi laisser sa marque en battant des records. Ses bolides battent plusieurs fois le record de kilomètres parcourus en vingt-quatre heures, et ceux des 500 et 1 000 km effectués le plus rapidement.

Dans les années 1960, il voit toujours plus grand. L'Abarth 850 TC collectionne les victoires sur les circuits du monde entier. En 1966, il conçoit même un gros moteur V12 de 610 ch capable de gagner les 24 Heures du Mans. Tous les projecteurs sont braqués sur le grand duel entre Ford et Ferrari. Émoustillé, Carlo Abarth veut en être. Hélas, un changement de réglementation imposé par la Fédération internationale de l'automobile (FIA) qui limite la cylindrée des moteurs le contraint à abandonner le projet. Tout cela coûte de plus en plus cher. Confronté à des problèmes d'argent, il finit par vendre l'entreprise à Fiat en 1971. Il reste quelques années aux commandes de l'entreprise, contribuant notamment au joli succès de la petite Autobianchi A112 Abarth, présentée la même année au Salon de Turin.

Un ressort s'est toutefois brisé. Moins libre, l'entrepreneur abandonne ses fonctions et quitte l'Italie pour s'installer à Vienne, où il décède le 24 octobre 1979. Très peu de temps après, les modèles Abarth disparaissent des gammes de Fiat. Les dirigeants turinois ne veulent pas investir dans la compétition automobile. Et ils ne sont pas favorables au développement des marques au sein du groupe. Abarth devient un simple badge que l'on ajoute sur quelques modèles, comme des Fiat Tipo. Une erreur, selon moi. D'ailleurs, quand j'arrive dans l'entreprise en 2002, tout change. Je suis nommé directeur des marques Lancia, Fiat et Alfa Romeo. Je veux relancer Abarth et je dis à Sergio Marchionne, le directeur général du groupe, que je veux racheter l'écurie de course. Je l'ai installée dans un bâtiment de l'usine de Mirafiori. Comme la décision a été prise de participer au championnat d'Italie des rallyes, nous construisons un siège social pour Abarth autour du garage où l'on fabrique les voitures destinées à cette compétition. J'avais même négocié avec la troisième épouse de Karl Abarth de racheter son bureau avec son téléphone et tous ses équipements. Pour l'anecdote, on avait fixé une règle : on pouvait utiliser cette pièce pour y tenir des réunions, mais il était interdit de s'asseoir dans le fauteuil de l'ancien patron !

La vraie relance intervient en 2008 sur le segment des citadines sportives. Ainsi naissent l'Abarth 695, puis, plus récemment, une version vitaminée 100 % électrique de la Fiat 500. Des initiatives qui prouvent que les marques qui ont un caractère spécial ne meurent jamais.

Que reste-t-il d'Abarth ? Un logo très puissant, un scorpion qui exprime le danger. Mais je garde surtout en mémoire les faits d'armes sportifs et industriels de ce génie qu'était Carlo Abarth. Un homme aussi célèbre que taiseux. Ses interviews dans les médias étaient rares. « Il y a une certaine satisfaction à humilier des voitures plus grosses et plus chères avec un modeste modèle à hayon », s'amusait-il en vantant les performances des petites voitures qu'il avait boostées. Quand il s'exprimait, le Scorpion n'hésitait pas à piquer !

Agnelli, Famille

Si l'on devait citer dix familles qui ont contribué à façonner l'économie mondiale, les Agnelli en feraient partie à coup sûr. En cinq quarts de siècle, ils ont fait de Fiat et, au-delà de cette grande entreprise de l'automobile, de l'Italie des puissances respectées sur la planète. Dominante sur son marché intérieur et agressive loin de ses frontières, l'entreprise turinoise est allée, par exemple, jusqu'à installer des usines au Brésil, en Chine, en Pologne ou en Russie. John Philip Jacob Elkann, 47 ans, l'actuel dirigeant du groupe familial turinois, représentant de la quatrième génération Agnelli, pilote un empire puissant et diversifié à travers la holding familiale Exor. Dans l'automobile, il est le premier actionnaire du groupe Stellantis, constitué lors de la fusion avec le groupe français PSA. Les marques Chrysler, Jeep, Fiat, Alfa Romeo ou Lancia sont désormais logées dans cet ensemble dont le siège juridique est installé aux Pays-Bas. Mais il pilote aussi en direct le joyau Ferrari, sorti de l'orbite de Fiat. Dans les médias, il contrôle les quotidiens *La Repubblica* et *La Stampa*, et est devenu un actionnaire de référence de l'hebdomadaire de prestige *The Economist*. Dans le luxe, il détient 24 % du chausseur français Christian Louboutin et 82 % du designer chinois Shang Xia. Il est aussi le propriétaire et le gérant du club de football la Juventus de Turin. Enfin, il a investi dans plusieurs grandes entreprises internationales, comme Philips, l'institut Mérieux ou CNH Industrial (biens d'équipement pour l'agriculture et la construction). Le montant total de ses actifs approche les 40 milliards d'euros ! De quoi générer chaque année de jolis dividendes pour les nombreux descendants de Giovanni Agnelli, le fondateur de l'entreprise en 1899, qui sont actionnaires d'Exor. Rares sont les dynasties qui ont traversé ainsi les siècles !

La saga Agnelli débute à Villar Perosa, une petite ville du Piémont, située à 80 km de Turin. C'est là que Giovanni naît le 13 août 1866. Il songe d'abord à faire une carrière militaire, mais sa passion pour la mécanique l'oriente vers ses premières aventures industrielles. Il s'installe à Turin en 1896. Il commence par commercialiser des tricycles à moteur De Dion-Bouton avant de cofonder avec sept associés la Société italienne pour la construction et la commercialisation de voitures en train. Elle devient rapidement Fabbrica Italiana Automobili

Torino, puis Fiat. C'est l'époque où les premières automobiles font leur apparition dans toute l'Europe. Carl Benz a ouvert la voie en Allemagne en 1886. Les frères Renault et Ettore Bugatti l'ont imité en France en 1898 et 1899. Fiat sort la sienne, la Fiat 3,5 HP, en 1899. Épaulé par une équipe d'ingénieurs de bon niveau, Giovanni Agnelli met rapidement en œuvre les recettes qui feront la force de son entreprise tout au long du XXe siècle ! Il multiplie les modèles de voiture et investit dans des usines à la pointe de leur temps, s'inspirant de ce qui se fait de mieux aux États-Unis, notamment chez Ford. À Turin, le complexe industriel du Lingotto (un bâtiment en forme de lingot), construit entre 1916 et 1923 sur plusieurs étages avec une piste d'essai de 1 km sur son toit, est l'un des plus grands du monde. Mais il tisse aussi très tôt de bonnes relations avec le pouvoir politique italien. Ce qui permet à son entreprise de toucher les dividendes de la Première Guerre mondiale : elle fournit un matériel important pour l'armée italienne. Sous le règne de Benito Mussolini, qui arrive au pouvoir en 1922, Giovanni Agnelli est nommé sénateur en 1923. Fiat décroche de nombreux marchés publics et militaires. Agnelli bâtit également un conglomérat. Il ne veut pas dépendre uniquement de l'automobile. Avec ses premiers profits, il s'est diversifié très tôt. Il a, par exemple, fondé une banque pour proposer des financements aux acheteurs de voiture. Il s'engage dans de nombreux secteurs tels que le commerce de détail (La Rinascente), les assurances, le transport routier et ferroviaire, le textile, les ciments, la défense ou l'aéronautique. Insatiable, il rachète le club de football de sa ville, la Juventus de Turin, en 1923, et le quotidien *La Stampa* en 1924. Il va jusqu'à créer la station de ski de Sestrières au début des années 1930. L'économie italienne, c'est lui ! Le décès de ses deux enfants, Aniceta, en 1928, et Edoardo, en 1935, est la seule ombre au tableau. Il n'a pas de successeur immédiat lorsqu'il disparaît, en 1945, fauché par une pneumonie. Il venait de récupérer son groupe qu'on lui avait momentanément confisqué. Âgé de 24 ans, son petit-fils, Giovanni, fils d'Edoardo, est jugé trop jeune pour piloter Fiat. C'est donc un proche du défunt, Vittorio Valletta, directeur général de l'entreprise depuis 1928, qui prend le relais. Il va rester président jusqu'en 1966. Cet homme discret joue un rôle majeur en rebâtissant l'outil industriel endommagé par la guerre, puis en démocratisant l'automobile en Italie. À son actif, par exemple, le lancement de l'emblématique Fiat 500 en 1957. Le nombre de voitures fabriquées chaque année par l'entreprise de Turin bondit de 425 000 à 1,7 million d'unités. Il est le manager des temps heureux, des Trente Glorieuses. D'un Giovanni à l'autre : lorsque Valletta prend une retraite bien méritée (à 83 ans !), Giovanni Agnelli, désormais âgé de 45 ans, entre enfin en scène. Surnommé « Gianni », il fait partie de la jet-set. On le voit souvent dans la presse people. Aux États-Unis, il est devenu proche de Jackie et John Kennedy. Cela ne l'empêche pas de s'engager à fond aux commandes du groupe. Sous son impulsion, Fiat se mondialise : des usines sont ouvertes sur tous les continents. Pour piloter le business opérationnel, il nomme des managers forts, à l'image de Cesare Romiti, surnommé « il Duro » (« le Dur »). Ce qui lui donne du temps pour s'engager dans la vie de son pays. Il est élu président de la Confindustria (le patronat italien) en 1974. « L'Avvocato » est l'une des incarnations du capitalisme mondial de la fin du XXe siècle. Ses réseaux sont planétaires : s'étendant de Kadhafi à Kissinger, un ami intime. Grâce à ce rayonnement, il devient une sorte de ministre des Affaires étrangères *bis*. Sa vie est trépidante. Il se lève tôt, se déplace en hélicoptère ou en jet, conduit toujours lui-même sa Ferrari pour faire le trajet de Turin à Milan. Ne voulant pas sacrifier ses plaisirs, il se passionne plus que jamais pour la culture et l'art, s'offre les plus belles œuvres, investit dans les vignobles et l'immobilier de luxe. Sa seule concession au repos, une sieste de vingt minutes après le repas du midi.

Mais, pendant ce temps, l'industrie automobile souffre. Les chocs pétroliers sont passés par là. Fiat plonge dans une crise sérieuse, aggravée par des choix de modèles discutables et des problèmes de qualité récurrents. Le nombre de salariés plonge de 200 000 à 120 000 en quelques années. Les mouvements sociaux se multiplient et pèsent sur la vie de l'entreprise. Les syndicats sont puissants et actifs. Un tournant se produit toutefois le 12 octobre 1980 à Turin, lorsque les cols blancs de Fiat descendent dans la rue pour demander la fin d'une grève qui dure depuis trente-cinq jours. C'est la « marche des quarante mille ». Dix ans plus tard, en 1990, Fiat est encore le premier producteur de voitures en Europe, mais cette position est fragile. Le déclin de la marque sur son marché intérieur commence. Les dernières années de Gianni Agnelli à la tête du groupe sont donc difficiles. Quelques mois avant son décès, le 24 janvier 2003, le groupe est contraint de faire appel aux banques pour soulager sa trésorerie. C'est son frère cadet Umberto qui lui succède. Son règne est éphémère, puisqu'il disparaît à son tour en 2004. Luca Cordero di Montezemolo, le président de Ferrari, assure l'intérim avant que John Elkann, petit-fils de « l'Avvocato », ne prenne les rênes en 2010. Gianni Agnelli l'avait désigné comme héritier (au détriment de sa fille) et l'avait fait entrer au conseil d'administration de Fiat, alors qu'il n'avait que 21 ans. Ingénieur diplômé de l'École polytechnique de Turin, il est né à New York et possède la double nationalité italienne et américaine. Surtout, il s'entend à merveille avec Sergio Marchionne, nommé CEO de Fiat en 2004, qui redresse les comptes du constructeur et excelle dans le management de Chrysler outre-Atlantique. C'est désormais au tour de John Elkann d'écrire une nouvelle page de la légende Agnelli.

Alfa Romeo

Les Alfa Romeo ont écrit certaines des plus belles pages de l'histoire de l'industrie automobile. Les collectionneurs ne s'y trompent pas. Des dizaines de modèles sont l'objet de toutes leurs spéculations. Illustration avec la très belle collection du musée Alfa Romeo situé à Arese, près de Milan : elle a été estimée à des centaines de millions d'euros quand j'étais aux commandes de la marque lors de mon passage dans le groupe Fiat entre 2002 et 2009.

Avant de s'enfoncer dans la crise, la marque a donc connu un long âge d'or. Tout a commencé en 1906. Connaissez-vous Alexandre Darracq ? Ce Français méconnu a donné, sans le vouloir, naissance à Alfa Romeo. Producteur de bicyclettes (sous la marque Gladiator), il s'associe à Raoul Perpère en 1897 pour se lancer dans la construction automobile. L'entreprise Perpère-Darracq SA commence rapidement à rivaliser avec Peugeot et Renault. Elle cherche de nouveaux débouchés en Europe. En 1906, Darracq décide de créer une usine d'assemblage à Naples pour prendre pied sur le marché italien rendu inaccessible par les droits de douane qui le protégeaient. Son idée est de fabriquer des voitures avec des composants expédiés depuis la France. Mais il comprend vite son erreur : Naples est trop éloigné. Dès 1907, il décide de déplacer cette usine à Portello, dans le nord de Milan. Sans grand succès. Les ventes restent poussives. En 1909, la Société italienne des automobiles Darracq est mise en liquidation. Elle est reprise en 1910 par un industriel lombard qui la rebaptise Anonima Lombarda de Fabbrica di Automobili (ALFA). L'entreprise embauche Giuseppe Merosi, un ingénieur qui a déjà travaillé dans plusieurs sociétés du secteur. Son premier bébé est l'Alfa 24 HP, une voiture dotée d'un moteur de 42 ch qui lui permet déjà de rouler à 100 km/h. Sur cette base, Merosi développe un petit camion. Le jeune constructeur se lance également dans la compétition, remportant sa première victoire en 1913 dans la course Parma-Poggio. Mais le marché de l'automobile plonge à cause de la Première Guerre mondiale. Les difficultés financières reviennent. C'est un autre ingénieur, Nicola Romeo, qui renfloue l'entreprise. Il en devient le patron et la rebaptise Alfa Romeo en 1918. Pendant les années 1920, la marque met sur le marché plusieurs voitures particulières, comme la 6C. Mais elle se distingue surtout dans les courses automobiles. En 1923, elle fait un doublé dans la course la plus importante de cette époque, la Targa Florio, avec un modèle devenu culte, l'Alfa Romeo RL, conçu par Giuseppe Merosi. Sur les routes siciliennes accidentées, Ugo Sivocci devance de trois minutes un certain Antonio Ascari, future star de la Formule 1 au début des années 1950, pénalisé in extremis par des ennuis mécaniques. Avant le départ, le vainqueur avait peint un trèfle à quatre feuilles sur sa carrosserie rouge. Sivocci décède, hélas, quelques mois plus tard dans un accident survenu lors du Grand Prix automobile de Monza. Cette fois, le trèfle n'était pas présent sur sa carrosserie. Pour lui rendre hommage, l'entreprise de Milan en fait l'emblème permanent de ses voitures sur les circuits comme sur les routes.

Mais cette époque est marquée par une histoire encore plus étonnante. Alfa Romeo sert de tremplin à Enzo Ferrari. Recruté comme pilote en 1920, le natif de Modène gagne de nombreuses courses jusqu'en 1924. En 1929, il décide de créer sa propre structure dans sa ville natale, la société anonyme Scuderia Ferrari, dont la vocation est de faire rouler des Alfa Romeo en compétition. C'est un scénario idéal, en apparence : Ferrari a déjà le don d'attirer les meilleurs techniciens et pilotes. Il est nommé directeur sportif d'Alfa Romeo, qui est aussi la maison mère de son entreprise. Le cheval cabré qu'il appose sur les voitures à partir de 1931 cohabite donc avec le trèfle ! Cette lune de miel ne dure pas très longtemps. La crise de 1929 a fragilisé la société. D'autant que son principal dirigeant, Nicola Romeo, a quitté ses fonctions pour se lancer en politique aux côtés de Mussolini en 1928. En 1933, l'État italien prend le contrôle d'Alfa Romeo. Le couperet tombe : l'entreprise abandonne la compétition automobile et décide de ne plus fournir de voitures à Enzo Ferrari. Dans un premier temps, celui-ci s'en sort en retapant et en améliorant des modèles des années précédentes. Jusqu'en 1940, année où il décide de prendre sa liberté. On connaît la suite.

Pendant les années de guerre, les usines Alfa Romeo sont réquisitionnées pour fabriquer des équipements militaires. Il faut attendre 1950 pour assister au grand retour de la marque, toujours nationalisée, avec le lancement de la berline 1900. Suivent le 1900 TI, en 1952, et surtout la Giulietta en 1954. Cette dernière est vendue à 100 000 exemplaires. Parallèlement, Alfa Romeo revient sur les circuits et gagne les deux premiers Championnats du monde de Formule 1, en 1950 et 1951, avec Giuseppe Farina et Juan Manuel Fangio. Les années fastes commencent. Plusieurs modèles cultes, comme le spider Duetto, la Giulia Sprint GT ou la Montreal, dessinés par Pininfarina ou Bertone, arrivent successivement sur le marché. Mais, juste avant le premier choc pétrolier, l'entreprise change brutalement de cap. Elle se lance dans la production de masse en inaugurant une usine à Naples. L'Alfasud, qui sort de ces chaînes en 1972, rencontre certes un grand succès commercial, puisqu'elle est vendue à 1 million d'exemplaires. Mais, en réalité, cette voiture de qualité moyenne brouille l'image de la marque. La course au volume signe le renoncement à des options techniques, comme la propulsion, qui faisaient sa force. Le pire est atteint dix ans plus tard avec l'Arna, une voiture peu attractive, fruit d'une collaboration avec le japonais Nissan. Censée être une riposte au succès de la Golf de Volkswagen, elle associe une carrosserie japonaise à une mécanique italienne. Mais c'est l'inverse qu'il aurait fallu faire ! L'échec commercial est cuisant. D'autant que la clientèle préfère l'Alfa 33, lancée presque simultanément sur le même segment à partir d'éléments de l'Alfasud. C'en est trop pour l'État italien. Prenant acte des difficultés d'Alfa Romeo, il place le singe sur l'épaule de Fiat. Le groupe turinois récupère la marque en 1986. Dans un premier temps, il opère des choix forts. Dès 1987, il met sur le marché la très belle Alfa 164, qui utilise la même plateforme que la Fiat Croma, la Lancia Thema et la Saab 9000. Deux ans plus tard, nouveau coup d'éclat avec l'entrée en scène du coupé SZ et du cabriolet RZ.

Des voitures aux formes agressives et aux performances remarquables : elles peuvent atteindre les 245 km/h. Les journalistes qui les essaient les qualifient de monstres. Les années Fiat se traduisent également par le lancement de plusieurs berlines qui peinent à se faire une place sur le marché. Les modèles 147 et la 156, les deux voitures de l'année dessinées par Walter De Silva, sont d'une beauté extraordinaire mais pas de vraies Alfa Romeo, car elles manquent, selon moi, de substance technique. Pour dire la vérité, je ne pense pas que l'on puisse faire une vraie Alfa Romeo avec le châssis d'une autre marque. De plus, l'ADN de la marque est très lié à la combustion thermique, aux moteurs six cylindres par exemple. L'électrique risque donc d'accentuer le décalage avec son histoire glorieuse. Le combat pour le redressement du trèfle ne sera pas facile à gagner. Mais tout est encore possible. Une lueur d'espoir : la marque sait encore faire de très belles voitures. Exemple avec la superbe 33 Stradale présentée pendant l'été 2023. Seulement trente-trois exemplaires de cette supercar ont été produits. Quelle bombe !

Allemagne

par Oliver Blume,
président de Volkswagen AG

Nous autres, les Allemands, et nos voitures... Notre enfant préféré, comme nous nous plaisons à le dire. Nous sommes un pays de voitures. Nous nous considérons comme le berceau de l'automobile. Nous sommes la patrie d'Audi, de BMW, de Mercedes, d'Opel, de Porsche, de Volkswagen, et nous en sommes fiers.

Les voitures allemandes sont très réputées dans le monde entier. Nos marques, fortes de leur tradition et de leur rayonnement, ont donné naissance à de nombreuses icônes, auxquelles on associe partout dans le monde rêves, histoires et souvenirs. Nos voitures, on ne les achète pas parce que l'on en a simplement besoin. Ce sont des voitures que l'on achète parce qu'elles répondent parfaitement à des attentes. C'est le cas de la Porsche 911 depuis soixante ans, de la Volkswagen Coccinelle qui a incarné le miracle économique allemand et de la Volkswagen Golf qui a donné son nom à la génération Golf, toute une époque.

La voiture fait partie de l'Allemagne au même titre que la porte de Brandebourg, la bière, le pain complet et la ligue allemande de football. C'est un sujet aux multiples facettes : économique, politique, écologique, sociale – et affective.

Ce n'est pourtant que relativement tard, après la Seconde Guerre mondiale, que la filière automobile a pris son essor pour devenir un secteur économique puissant en Allemagne. Plusieurs décennies s'étaient donc écoulées depuis les inventions révolutionnaires des pionniers de l'automobile Gottlieb Daimler, Carl Benz et Ferdinand Porsche, à la fin du XIXe siècle et au début du XXe siècle.

Si l'on observe ce qu'il s'est passé dans d'autres pays technophiles, comme les États-Unis et la France, le développement de l'automobile a été plus lent chez nous. Jusque dans les années 1930, les voitures étaient en Allemagne un produit de luxe élitiste, que seule une minorité pouvait s'offrir. L'aspiration à la mobilité de masse a été exploitée par la propagande nazie, et la démocratisation de l'automobile n'est intervenue qu'après la Seconde Guerre mondiale.

Après les années de privation de l'après-guerre, la possession d'une automobile représentait un peu de liberté et d'indépendance. La filière automobile, qui offrait de nombreux emplois sûrs, permettait pour la première fois à de larges couches de la population de connaître une modeste prospérité. La traversée des Alpes avec toute la famille dans une Coccinelle pour passer des vacances d'été dans le Sud est une image profondément ancrée dans la mémoire allemande.

La voiture et l'industrie automobile orientée vers l'exportation sont ainsi devenues le moteur du miracle économique. Le *made in Germany*, de plus en plus reconnu et apprécié dans le monde entier, a redonné un peu de fierté à une nation qui s'était retrouvée moralement achevée après la guerre. Les sondages montrent qu'aujourd'hui encore de nombreux Allemands s'identifient avec fierté à la place de numéro 1 de la construction automobile allemande.

En Allemagne, la voiture n'est pas seulement synonyme de mobilité : elle symbolise la technologie, l'innovation, l'emploi et la prospérité. Le secteur automobile est incontestablement le secteur industriel le plus important en Allemagne. En 2022, la filière employait plus de 770 000 personnes chez les constructeurs et leurs équipementiers, qui est une branche très développée, et le chiffre d'affaires de l'ensemble du secteur dépassait les 500 milliards d'euros.

Notre réussite repose sur l'esprit pionnier de nos entreprises. Les groupes automobiles allemands ont un très grand savoir-faire, détiennent de nombreux brevets, ont construit des usines ultra-modernes et emploient des salariés hautement qualifiés dans nos entreprises. Il me semble utile de le rappeler de temps en temps, car nous avons tendance à dénigrer notre pays.

Au fil des années s'est constitué un réseau finement maillé de constructeurs, de fournisseurs, de start-up et d'instituts de recherche qui travaillent ensemble au développement et à la commercialisation de nouvelles technologies. Les statistiques montrent que près d'un salarié sur trois travaillant dans la recherche en Allemagne est employé par l'industrie automobile.

Depuis plusieurs décennies, les constructeurs allemands jouent un rôle essentiel dans le développement de moteurs, et notamment dans l'efficacité, la sécurité et le confort. Le succès triomphal de nombreux équipements de série présents aujourd'hui dans la plupart des voitures, dont l'airbag, le GPS et l'ABS, est né chez les constructeurs automobiles allemands.

Je serai franc : ce n'est pas uniquement tout cela qui a fait l'industrie automobile allemande, mais c'est quelque chose qu'elle se doit de préserver.

N'oublions d'ailleurs pas que la pérennité n'est pas une question de nationalité. L'enjeu est de savoir si l'industrie automobile dans son ensemble apportera les bonnes réponses aux grands défis de notre époque, tout en se livrant à une concurrence saine et surtout loyale.

Le projet européen, dont je suis un ardent défenseur, s'incarne dans les groupements d'entreprises transnationaux comme Volkswagen. Cette évolution a largement contribué à l'entente entre les peuples, tant sur le plan économique que social.

Notre secteur n'a jamais évolué aussi vite, et ce phénomène ne touche pas que l'Allemagne. La décarbonation, la numérisation et la transition vers l'électromobilité sont pour les entreprises bien plus que de nouvelles technologies. Elles nécessitent un changement radical de mentalité – de la conception et de la production des véhicules jusqu'à nos modèles d'affaires, en passant par les différents processus au sein de l'entreprise.

Nous nous sommes fixé des objectifs ambitieux en matière de durabilité, car il est évident que le défi majeur pour notre génération consiste à laisser à nos descendants un monde où il fera bon vivre. Nous constatons et ressentons déjà les effets du changement climatique. Nous ne pouvons donc pas faire l'économie d'un débat de fond sur l'avenir de la voiture et de la mobilité en général. Nous sommes ouverts à cette discussion.

Il est toutefois clair que la mobilité individuelle sous la forme d'une voiture a été et reste pour de nombreuses personnes dans le monde entier un élément essentiel, voire indispensable, de leur vie. Être mobile, aller d'un point A à un point B et en revenir, quand et comme on le souhaite, est synonyme de flexibilité, de partage, de liberté. Ceux qui ont grandi dans un village et qui ont attendu avec impatience l'âge de pouvoir passer leur permis de conduire sauront de quoi je parle.

Je reste fermement convaincu qu'il en sera de même à l'avenir et qu'on aura donc encore besoin de nous au XXIe siècle, de nos réponses convaincantes aux questions urgentes de notre époque.

La concurrence mondiale s'est exacerbée récemment, ce qui s'explique au premier plan par l'arrivée de nouveaux constructeurs chinois. L'industrie automobile chinoise a beaucoup appris et innove désormais à un rythme impressionnant dans le domaine de l'e-mobilité et de la transformation numérique. Nous respectons et apprécions toutes les formes de concurrence, car elles stimulent et font émerger l'innovation, ce qui est dans l'intérêt de nos clients. Dans les années 1980, ce sont les constructeurs japonais qui sont arrivés en Europe ; ils ont été suivis par leurs concurrents coréens. Pour finir, l'industrie automobile allemande et européenne est toujours sortie renforcée de ces évolutions.

Je suis convaincu qu'elle y parviendra cette fois encore à condition d'exploiter ses points forts. Nous comprenons la dynamique de conduite comme personne d'autre au monde, nous avons un niveau de qualité élevé, nos salariés expérimentés sont hautement qualifiés. Nous disposons de capacités de recherche considérables et nos marques sont fortes.

Nous sommes également prêts à apprendre des autres. Nous recherchons des partenaires fiables pour progresser ensemble et profiter ensemble des développements. Nous ne nous isolons pas, mais élargissons notre champ d'action pour minimiser les risques et les dépendances. Nous sommes encore plus à l'écoute de nos clients et répondons à leurs intérêts spécifiques sur certains marchés en augmentant, par exemple, les capacités de développement, notamment en Chine.

Pour ce faire, nous avons besoin du soutien des politiques, et ce non seulement en Allemagne, mais dans toute l'Europe. Ce qu'il nous faut, ce n'est pas une politique dirigée contre quelqu'un ou opposée à quelque chose, mais une politique qui renforce notre propre position et la position européenne face à la concurrence internationale. Cela commence par la politique énergétique et le développement des énergies renouvelables, se poursuit par l'approvisionnement et la transformation des matières premières, et se termine par la mise en place de chaînes de création de valeur européennes pour l'électromobilité et la conduite autonome.

L'industrie automobile ne pourra accompagner et réussir ces changements que si elle ne se précipite pas pour mettre au rebut tout ce qui a fait sa force et son succès pendant des décennies. Nous devons exploiter nos atouts et nous projeter dans l'avenir en développant de nouvelles idées et des concepts lisibles. Pour cela, nous avons besoin de sécurité, de planification et d'une vision à long terme. Nous pourrons alors organiser la transformation en partant du sommet.

Ce n'est qu'en nous transformant que nous conserverons notre importance, et je pense même que c'est justement parce que nous évoluons sans relâche que nous y réussirons.

Nous avons déjà prouvé à maintes reprises que nous l'avons fait et que nous en sommes capables. Je suis convaincu que nous y parviendrons encore à l'avenir.

Alpine

Très souvent, on trouve les meilleures idées quand on manque de moyens. C'est le grand enseignement de l'aventure Alpine. La marque qui appartient au groupe Renault depuis 1973 s'est construite loin de Paris avec une ambition : faire des voitures peu chères, légères et sportives, capables de s'imposer dans toutes les compétitions. Ce qu'elles ont fait. Leur rapport poids/puissance leur a permis de dominer des voitures beaucoup plus puissantes dans les rallyes ou aux 24 Heures du Mans. Cet atout prend toute sa force au moment où l'on doit économiser les matières et passer à l'énergie électrique. Selon moi, Alpine est d'une modernité incroyable. Pour paraphraser l'écrivain Milan Kundera, elle incarne la « soutenable légèreté de l'être ». À condition, bien sûr, de concevoir dès maintenant des modèles émotionnels qui ne soient pas des Frigidaire sur roues !

Faire des voitures sans personnalité, ce n'était pas le genre de Jean Rédélé, le créateur d'Alpine en 1955. Ce personnage visionnaire a marqué de son empreinte l'histoire des voitures de sport en France. Sans jamais quitter sa terre natale, la Normandie. Né en 1922, il plonge très tôt dans le monde de l'automobile. Et pour cause : son père est concessionnaire Renault à Dieppe. Il passe son bac pendant la Seconde Guerre mondiale et se destine dans un premier temps à devenir sous-préfet. Mais il entre finalement à HEC, dont il est diplômé en 1946. Dans la foulée, il succède à son père à la tête de l'entreprise familiale. Il devient du même coup, à 24 ans, le plus jeune concessionnaire du pays. Son truc, c'est la compétition automobile, « le meilleur banc d'essai pour les modèles de série » selon lui, car « la victoire est le meilleur argument de vente ». Au tout début des années 1950, la Renault qui domine le marché, c'est la 4 CV, présentée lors du Salon de l'automobile en octobre 1946. Rédélé décide de s'engager au Rallye de Monte-Carlo en janvier 1950 au volant de l'une d'entre elles, préparée spécialement. Le résultat n'est pas brillant. Freinés par la neige tombée en abondance, Rédélé et son coéquipier Delforge arrivent hors délai. Pas de quoi le décourager : quelques mois plus tard, il remporte le Rallye de Dieppe devant une armada de voitures plus puissantes.

Ce bon résultat incite la Régie Renault à lui confier une 4 CV version course, la 1063, au Rallye de Monte-Carlo

1951. Cela se passe beaucoup mieux cette fois, puisqu'il termine 4e de sa catégorie et 44e au classement remporté par une Delahaye 175S. Ensuite, il enchaîne les bonnes performances. Il monte ainsi sur le podium du Marathon de la route – le Liège-Rome-Liège – et du Tour de France automobile. Pour aller encore plus vite, il cherche à transformer ses autos. Il développe notamment, avec un ami également concessionnaire Renault, une nouvelle boîte de vitesses à cinq rapports. En 1952, sa 4 CV ainsi boostée est tout près de remporter les 24 Heures du Mans dans sa catégorie. Il a également commandé une « Renault spéciale » plus légère à un carrossier italien. Avec elle, il confirme ses talents de pilote, remportant plusieurs épreuves en Europe. Année après année, il se forge la conviction qu'il peut devenir lui-même un constructeur automobile. Un peu plus tard, il raconte ce cheminement : « Par les courses que j'ai faites, je me suis rendu compte que l'on pouvait faire quelque chose de bien avec les mécaniques françaises. Après avoir roulé ma bosse sur toutes les routes de France et de Navarre, après avoir couru sur les principaux circuits avec des voitures dérivées de la série, j'ai pensé que, si ces voitures étaient équipées d'une carrosserie sportive, si elles recevaient des aménagements au point de vue suspensions et mécaniques, on devait pouvoir faire en France des voitures de sport très valables. J'ai fait ma première voiture en 1952, nous avons réalisé quatre ou cinq prototypes. Et, en 1955, la société Alpine est née avec des moyens au départ très limités. » Pourquoi l'avoir appelée Alpine ? L'idée lui est venue en roulant, explique-t-il. « C'est en sillonnant les Alpes à bord de ma 4 CV Renault que je me suis le plus amusé. J'ai donc décidé d'appeler mes futures voitures "Alpine". Il fallait que mes clients retrouvent ce plaisir de conduire au volant de la voiture que je voulais construire. »

Les premiers modèles portent son nom, Jean Rédélé 22, Jean Rédélé 23, Jean Rédélé 24, etc. Ils sont fabriqués par une petite équipe de techniciens motivés. Jean Rédélé est un vrai capitaine qui sait fédérer les talents. L'affaire dieppoise se développe, bien sûr, avec la collaboration de Renault. La Régie lui fournit des pièces de série, lui vend des moteurs. Et distribue ses voitures dans ses concessions dès 1966. Pour les deux partenaires, c'est gagnant-gagnant : les performances sportives d'Alpine renvoient l'ascenseur à celle que Jean Rédélé surnomme « la grande dame ». De fait, à partir de la fin des années 1960, Alpine parvient au plus haut niveau mondial dans les disciplines auxquelles elle participe. Les fameuses berlinettes A110 font un malheur dans les rallyes. En 1971, elles réalisent un triplé dans le fameux Rallye de Monte-Carlo et remportent le titre de champion d'Europe des constructeurs. Alpine multiplie aussi les exploits aux 24 Heures du Mans avec des A110 et des A210, une version allongée de la première. Entre 1964 et 1970, elles décrochent de nombreux accessits dans la Mayenne. En 1969, elles se glissent même aux 9e et 10e places du classement général de l'épreuve, marquée par le grand affrontement entre Ford et Ferrari. Jean Rédélé atteint tous ses buts les uns après les autres.

Il porte haut les couleurs de la France. En signe de reconnaissance, le général de Gaulle passe même plus de temps sur son stand du Salon de l'auto que sur celui de la Régie. Ce qui fait la fierté de son fondateur. Hélas, gagner en compétition ne préserve pas des difficultés économiques. Ni des tensions sociales. Après 1968 et les accords de Grenelle, qui ont abouti à une forte hausse des salaires, produire en France coûte plus cher. En 1972, une grande grève affaiblit l'entreprise. Renault vient à son secours en devenant son actionnaire majoritaire. C'est la fin d'une époque. Jean Rédélé reste quelques années. Il joue le jeu, mais regrette de n'être plus le seul maître à bord. Il tire sa révérence en 1978, obtenant la garantie que l'emploi sera garanti quinze ans dans l'usine de Dieppe, l'œuvre de sa vie.

Aux mains de Renault, Alpine entre en mode survie. Pendant de longues années, les nouveautés se font rares. L'A610 présentée en 2002 semble être la dernière. Pour sauver le site, l'entreprise se voit même confier la production des voitures de Renault Sport. Maigre consolation.

Dès 2006, Carlos Ghosn, le nouveau directeur général de Renault, envisage de développer des véhicules haut de gamme sous la marque Alpine. Mais il faut attendre 2012 pour que soit enfin présenté, lors du Grand Prix de Monaco, un prototype surnommé « A110-50 ». Une façon de célébrer les 50 ans de la fameuse berlinette des années 1960. Avec son look sportif très agressif, elle fait renaître l'espoir des « alpinistes ». Sa version grand public baptisée de nouveau A110 finit par être commercialisée en décembre 2016. Le succès est au rendez-vous, avec 2 000 unités vendues en 2018 et 4 000 en 2019. La gamme s'étoffe d'une version S. Un projet de SUV est dans les cartons.

Quand je suis arrivé à la tête de Renault, j'ai décidé de relancer cette belle marque. J'ai mis le drapeau tricolore sur les voitures de Formule 1 auxquelles j'ai donné le nom d'Alpine. J'en ai fait une entreprise à part entière. Elle a renoué avec le concept qui a fait son succès au cours des années 1960 et 1970, celui de faire des automobiles sportives légères et performantes. Le passage à l'électrique est l'occasion de lancer de nouveaux modèles audacieux. Et de prouver que l'esprit de Jean Rédélé est toujours là.

Audi

En Allemagne, ce sont des ingénieurs qui ont façonné l'industrie automobile. L'histoire d'Audi en apporte une preuve éclatante. Deux hommes, August Horch, au début du XXe siècle, et Ferdinand Piëch, entre 1972 et 1993, ont joué un rôle clé dans l'émergence de la marque. Le premier parce qu'il a créé l'entreprise en juillet 1909, le second parce qu'il en a fait un champion des voitures haut de gamme à la fin du XXe siècle. Ils ont opéré à deux époques différentes, mais leurs points communs sont frappants. À commencer par leur passion pour l'innovation et surtout un fort caractère qui les a aidés à faire passer leurs idées, parfois contre l'avis de leur propre entourage. Un cas de figure finalement assez fréquent dans l'histoire de cette industrie !

Tout commence à la fin du XIXe siècle. Son diplôme de l'école technique de Mittweida en poche, August Horch entre d'abord chez Carl Benz à Mannheim en 1896. Il fourmille déjà d'idées et d'initiatives. Comme il ne parvient pas à se faire entendre, il décide de créer sa propre entreprise, A. Horch & Co. Dès 1900, il fabrique sa première voiture propulsée par un moteur monocylindre placé à l'avant. Une révolution à l'époque. Il multiplie les innovations, comme la mise au point d'un système de transmission par cardan. Il allège aussi les moteurs en utilisant des alliages légers. En 1907, Horch produit 94 véhicules. Mais sa forte personnalité dérange. Lâché par son conseil d'administration, en conflit avec d'autres dirigeants de l'entreprise, il s'en va en 1909 avec une modeste indemnité de 20 000 Marks en poche. Il décide immédiatement de se relancer en créant une autre société, à Zwickau. Il essaie d'abord de l'appeler August Horch Automobil Werke. Mais impossible aux yeux de la justice, sollicitée par ses anciens collègues : il doit renoncer à utiliser son nom et trouver une autre marque. C'est à ce moment qu'il trouve l'idée d'Audi. Le verbe latin *audire* est la traduction de *horchen*, qui veut dire « écouter » en allemand. Pour la petite histoire, c'est le jeune fils de l'un de ses collaborateurs qui a eu cette idée après avoir assisté à une longue séance de brainstorming organisée dans l'appartement de ses parents. Le nouveau constructeur automobile s'appellera donc Audi Werke.

De ses ateliers sortent, entre 1912 et 1914, des voitures qui se distinguent en remportant de nombreuses compétitions automobiles. À commencer par la célèbre Coupe des Alpes autrichiennes, une épreuve d'endurance de 2 400 km gagnée trois années de suite par une Audi Type C. August Horch prend une nouvelle fois ses distances, en 1920, sur fond de bataille commerciale acharnée entre Audi Werke et son ancienne entreprise. C'est la crise de 1929 qui siffle la fin des hostilités. L'industrie automobile allemande plonge dans la récession. Le régime nazi décide de la restructurer en imposant la fusion de quatre marques : Horch, Audi, DKW et Wanderer au sein d'Auto Union AG. Les quatre anneaux apparaissent à ce moment pour symboliser cette union forcée. À cette occasion, chacune des entreprises est positionnée sur un segment particulier. Après la Seconde Guerre mondiale, l'entreprise tombe dans les mains de Daimler-Benz. Au cours de cette période, elle se spécialise dans la production de petites voitures, notamment sous la marque NSU. Côté Allemagne de l'Est, où deux usines d'Auto Union sont situées, la Trabant est d'ailleurs produite dans celle d'Audi à Zwickau.

En 1965, Volkswagen rachète Auto Union. Objectif, disposer d'une marque haut de gamme dans son portefeuille. Une stratégie en rupture avec celle que poursuit Daimler-Benz. La première étape est de lui donner le nom, inutilisé, d'Audi en 1969. Et de concentrer l'effort industriel dans l'usine d'Ingolstadt, en Bavière. Mais pour réussir cette opération audacieuse, il faut un capitaine. C'est Ferdinand Piëch qui va le devenir. L'ingénieur autrichien, diplômé de la très réputée École polytechnique de Zurich, est le petit-fils de Ferdinand Porsche. Il est donc naturellement entré chez Porsche en 1963, à l'âge de 26 ans. Il y a fait des merveilles : il a notamment créé un modèle qui deviendra mythique, la 911.

Responsable du programme compétition, il a également développé des voitures de course exceptionnelles, comme la 908 en 1968 et la 917 en 1969, qui se sont vite imposées sur les circuits. Mais il s'est retrouvé en porte-à-faux dans l'entreprise familiale. Son oncle Ferry Porsche, très impliqué jusque-là dans les activités sportives, a critiqué sa folie des grandeurs. Notamment lorsque son neveu lui a présenté 17 versions de la 917 fabriquées sans son feu vert. Un crime de lèse-majesté. Piëch n'a que 33 ans en 1969, mais il comprend que sa propre famille ne lui confiera jamais un poste élevé. On ne sait pas s'il est évincé ou s'il prend les devants en claquant la porte. Une chose est sûre : il quitte Porsche fâché. Mais il ne met pas longtemps à rebondir. Les talents de l'ingénieur Piëch ont été repérés chez les poids lourds de l'industrie automobile allemande. Volkswagen saute sur l'opportunité. L'entreprise de Wolfsburg lui propose de rejoindre les équipes techniques d'Audi à Ingolstadt en 1972. Il ne le sait pas encore, mais il commence ainsi son ascension spectaculaire vers le pouvoir dans le groupe allemand. Ingolstadt va devenir son premier royaume. En 1975, il est nommé directeur technique et entre au directoire de l'entreprise. Plus tard, en 1988, il en devient le président. Une juste récompense : ses innovations ont rapidement propulsé Audi sur le devant de la scène. Premier exemple, la technologie quatre roues motrices baptisée Quattro, qu'il a inventée en 1980, connaît un succès fou. D'abord dans les compétitions sportives : Audi remporte plusieurs titres de champion du monde des rallyes entre 1981 et 1987. Ensuite sur le marché : en quarante ans, 10,5 millions de voitures équipées de cette transmission intégrale vont être vendues. Piëch a tout simplement créé le 4 × 4 des particuliers ! Deuxième innovation majeure : il a imposé un moteur diesel très sobre et ultra-performant, le TDI, qui va devenir la norme en Europe. Pour la petite histoire, ce système d'injection, également appelé « *common rail* », a d'abord été développé par Fiat, qui a revendu ses brevets à l'équipementier allemand Bosch. C'est en travaillant avec ce dernier que le technicien d'Audi en a fait une arme fatale. Côté modèles, l'Audi 80 et l'Audi 100, la voiture la plus aérodynamique du marché, deviennent très vite des best-sellers. À Ingolstadt, Piëch fonctionne en totale autonomie par rapport à sa maison mère. Il contrôle tout, teste lui-même chaque nouveauté technique, milite pour une qualité irréprochable. Seule ombre au tableau : ses méthodes de management brutales le font souvent passer pour un despote. Rien ne l'arrête. Inlassablement, il défend des idées que certains experts qualifient d'absurdes. Mais ces prises de risque sont finalement gagnantes. Selon moi, Piëch a fait d'Audi une sorte de Tesla avant l'heure. Un cas unique d'une grande marque créée en partant de zéro. Qui aurait imaginé, au début des années 1970, qu'elle rivaliserait durablement avec les deux autres stars du haut de gamme germanique, BMW et Mercedes ? En 1993, il devient grand patron de Volkswagen, alors confronté depuis 1991 à une grave crise. Il va en faire un géant mondial au sein duquel il va régner sans partage. Tout en veillant à ce qu'Audi occupe toujours une place à part. Celle de son bébé. Un beau bébé.

Autonome

La voiture autonome, c'est un rêve. Celui de voir le nombre d'accidents quasiment réduit à zéro, celui de rendre la circulation plus fluide et donc de limiter les émissions de CO_2, celui de pouvoir faire autre chose, lire ou dormir, par exemple, sur l'autoroute pendant les longs trajets. Ce rêve est entretenu par les entreprises de la Silicon Valley et par les fournisseurs d'équipements high-tech, qui ont ainsi trouvé un nouvel eldorado en truffant les voitures de caméras, de capteurs et de calculateurs. De fait, on voit bien l'intérêt pour Uber, par exemple, qui pourrait se passer de chauffeurs : cela améliorerait substantiellement son bénéfice !

Cette révolution est annoncée depuis plusieurs années. De nombreux constructeurs ont mis en œuvre des programmes ambitieux, dont les résultats sont souvent présentés au CES de Las Vegas, le rendez-vous mondial de l'innovation. Le chemin parcouru est assez spectaculaire. Tesla, par exemple, équipe tous ses modèles d'un système appelé « Tesla Autopilot », qui leur permet de passer en conduite autonome. Les nouveaux véhicules de série profitent déjà de ces progrès : ils sont, entre autres, capables de se garer tout seuls et disposent de systèmes d'assistance à la conduite de plus en plus sophistiqués, ce qui les rend plus sûrs.

Pour autant, il faudra attendre encore longtemps pour que l'usage de la voiture autonome se généralise. Pourquoi ? Parce que des prouesses technologiques destinées à sécuriser les usages vont devoir être réalisées.

Pour bien comprendre l'enjeu, rappelons les cinq niveaux d'autonomie qui ont été définis par les parties prenantes :

Niveau 1 : la conduite est assistée de dispositifs tels qu'un régulateur de vitesse ;

Niveau 2 : les tâches automatisées peuvent être enclenchées, comme le fait de réaliser un créneau, mais le conducteur doit garder les mains sur le volant ;

Niveau 3 : la voiture peut rouler librement, mais le conducteur doit pouvoir reprendre le contrôle à tout moment en moins de huit secondes ;

Niveau 4 : toujours équipé d'un volant et de pédales, le véhicule fonctionne complètement en mode autonome et l'attention des passagers n'est pas requise ;

Niveau 5 : le volant et les pédales disparaissent. Le conducteur ne joue plus aucun rôle à bord.

Le problème, c'est qu'à partir du niveau 3 le constructeur est considéré par les compagnies d'assurances comme responsable des accidents qui se produisent. Cela change tout ! Aucun industriel n'est prêt à assumer le risque d'être le seul coupable en cas de bug.

Nous sommes confrontés à un problème philosophique. On dénombre en moyenne 1,2 million de morts chaque année sur les routes dans le monde et, dans 90 % des cas, une erreur humaine en est la cause. On semble prêts à pardonner aux humains ce que l'on ne veut pas pardonner aux machines... Tout repose donc, une fois de plus, sur la confiance que l'on est prêt à accorder à l'innovation technologique. Pourtant, la voiture autonome pourrait permettre, une fois généralisée sur la planète, d'éviter chaque année l'équivalent des pertes humaines d'une grande guerre.

Comment sortir de l'impasse ? Il n'y a qu'une seule solution : ramener le risque à zéro. C'est sans doute possible. Mais le prix sera très élevé. Les automobiles devront être équipées de plusieurs systèmes de détection capables de se substituer les uns aux autres, afin de limiter au maximum les défaillances. Il va falloir également déployer des puissances de calcul phénoménales pour cartographier l'ensemble de la planète et éliminer ainsi les incertitudes.

Personnellement, je ne veux pas cacher mes doutes. Certes, il faut poursuivre les efforts afin d'atteindre cet idéal que représentent les voitures qui se conduisent toute seules. Dans tous les cas, cela permettra d'ajouter de nouvelles fonctions aux véhicules. Mais je ne suis pas si sûr que l'on apporte une réponse à une question qui a vraiment été posée. Je ne pense pas que les gens s'ennuient à conduire. En tout cas, pas moi !

B

Batterie

Nous avons tous vécu cette scène. Parfois plusieurs fois. C'est l'hiver, il faut emmener les enfants à l'école et nous ne sommes pas en avance. Tout le monde s'installe dans la voiture. Il ne fait pas chaud. La buée s'étend sur le pare-brise. Vite, le chauffage ! Nous tournons notre clé de contact, ce geste répété des milliers de fois. Mais le silence répond avec insolence à cet ordre de démarrage. Nous recommençons l'opération, une fois, deux fois, trois fois. Toujours rien ! Le moteur reste en sommeil. Alors s'impose l'évidence : c'est la batterie ! Elle a dû se décharger. Scène de la vie ordinaire des automobilistes. Rien de bien grave, avec le recul... Les batteries au plomb qui apportent le courant nécessaire à la mise en route font ce travail depuis la nuit des temps. Mais elles ont ce petit défaut horripilant. Dans certaines conditions, il arrive qu'elles nous lâchent. Évidemment, cela tombe toujours au plus mauvais moment. Soyons justes : cette vieille technologie a rendu tous les services qu'on attendait d'elle. Une fois la voiture démarrée, l'électricité qui permet de faire marcher les phares, les essuie-glaces ou la radio est fournie par une mini-centrale électrique, l'alternateur, en charge de recharger également la batterie, qui se contente de stocker de l'énergie.

Cette technologie s'est un peu améliorée au fil des décennies, mais le principe est resté immuable. Tout juste a-t-on fortement progressé dans le recyclage de ces produits très toxiques : le plomb est entièrement récupéré et redirigé vers les batteries neuves. Ce circuit fermé est un bel exemple d'économie circulaire.

Faut-il s'attendre aux mêmes petits désagréments avec les voitures électriques ? Non, car la technologie utilisée est radicalement différente. Même en les multipliant, les batteries au plomb sont incapables de fournir une autonomie supérieure à 50 km. Elles ont été remplacées par des batteries lithium dérivées de celles utilisées, depuis longtemps, dans les téléphones mobiles et les ordinateurs portables. Ce sont elles qui ont permis l'émergence de l'automobile électrique. Elles sont fabriquées dans des « gigafactories » qui fleurissent à grands coups de milliard dans toute l'Europe. Leur atout : elles embarquent beaucoup plus d'énergie dans le même volume et offrent donc une autonomie considérable. Entre 300 et 450 km pour une Megane électrique selon la saison (en hiver, la voiture consomme plus). Nous ne sommes plus dans le même monde ! Pourra-t-on faire encore mieux ? Tous les bureaux d'études de la planète planchent d'arrache-pied sur les évolutions de cette technologie. D'abord pour en baisser le coût : les batteries représentent entre 30 et 40 % du prix de revient d'une voiture. Ensuite pour limiter la quantité de matières premières utilisées, ce qui permettra aussi de réduire le poids embarqué. L'automobile électrique est vertueuse sur le plan écologique à condition de ne pas délirer. Dans certains gros modèles américains, les batteries pèsent 700 à 800 kg. Absurde !

De nombreuses pistes sont explorées pour remplacer le lithium ou les autres métaux rares (nickel, cobalt, manganèse) utilisés pour l'instant. La tâche est complexe, il faut s'assurer de la durabilité du nouveau cocktail employé et de son fonctionnement à haute et basse température ; de + 70 °C (l'été en plein soleil) à – 20 °C (l'hiver dans les pays nordiques). Des progrès considérables ont déjà été effectués. Prenez la Zoe : le potentiel de sa batterie est passé de 22 kW/h, en 2012, à 41 kW/h en 2016 et à 52 kW/h en 2019. Chaque fois l'autonomie s'est allongée, à volume et poids quasiment constants. Garder l'autonomie acquise (près de 400 km pour la dernière génération de la Zoe !) mais à un prix moins élevé, voilà le challenge qui obsède désormais tous les acteurs du marché. Il s'agit de démocratiser enfin la voiture électrique. Qui trouvera la prochaine martingale ? Faites vos jeux !

Benz, Carl

Mes amis allemands ne manquent pas une occasion de me le rappeler : l'inventeur de l'automobile, c'est lui. En janvier 1886, Carl Benz, un ingénieur formé à

Karlsruhe, dans le sud de l'Allemagne, a déposé le brevet de ce qu'il appelait « la première voiture sans chevaux ». Il avait d'abord équipé un tricycle d'un moteur placé derrière un siège de vélo avant de créer la « Benz Patent-Motorwagen ». Avec ses quatre roues en bois recouvertes de caoutchouc, celle-ci ressemblait vraiment à une carriole. Mais ses premiers essais n'avaient pas rencontré un grand intérêt. Il est vrai que le perfectionniste Carl Benz la jugeait encore très perfectible et préférait rester discret. Il tardait donc à lancer la commercialisation. Plus confiante que lui, Bertha Benz, son épouse, avait donc décidé de prendre les choses en main. Un matin du mois d'août 1888, elle avait embarqué ses deux fils, Eugen, 15 ans, et Richard, 13 ans, et entrepris d'effectuer un voyage de 106 km aller-retour entre les villes de Mannheim et de Pforzheim. Certes, la voiture avait eu quelques petits pépins mécaniques, mais la petite famille était revenue à la tombée de la nuit. Un joli coup de pub ! Les ventes avaient pu enfin démarrer.

Mais Carl Benz n'était pas le seul Allemand sur le coup. Quelques mois seulement après Benz, deux autres ingénieurs, Gottlieb Daimler et Wilhelm Maybach, avaient eux aussi lancé leur voiture sans chevaux. En 1890, l'entreprise Daimler-Motoren-Gesellschaft (DMG) était née. Daimler en était le patron, Maybach l'ingénieur en chef. Mais, pendant que Benz engrangeait les succès, les querelles de management avaient affaibli Daimler. Son fondateur était décédé d'une crise cardiaque en 1900, laissant la place à ses fils Paul et Adolf. C'est là qu'était entré en piste Emil Jellinek. Installé dans le midi de la France, cet homme fortuné était passionné de belles voitures de sport. Il était devenu le représentant de Daimler dans la région et il était entré au conseil de surveillance de l'entreprise en 1900. Au moment de passer une commande de 36 Daimler, il avait imposé qu'elles soient baptisées

Mercedes, le prénom de sa fille. Il avait aussi demandé et obtenu de commercialiser en exclusivité la nouvelle marque dans plusieurs pays européens et aux États-Unis.

Les destins parallèles de Benz et de Daimler avaient fini par les rapprocher après la Première Guerre mondiale, dans une Allemagne plongée dans la crise. La fusion avait été opérée en 1926, peu de temps avant le décès de Carl Benz, en 1929. La nouvelle entité s'était appelée Daimler-Benz. Mais les voitures mises sur le marché étaient des Mercedes-Benz. Un futur géant était né.

Billancourt

En ce temps-là, la France était la fille aînée du communisme, Billancourt en était le fief, et les ouvriers Renault ses chevaliers. Une aristocratie de cols bleus dans laquelle on n'entrait pas si facilement. La preuve, en Mai 1968, dans le Paris en grève, quand les étudiants quittèrent leurs facs occupées pour fraterniser avec les travailleurs de Boulogne, ils furent reçus fraîchement. Les syndicats se méfiaient des « gauchistes », imprévisibles et donneurs de leçons. PCF et CGT tenaient d'une main ferme leur bastion. Pendant les trente-trois jours que dura l'occupation du site, ils mirent en place une logistique efficace : matelas dans les ateliers, cantines ravitaillées, terrains de boules, tournois de belote, spectacles en soirée... Les Français retenaient leur souffle, n'avaient d'yeux que pour cette usine où se jouaient l'issue du conflit et le sort du pays. « Quand Billancourt éternue, la France s'enrhume », disait le dicton. Très juste. Le 27 mai, Georges Séguy, le patron de la CGT, vint dans l'usine présenter les résultats des négociations avec le gouvernement. Il se fit rembarrer : les ouvriers en voulaient plus et votèrent la poursuite du mouvement. Il fallut attendre le 17 juin et de nouvelles propositions de la part de la direction pour que les salariés votent la fin du match. Boulogne avait gagné.

En 1972, Jean-Paul Sartre revint dans La Mecque du mouvement ouvrier pour dénoncer le licenciement de militants maoïstes. Juché sur un baril, il tenta de haranguer les camarades à la sortie de l'usine. Sans grand succès. Les gros bras du Parti communiste veillaient. On lui prête, sans que cela soit absolument avéré, la célèbre phrase : « Il ne faut pas désespérer Billancourt. » Comprenez, il ne fallait pas dire aux ouvriers la vérité sur la faillite du système soviétique. En revanche, sur un tract distribué par le philosophe lui-même, on pouvait bel et bien lire ceci : « La Régie Renault est un bien public. Vous n'êtes pas chez vous, monsieur le directeur. Cette action est un premier pas du contrôle de Renault par la population de Boulogne. » L'histoire fut un peu différente.

Bond, James

En 25 films et soixante ans de carrière, James Bond a sauvé vingt-cinq fois le monde, menacé par de puissantes forces du mal. Mais il n'a jamais pu sauver les comptes d'Aston Martin... Depuis sa création par Lionel Martin, en 1914, de faillite en repreneur, et malgré de beaux succès commerciaux, le constructeur britannique a collectionné les déficits. Qu'importe, il a connu la gloire ! S'il fallait demain construire l'arche de Noé des plus belles voitures de l'histoire, je garderais une place d'honneur pour la DB5, celle de l'agent 007 dans le film *Goldfinger*, sorti en 1964. « D » pour David, « B » pour Brown, le propriétaire de la marque de 1947 à 1972. Une ligne sculpturale, un six cylindres aux grondements envoûtants, une calandre de squale. Et s'il fallait établir la liste d'or des personnages qui ont fait aimer l'automobile et ont suscité des vocations, j'y inscrirais sans hésiter le nom de James Bond.

Aston Martin est peu présent dans les romans de Ian Fleming, qui a inventé le personnage de James Bond. L'écrivain faisait plutôt rouler son héros dans des Bentley des années 1930, puis dans une R-Type Continental. Mais l'un des producteurs de *Goldfinger*, Harry Saltzman, était passionné de belles mécaniques et proposa de mettre une Aston Martin au service de Bond. Après de rudes négociations, le constructeur accepta de fournir des voitures, en quoi il eut bien raison : la DB5 devint aussitôt une star planétaire. Aidée par les quelques gadgets qu'on lui avait greffés : un siège éjectable, deux mitraillettes à l'avant, un bouclier pare-balles, un lanceur de fumée, une machine à projeter de l'huile, des couteaux pour crever les pneus, des béliers... Un char d'assaut habillé en smoking.

La DB5 a tout de suite pris la lumière, éclipsant quelque peu les autres « James Bond *cars* ». Ce qui est injuste, car certaines n'ont pas démérité. Comme la très mignonne Sunbeam Alpine cabriolet, qui apparaît dans le premier film de la saga, *James Bond 007 contre Dr No*, en 1962, dénuée de tout accessoire. Elle avait été simplement louée pendant quinze jours lors du tournage en Jamaïque. Presque la voiture de M. Tout-le-Monde. En 1967, très bon choix du réalisateur de *On ne vit que deux fois*, avec la Toyota 2000 GT, sublime sportive inspirée de la Jaguar Type E et de la Ferrari 250 GTO. Avec ce modèle haut de gamme 100 % japonais, le constructeur voulait montrer la capacité de son pays à fabriquer autre chose que des véhicules économiques et rustiques. Malheureusement, malgré ses immenses qualités et la médiatisation liée au film, les ventes n'ont pas décollé. Précision : la 2000 GT de série était un coupé. Trop exigu pour le grand gabarit de Sean Connery. Toyota conçut donc deux exemplaires spéciaux, sans toit. Il fallut renforcer la structure par un châssis tubulaire. Et la capote que l'on croit deviner derrière les sièges était fausse, il ne s'agissait que d'une housse faisant illusion. Ironie de l'histoire, l'acteur ne conduira quasiment jamais lui-même ce spider. Les deux exemplaires sont conservés aujourd'hui au musée Toyota, à l'est de Nagoya.

Autre voiture qui fera date, la Lotus Esprit S1, dans *L'Espion qui m'aimait*, en 1977. Elle pouvait se transformer en sous-marin. Et ce n'était pas du chiqué. Les ingénieurs installèrent quatre turbines alimentées par une grosse batterie, un système de ballast pour plonger ou remonter, des ailerons articulés pour stabiliser l'ensemble. Il restait juste assez de place pour loger le pilote, un ancien des forces spéciales américaines, en tenue de plongée. Au sec, la voiture ne lésinait pas non plus sur les sensations. Dessiné par le maître italien Giorgetto Giugiaro, à qui l'on doit aussi bien l'Alfa Romeo Giulia GT 2000 Veloce que la Fiat Panda, le bolide s'est fait immédiatement respecter. Ligne plongeante, mécanique grisante, il virait comme un kart. Comment est-il arrivé dans les mains de Roger Moore, successeur de Sean Connery dans le rôle de James Bond ? Grâce au rusé directeur des relations presse de Lotus, qui gara un prototype débadgé sur le parking des studios Pinewood, près de Londres. Dans l'espoir, bien sûr, d'attirer l'attention des producteurs du film. Gagné ! Les salariés subjugués quittèrent leur bureau pour voir de près la bête, et Lotus put ainsi fournir deux voitures, sept carrosseries, un bon stock de pièces de rechange et les services d'un pilote d'essai.

Bizarrement, après le film, cette voiture hors du commun tomba d'abord dans l'oubli. Jusqu'à ce qu'un couple de Long Island (État de New York) rachète en 1989 un entrepôt dans lequel, entre autres vieilleries, un drôle d'engin prenait la poussière. Les nouveaux propriétaires n'avaient jamais vu de *James Bond* et ne reconnurent pas l'étrange véhicule amphibie. Ils le mirent alors sur leur remorque pour le revendre en pièces détachées. En chemin, les routiers qu'ils croisèrent étaient, eux, cinéphiles. Ils identifièrent l'objet et informèrent le couple de la valeur inestimable de son chargement. Pendant quelques années, la Lotus fut exposée avant d'être vendue aux enchères en 2013 à Elon Musk pour 1 million de dollars. Le fondateur de Tesla s'en serait inspiré pour son pick-up Cybertruck.

C'est de nouveau Roger Moore que l'on retrouve en 1985 dans *Dangereusement vôtre*. Mais cette fois il est au volant d'une Renault 11 bleue Alpine martyrisée au cours d'une folle course-poursuite sur les quais de Paris. Toit arraché, châssis coupé en deux. Derrière ce grand spectacle, on trouvait le célèbre cascadeur français Rémy Julienne. Dans un entretien au magazine *Autoretro*, un an avant son décès, en 2021, l'homme qui avait orchestré tant de tête-à-queue et de tonneaux confiait ce que le réalisateur du film, John Glen, lui avait demandé : « Trouvez-nous les situations les plus rocambolesques, la seule obligation c'est que Bond soit toujours le plus fort. »

En 1995, avec *GoldenEye*, le business model bascula. BMW signa un chèque de 110 millions d'euros pour que ses bolides apparaissent dans le film et les deux suivants. L'ère du placement de produits commençait. Dans *Demain ne meurt jamais*, en 1997, BMW est visible dans plus de 10 % du film. Les fans trouvèrent cela excessif et grognèrent. Mais ils durent s'y faire. En 2002, le groupe Ford succédait à BMW comme fournisseur officiel de l'espion de Sa Gracieuse Majesté. C'est ainsi qu'Aston Martin, qui avait été rachetée par Ford, est revenue dans le jeu, y compris sous la forme d'une réplique de la mythique DB5 de 1964. Mais elle n'était jamais seule et dut faire équipe, selon les films, avec une Ford Mondeo, une Ford Ka, une Jaguar (alors propriété de Ford)...

Dans cet énorme business des droits dérivés, il y a eu aussi les voitures miniatures vendues par millions. La DB5, une fois encore, en fut le best-seller. Surtout dans sa version très réaliste avec un petit bonhomme en plastique propulsé par le siège éjectable. Le jouet finissait souvent perdu sous la commode ou dans l'aspirateur familial. C'est probablement ce qui est arrivé au mien.

Bugatti

C'est une légende, le Graal de l'automobile, au même titre que Stradivarius pour la musique ou Michel-Ange pour la peinture. Le culte voué depuis cent quinze ans à Bugatti tient autant à la personnalité de son créateur, Ettore Bugatti, qu'au caractère exceptionnel et déraisonnable de ses voitures. Les plus anciennes s'arrachent dans les ventes aux enchères ; les plus récentes coûtent 5 millions d'euros et sont capables de rouler à 400 km/h. Pourtant, cette marque française mythique a bien failli disparaître définitivement.

C'est un industriel allemand, Ferdinand Piëch, petit-fils de Ferdinand Porsche et président du groupe Volkswagen, qui l'a ressuscitée en 1998. Grand industriel mais également ingénieur et fin amateur d'automobiles, Piëch voulait donner au groupe Volkswagen (qui détient 12 marques) une image mondiale très forte, celle d'un groupe à la pointe de la technologie, capable de faire vibrer le public. Deux options s'offraient à lui : créer une écurie de Formule 1 ou lancer la voiture la plus performante du monde.

Jugeant la première aléatoire (gagner n'est pas évident) et chère, il s'est orienté vers la seconde solution en rachetant Bugatti.

D'emblée, Piëch a fixé un cahier des charges déraisonnable : « Une Bugatti doit me permettre de rouler à 400 km/h la journée, et d'emmener ma femme le soir à l'opéra. » L'objectif a été atteint au mépris de toute forme de rentabilité. Les chiffres ne sont pas publics, mais il est vraisemblable que Bugatti perd de l'argent, sans doute même beaucoup d'argent, sur chacune des 85 à 90 voitures produites chaque année à Molsheim, en Alsace.

Le fondateur de la marque, Ettore Bugatti, en 1909, n'aurait pas désavoué le défi de Ferdinand Piëch : rien ne le destinait à devenir un grand nom de la mécanique. Il naît à Milan en 1881 dans une famille d'artistes. Son grand-père est sculpteur, son père ébéniste réputé, son oncle peintre renommé, et son frère Rembrandt est un grand sculpteur animalier.

Ettore s'inscrit d'abord aux beaux-arts de Milan, car son père veut qu'il soit sculpteur. Mais un coup de foudre change son destin. Lors d'un séjour à Paris, Ettore adolescent découvre ces drôles de machines bruyantes et fumantes qu'on appelle « les voitures sans chevaux » : « Ce jour-là, je suis devenu un enragé des voitures ! », écrira-t-il plus tard.

Scandale dans la famille. Qu'importe, à 17 ans, Ettore s'engage comme apprenti volontaire chez l'excellent fabricant milanais de « tricycles à pétrole » Prinetti & Stucchi. Bugatti n'a aucune formation en mécanique et il n'en aura jamais. Pourtant, après avoir démonté un tricycle à moteur, il propose à ses employeurs des améliorations techniques très pertinentes. Il bricole ensuite un prototype de voiture à quatre moteurs, réunion de deux tricycles, son Type 1... Les patrons de Prinetti & Stucchi ne le suivent pas. Déçu, Ettore quitte l'entreprise pour construire sa première voiture, le Type 2, aidé financièrement par deux fils de bonne famille. Présentée à l'Exposition internationale de l'auto de Milan en 1901, cette voiture reçoit l'un des premiers prix de l'exposition. Bugatti n'a que 20 ans !

L'industriel alsacien Eugène de Dietrich, séduit par ce prototype, propose à Ettore de commercialiser la voiture sous le nom de « Bugatti-de Dietrich ». Ettore étant mineur, c'est son père qui signe le contrat de travail. Cinquante-quatre exemplaires dérivés de ce prototype sont produits. Ettore Bugatti conçoit alors une voiture de course totalement atypique, que de Dietrich engage dans l'épreuve Paris-Madrid de 1903. Le pilote – Ettore lui-même ! – est assis derrière les roues arrière, au ras de la route, presque dans le vide. L'engin est tellement révolutionnaire que les commissaires refusent son inscription : « Cela m'a sauvé la vie », dira-t-il plus tard. Cette course folle sur route ouverte n'ira pas au-delà de Bordeaux, ayant fait au total 13 morts, dont Marcel Renault, le frère et associé du constructeur Louis Renault.

Les années 1900, le temps des pionniers : la France, alors premier fabricant mondial de voitures, compte plus de 100 marques. Ettore ne s'intéresse qu'aux voitures de course, de sport ou d'exception. Il veut devenir constructeur, mais pas n'importe lequel.

En 1909, Ettore crée enfin sa société. Il installe son atelier à Molsheim, en Alsace, à 20 km de Strasbourg. Pour la première fois, une voiture est siglée « Bugatti ». C'est un prototype. Ettore y appose le célèbre écusson émaillé de la marque : Bugatti y est écrit en blanc dans un ovale rouge. Cet emblème est toujours présent sur les Veyron et les Chiron modernes.

En 1910, des Bugatti – les Types 13 – sont commercialisées pour la première fois. Elles bouleversent les idées reçues. En effet, à l'époque, les constructeurs ne jurent – à tort – que par le poids. Le modèle Type 13 est au contraire extrêmement léger, ce qui lui confère une tenue de route extraordinaire. Avec son petit moteur, également très efficace, la Bugatti tient tête à des monstres dix fois plus puissants. En 1921, Bugatti triomphe au Grand Prix automobile d'Italie à Brescia : quatre Type 13 se classent aux quatre premières places et reçoivent le surnom de « Bugatti Brescia ». Deux mille Bugatti Brescia seront construites dans l'usine agrandie de Molsheim, dont Ettore a dessiné les plans, l'outillage, les machines-outils et même les étaux. Les Brescia, par leur efficacité, ont lancé la légende Bugatti. Avec ce détail qui ne trompe pas : la signature d'Ettore Bugatti est gravée sur toute la longueur des moteurs du Type 13, comme s'il s'agissait d'une sculpture !

Durant sa vie, Ettore Bugatti a construit moins de 8 000 Bugatti... à comparer aux 80 millions de voitures construites chaque année dans le monde. Mais les Bugatti (élevées aujourd'hui au rang d'œuvres d'art) et le personnage d'Ettore Bugatti sont tellement à part qu'un véritable culte les entoure. Les fanatiques de Bugatti ont créé des clubs dans une vingtaine de pays, et cela du vivant même d'Ettore. Le club anglais, le Bugatti Owners Club, a été fondé en 1929, le club suisse en 1935, les clubs allemand et néerlandais en 1956, l'américain en 1960, le français en 1967. Au Japon, en Norvège, au Danemark, en Russie, il existe des clubs de propriétaires ou d'admirateurs des Bugatti d'avant-guerre.

Pourquoi une telle aura ? Dans ses Mémoires, l'acteur Jacques Dufilho (1914-2005), grand amateur de Bugatti qui en posséda six, esquisse une réponse : « Bugatti, c'est comme adhérer à une religion ou découvrir une nouvelle forme d'art, écrit-il. Quand on a connu Bugatti, on a rencontré le génie et l'aristocratie de l'automobile. » Une passion qui confine à l'addiction : « Bugatti, c'est une passion dévorante. La conduite d'une Bugatti ne ressemble à aucune autre. On entend battre le cœur de la machine. C'est une sensation propre à Bugatti. »

Pour les connaisseurs, Ettore Bugatti a atteint le summum de son art avec le Type 35, une des voitures les plus mythiques de tous les temps. Le Type 35 est une voiture de course « qui permet de rouler en ville la semaine et de gagner des grands prix le dimanche ». On n'est pas très loin du cahier des charges fixé par Piëch. Entre 1924 et 1931, les Bugatti 35 ont dominé toutes les compétitions nationales et internationales. À leur palmarès, 2 000 victoires, un record absolu à ce jour. Estimée à dix fois le prix d'une Peugeot ou d'une Renault grand public, construite à seulement 343 exemplaires, la Bugatti 35 est aujourd'hui le Graal des collectionneurs du monde entier... au point qu'un siècle après sa création on en fabrique des copies presque conformes, notamment en Argentine sous la marque « Pur-sang ».

Chef-d'œuvre esthétique et mécanique, la Bugatti 35 frôlait les 200 km/h, à une époque où M. Tout-le-Monde roulait à 60 km/h.

Personnage charismatique, flamboyant, hors du temps et de la normalité, déraisonnable, Ettore Bugatti menait grand train, parfois au-delà de ses moyens : château à Molsheim et à Ermenonville, près de Paris, écurie et chevaux de race, meute de chasse à courre, auberge privée pour héberger ses clients, villa sur la Côte d'Azur, appartement bourgeois rue Boissière, dans le 16e arrondissement de Paris, table ouverte aux grands de ce monde, rois, princes, artistes et industriels... Héros d'une époque révolue, Bugatti était un artiste-inventeur-constructeur prolifique et génial. Chez lui, l'amour du beau ne se heurtait à aucune contingence matérielle. Son credo : « Rien n'est trop beau, rien n'est trop cher. »

Sa famille, ses ouvriers, ses clients, les journalistes, le public l'appelaient « le Patron ». C'était un hommage. Il était également l'ami des têtes couronnées, dont le roi des Belges Léopold III, un client fidèle, et le roi d'Espagne Alphonse XIII.

Adepte de l'excellence, Bugatti veut aussi construire « la voiture des excellences ». C'est la fameuse Royale. Tout est démesuré chez elle : le moteur huit cylindres en ligne de 12 750 cm^3, les roues de 1 m de diamètre, le châssis de 3 tonnes, la vitesse de 200 km/h et le prix, cinquante fois celui d'une voiture ordinaire. La Royale est sans doute aujourd'hui la voiture la plus chère du monde !

Hélas, elle arrive au mauvais moment, en pleine crise financière de 1929. Elle plonge même Bugatti au bord de la faillite. Il espérait vendre 25 Royale, il n'en vend que trois... et pas une seule à un roi. Parfait chef-d'œuvre, total fiasco.

Après la Royale, Ettore cherche de nouveaux terrains de jeu pour s'en sortir. En 1932, il imagine des autorails ultra-rapides, propulsés par quatre moteurs de Royale. Gouffres à essence, ils roulent à 174 km/h. Grâce à ses relations politiques, Ettore réussit à en vendre 88 aux chemins de fer français. Les autorails Bugatti resteront en service jusqu'en 1958.

Mais ce bol d'air financier ne suffit pas. Quand le Front populaire arrive au pouvoir, en 1936, Ettore ne comprend pas la présence de piquets de grève et de banderoles hostiles dans son usine. Dépité, il se retire à Paris et confie la direction de l'usine à son fils Jean, âgé de seulement 27 ans. Jean est aimé. Il a débuté comme apprenti dans l'usine familiale. Comme son père, c'est un dessinateur de génie, à qui l'on doit de sublimes carrosseries qui ont marqué les esprits telles l'Aérolithe et l'Atlantic aux airs d'avions de chasse...

En 1934, il présente le Type 57, sa création, peut-être la plus aboutie des Bugatti. Voiture très performante, très sûre, elle peut transporter confortablement quatre personnes à plus de 150 km/h en version tourisme. Les versions sport ou course dépassent les 200 km/h.

Produite à 685 exemplaires, la 57 remporte les 24 Heures du Mans 1937 et 1939. La 57 aurait pu sauver Bugatti... elle est fatale à Jean. La nuit du 11 août 1939, sur une route nationale proche de Molsheim, ce dernier effectue un essai au volant du Type 57, qui venait de remporter les 24 Heures du Mans. On dit qu'il roulait à 230 km/h. La route était fermée par des collaborateurs de l'usine et par son petit frère, Roland. Un cycliste sorti de nulle part jaillit dans les phares. Jean donne un coup de volant et sort de la route. Il est tué sur le coup. Il a 30 ans.

Ettore a perdu son fils, son double, son complice, son successeur. Il ne s'en remettra jamais. Trois semaines plus tard, la Seconde Guerre mondiale éclate... Les Allemands envahissent l'Alsace, l'usine Bugatti est réquisitionnée. On y fabrique des torpilles et des véhicules militaires.

Ettore Bugatti refuse de collaborer et installe ses ateliers à Bordeaux. Ses pilotes de course, parmi lesquels Robert Benoist et Jean-Pierre Wimille, vainqueurs des dernières 24 Heures du Mans, entrent dans un réseau de résistance. Benoist y laissera sa vie…

Ettore Bugatti décède à Paris le 21 août 1947, à l'âge de 66 ans. En 1951, son fils cadet, Roland, 25 ans, tente de relancer la marque avec un collaborateur historique de l'usine, l'ancien pilote Pierre Marco. L'heure est aux voitures populaires. C'est l'échec. Toutes les grandes marques françaises disparaissent les unes après les autres : Delage, Delahaye, Voisin, Hotchkiss, etc. Bugatti n'échappe pas à la règle. En 1963, l'usine et la marque Bugatti sont vendues à Hispano-Suiza, qui ne fabrique plus de voitures depuis 1938 mais des pièces pour l'aviation…

Pour les amateurs fortunés, Bugatti reste toutefois un fantasme. En 1987, un industriel italien, Romano Artioli, rachète la marque. Il construit une usine ultra-moderne près de Modène, fief des Ferrari, Maserati et autres Lamborghini. Avec les meilleurs ingénieurs du moment, il conçoit l'EB 110, une voiture de sport extrême, équipée d'un moteur douze cylindres de 3,5 litres, à quatre roues motrices. L'accueil est excellent chez les aficionados. Le champion de Formule 1 Michael Schumacher en achète une de couleur jaune en 1994. Mais la crise économique met un terme à « l'aventure Artioli », qui s'achève par un dépôt de bilan en septembre 1995.

Peu de temps après, l'allemand Volkswagen entre en scène. Puriste, le nouveau propriétaire choisit de faire revivre la marque sur ses terres historiques de Molsheim, y rachetant le château Saint-Jean, où Ettore recevait ses hôtes. Il y construit une nouvelle usine, dernier cri. Les nouveaux modèles, baptisés Veyron et Chiron, du nom des pilotes qui ont fait la gloire de Bugatti avant guerre, séduisent des clients dans le monde entier. Elles sont les plus rapides, les plus avancées techniquement et les plus chères du marché. La magie Bugatti opère toujours. Baptisée « Tourbillon », la dernière née est propulsée par un moteur thermique hybride de seize cylindres dont la sonorité perpétue l'empreinte de cette marque légendaire.

C

Champignon

« Le champignon le plus vénéneux, c'est celui qu'on trouve dans les voitures. » Signé Coluche, en 1986. Belle preuve de l'incroyable vitalité des expressions automobile. Car « appuyer sur le champignon » ne date pas d'hier. Cela nous ramène aux premières heures du moteur à explosion, lorsque la pédale d'accélérateur consistait en une simple tige surmontée d'une demi-sphère en forme de champignon. Il fallait l'écraser pour prendre un peu de vitesse. La préhistoire. Depuis, on n'a rien trouvé de mieux pour décrire l'accélération et l'élan. Aujourd'hui encore, ces quelques mots gardent une formidable force d'évocation. Bravo aussi à l'expression « sur les chapeaux de roues » d'avoir traversé les décennies sans rien perdre de son charme. Le « chapeau » est l'ancêtre de l'enjoliveur, lui-même aïeul de la jante en alliage léger. Dans les virages pris à vive allure, la voiture s'inclinait au point qu'il pouvait frotter sur la route. On aimerait bien voir la scène aujourd'hui. Il y a aussi la phrase « mettre la gomme », sacrément piégeuse, car, contrairement aux apparences, elle ne vient pas des traces laissées par les pneus lors d'un démarrage vif mais de la proportion importante de gomme que contenait l'essence. Une conduite sportive provoquait une surconsommation de carburant, et de la gomme sortait de l'échappement. Baignée par une forte odeur.

Ces expressions un peu surannées restent extrêmement imagées et – prodige de votre langue – n'ont guère leur équivalent en italien, en allemand ou en anglais. Mais combien de temps vivront-elles ? Elles parlent d'un monde qui envoie ses derniers feux, celui des boîtes de vitesses qui craquent, des pneus qui crissent, des échappements qui claquent. La vitesse est devenue incongrue. Pour conduire très vite aujourd'hui, il faut être soit un malfaiteur lancé dans un « go fast » sur l'autoroute au volant d'une voiture volée, soit un policier à la poursuite du précédent, soit un homme politique avec passe-droits, soit être très riche avec accès à un circuit privé.

Fin de la vitesse pure, peut-être. Mais pas des accélérations ni des reprises. Car les voitures électriques sont riches en sensations et garantissent, pour certaines, des démarrages de sportives. Quelles expressions vont naître avec elles et que nos petits-enfants utiliseront encore ? Elles restent à imaginer. Ce qui est sûr, c'est qu'avec les voitures de demain on ne risque plus de « péter une durite » ni de « couler une bielle ».

Chine

Il suffit de passer quelques jours à Shanghai pour se rendre compte de la révolution en cours. Dans les rues, les voitures 100 % électriques *made in China* sont omniprésentes. Dotées notamment d'un software très innovant, j'ai pu mesurer combien elles avaient une génération d'avance sur la concurrence mondiale. Plusieurs dizaines de marques locales se sont lancées sur ce marché gigantesque de 1,4 milliard d'habitants. BYD, Great Wall Motors, XPeng, SAIC, Nio, Geely... ces noms sont encore peu ou pas connus en Europe, mais cela risque de changer rapidement : les constructeurs chinois ont décidé d'exporter leurs modèles partout dans le monde, et l'Europe est clairement l'une de leurs cibles prioritaires.

On a mis du temps à s'en rendre compte. En vingt ans, la Chine s'est dotée d'une industrie automobile ultra-puissante qui occupe de très loin le premier rang mondial. Elle a produit 25,3 millions de voitures en 2023, devançant nettement l'Europe (12,8 millions) et le Japon (7,7 millions). En 2000, elle n'en fabriquait que 2 millions. Quel bond en avant ! Elle accroît désormais ses exportations. Elle a dépassé le Japon et l'Allemagne sur les marchés mondiaux, et ses ventes hors de Chine devraient approcher les 4 millions d'unités en 2023, soit 1 million de plus qu'en 2022. Et les voitures électriques représentent déjà un quart du total. Certes, ces chiffres sont boostés par Tesla : l'entreprise d'Elon Musk inonde les marchés mondiaux de Model 3 fabriqués dans la « gigafactory » de Shanghai, ouverte le 30 décembre 2019. Mais les marques chinoises lui ont emboîté le pas, notamment en Russie, désertée par les Européens après la mise en place des sanctions occidentales. La Chine est aujourd'hui le champion incontesté des voitures propres. Elle est donc en position idéale pour profiter des nouvelles normes mises en place en Europe, qui prévoient la disparition des moteurs thermiques en 2035.

Comment en est-on arrivés là ? En fait, l'essor de cette industrie met en lumière de façon exemplaire la capacité du géant communiste à s'approprier un savoir-faire, à le faire fructifier et à le transformer ensuite en arme de conquête économique. Dans le cas de l'automobile, le pays a mis toutes ses forces dans la bataille pour préparer puis lancer son offensive. Et la conversion à l'électrique est une aubaine, car elle rebat les cartes, facilitant l'entrée de nouveaux acteurs sur le marché.

L'histoire commence au début des années 1980, avec l'ouverture du pays décidée par Deng Xiaoping. Les constructeurs automobiles du monde entier affluent pour proposer des automobiles aux consommateurs chinois, qui se comptent rapidement en centaines de millions. Mais le plus grand pays du monde dicte ses règles : pour vendre, il faut produire sur place dans le cadre de joint-ventures avec des partenaires locaux. Il impose également la mise en place de filières d'approvisionnement en pièces détachées auprès de sous-traitants chinois. Les meilleurs équipementiers accompagnent donc le mouvement et s'installent eux aussi dans le pays. Le système fonctionne très bien jusqu'aux années 2015-2020. Appâtés, les groupes étrangers jouent le jeu à fond : ils construisent des usines modernes qui tournent avec des robots, une organisation et une logistique qui ont fait leurs preuves ailleurs. Même s'il y a quelques échecs, tout le monde y trouve son compte. Les Japonais et les Allemands les premiers. Quand je suis arrivé chez Volkswagen en 2009, la filiale chinoise représentait les deux tiers des profits de l'entreprise. Dans l'euphorie ambiante, personne ne voit que les partenaires locaux apprennent vite, très vite. La Chine, usine du monde, ne s'interdit rien. Elle veut devenir autonome dans tous les domaines. Elle décide donc de construire ses avions, ses TGV et ses voitures. Le marché est tellement vaste que personne n'y trouve à redire.

Arrivé au pouvoir en 2012, Xi Jinping apporte une contribution décisive dans un pays entièrement sous contrôle. Il décrète la mobilisation générale en faveur de la souveraineté économique et de l'innovation lors de sa réélection en 2017. Ses vœux sont exaucés. L'État et les banques financent massivement l'industrie automobile. L'idée, c'est de lancer en même temps une cinquantaine de piranhas dans la piscine. Les six ou sept qui survivront deviendront des champions mondiaux. En plus de l'argent abondant, ces entreprises bénéficient de la mise au pot commun des technologies de pointe développées par les industriels de l'électronique grand public et des télécommunications. Les Chinois partagent leurs acquis : ils établissent rapidement des standards qui permettent à chaque acteur qui le souhaite de tenter sa chance. Ils avancent en meute, quand les Européens restent des loups solitaires. Le passage à l'électrique favorise, encourage, même, cette capacité à faire converger les métiers et les industriels. Le software et l'électronique deviennent essentiels dans la conception des nouvelles voitures pendant que le savoir-faire permettant de faire de bons moteurs thermiques, véritable barrière à l'entrée jusque-là, est appelé à disparaître. Sans parler des batteries, qui bénéficient des recherches effectuées par les fabricants de smartphones. Un signe : Huawei et Xiaomi, deux mastodontes de la tech, se sont lancés à fond dans la bataille en présentant des modèles très performants. Le second projette même d'investir massivement dans les dix années qui viennent pour développer une gamme de voitures.

L'une des grandes forces de la Chine, c'est de savoir industrialiser toutes les innovations qui se présentent. Dans cette course à la suprématie électrique, les Chinois ont été très malins. Ils ont mis tous les atouts de leur côté, des matières premières aux technologies, en passant par la main-d'œuvre et la clientèle locales. Ils ont donc pris la bonne trajectoire avant nous. Ce qui leur donne une belle longueur d'avance. Bien sûr, ils ont quelques handicaps : d'abord, ils ne sont pas toujours à l'aise loin de chez eux. À l'exception notable du Club Med et de Volvo, peu d'entreprises qu'ils ont rachetées en Europe se portent vraiment bien. Ils ont notamment du mal à comprendre les comportements des consommateurs des autres pays. Mais la machine est lancée à grande vitesse. Comment l'arrêter ? Faut-il fermer la porte, comme les Américains l'ont décidé sous l'impulsion de Donald Trump ou, au contraire, l'ouvrir ? Comme je ne crois pas au protectionnisme, je pense qu'il serait préférable que nous passions des accords avec eux pour qu'ils s'établissent en Europe dans un cadre que nous maîtriserions. Cela nous aiderait à nous mettre le plus vite possible à leur niveau. À moyen et à long terme, la décarbonation des transports se fera avec la Chine. Pas contre elle.

Cinéma

La plus belle histoire d'amour du cinéma est celle qu'il a eue lui-même avec l'automobile. Romantique, la Ford Mustang dans *Un homme et une femme*, tendre, la Volkswagen dans *Un amour de Coccinelle*, enflammée, la Porsche dans *Top Gun : Maverick*, jalouse, l'Alfa Romeo 2600 Spider dans *Le Mépris*, brutale, la Falcon XB dans *Mad Max*. D'une exceptionnelle longévité, surtout. Cent vingt-cinq ans, qui dit mieux ? La romance a commencé en 1899 avec un petit film de Georges Méliès, *Automaboulisme et Autorité*. L'histoire de deux clowns qui, après quelques méfaits, doivent prendre la fuite à bord d'une auto. La première course-poursuite du septième art. L'aventure a continué avec *Enlèvement en automobile et Mariage précipité*, réalisé en 1903 par Alice Guy, première femme à tenir la caméra. Puis avec les Buster Keaton, les Charlie Chaplin et les Laurel et Hardy, dans lesquels la Ford T tenait un rôle de premier plan. À partir de là, ce fut : « Moteurs, action ! » La voiture a envahi les écrans, elle est devenue une star. Elle a su jouer tous les rôles, sexy, modeste, burlesque, canaille. Il n'y a pas, dans le cinéma, d'objets ni d'accessoires qui ont autant d'âme qu'elle. Aucun ayant inspiré autant de scénarios. Un réalisateur de talent peut élever n'importe quel modèle au rang d'icône.

Prenez la 2 CV, sublimée par *Le Gendarme et les Gendarmettes*, en 1982. Elle y est conduite sans ménagement par une religieuse, cornette au vent. Elle finira sa course folle complètement disloquée, avec seulement deux roues avant, deux sièges, le volant et le moteur apparent. Une quasi-œuvre d'art. La « deuche » a aussi rencontré son destin dans *Les Visiteurs*, *La Belle Américaine*, *Rien que pour vos yeux*... Au total, plus de 150 longs-métrages. Cela mériterait l'oscar d'honneur, qui récompense l'ensemble d'une carrière. Et la 406... Pas gâtée par la vie ni par les designers de Peugeot. On l'a pourtant vue transcendée dans la série des *Taxi* produite par Luc Besson. La voiture de M. Tout-le-Monde devenue culte. Bardée d'ailerons, d'écopes latérales et de roues pivotantes. Ainsi bodybuildée, elle était pilotée à un train d'enfer dans les rues de Marseille. Pour les besoins du tournage, il a fallu plusieurs 406. L'une d'elles avait un second volant afin qu'un cascadeur, dans les scènes les plus acrobatiques, conduise à la place de l'acteur principal, Samy Naceri. La saga a attiré au total 31 millions de spectateurs, pour qui la star était probablement autant la Peugeot que les excellents comédiens qui l'entouraient. Une voiture capable de faire de l'ombre à des acteurs ? On n'en est pas loin avec la Ford Gran Torino de la série mythique *Starsky et Hutch*. Rien ne la prédestinait à y tenir le presque premier rôle. Son succès commercial était flatteur, mais elle traînait une réputation de fausse voiture de sport, sans grand caractère. Le créateur de la série n'en voulait pas et préférait la Chevrolet Camaro, bien plus glamour. Mais la maison de production était liée par un contrat de location avec Ford et imposa la Gran Torino. Pour la rendre moins banale, la pauvre, on lui administra un traitement de choc : pneus extra-larges, train arrière surélevé, large bande blanche sur le rouge de la carrosserie. Même dopée ainsi, l'interprète de Starsky la méprisa ouvertement.

De surcroît, il la trouvait flashy et donc incompatible avec le travail supposé de deux flics en patrouille. Il la traita un jour de tomate enrubannée. Le surnom resta. Qu'importe, le succès de la série devint phénoménal. Au point que Ford commercialisa en 1976 une série spéciale, réplique de celle des deux policiers. Leurs aventures, remplies de dérapages et de tête-à-queue, ont consommé huit exemplaires de Gran Torino. Le comédien jouant Starsky avoua plus tard les avoir, par antipathie, volontairement malmenées.

Les plus grandes stars ont parfois besoin d'une voiture pour se hisser au sommet de leur art. Imagine-t-on Louis de Funès sans une ID 19, une 2 CV, une Rolls à martyriser ? Son irascibilité comique s'épanouissait dans sa manière de (mal) conduire. Ses queues-de-poisson et ses grimaces au volant sont légendaires. Sa tendance à détruire les voitures aussi. Notamment les DS. Ah, la DS ! L'incarnation de la France au cinéma. Une présence intense. Volante dans *Fantomas*, flottante dans *Les Aventures de Rabbi Jacob*, fringante dans *Les Grandes Vacances*, intimidante dans *Le Clan des Siciliens*. La DS était aussi la chouchoute des cascadeurs. Elle se prêtait aux acrobaties les plus dingues. Rémy Julienne, que Claude Lelouch surnomma « le Einstein de la cascade », avait une affection particulière pour elle. Peu de temps avant sa disparition, en 2021, il racontait comment l'idée lui était venue de « décapiter » les DS, c'est-à-dire de raser tout ce qui dépassait des portières. Un jour d'hiver, alors qu'il roulait à 130 km/h pour rejoindre un tournage, un passage à niveau fermé surgit dans le brouillard. Impossible de stopper à temps, la Citroën défonça la barrière. « On a alors juste eu le temps de se baisser, la voiture a été littéralement scalpée ! » Peu de temps après, Rémy Julienne reproduisit cette figure dans *Quelques Messieurs trop tranquilles*, de Georges Lautner. Des décapsulages, il y en eut ensuite beaucoup, et pas que sur des DS.

Une autre référence, dans le monde de la cascade, est selon moi le film *Bullitt*, sorti en 1969. En haut de l'affiche, Steve McQueen en lieutenant de police et sa Ford Mustang GT390 qui pourchassent la Dodge des bandits. La poursuite dans les rues en toboggan de San Francisco, bloquées pour l'occasion par les autorités, dure dix minutes et cinquante-trois secondes. Un record rarement battu depuis. Elle inspirera des dizaines de réalisateurs. McQueen, fanatique de sport automobile, a imposé cette course insensée. Il voulait procurer au spectateur une expérience inédite. Pas de dialogues, pas de musique, pas de trucages. Du brut, du bestial. Des pointes à 170 km/h en pleine ville. Le V8 fut modifié pour augmenter le couple à bas régime et favoriser les reprises canonesques. Quelques années plus tard, le réalisateur de *French Connection*, William Friedkin, se lança le défi de surpasser *Bullitt*. Contrairement à Steve McQuenn, il n'eut pas l'autorisation de tourner dans les rues. Il décida de passer outre et filma dans un New York « normal ». Ce qui était une pure folie. La Pontiac LeMans, équipée de trois caméras, a foncé à 130 km/h sur 26 pâtés de maisons en grillant les feux rouges sans aucun contrôle de la circulation. Un accident que l'on voit dans le film n'était pas prévu. William Friedkin tenait lui-même la caméra derrière l'épaule du pilote, car il n'avait pas voulu faire prendre de risques à son chef-opérateur. Dans son autobiographie, il confesse « l'épuisement et la terreur » qui l'ont envahi quand il est descendu de la voiture : « Nous avons mis des vies en danger, je n'en étais pas conscient. Jamais je ne le referais aujourd'hui. » *French Connection* offre un autre moment d'anthologie dont je ne me lasse pas : le désossage méticuleux d'une Lincoln Continental Mark III pour trouver la drogue qui y était cachée. Friedkin a résumé sa passion : « La course-poursuite est le cinéma à l'état pur. » On pourrait en dire autant du road-movie, qui constitue par excellence le lieu de communion d'un acteur, d'une caméra et d'un volant. *Bonnie and Clyde*, *Easy Rider*, *Sailor et Lula*, *Thelma et Louise*... autant de chefs-d'œuvre, bien sûr. Auxquels j'ajouterai *Le Fanfaron* (*Il sorpasso*), de Dino Risi, sorti en 1962. Un film italien, dans un genre archi-dominé par les Américains, c'est exceptionnel. Il met en scène la confrontation de Vittorio Gassman et de Jean-Louis Trintignant à bord d'une sublime Lancia Aurelia cabriolet sur la route qui relie Rome à la côte toscane : cent cinq minutes de pure et authentique Italie. Comptez au moins 380 000 euros pour revivre aujourd'hui ces émotions dans un modèle identique bien restauré...

C'est aussi au cinéma que l'on doit les plus belles scènes de circuit et les duels les plus intenses entre pilotes de légende. *Grand Prix* (1966), *Rush* (2013), avec James Hunt sur McLaren contre Niki Lauda sur Ferrari. *Jours de tonnerre*, avec Tom Cruise. *Le Mans 66*, avec Ferrari contre Ford. Et tant d'autres. Je réalise que pas un instant ne m'est venu spontanément à l'esprit un film négatif ou revanchard à l'égard de l'automobile. Je cherche donc. *Trafic* de Tati : une satire du monde moderne, mais sans aucune méchanceté. *Le Grand Embouteillage*, virulent, mais avec tellement de talent.

Non, vraiment, le cinéma adore la voiture et celle-ci le lui rend bien. Comme dit l'un des personnages de *Pulp Fiction*, après que pas mal de chargeurs ont été vidés : « Quelle lâcheté, de s'en prendre aux voitures. »

Au fait, en quoi roulait Louis de Funès ? La plupart du temps, en R6. Il n'aimait pas le luxe et laissait sa magnifique Jaguar MK2 au garage.

Cinquecento

L'histoire de la Cinquecento, c'est un peu le roman de l'Italie. Celle que les Italiens ont surnommée « il Cinquino » ou « la piccola grande vettura » (« la petite grande voiture »), et les Français « le pot de yaourt », a commencé sa carrière en 1957, s'est épanouie pendant les Trente Glorieuses, avant de disparaître au début des années 1970. Le début d'une très longue éclipse : il a fallu attendre l'année 2007 pour que la Fiat 500 renaisse enfin. L'une de mes plus grandes fiertés professionnelles est d'avoir prouvé, en pilotant ce projet audacieux, que le déclin de l'industrie automobile italienne n'était pas une fatalité. La citadine italienne a connu des hauts et des bas, mais elle est entrée, avec ce retour réussi, dans le petit club des voitures qui ont marqué l'industrie automobile mondiale.

Tout commence en 1930. Alors que le dictateur Benito Mussolini est arrivé au pouvoir en 1922, il entretient des liens très étroits avec Giovanni Agnelli, fondateur, en 1899, de la Fabbrica Italiana Automobili Torino (FIAT). Passionné de voitures, impressionné par le succès de la Ford T outre-Atlantique, « le Duce » demande à l'industriel de concevoir une petite voiture populaire pour son peuple. Il lui fixe même un prix plafond de 5 000 lires, le salaire annuel d'un ouvrier de Fiat. Agnelli s'exécute volontiers. Dès l'été 1931, un prototype de quatre places doté d'un moteur bicylindre placé à l'avant de l'auto sort de l'usine de Lingotto à Turin. Mais une fuite d'essence provoque un incendie lors de son essai inaugural. Giovanni Agnelli et son concepteur, l'ingénieur Oreste Lardone, qui sont à bord, descendent précipitamment du véhicule. Furieux, l'entrepreneur enterre ce premier projet. Il ne veut plus de la traction avant. Et Lardone est licencié. Le bureau d'études de Fiat se remet au travail, mais peine à déboucher sur un concept différent. Mussolini, qui attache beaucoup d'importance au succès de son industrie automobile, ne lâche pas l'affaire. Lors d'une visite à l'usine Fiat en octobre 1932, il renouvelle sa demande à celui qui fait prospérer son groupe grâce à la bienveillance du pouvoir. Pour faire naître une voiture, il faut trouver un créateur. C'est à ce moment qu'entre en scène un jeune ingénieur, Dante Giacosa, qui vient de travailler sur le développement de la Fiat 508 Balilla. Il dessine une version réduite de ce modèle, qui franchit toutes les étapes d'approbation. Après de longs essais, la Fiat 500-A est présentée au Salon de Turin en juin 1936. La Topolino est plus chère que prévu, 8 900 lires, mais elle rencontre un joli succès pour l'époque. Certes, la guerre ralentit sa progression, mais les ventes bondissent de nouveau après 1945. Une version B, un peu plus puissante, arrive sur le marché en 1948, suivie rapidement d'une C reconnaissable à sa calandre carrée. Le concept est exporté dans d'autres pays. En France, Simca l'assemble et la vend sous le label Simca 5, puis Simca 6. Elle est également fabriquée en Allemagne et en Pologne.

Un temps mis à l'écart en raison de sa relation avec le pouvoir mussolinien, Giovanni Agnelli est revenu aux affaires. De son côté, Dante Giacosa a pris du galon. Il a été nommé patron du bureau d'études de Fiat. Il crée d'abord la Fiat 600 en 1955, qui va connaître un grand succès : c'est elle qui démocratise l'automobile en Italie. Dans la foulée, il donne naissance à la Nuova 500, plus petite que la 600, en 1957. Dans un premier temps, son succès est mitigé. Cette 500 très pauvre en équipements n'a que deux sièges. Et un petit moteur très poussif. Elle peine à trouver son public. Les ingénieurs de Fiat en ont conscience. Ils apportent rapidement plusieurs améliorations qui boostent ses performances et son confort. Une version sport est lancée en 1958, une autre apporte le toit ouvrant en 1959. Petit à petit, elle comble son retard. Il faut toutefois attendre la version L, commercialisée en 1968, pour que ses ventes décollent. L'intérieur est plus soigné. Les sièges deviennent enfin moelleux. En peu de temps, la 500 devient la seconde voiture des familles. Elle séduit les jeunes et surtout les femmes. Les maris ont une Alfa Romeo ou une Lancia, leur compagne roule en Fiat 500. Dix ans après son lancement, la 500 triomphe enfin. Pour la seule année 1970, Fiat enregistre 407 365 commandes de son nouveau modèle. Mais le soufflé retombe au milieu des années 1970. Le constructeur turinois décide de passer à autre chose. La dernière Cinquecento sort de l'usine de Palerme, en Sicile, en août 1975. L'idée des dirigeants de l'entreprise est de la remplacer par la Fiat 126, dont la carrière a commencé en 1972. C'est l'équipe de Dante Giacosa qui a développé ce modèle faisant référence aux éléments de base de la 500, mais avec une carrosserie radicalement différente. Elle ne laissera pas la même empreinte.

La traversée du désert commence. Les difficultés de Fiat aussi. Plusieurs fois, les dirigeants du groupe songent à faire revivre la 500. En 1991, une version aux formes carrées fabriquée en Pologne finit par arriver sur le marché. Un flop esthétique qui débouche logiquement sur un échec. Elle ne méritait pas, selon moi, de s'appeler Fiat 500. Un peu partout, le brainstorming bat son plein. En 1992, le studio de design Zagato dessine ainsi la Fiat 500 Z-Eco, une voiture multimodale dont l'habitacle plus étroit est réduit à deux sièges (un devant, un derrière), ce qui laisse la place de transporter un vélo sur le flanc laissé libre. L'idée, sans doute un peu trop audacieuse, n'est pas retenue.

Quand je prends mes fonctions de directeur général de la marque en 2004, aux côtés de Sergio Marchionne, le charismatique patron du groupe, je demande à voir tous les projets qui sont dans les cartons. Parmi eux, il y a celui d'un concept car présenté au Salon de Genève en mars 2004. Son nom : « Trepiuno » (contraction de « 3 + 1 » en italien). L'idée est de transporter quatre passagers dans une configuration inédite de trois sièges + un. Imaginé par Roberto Giolito, son look très sympa rappelle celui de la 500. Cela me conforte dans l'idée de lancer une nouvelle Cinquecento. Mais je dois d'abord convaincre de la qualité du projet en interne. Pas si simple. Même si Marchionne y est favorable. Au début, on ne veut pas m'accorder les moyens nécessaires. Je dois batailler. On attribue souvent la paternité d'un nouveau modèle à un designer. Mais il faut aussi trouver les millions permettant de le lancer. Dans ce cas, c'est moi qui l'ai fait. Je parviens à débloquer la situation en changeant le positionnement de la voiture. Chez Fiat, tout le monde la destinait à être placée tout en bas de la gamme, en dessous de la petite Panda. Suivant l'exemple de la Mini relancée avec succès par BMW en 2001, j'opte pour un positionnement beaucoup plus haut de gamme. La 500 utilise la plateforme de la Panda, mais elle est vendue plus cher que la Punto, un modèle situé sur le même segment que la Renault Clio.

Plus ronde, très confortable et bien équipée, elle justifie son prix.

Le lancement est une très grande réussite. Le président du Conseil, Romano Prodi, et pas moins de six ministres se succèdent à la grande soirée que nous organisons à Turin le 4 juillet 2007. Pour l'Italie, le symbole est puissant : elle est présentée un demi-siècle jour pour jour après la 500 précédente. Fait rarissime, Canal 5, la principale chaîne du groupe de télévision privée Mediaset, propriété de Silvio Berlusconi, retransmet l'événement pendant quatre-vingts minutes en direct et en prime time ! Quant à la poste italienne, elle célèbre aussi ce retour en émettant un timbre. Dans les rues de Turin, les collectionneurs de l'ancienne Cinquecento, qui se sont rassemblés par centaines avec leur modèle d'époque, font la queue pour l'acheter.

Si la voiture rencontre immédiatement la sympathie du public, c'est parce qu'elle est associée à la période heureuse des Trente Glorieuses et à la dolce vita. Le designer italien Giorgetto Giugiaro évoque « une nostalgie positive ». L'attente est très forte : les commandes affluent et 25 000 sont enregistrées avant que le modèle n'arrive dans les concessions.

Quand je quitte Fiat en 2009 pour devenir le directeur marketing du groupe Volkswagen, je sais que nous avons relevé le défi. La troisième vie de la petite voiture préférée des Italiens sera longue. De fait, plus de 2,5 millions d'unités ont été produites depuis 2007. Convertie à l'électrique, elle peut espérer poursuivre sa carrière encore quelques années. La saga de la Cinquecento est encore loin d'être achevée.

Circuits

par Jean Alesi,
ancien pilote de Formule 1

Pour un pilote, les grands circuits sont un peu comme les sommets qu'un alpiniste doit grimper au moins une fois dans sa vie. Ce sont des monuments. Monaco, Monza ou Indianapolis ont plus de 100 ans ! Quand on est sur leur piste, on sent la magie de l'histoire. C'est en progressant dans sa carrière que l'on accède à ces lieux mythiques du sport automobile. Je les ai tous faits. J'en ai même connu qui ont disparu. J'ai couru, par exemple, à Rouen-les-Essarts, où j'ai gagné en Formule 3, et à Clermont-Ferrand-Charade, qui accueillait le Grand Prix de France de Formule 1 dans les années 1960 et 1970. Ce dernier est d'ailleurs peut-être le plus impressionnant que j'ai fait dans ma vie. On fonçait dans la forêt sans visibilité sur une route transformée en circuit.

Chaque monument a une caractéristique. Monza est, de loin, mon préféré. Un temple de la vitesse, on l'on roulait à des vitesses folles entre les murs, car les tribunes sont très proches de la piste. À mon époque, on atteignait 360 km/h avec nos voitures ultra-légères. J'ai eu le bonheur d'y rouler cinq années de suite sur une Ferrari. L'enthousiasme qu'il y avait autour de nous était émouvant. Les *tifosi* étaient là pour nous, ils voulaient que l'on fasse la pole position, que l'on gagne la course. Dans la voiture, je voyais les drapeaux qui s'agitaient, les gens qui se levaient à notre passage. C'était une sensation unique.

Je place Monaco en deuxième position : avec les Formule 1 des années 1990, c'était l'extase totale pour le pilote. Comme Ayrton Senna, j'ai toujours adoré les circuits en ville. Dans la principauté, on pouvait jouer avec les limites, voire légèrement toucher le rail. Nos voitures étaient plus agiles que les Formule 1 d'aujourd'hui. Tous les virages sont sans visibilité, c'est un exercice très spécial. Curieusement, au volant, on ne se rendait pas compte du côté jet-set de ce grand prix, car nous étions dans notre bulle. Je n'ai pris conscience de cette dimension qu'une fois ma carrière terminée.

Ensuite, j'ai adoré Suzuka, un circuit en forme de 8, qui monte et qui descend beaucoup. On passe notamment dans un tunnel. C'est vraiment un circuit magique pour moi. Il ne faut pas se louper : la moindre erreur peut vous envoyer contre le rail de sécurité après une glissade sur l'un des nombreux espaces de dégagement couverts d'herbe.

J'ai aussi apprécié Montréal pour son côté atypique et Silverstone pour son enchaînement de virages pris à très haute vitesse.

En revanche, contrairement aux autres pilotes, je suis moins fan de Spa-Francorchamps. Pour moi, c'est un circuit surfait. Certes, il y a un virage qui est très impressionnant pour les spectateurs et les journalistes, à la sortie du fameux raidillon. Les pilotes y entrent sans visibilité à 300 km/h. Mais je ne peux pas accepter que chaque année il y ait un mort à cet endroit. Ce sont des pilotes qui rebondissent sur la route après un choc et qui sont percutés par une autre voiture. Un circuit où l'erreur est fatale ne devrait plus exister aujourd'hui.

Je n'avais pas d'appétence non plus pour Budapest et Adélaïde, des circuits sans grand intérêt à mes yeux. Côté pilotage, ils manquaient de personnalité.

À côté de la Formule 1, je garde aussi un souvenir très fort de deux endroits hors normes aux antipodes l'un de l'autre. Pau, d'abord, au pied des Pyrénées, dont le tracé en ville ne pardonne aucune erreur, car la piste est bordée de trottoirs. Il suffit de les toucher pour plier une roue ou casser une suspension. Indianapolis, ensuite, outre-Atlantique : on y entre par un grand portail et un tunnel permet de se retrouver au milieu d'un stade géant de 500 000 places. On ne s'en rend pas compte à la télévision, mais la piste est très étroite et forme une sorte d'ovale avec quatre virages à 90 degrés. La vitesse moyenne est de 375 km/h. Cela veut dire que l'on fait des pointes à 400 ! On n'a pas le temps de regarder dans le rétroviseur tellement on arrive vite dans chaque courbe. Des *spotters* surveillent la course depuis le haut des tribunes pour nous informer par radio de la menace potentielle d'un concurrent. C'est fou.

En tant qu'Avignonnais, j'éprouve enfin un sentiment spécial pour le circuit Paul-Ricard, sur lequel j'ai effectué ma première course et que j'ai l'honneur de présider aujourd'hui. J'étais comme à la maison. Adolescent, j'allais voir toutes les compétitions qui s'y déroulaient. J'y ai couru deux cents fois, mais je n'ai gagné qu'une fois, en Formule 3. C'est là que j'ai fait mes débuts en Formule 1, lors du Grand Prix de France 1989. Je suis arrivé en quatrième position. Ma carrière était lancée !

Circulaire (économie)

Il n'y a pas si longtemps, les voitures finissaient leur vie dans une casse loin des regards. Seuls quelques garagistes malins venaient y dénicher des pièces détachées pas chères. Tout a changé. Désormais, elles vont revivre sous la forme de... voitures. Tel est l'objectif que se fixe la filière automobile, lancée à fond, comme tous les acteurs de l'industrie, dans le développement de l'économie circulaire. Pourquoi cette mobilisation ? En tout premier lieu, parce que les constructeurs sont de très gros consommateurs de matières comme le cuivre, le cobalt ou le nickel, dont les gisements sont souvent situés dans des régions à risque et doivent être préservés. L'industrie automobile prélève déjà jusqu'à 40 % du lithium et du platine de la planète. Une tendance qui va s'amplifier avec le passage à l'électrique : entre 2022 et 2030, la part du lithium va être multipliée par sept. En outre, le transport de ces ressources entraîne des émissions de CO_2.

La France a été l'un des premiers pays à prendre conscience de ces enjeux environnementaux. Avant l'Allemagne, qui s'est réveillée au moment de l'affaire du « dieselgate ».

La transition énergétique vers l'électricité dramatise paradoxalement la situation, car cela accroît fortement les besoins en matières sensibles.

Bonne nouvelle, chaque voiture en circulation aujourd'hui est déjà potentiellement recyclable à 85 %. Chez Renault, ce chiffre monte à 90 % pour un Scenic. Les matières peuvent donc trouver une seconde vie. L'enjeu, c'est qu'elles soient utilisées maintenant par l'industrie automobile elle-même. Nous n'y sommes pas encore : chaque fois que l'on fabrique une voiture neuve, on consomme encore entre 70 et 80 % de produits vierges. Pour l'instant, une partie seulement des matières recyclées provient des voitures. Comment accélérer les choses ? Cela prendra du temps. Jusqu'à présent, les constructeurs ne se sont pas préoccupés de la fin de vie des automobiles. Dorénavant, ils vont devoir s'y intéresser. Pour trois raisons. D'abord, parce que la réglementation l'impose. Votée en 2024 pour une application dès 2025, la loi AGEC (anti-gaspillage pour une économie circulaire), émanation d'une directive européenne, impose que les acteurs qui mettent des voitures sur le marché les enlèvent également. Désormais, il sera obligatoire de démonter les véhicules qui, jusque-là, finissaient dans les casses, rendre compte du niveau de réutilisation des pièces et, progressivement, indiquer leur niveau de réemploi dans la production des voitures neuves. Cela va changer radicalement le métier de l'industrie automobile. Ensuite, parce qu'il n'est écologiquement plus acceptable de se fournir en matières qui ont fait le tour de la terre. Enfin, parce qu'il faut garantir la compétitivité des véhicules tout en réduisant notre dépendance vis-à-vis de zones politiquement sensibles.

Cette loi marque une rupture : en 2022, 11 millions de voitures ont été produites en Europe. Au même moment, 11 millions sont arrivées dans des centres de démantèlement. Si le travail est fait correctement, le gisement devrait être suffisant pour faire face à nos besoins. En recyclant 100 % de ces 11 millions de voitures qui arrivent en fin de vie, on peut récupérer assez d'acier pour produire 8 millions de véhicules ainsi que du plastique et du cuivre pour 5 millions.

Cela supposera probablement de structurer le réseau des casses. Et, surtout, de mettre en place des incitations qui poussent les entrepreneurs de ce secteur à vendre les pièces aux constructeurs plutôt qu'à d'autres acheteurs. Si nous faisons bien notre travail, cette filière de déconstruction devrait monter en compétence et avoir une meilleure visibilité économique. Ce serait gagnant-gagnant. Pour aller plus vite, l'idéal serait que les grands acteurs européens mettent leurs forces en commun pour créer une sorte d'Airbus du recyclage, un groupement d'une taille plus grande pour faire face aux investissements nécessaires en Europe. Battons-nous pour vendre nos produits, mais rassemblons-nous pour faire face aux approvisionnements de matières que l'on ne trouve pas sur le Vieux Continent. Si tout se passe bien, il n'est pas utopique de penser que, bientôt, les composants et les matières recyclées représenteront 50 % d'une voiture neuve.

Citadine

En psychologie, on appelle cela une injonction paradoxale. Elle consiste à donner deux ordres contradictoires à une même personne. En obéissant à l'un, celle-ci désobéit à l'autre. Il en résulte pour elle une impossibilité de bien faire. Que ce soit en famille ou au sein d'une entreprise, ce syndrome peut rendre dingue. Or, il existe un secteur économique entier qui est en train de subir cette pression. C'est l'industrie automobile européenne. On demande aux constructeurs tout à la fois de réduire la consommation de leurs véhicules, mais aussi d'ajouter de lourds et coûteux équipements de sécurité active et passive ; d'engager des investissements colossaux pour passer au tout-électrique en un temps record, mais de ne pas augmenter les prix de vente ; de relocaliser en urgence les usines sur le Vieux Continent, mais d'acheter de plus en plus de batteries qui, pour l'heure, sont essentiellement *made in China*.

Une famille de voitures fait particulièrement les frais de cette politique antagoniste. Celle des citadines, qui sont pourtant la solution aux problèmes des villes modernes, car elles émettent moins de CO_2 et prennent moins de place. Proportionnellement, les nouvelles réglementations pèsent souvent davantage dans le coût d'un véhicule modeste que dans celui d'un véhicule plus cossu. Le péril est donc grand pour les citadines de voir leur compétitivité écornée et leur prépondérance remise en cause. Elles furent pourtant les stars du marché pendant des décennies. Ce sont elles qui, grâce à leur prix abordable, ont fourni les gros bataillons d'acheteurs. Elles qui, après la guerre, ont propulsé l'industrie automobile dans une autre dimension, celle de la voiture de masse, de la société des loisirs et de la mobilité. Elles qui furent à l'origine, sinon des innovations les plus spectaculaires, du moins de leur large diffusion. Elles, encore, qui ont accompagné le puissant mouvement d'urbanisation des Trente Glorieuses. L'irrésistible poussée des métropoles en a fait des vedettes.

Au début, d'ailleurs, on ne les appelait pas « citadines ». Elles se contentaient d'être petites et bon marché. En France, les Renault 4 CV, Dauphine et Ami 6 peuplaient les rues mais remplissaient vaillamment leur tâche quand il s'agissait de partir en vacances. Galerie sur le toit de rigueur. En Italie, nous ne jurions que par la Fiat surnommée « Topolino » (qui veut dire « petite souris » et qui désigne aussi Mickey Mouse), produite jusqu'en 1955. Et par sa descendante, la Fiat 500, lancée en 1957 : quatre places, 13 ch, 370 kg, pour moins de 500 000 lires. L'équivalent à l'époque de vingt mois de salaire d'un ouvrier italien. En Allemagne, la Coccinelle faisait bien sûr un carton. Et il y avait aussi la très baroque Isetta, inventée en Italie, mais dont la licence fut cédée à BMW : plus de 136 000 exemplaires vendus outre-Rhin entre 1954 et 1962. Cette voiturette surnommée « pot de yaourt » ne partait pourtant pas gagnante. Une carrosserie en forme d'œuf qui s'ouvrait par l'avant. Le volant et le tableau de bord solidaires de la porte frontale. Deux places adultes, une place enfant. Rien de plus. Un moteur asthmatique dérivé des motos, une tenue de route chaloupée. À son crédit, la possibilité de se garer dans un mouchoir, perpendiculairement au trottoir, un prix inférieur à celui de la 2 CV et une consommation de rien du tout. Un argument décisif : en 1956 éclatait la crise du canal de Suez après sa nationalisation par Nasser. L'approvisionnement en pétrole était menacé, les prix du carburant flambaient.

Cette crise énergétique (qui évoque celle de 1973 et celle que nous vivons aujourd'hui) précipita aussi le lancement de la Mini, en 1959. Un choc avant-gardiste ! Tout fut imaginé pour offrir une habitabilité maximale dans un encombrement minimal. La définition même de la citadine. Poussée à son extrême. Ainsi fut inauguré le principe d'une traction avant à moteur transversal. La boîte de vitesses était placée en dessous de celui-ci et non dans son prolongement. La sortie de boîte étant renvoyée vers le centre du véhicule avec deux arbres de transmission de longueur quasi équivalente. Résultat ?

Un bloc d'une compacité jamais connue et un comportement routier sain et joueur. Pour donner encore plus de centimètres à l'habitacle, le diamètre des roues se limitait à 10 pouces, alors que le standard pour cette catégorie était de 14 pouces. Dans le même but, le bureau d'études jeta aux orties les suspensions traditionnelles avec ressorts et amortisseurs. Il osa des cônes en caoutchouc hyper-compacts. Ainsi conçue, la Mini offrait un bel espace pour quatre personnes dans 3,05 m de longueur. Elle avait quand même un défaut. Bourrée d'innovations, elle finit par être moins bon marché que ses rivales directes, qui étaient par ailleurs les modèles les plus vendus en Europe : la Volkswagen Coccinelle, la Fiat 500 et la Renault Dauphine. Les familles modestes ont d'abord été désarçonnées par tant d'audace et de glamour. Les acheteurs aisés, eux, signèrent immédiatement et donnèrent raison à cette boutade d'un journaliste du magazine *Motor* : « À condition que vous ayez déjà une Mini, la Rolls-Royce Silver Cloud vous ferait une seconde voiture idéale. »

Austin venait sans le savoir d'inventer la seconde voiture. L'âge d'or de la citadine pouvait commencer. Il allait durer plus de soixante ans. Impossible de citer toutes les étoiles qui ont animé la scène : Renault 5, Twingo, les séries 100 et 200 de Peugeot, Citroën C1 et C3, Volkswagen Up ! et Polo, Smart, Toyota Yaris, Kia Rio, Nissan Micra… sans oublier la résurrection de la Fiat 500, totalement réinventée en 2007, que j'ai eu l'immense bonheur de piloter.

Au fil des ans, on leur en a demandé toujours plus. En confort, en sécurité, en propreté. Cet embourgeoisement permanent a conduit ces petites voitures à prendre de l'embonpoint… et des milliers d'euros.

Voyez la Clio 1, en 1990. Longueur : 3 709 mm. Poids : 892 kg. Et la Clio 5, en 2023 : 4 050 mm, 1 178 kg.

Même exercice avec la série des Peugeot 200. Première 205, en 1983. Longueur : 3 710 mm. Largeur : 1 580 mm. Poids : 780 kg. Prix d'entrée : 45 000 francs, soit 15 000 euros d'aujourd'hui.

La 208 de 2023. Longueur : 4 050 mm. Largeur : 1 745 mm. Poids : 1 090 kg. Prix d'entrée : 18 630 euros.

Cette montée en gamme n'a pas été vaine, naturellement, car l'agrément et les performances ont fait des pas de géant. Qui voudrait encore se passer de climatisation, d'airbags, de renforts de carrosserie ou d'aides à la conduite ? Mais elle a laissé de côté de nombreux clients peu disposés à payer toujours plus cher. Et la question se pose : combien de temps encore les citadines tiendront-elles leur rang et resteront-elles les voitures les plus vendues du marché ?

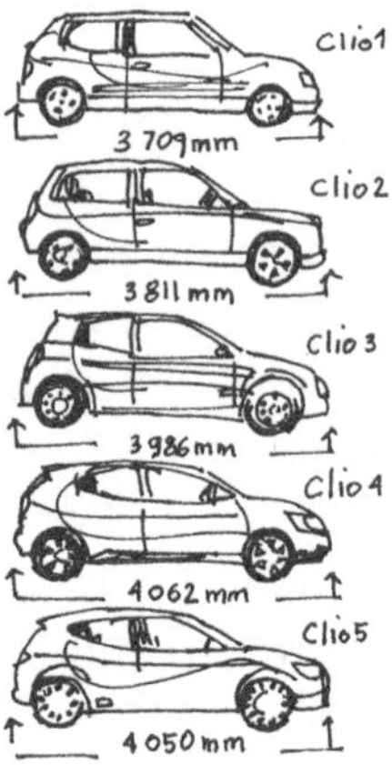

L'enjeu de cette question dépasse les constructeurs eux-mêmes. Il renvoie à des préoccupations partagées par les États, les collectivités locales et les citoyens. Comment réduire l'encombrement chronique des villes, combattre la pollution, diminuer notre empreinte carbone ? En remettant les petites voitures au centre du jeu, bien sûr. Elles occupent moins de place et consomment peu. Leur vertu doit être encouragée par plusieurs mesures : primes à l'achat, places de stationnement moins chères, espaces réservés. Pour ce faire, plusieurs solutions existent. Imaginer à partir de zéro une nouvelle voiture simple, offrant tout le nécessaire mais sans artifices inutiles ni gadgets superlatifs. Revenir aux fondamentaux, en somme.

La deuxième voie qu'il nous faut emprunter est bien sûr l'électrification des véhicules. Cela tombe bien, la citadine s'y prête particulièrement. Elle est légère, n'a pas besoin d'une puissance démoniaque et ne demande pas énormément d'autonomie. Dans ce domaine, j'affirme que les constructeurs européens, Renault le premier, font le boulot. Ils ne vendront plus de moteurs thermiques à partir de 2035 conformément aux directives de Bruxelles. À plus court terme, nos gammes sont en ordre de bataille avec leur électrification totale dans le cas de la R5. Mais je me permets de poser cette question : les pouvoirs publics, de leur côté, prennent-ils vraiment leur part ? Nos rues et nos routes comptent-elles assez de bornes de recharge ? Les incitations fiscales sont-elles suffisantes ? Combien de voies de circulation et de places de stationnement sont-elles réservées aux véhicules verts ? La citadine, je le répète, est par destination la voiture idéale pour jouer le rôle de détonateur dans la révolution électrique qui se prépare. Gouvernements et municipalités devraient s'en saisir. Vite !

De même pourraient-ils lutter efficacement contre les embouteillages et la pollution en favorisant les microvoitures. Ce que le Japon fait très bien avec les *kei cars*, abréviation de *keijidōsha*, qui veut dire « véhicule léger ». Une solution à explorer...

Citroën, André

La France d'hier et d'aujourd'hui ne manque pas de très grands capitaines d'industrie. Mais peu réunissent autant de qualités, diverses et parfois contradictoires, qu'André Citroën. Inventeur visionnaire, champion du marketing avant l'heure, créateur flamboyant, vendeur de génie, meneur charismatique, négociateur infatigable. Sa vie résume l'époque héroïque des premières automobiles de grande série. Elle a tous les ingrédients d'une histoire à la Netflix : panache, succès foudroyants, célébrité, faillite, coups de poker, trahisons...

En 1878, André Citroën naît à Paris, où ses parents, issus de familles juives de Pologne et des Pays-Bas, s'étaient établis en 1873. En 1884, premier drame, son père se suicide à cause de placements hasardeux que lui ont vendus des escrocs. Ce traumatisme va forger le caractère du futur grand patron : foncer pour réussir, cultiver une certaine légèreté pour tenir éloignées les sombres humeurs. Le jeune André fait preuve d'une passion dévorante pour le progrès technique et admire, comme deux pères de substitution, Jules Verne et Gustave Eiffel. Au lycée Condorcet, dans le 9e arrondissement, le futur inventeur de la Traction croise un certain Louis Renault. Entre eux, le contraste est total. Le premier : brillantissime, d'un caractère solaire, très populaire parmi ses condisciples. Le second : mauvais élève, taciturne, solitaire, moins chanceux auprès des jeunes filles. Leurs destins ne vont pas cesser de se croiser. Leur duel entrera dans la légende de l'industrie française.

Après Polytechnique, avalée avec aisance, André Citroën part en Pologne sur les traces de sa famille maternelle. Il y rencontre un artisan fort ingénieux qui a mis au point une machine à fabriquer des engrenages en bois aux dents taillés en V. Citroën en mesure aussitôt le potentiel et achète le brevet. Il l'améliore pour produire les doubles chevrons en acier, beaucoup plus résistants et silencieux que les modèles en usage depuis des siècles. Le futur logo de la marque est né. Cela ne suffit pas à combler les journées de cet hyperactif. Il prend donc la direction des automobiles Mors, en pleine capilotade, et va les redresser prestement : 120 exemplaires construits par an à son arrivée en 1906, 1 200 en 1914. La guerre éclate, il en comprend immédiatement les enjeux industriels. Il reconvertit son usine de chevrons dans la fabrication d'obus. Au directeur, qui lui annonce fièrement pouvoir arriver à en sortir huit par jour, il répond qu'il faut multiplier ce chiffre dérisoire par cinq ou dix mille ! Dans l'usine, on le regarde drôlement. Est-il fou ? Dans les états-majors et dans les ministères, on est sur la même longueur d'onde. Et pourtant, il se met tout ce beau monde dans la poche, obtient des financements publics et privés grâce à la banque Lazard et achète dans Paris, à l'extrémité du quai de Javel, une douzaine d'hectares de terrains vagues et de potagers. La machine Citroën démarre alors en trombe.

« En quelques semaines, décrit un témoin de l'époque, là où se pressaient de pacifiques cloches à melon, on vit surgir du sol des constructions industrielles légères à une cadence de féerie. » « Le Patron », comme on commence à l'appeler, met en pratique une idée qui lui est chère : construire de plain-pied et éliminer autant que possible les étages. Ainsi, on se dispense de profondes et coûteuses fondations, on cimente le sol, on monte les bâtis et les structures métalliques. Les machines peuvent être installées, alors que les couvreurs sont encore à l'œuvre. L'autre avantage de cette organisation à plat est de pouvoir rationaliser la production à la manière d'un certain Henry Ford. Un lingot d'acier suit ainsi un itinéraire presque linéaire au bout duquel, après transformations, usinage et contrôle, il devient un obus prêt à servir. Autour, la forge, l'emboutissage, la fonderie, etc., le tout relié par une noria de chariots électriques. Le travail à la chaîne est né. Il permet un rythme endiablé : 50 000 obus par jour ! Sans aucun doute, une contribution décisive à l'effort de guerre contre l'Allemagne.

L'autre audace de Citroën est de faire de son usine un laboratoire social que journalistes et élus viennent visiter avec stupéfaction comme s'il s'agissait d'un nouveau continent tout juste découvert. Bien que la guerre fasse rage, Javel abrite une cantine de qualité, une coopérative aux prix cassés, de nombreuses salles de douche, des distributeurs d'eau un peu partout, une garderie d'enfants, un dispensaire et un cabinet dentaire dernier cri. Les salaires sont plus élevés qu'ailleurs. Et automatiquement arrondis par fractions de 10 francs pour simplifier la gestion de la paie...

La guerre est à peine terminée qu'André Citroën imagine la reconversion de son usine dans l'automobile. Il a en tête une voiture populaire, vendue prête à rouler sur le modèle de la Ford T, le best-seller *made in USA*.

Quatre places, quatre cylindres, cinq roues garnies, l'éclairage et l'allumage électriques, une consommation de 8 litres. Ce sera la 10 HP Type A ou Torpédo, sortie en 1919. Tout en elle est révolutionnaire. Sa fabrication en grande série. Son prix très attractif. Sa révision gratuite. Sa garantie d'un an. Sa commercialisation par le biais d'agents exclusifs.

En 1920, les ateliers de Javel en débitent 12 000 exemplaires, 2 000 de plus que le rival Renault, parti plus tôt. C'est la gloire. Le Patron a cent idées par jour, appuie sur l'accélérateur, innove sans cesse. Il crée une filiale spécialisée dans le crédit à la consommation. Il investit des budgets monstres dans la publicité et multiplie les coups de communication. En 1922, lors de l'inauguration du Salon de l'auto, un avion survole Paris, dessinant dans le ciel le nom de la marque. Un soir, Joséphine Baker chante : « J'ai deux amours, mon pays et Citroën. » En 1924, la première des grandes expéditions Citroën s'élance à travers l'Afrique, de l'Algérie à l'océan Indien. Cette « croisière noire » est un barnum publicitaire comme l'Europe n'en a jamais connu. Il permet de vanter la qualité des véhicules aux doubles chevrons. Suivra, en 1931, « la croisière jaune », de Beyrouth à Pékin, en passant par l'Himalaya. Pour le Salon international des arts décoratifs de 1925, la tour Eiffel s'embrase grâce à 250 000 ampoules qui font briller le nom de Citroën. Tel un phare des temps modernes, le monument sert de repère à l'aviateur Charles Lindbergh après sa traversée de l'Atlantique.

Quai de Javel, le service en charge de la communication n'est pas le seul à tourner à 1 000 à l'heure. Dans les bureaux d'études et dans les ateliers aussi, la pression est énorme. En 1924 sort la B10, première voiture entièrement en acier. Un film publicitaire (encore !) la met en scène qui s'élance d'un tremplin, effectue une série de tonneaux et retombe presque intacte sur ses roues.

Le modèle a bien sûr été renforcé pour les besoins du tournage. Qu'importe le trucage, l'exercice frappe l'imagination du public. Ensuite les nouveautés s'enchaînent, toutes décoiffantes : B14, C4, C6, Rosalie... Jusqu'au coup de tonnerre de 1934 : la Traction avant entre en scène comme une star. Elle est révolutionnaire et laisse bouche bée les Français. Las ! Sa mise au point est insuffisante, ce qui compromet sa fiabilité. Les ventes chutent alors, sur fond de crise économique. Et la vérité surgit, terrible : l'entreprise est à court d'argent, les banques ne prêtent plus, les créanciers entament leur danse du scalp. Vingt-cinq mille emplois étant en jeu, le gouvernement prend la main et sollicite le rival de toujours, Louis Renault. Qui refuse de s'engager devant la montagne de dettes. C'est Michelin qui reprend l'affaire après sa mise en liquidation. La firme auvergnate saura exploiter le fabuleux héritage de Citroën. À commencer par la Traction. André Citroën, miné par un cancer, décédera en 1935. Pour tous ses ennemis, éclaboussés par son aura pendant des années, la revanche est facile : ils accusent l'industriel d'avoir été un mauvais gestionnaire et d'avoir vécu à crédit. L'éternelle fable de « La Cigale et la Fourmi ». De fait, durant une bonne partie de sa carrière, l'homme du quai de Javel a joué avec les traites. Flambeur dans le business comme dans sa vie privée – il avait ses habitudes au Moulin-Rouge, aux courses et au casino de Deauville, où il jouait des sommes faramineuses et laissait des pourboires de nabab. Pour autant, il était assez détaché des biens matériels, même pas propriétaire de son domicile parisien ni de sa résidence normande. Il réinvestissait l'essentiel de sa fortune dans ses affaires. Comme dans un puits sans fond, malheureusement, car l'entreprise vivait au-dessus de ses moyens. Le maître de Javel avait un don pour entraîner ses troupes dans les projets les plus ambitieux. Son mantra : « Si une idée est bonne, qu'importe le prix. » Un de ses proches collaborateurs de l'époque, Charles Rocherand, écrivit ceci en 1936 : « André Citroën avait su créer parmi son personnel, des directeurs aux manœuvres, un état d'esprit qu'il appela plus tard "l'esprit de la ruche". On travaillait avec allégresse, le dynamisme qui se dégageait du Patron se faisait sentir à tous les échelons, suscitait des dévouements, des efforts souvent inconnus. C'est ce qui lui a permis de réussir une série de tours de force qui eussent été impossibles à tout autre. Mais tout a son revers. André Citroën perdit ainsi l'habitude d'être contredit. » Charles Rocherand explique aussi que l'entreprise, dès sa création, s'est débattue dans de graves problèmes de trésorerie. Inarrêtable, son patron réinvestissait dans des projets ambitieux. L'intendance devait suivre. Ses relations avec les banquiers étaient notoirement passionnelles. Laissons une dernière fois la parole au biographe : « M. Citroën se défia toujours, et il ne s'en cachait pas, des banques. Il fit l'impossible pour s'en affranchir et conserver, seul, la direction de ses affaires. Il trouvait d'ailleurs dans la vie de Henry Ford des encouragements véhéments à cette méfiance ! » En 1934, quand le vent tourna avec l'échec du lancement de la Traction, les financiers lui en firent payer le prix.

Clé de contact

Étonnant. Voilà un accessoire dont les innovations, très nombreuses au fil des décennies, n'ont conduit qu'à un seul résultat : sa disparition complète. C'est l'histoire de la clé de contact, passée en un siècle du rôle de sésame à... rien du tout, simple appli noyée dans le smartphone. Aux débuts héroïques de l'automobile, il fallait tourner la manivelle pour démarrer. Bon tour de main requis. Et gare au retour de ladite manivelle quand la manœuvre échouait. Il pouvait être d'une violence extrême. La preuve, en 1910, aux États-Unis, un chauffeur en décéda. Ce drame a alors convaincu Henry M. Leland, fondateur de Cadillac, de trouver un procédé alternatif. Deux ans suffirent. En 1912, la société Delco créa le démarreur électrique avec une clé. Toutes les marques américaines l'adoptèrent. L'invention traversa l'Atlantique dans les années 1920. Gros progrès en 1931, lorsque le Français Neiman inventa l'antivol installé sur la colonne de direction. Mais deux clés étaient toujours nécessaires : l'une pour ouvrir la porte, l'autre pour démarrer. Il fallut attendre les sixties pour que les deux pièces se fondent en une seule. Dans les années 1990, ce fut une salve d'innovations. Le verrouillage centralisé d'abord, puis la télécommande sans fil. On reconnaissait les conducteurs qui avaient le privilège d'en posséder une à leur geste légèrement désinvolte – bip ! – pour ouvrir à distance leur voiture, l'air de rien. Pas comme ceux, les pauvres, qui devaient s'escrimer contre leur serrure. Surtout sous la pluie.

La clé ne le savait pas encore, mais ses jours étaient comptés. Dans les labos, les Géo Trouvetou de la voiture planchaient déjà sur le sans-contact. La simple carte à glisser dans le portefeuille d'abord, la clé virtuelle stockée sur un smartphone ensuite. Fini, aujourd'hui, le très courant : « Où j'ai mis mes clés ? » Le seul rescapé de l'allumage à l'ancienne est le bouton-poussoir. Porsche, soit dit en passant, est l'unique constructeur à toujours le placer à gauche du volant. Une coquetterie dont l'origine remonterait aux courses d'endurance qui, autrefois, étaient lancées moteur coupé. Lors du départ, la clé à gauche permettait de libérer la main droite pour enclencher la première et grappiller quelques dixièmes de seconde. En réalité, le positionnement à gauche permettait, très prosaïquement, d'économiser un peu de câble. Dans la pénurie de l'après-guerre, cette astuce était la bienvenue. Elle a survécu.

Clio

Devoir succéder à une star ? Un cadeau empoisonné ! C'est vrai dans le cinéma, dans la politique ou dans le business. Il n'y a que trois attitudes possibles. Marcher dans les pas de son illustre prédécesseur. Rompre en douceur avec son héritage. Tuer le père et oser la rupture.

La question s'est posée à la fin des années 1980, quand il a fallu remplacer la R5, devenue Supercinq, icône planétaire forte de ses 9 millions d'exemplaires vendus. Les débats furent animés, bien sûr. Au siège de Billancourt, dans les concessions, dans les ateliers, chacun y allait de son avis et de son pronostic. Continuité ou bouleversement ? La réponse tomba : on allait renverser la table ! Il ne pouvait pas en être autrement avec celui qui avait pris la tête de Renault en 1986, Raymond Lévy. Ce polytechnicien, passé par Elf et Usinor, avait succédé dans des circonstances dramatiques à Georges Besse, assassiné par le groupe terroriste d'extrême gauche Action directe. Réputé pour sa vision industrielle, son indépendance d'esprit et son management à poigne, Raymond Lévy était un grand, très grand patron. Bien décidé à poursuivre et à amplifier le plan de redressement initié par Georges Besse. Il y avait urgence : ce qui était encore la Régie nationale des usines Renault nageait en plein marasme, les pertes s'accumulaient, le manque de fiabilité des modèles était devenu proverbial. Raymond Lévy imposa un traitement de choc, qui remit Renault sur la route. Réduction des coûts, production en flux tendu, fin du statut d'entreprise publique... Et, bien sûr, il mit une pression considérable sur les équipes pour améliorer la qualité. Dès son arrivée, habitué à parler cash, il avait tonné devant ses cadres : « Quand j'étais chez Cockerill-Sambre, ma R25 de fonction allait au garage une fois par mois, ce n'est pas admissible. » Il déroula son programme : nomination d'un directeur de la qualité placé sous son autorité directe, mise en place d'objectifs quantifiables de performance à tous les niveaux hiérarchiques, formation du personnel aux méthodes du *kaizen*, chères aux constructeurs japonais.

Le premier modèle à bénéficier de ce vent de réforme fut la Clio, lancée en 1990. Pour l'anecdote, j'ai vécu cette histoire de près, puisque j'ai commencé ma carrière chez Renault en 1992 dans l'équipe marketing chargée de ce modèle. Tout chez elle porte l'empreinte à la fois de l'audace et de la rigueur retrouvées par Renault. Ce n'est pas un hasard si, trente-trois ans après sa naissance, elle collectionne les distinctions. Sacrée deux fois voiture de l'année en Europe, voiture française la plus vendue de tous les temps, en tête des ventes plusieurs années de suite. Aujourd'hui, elle est fabriquée à 1 400 exemplaires par jour. Pour atteindre ce score phénoménal, la direction de l'époque a pris de nombreux risques. À commencer par l'abandon du principe alphanumérique (R4, R5, R19) qui présidait au baptême des nouveaux modèles, au profit de noms facilement identifiables et déclinables d'une génération à l'autre. Le naming, comme on dit aujourd'hui, est stratégique. Chez Renault, il relève d'un service spécifique qui dépend de la direction marketing global. Dans sa recherche, il lui est possible de récupérer ou d'acheter un nom iconique, d'en choisir un parmi les centaines que le groupe possède déjà (Austral, par exemple, a été déposé en 2005) ou d'en créer un nouveau de toutes pièces. Dans tous les cas, les noms présélectionnés doivent réussir les tests linguistiques et culturels dans les pays où le modèle sera vendu. En général, trois noms restent en lice. Entre lesquels il revient au P-DG de trancher. La Clio, comme la Zoe, a reçu un nom court, adapté aux petits modèles. Il évoque la jeunesse et le fun. Les grandes voitures, en revanche, décrochent un nom à plusieurs syllabes : Talisman, Espace, Safrane, etc. En 1990, la future star a donc été baptisée Clio, fille de Zeus, muse de l'histoire. Un peu parce que ce nom signifie « célébrer » et « chanter » en grec ancien, ce qui est sympathique. Surtout parce qu'il sonne bien. Sauf au Japon, où la star française s'appelle Lutecia…

Côté design, la Régie a joué gros en validant un style en courbes et en arrondis, tranchant avec les lignes carrées auxquelles elle nous avait habitués. Avant d'arriver à ce résultat, signé par les équipes maison, elle sollicita des talents extérieurs comme l'Italien Giugiaro, qui rendit une copie proche de ce que sera plus tard la Fiat Punto. Rupture complète aussi dans le concept même de la Clio. Elle ne se positionnait plus comme une simple citadine mais comme une voiture polyvalente capable de s'attaquer aux longs trajets, avec un habitacle plus accueillant que ses rivales, un coffre plus grand, des qualités routières dignes du segment supérieur, un équipement très complet. Bref, elle avait tout d'une grande. À un prix serré. La publicité reprendra ce thème quelques années plus tard dans des campagnes restées cultes. J'ai un faible pour celle de 1993, réalisée comme les autres par Publicis. Un riche émir s'apprête à céder pouvoir et fortune à son fils, à condition qu'il arrête de rouler en Clio. Car ce modèle, bien qu'ayant tout d'une grande, présente un gros défaut selon l'émir : « Pas assez cher, mon fils. » Pour tenir son rang, l'héritier devra se contenter d'une immense et triste limousine. Le tout en arabe sous-titré en français, rythmé par une musique qui évoque *Lawrence d'Arabie*. Le responsable du budget, Bernard Siguier, a raconté ensuite que « l'agence craignait quelques remarques et désapprobations avec ce film pour des raisons politiques et diplomatiques ». Les craintes se révélèrent vaines. Une autre pub, destinée au marché britannique, n'eut pas cette chance et fut interdite en 2013 pour sexisme. Le spot mettait en scène une Clio dotée d'un bouton « Va va voom » situé sur le tableau de bord. Le concessionnaire qui faisait essayer la voiture invitait le client à appuyer dessus. Et là, magie ! Un décor de faux Paris apparaissait sous les yeux des passagers éblouis : la tour Eiffel, le bistrot, la baguette de pain et des danseuses en petite tenue qui se déhanchaient de manière burlesque. Et trop sensuelle, selon l'autorité de contrôle anglaise. Dommage pour le « Va va voom », qui avait peut-être une belle carrière devant lui.

Très vite, la Clio s'est distinguée par la profusion de versions et de séries limitées. Chacun pouvait trouver chaussure à son pied. Les 137 ch de la 16V offraient un 210 km/h de pointe et des sensations fortes qui régalaient les clients jeunes. Plus bondissante encore, en 1993, la Williams et son moteur 2.0 de 147 ch célébraient le quatrième titre d'Alain Prost en Formule 1 sur une Williams motorisée par Renault. Peinture bleu nuit, jantes dorées, sièges semi-baquets... cette bombinette est devenue une légende, membre du club fermé des véhicules de collection. En juin 2022, un exemplaire en bon état s'est arraché à 75 880 euros lors d'une vente aux enchères. Bel hommage. Très méchante, la V6 débarque en 1998. Une version body-buildée, habitée d'un grain de folie, avec moteur arrière de 255 ch et monstrueux élargisseurs d'ailes. Changement de décor avec la Clio Baccara, sortie en février 1991. Là, tout n'était que calme, luxe et volupté. Cuir partout, y compris dans les contre-portes. Noyer à profusion, du tableau de bord au levier de vitesses. Rangement pour les costumes sous la plage arrière...

En somme, la Clio pouvait tout se permettre. Elle était une forme de caméléon qui s'adaptait à chaque âge ou à chaque style de famille. Sentiment renforcé par les générations de Clio qui se sont succédé avec une régularité de train suisse. Clio 2 en 1998, 3 en 2005, 4 en 2012, 5 en 2019. Chaque fois, une nouvelle et haute marche a été franchie en innovation, en design et en qualité. Jusqu'à la sortie au cours de l'été 2023 de la 5 restylée, à qui la presse spécialisée a tressé des lauriers. Notamment dans sa version équipée du moteur E-Tech full hybrid 145 ch.

« Plus que jamais une Clio, résumait un essayeur, mais beaucoup mieux qu'une Clio. »

« Ni tout à fait la même ni tout à fait une autre », aurait dit Verlaine.

Coccinelle

Quel étonnant destin ! La Coccinelle a été voulue par Hitler avant la guerre, mais a achevé sa carrière adulée par les hippies de San Francisco ! Le modèle star de Volkswagen détient le record du monde de la voiture la plus produite de l'histoire. Entre la fin du conflit mondial et 2003, date de sortie de l'usine de Puebla au Mexique du dernier exemplaire, 21,5 millions d'unités ont été écoulées sur le marché. Une performance nettement supérieure à celles de la Lada soviétique (17 millions) et du premier best-seller de l'automobile, la célèbre Ford T (15 millions). Avec son moteur placé à l'arrière et refroidi par air, elle a laissé son empreinte pendant plus d'un demi-siècle. Aucun marché ne lui a résisté. La Coccinelle a conquis l'intégralité de la planète. Son design inimitable en a même fait une vedette de cinéma. Cinq films de divertissement et une série ont été produits par Walt Disney entre 1968 et 2003. Le premier, *Un amour de Coccinelle*, réalisé par Robert Stevenson, reste de loin le plus célèbre. C'est l'arrivée de la Golf équipée d'un moteur quatre cylindres placé sous le capot avant au milieu des années 1970 qui a accéléré le déclin de la « Cox ». Il était temps : le géant de Wolfsburg avait besoin de renouveler son offre pour relancer des ventes globales en chute libre depuis les années 1960.

J'étais directeur du marketing de Volkswagen en 2011 lorsque la marque a tenté de faire revivre la Coccinelle avec la « New Beetle ». L'idée était de suivre l'exemple de la Mini relancée dans une version plus cossue que l'originale en 2001 et de la Cinquecento dont j'avais orchestré le retour triomphal chez Fiat en 2007. La voiture était plutôt réussie, mais elle n'a pas eu le succès escompté. Peut-être parce qu'elle rappelait aux Allemands, à la différence de la Fiat 500, une page sombre de leur histoire. La Coccinelle est donc devenue un objet vintage recherché par les collectionneurs. Mais elle occupera à jamais une place à part dans le « Hall of Fame » de l'automobile mondiale.

Collectionneurs

Les voitures anciennes sont devenues des placements qui rapportent gros. Leurs prix s'envolent parfois à des niveaux incroyables. Elles provoquent l'hystérie des collectionneurs dans les ventes aux enchères, à Paris, à Londres ou à Los Angeles. En août 2023, la Monterey Car Week, qui s'est déroulée à Pebble Beach en Californie, a engrangé un chiffre d'affaires voisin de 300 millions d'euros. Plus de 760 voitures ont été vendues au prix moyen de

388 613 euros. La plus chère, une Ferrari 412 P Berlinetta de compétition produite à seulement quatre exemplaires en 1967, a été achetée plus de 30 millions de dollars. Dix-neuf Ferrari ont figuré d'ailleurs parmi le top 30 des voitures les mieux vendues. Une GTB/4 ayant appartenu à l'acteur Steve McQueen a, par exemple, atteint le prix de 5 millions d'euros.

Quel retournement ! Il fut un temps où les voitures dites « de collection », qui valent aujourd'hui des millions, partaient à la ferraille. On était dans les années 1950 et même 1960. La voiture se démocratisait, les Français rêvaient d'avoir une 2 CV Citroën, une Simca Aronde, une 4 CV Renault ou une 203 Peugeot pour partir en vacances en famille. Après les Années folles et les années passion, l'automobile était devenue un moyen de locomotion et d'évasion banal. Seuls quelques irréductibles, que l'on prenait pour des originaux, continuaient à vénérer les belles voitures d'antan. Ces farfelus se définissaient comme des « chasseurs de vieux tacots ». Certains traquaient les Bugatti, d'autres les Hispano, les Voisin ou les Delage. Quand la chance leur souriait, ils pouvaient tomber sur des trésors dans la grange d'un paysan ou dans un vieux garage.

Marc Nicolosi, créateur de Rétromobile, le premier Salon mondial consacré aux voitures de collection, est l'un de ces pionniers. « Des Bugatti, des Hispano, des Voisin, des Delahaye, des Talbot, on en trouvait facilement et on faisait la fine bouche, raconte-t-il ; avec les copains, on se retrouvait le matin et on se disait : “Tiens ! Aujourd'hui, on ne va chercher *que* des Bugatti. Ou bien : Aujourd'hui, on ne va chercher *que* des Hispano !” Ça nous amusait. Et si on trouvait autre chose, on ne prenait pas. »

Le premier qui en fait un business est Jean De Dobbeleer, un garagiste belge. Ce passionné de voitures anciennes a ratissé la France, aidé par des informateurs, puis a revendu aux États-Unis des Hispano-Suiza, des Delage, des Lorraine-Dietrich et autres De Dion-Bouton trouvées dans les dépendances des châteaux ou dans les grandes fermes. Au total, il a exporté 140 Bugatti aux États-Unis, entre 1950 et 1960. Son correspondant américain, Gene Cesari, un professeur d'université, explique : « Nous ne faisions pas de commissions importantes, mais c'était notre passion. » Achetées pour rien, revendues pour pas beaucoup plus, elles se trouvent aujourd'hui dans de prestigieux musées américains ou arrivent dans les ventes de Pebble Beach, atteignant des prix faramineux : 5, 10, voire 20 millions d'euros.

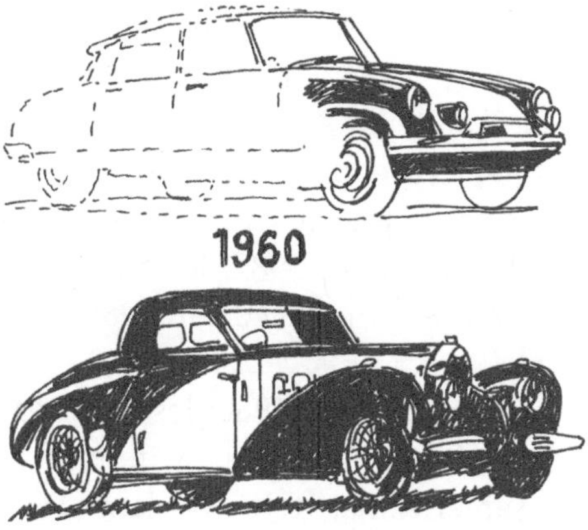

C'est dans les années 1960 qu'émerge ensuite un personnage majeur de la collection : Fritz Schlumpf, un industriel du textile dont les usines sont installées à Mulhouse, en Alsace. En dix ans, ce pionnier rassemble plus de 450 voitures. Les plus anciennes datent des années 1890, les plus récentes (les « classiques ») des années 1960. Il est le seul à anticiper la valeur de ces modèles, souvent des pièces uniques. Une équipe d'ouvriers spécialisés, de mécaniciens, de carrossiers et de selliers les restaurent dans le plus grand secret. Schlumpf les expose sur 17 000 m^2, dans une ancienne usine, éclairée par 900 lampadaires en bronze, répliques des 32 lampadaires du pont Alexandre-III à Paris : « C'est le plus beau musée automobile du monde », affirmait avec raison Fritz Schlumpf. Mais, frappé par la crise du textile, son groupe fait faillite en 1977. La tension sociale est extrême. Les médias se passionnent pour le feuilleton Schlumpf. Les syndicats occupent le site, le rebaptisent « Musée des travailleurs » et réclament la vente de la collection pour combler les pertes de l'entreprise. Poursuivi pour abus de biens sociaux et fraude fiscale, l'entrepreneur perd tout. Sa collection est confisquée. Heureusement, le Conseil d'État la fait classer à l'inventaire des monuments historiques en avril 1978. En 1980, elle est vendue pour 44 millions de francs à l'Association du Musée national de l'automobile, créée par les collectivités locales, et l'Automobile Club de France (ACF) pour sauver le musée mulhousien. Depuis juillet 1982, le musée est ouvert au public, mais son créateur, décédé en 1989, n'y est jamais retourné.

Jusqu'à la fin des années 1960, les voitures anciennes intéressent peu de monde. Seuls Schlumpf et quelques milliardaires américains, tels William F. Harrah et John W. Shakespeare, constituent des collections. Ils recherchent dans un premier temps les modèles antiques (fabriqués avant 1914) arborant des phares en cuivre. Puis ils se tournent vers les Bugatti, Talbot, Hispano, Delahaye et Delage françaises, les Alfa Romeo et Lancia italiennes, les Mercedes, BMW, Horch allemandes. Ces belles mécaniques d'avant-guerre, aux splendides carrosseries et aux performances mécaniques souvent exceptionnelles, sont enfin reconnues. Leur prix commence à monter : en 1950, une Bugatti Type 57 valait le prix de la ferraille, soit à peine 3 000 francs de l'époque, alors qu'une D S19 Citroën neuve valait 930 000 francs. En 1960, la même Bugatti valait 300 000 francs, un tiers d'une DS 19 Citroën. Mais, en 1970, la Bugatti se négociait au même prix qu'une DS 21 neuve... Une belle reconnaissance, mais également un prix qui restait accessible pour beaucoup d'amateurs. Un nostalgique de ces années se souvient : « On appartenait à toutes les catégories sociales, mais quand on se retrouvait, on était tous copains, animés par le même amour des belles autos d'antan. Tous les samedis, on se donnait rendez-vous dans un garage, on s'asseyait sur des cageots, avec des journaux en guise de nappe, une bouteille de vin et du saucisson. Il y avait là des intellectuels et des manuels, des riches et des sans-le-sou. Et on parlait Bugatti, Hispano ou Voisin pendant des heures entières. » Le châtelain côtoyait l'étudiant, le mécano, le banquier, l'instituteur, l'artiste, l'industriel ou le gendarme... et les premiers marchands spécialisés. De véritables amoureux de l'automobile qui aimaient rouler en « vieux tacots » des années 1900 ou en rapides Delage, Bugatti ou Hispano des années 1930. Quand un moteur cassait, on le remplaçait par un autre trouvé chez un ferrailleur, parce que c'était plus facile, parce que réparer coûtait trop cher. Ce temps-là est révolu.

La mondialisation, la médiatisation et surtout Internet ont tout bouleversé. Le commissaire-priseur Hervé Poulain l'explique très bien : « Aujourd'hui, dès qu'une belle voiture sort d'une grange, quelque part sur terre, l'information fait le tour du monde. » Les ventes aux enchères se font en direct, en salle bien sûr, mais surtout au téléphone et sur le Net. Elles sont suivies minute par minute par les médias, les marchands, les acheteurs, comme les traders surveillent les cours des indices boursiers. Une voiture présentée à Paris est achetée depuis Tokyo par un anonyme derrière son ordinateur. Les Ferrari, les Porsche, les McLaren, les Bugatti qui partent à 5 ou 6 millions d'euros, parfois jusqu'à 20 millions d'euros, ne rouleront plus jamais. Placements financiers, elles deviennent des pièces de musée parfois exhibées dans des concours d'élégance. Exemple : en 2017, une Bugatti cabriolet 57 S, carrossée par Vanvooren, a été adjugée 7 millions d'euros dans une vente américaine. Un de ses anciens propriétaires, un amateur français, a expliqué : « J'avais acheté cette voiture vingt-cinq ans plus tôt, c'était un coup de cœur, pas un investissement ! J'ai parcouru des milliers de kilomètres à son volant, sans penser à son prix. Je me suis régalé. » Après avoir payé 7 millions d'euros, le nouveau propriétaire osera-t-il seulement rouler avec, et y prendre du plaisir ?

Désormais, ce sont les grands acteurs de la vente aux enchères, le Français Artcurial, l'Américain Gooding & Company, les Anglais Bonhams et Christie's et la Canadienne RM Sotheby's, qui fixent les nouveaux codes du secteur. Trois critères dictent la cote d'une voiture de collection. Premièrement, le « matching numbers » (numéros correspondants) : les numéros du châssis et du moteur ainsi que la carrosserie sont ceux de la sortie d'usine de la voiture. Deuxièmement, l'historique de la voiture : un palmarès prestigieux (pour une voiture de course), un ou plusieurs illustres propriétaires (rois, champions automobiles, célébrités, etc.). Troisièmement, la marque : en haut du tableau, Ferrari pour les « classiques » (années 1950 à 2000), Mercedes, Bugatti, Duesenberg pour les avant-guerre. Des Porsche, des Alfa Romeo, des Aston Martin et même des exemplaires spécifiques de marques presque inconnues peuvent également atteindre des sommets, pour mille bonnes raisons que seuls les spécialistes les plus pointus sont en mesure d'apprécier.

Malgré la mondialisation et les prix qui s'envolent, le marché des collectionneurs n'est pas devenu le seul privilège des grandes fortunes ni la chasse gardée des spéculateurs (comme à la Bourse, ils peuvent d'ailleurs y perdre leur chemise). En 2023, la France compte 800 000 voitures de collection, selon les chiffres officiels de la Fédération française des véhicules d'époque (FFVE) et probablement presque autant de collectionneurs. Car cette passion ou cette addiction ne se limite pas aux Ferrari GTO à 55 millions d'euros. Elle commence avec la populaire 2 CV Citroën, qui peut valoir jusqu'à 120 000 euros si elle a 0 km au compteur. En France, on recense une dizaine de clubs de fanatiques de ce modèle emblématique de Citroën. Ces collectionneurs-là sont finalement les plus nombreux et, peut-être, les plus heureux.

Concept car

Lorsque je suis arrivé chez Renault, en juillet 2020, j'ai immédiatement demandé à voir sur quels projets les équipes de design travaillaient au Technocentre de Guyancourt. Un peu à l'écart des autres, une maquette orange fluo ressemblant fortement à une Renault 5 a attiré mon attention. Mes interlocuteurs m'ont expliqué qu'il s'agissait d'une base de travail pour préparer le retour du modèle emblématique de la marque lancé dans les années 1970. Mais l'idée avait été écartée par mes prédécesseurs. J'ai tout de suite dit à ceux qui étaient présents ce jour-là qu'il fallait revenir sur cette décision et lancer une Renault 5 « 100 % électrique » qui aurait exactement cette forme. Ce prototype était en fait une « show car », un concept car dont la principale caractéristique est d'être assez proche de la version que les gens pourront acheter. Une variante des concept cars, dont le dessin est résolument plus futuriste.

Je suis très fan des concept cars, car ils disent toujours beaucoup sur l'entreprise qui les présente. Ce sont des outils de communication exposés dans des salons ou dans des showrooms qui permettent à un constructeur automobile de communiquer au public ses ambitions et ses rêves. C'est un peu comme la différence entre la haute couture et le prêt-à-porter. La première est incarnée par des modèles aux mensurations hors du commun qui portent des vêtements beaux, mais pas pratiques du tout ; le second, ce sont les vêtements que l'on porte tous les jours.

L'histoire des concept cars a commencé aux États-Unis en 1938 avec la Buick Y-Job. Ce modèle se voulait précurseur des voitures qui allaient arriver sur le marché dans les années 1950. Dans la foulée, en 1939, General Motors a décidé de parrainer l'exposition itinérante « Futurama ». Sa vocation était d'imaginer les modèles du futur. Les concept cars présentés sont devenus célèbres, car ils avaient des formes de navettes spatiales ou de fusées. L'Europe s'est rapidement alignée sur cette pratique. Terre de design, l'Italie a ouvert la voie en 1952. Alfa Romeo a demandé à deux maisons de dessinateurs réputées, Touring et Bertone, de réaliser des carrosseries aérodynamiques dites « à faible traînée ». Touring a dessiné la C52 Disco Volante pendant que Bertone a présenté plusieurs concept cars sous le label BAT (Berlina Aerodinamica Tecnica). Pour les dessiner, le Florentin Franco Scaglione s'est inspiré de la fameuse Batmobile, apparue dans les bandes dessinées dès 1939. Présentée au Salon de Turin 1953, la BAT 5 a créé l'événement avec ses doubles prises d'air à l'avant permettant de réduire la zone frontale de la voiture, ses roues couvertes, son pare-brise incurvé et ses ailettes arrière lui donnant un look de chauve-souris !

À partir des années 1960, de nombreuses créations ont marqué l'histoire de l'automobile. J'en retiens quatre parmi tant d'autres : la Toyota Publica Sports, un petit coupé doté d'un étonnant toit glissant au Salon de Tokyo en 1962 ; la BMW Turbo, inspirée des avions de chasse et présentée à l'occasion des jeux Olympiques de Munich, en 1972 ; l'incroyable Ferrari 512 S Modulo Concept aux allures de soucoupe volante, apparue au Salon de Genève en 1970. Des concepts si réussis qu'ils semblent encore annoncer le futur ! Et, plus récemment, en 2016, la Mercedes-Maybach Vision 6, un cabriolet de 6 m de long dont le look fait penser à un yacht à la fois moderne et rétro, propulsé par quatre moteurs électriques, a créé l'événement lors du très chic Concours d'élégance des voitures de collection à Pebble Beach en Californie.

Dans ce domaine, Renault joue à armes égales avec la concurrence. Le département de design, dirigé successivement par Patrick Le Quément et, depuis 2009, par Laurens Van den Acker, a présenté plusieurs concept cars qui sont entrés non seulement dans l'histoire du groupe, mais dans celle des concept cars. Exemples : le redoutable roadster Laguna en 1990 ; le Renault Scenic en 1991, devenu le Megane Scenic sur le marché ; l'Argos en 1994, un cabriolet aux formes très pures, si proches de celles de la célèbre

Audi TT apparue juste après, en 1995 ; l'impressionnante Renault Initiale en 1995 qui, avec son moteur de Formule 1, laissait espérer la naissance de la première voiture de luxe à la française ; la Twizy concept show en 2009, une création vraiment audacieuse relançant l'entreprise avec un nouveau récit au sortir de la crise de 2008 ; l'Alpine A100-50 en 2012, le déclic incitant au redémarrage de la marque sportive, etc.

Un constructeur automobile a besoin de montrer qu'il sait faire des objets désirables et attractifs. Car le sang de notre vie, ce sont les produits ; et la créativité, notre moteur.

Concessionnaires

Connaissez-vous Joe Girard ? Cet Américain d'origine sicilienne né à Détroit, l'un des poumons de l'industrie automobile mondiale, est sans doute le plus grand vendeur de voitures de tous les temps. Il figure à ce titre dans le *Livre Guinness des records*. En quinze ans, de 1963 à 1978, il a commercialisé 13 000 automobiles neuves. Personne n'a fait mieux que lui sur une journée (18 ventes), sur un mois (174) et sur un an (1 425) ! À ce titre, il a été admis au fameux Automotive Hall of Fame. Son histoire pourrait inspirer un scénario de Hollywood. La quintessence de l'ascenseur social à l'américaine. Au début de sa carrière, Joe Girard était un simple cireur de chaussures qui arrondissait ses fins de mois en distribuant des quotidiens gratuits. Pour mieux gagner sa vie, il avait supplié un premier concessionnaire automobile de l'embaucher. Une fois intégré, il avait démontré des dons extraordinaires pour ce métier. Il s'était révélé tellement performant que ses collègues avaient réclamé, et obtenu, son départ, arguant qu'il leur volait des ventes. Cela ne l'avait pas stoppé, au contraire. Il avait rebondi dans un autre point de vente de Détroit, roulant pour Chevrolet. C'est là qu'il avait fait exploser tous les compteurs. L'un de ses secrets était l'attention qu'il portait à ses clients. Il connaissait tout d'eux, leur date de naissance, celle de leurs enfants, leurs passions. Il envoyait une carte par mois à chacun, ne ratant aucune fête (Thanksgiving, Halloween, etc.). Avec le temps, ce rituel était devenu si envahissant qu'il mobilisait deux employés à plein temps. Incroyable, mais vrai : à la fin de sa carrière, les clients faisaient la queue pour lui acheter une voiture. Deux assistants étaient chargés de préparer leur dossier avant de finaliser l'achat avec le maître ! Détail croustillant, il envoyait tous les ans une copie de sa déclaration d'impôt à son premier employeur. Elle était accompagnée d'un petit mot : « Vous avez viré la mauvaise personne ! » Retraité, il avait fait de son talent un business prospère : il distillait ses conseils aux équipes commerciales des grandes entreprises. Ses livres se vendaient par millions. CD, DVD, conférences s'écoulaient comme des petits pains. Du grand art !

Certes, ce cas reste évidemment atypique, mais il rappelle l'importance de la fonction commerciale dans le secteur de l'automobile. Que seraient les constructeurs sans ces génies de la vente qui, jour après jour, se battent pour convaincre les consommateurs d'acheter nos voitures ?

C'est l'occasion de célébrer le rôle essentiel joué par les concessionnaires. Depuis quelques années, on prédit leur fin et l'avènement de la vente directe en ligne. En général, ce sont les nouvelles marques qui ne peuvent pas se payer un réseau de distribution qui propagent cette musique. Avec des arguments peu glorieux : les clients préféreraient aller chez le dentiste que chez le concessionnaire. Ce sont des sottises monumentales ! Qui va acheter en ligne une voiture à 50 000 euros sans interlocuteur direct et sans savoir où la faire réparer ? Pas moi. Le service est bien meilleur qu'on ne le dit dans les points de vente automobile. Chez Renault, par exemple, les notes de satisfaction des clients accordées à nos succursales sont très hautes, entre 8 et 10 sur 10 en moyenne, dans tous les pays où nous sommes présents. À mes débuts dans la firme au losange, j'ai été nommé manager de zone dans le nord de Milan. J'ai tout appris des concessionnaires. Certains représentaient la troisième génération aux commandes de ces entreprises. Ils avaient mis l'argent familial dans ces affaires. Ils travaillaient chaque samedi. Et, le dimanche, ils étaient souvent présents sur les grands événements populaires, au contact des acheteurs. Diminuer leur rôle n'est pas une option. Nous avons besoin de ce réseau de proximité. En revanche, on peut réinventer le métier des garagistes. Une des idées serait de les transformer en centres de services disposant, par exemple, de bornes de recharge électrique. En France, il y a 550 concessions et près de 3 000 garages qui portent l'enseigne Renault. À peu près autant de points de vente que Carrefour et beaucoup plus qu'Auchan. Trente-six mille personnes travaillent dans notre réseau en Europe. Je ne crois pas que l'industrie automobile puisse se passer de l'atout distribution physique. L'expérience client dans le point de vente, le contact personnel, fait la différence pour vendre des produits premium.

Je tiens à rendre hommage aux grandes figures du métier, Penske aux États-Unis et Emil Frey ou André Schumacher en France. Ces entrepreneurs ont souvent pris des risques financiers, certains sont passés par la faillite, d'autres ont grandi en rachetant leurs concurrents. Les plus passionnés aiment tellement les voitures qu'ils ne se contentent pas de les vendre. Alpine a été créé par un concessionnaire, Jean Rédélé. L'idée de faire un van à partir d'une Coccinelle (le célèbre Combi) est venue en 1947 de Ben Pon, l'importateur néerlandais de Volkswagen qui a envoyé le dessin du futur modèle au siège de Wolfsburg. L'Italien Romano Artioli, qui représentait la marque Suzuki, est allé jusqu'à racheter et relancer la marque Bugatti. Sans oublier Giancarlo Minardi, un concessionnaire Fiat de Faenza, qui a créé une écurie de Formule 1. Ces personnages extraordinaires écrivent eux aussi l'histoire de l'automobile. Comme Joe Girard.

Conduire

par Michèle Mouton,
ancienne pilote de rallye et responsable de la sécurité du Championnat du monde des rallyes à la FIA

Ma première expérience de conduite remonte à l'âge de mes 14 ans. Mes parents étaient horticulteurs dans la région de Grasse. Ils cultivaient des roses et du jasmin pour l'industrie des parfums. Il y avait un long chemin qui traversait notre domaine. Je regardais toujours mon père conduire. Un jour, j'ai eu envie de faire démarrer sa 2 CV qui était garée dans la cour. J'étais avec des copains qui habitaient près de chez moi. Je leur ai dit : « Poussez-moi, on va la faire démarrer. » Je suis allée très doucement. Mon père, qui était dans la cuisine, a vu sa voiture passer depuis la fenêtre. Il n'a pas tout de suite réalisé que c'était moi, il a d'abord cru qu'un voleur lui prenait sa voiture. Il y avait déjà chez moi ce désir de partir, de bouger, de découvrir. La voiture, c'était un moyen de me déplacer. Mon père ne m'a pas engueulée, car lui-même adorait conduire. À partir de ce jour, il m'a laissée conduire très souvent : je me contentais de rouler sur le chemin de la propriété. Comme je n'avais pas le droit d'opérer un demi-tour sur la route, je faisais l'aller en marche avant et le retour en marche arrière. J'allais presque aussi vite en reculant ! Quand j'allais, avec ma mère, voir ma grand-mère dans le village d'à côté, elle me laissait conduire pour revenir chez nous. Je n'avais pas encore le permis, mais à cette époque tout était autorisé.

J'ai attendu avec impatience mes 18 ans, plus pour passer mon permis de conduire que pour avoir le baccalauréat. J'ai eu les deux ! La voiture a toujours représenté pour les jeunes de mon époque un moyen de liberté. Je voulais m'évader. Je me rappelle très bien ce que m'a dit mon père quand il m'a donné les clés de ma première voiture, c'était une 4L : « Maintenant, tu es responsable de ce que tu fais. » Cette phrase est restée longtemps dans ma tête. J'ai fait ma vie, j'ai bourlingué. Tous les deux week-ends, nous partions en vadrouille en famille. Pour nous, la voiture, c'était le voyage, pas la vitesse. Cela dit, quand je rentrais de Grenoble, où je faisais mes études de droit, je regardais toujours le temps que j'avais mis. Et surtout j'étais passionnée de ski. Le ski, c'est la vitesse, les trajectoires... C'est très comparable à la conduite.

J'ai découvert la compétition par hasard. J'avais 22 ans. Ce n'était pas du tout mon milieu. C'est un ami, pilote de rallye amateur, avec qui j'avais participé à un concours de rock'n'roll, qui m'a invitée à devenir sa copilote. J'ai fait mes débuts au Rallye Monte-Carlo de 1973.

Cela ne plaisait pas trop à mon père. Il était passionné de voitures : il avait des voitures de sport, une Porsche notamment. Comme il savait que j'aimais conduire, il m'a dit : « Je vais t'acheter une voiture, une Alpine A110, et tu vas d'abord faire un rallye féminin pour situer le niveau que tu as. Ensuite tu feras le Tour de France automobile. Je vais financer tes courses pendant un an. Si tout se passe bien et que tu progresses, tu continueras ; dans le cas contraire, tu arrêteras. » J'ai compris par la suite qu'il aurait rêvé de faire ce qu'il m'a proposé. Tout est allé très vite. J'ai eu de bons résultats. J'ai pu vivre de ma passion !

Mon père avait été mon premier sponsor et premier manager !

Mon expérience de la compétition m'a beaucoup appris. Selon moi, bien conduire, c'est bien se conduire. Il faut être maître de soi-même, de sa voiture, mais aussi respecter les autres. La conduite reflète ce que vous êtes dans la vie. En quelques minutes derrière une voiture, je peux deviner quel est le caractère de la personne qui est au volant : l'égoïste, le justicier, le rêveur, celui qui n'est pas sûr de lui, le connaisseur qui pense savoir mieux que tout le monde...

Conduire, c'est très différent de piloter, qui s'applique exclusivement à la compétition : on dompte la vitesse, on connaît ses propres limites et on tente de les repousser. Rouler à 300 km/h sur un circuit ou maîtriser 500 ch dans un col enneigé, cela demande d'autres aptitudes que de conduire une voiture sur l'autoroute. Peu de sports vous procurent autant d'adrénaline. On est en permanence sur le fil du rasoir, c'est une jouissance incroyable. Cela fait appel à la maîtrise de soi, à des réflexes très aiguisés et à une concentration extrême. Quand on arrive trop vite dans un virage, on n'a qu'une fraction de seconde pour prendre la bonne décision. J'ai commis des erreurs de pilotage, mais c'est comme en ski : celui qui ne tombe jamais, c'est qu'il ne va pas assez vite... On m'a posé la question des centaines de fois : pourquoi suis-je allée plus vite que les hommes ? Je ne sais pas vraiment l'expliquer. J'étais très motivée et c'était inconcevable pour moi, à voiture égale, de ne pas faire la même chose ; j'ai sans doute aussi eu un peu de chance d'être là au bon moment quand Audi m'a appelée. Qu'on soit un homme ou une femme, il faut avoir un gros cœur, prendre la bonne trajectoire, il faut faire corps avec la voiture.

Aujourd'hui, il est devenu impossible de conduire vite sur les routes comme je le faisais à 20 ans. Les limitations de vitesse, la nécessité de faire attention à l'environnement ont changé la donne. Les automobiles sont bardées de systèmes d'assistance électroniques. Je déteste cela, car cela nous prive de la possibilité de rester concentré, d'être attentif. Pour moi, la concentration fait partie de la conduite, c'est ce qui permet d'anticiper les dangers. Avec des voitures de plus en plus puissantes et rapides, les limitations de vitesse présentent le risque de diminuer la vigilance des conducteurs, de les « endormir ». Même si, bien sûr, il faut des règles, car c'est la sécurité des autres que l'on engage en conduisant.

La nouveauté, c'est que l'on doit aussi penser à économiser l'essence. Cela change radicalement la façon de conduire. Il faut démarrer en douceur, ne pas accélérer rapidement. Il faut être très doux. Le meilleur exercice que j'ai fait pour apprendre à conduire à l'économie, c'était lors d'une course qui se déroulait sur le circuit du Castellet, le Mobil Run. On avait une quantité d'essence identique par voiture, celui qui gagnait était celui qui avait fait le plus de kilomètres. Dans ces conditions, on apprend très vite à ne pas changer de vitesse tout le temps, à démarrer très souplement, à freiner très doucement.

Connaître le code de la route et savoir débrayer ou accélérer est un apprentissage insuffisant. Je pense que tous les candidats au permis de conduire devraient passer par un stage de pilotage pour apprendre à maîtriser leur véhicule dans des conditions difficiles (pluie, neige, verglas, etc.). C'était le cas en Suède, où j'ai vécu plusieurs années.

Couleurs

Sociologues, psychologues, politologues... plongez-vous dans les couleurs des voitures, vous en apprendrez beaucoup sur leurs conducteurs et sur leur époque. Un vrai livre d'histoire. Au départ, il y avait le noir, et seulement le noir. En 1926, première audace, la Ford T est proposée en marron. Ensuite, et principalement aux États-Unis, les couleurs plus claires fleurissent. Pas pour longtemps, la crise de 1929 et les années de récession redonnent la main aux teintes sombres ou neutres, comme le blanc. Peu avant la guerre, l'industrie automobile explose et les nuanciers aussi. Marron, bleu marine, beige, vert foncé... les premières peintures métallisées apparaissent, mais se destinent au très haut de gamme.

Dans les années 1950, l'écart se creuse entre l'Europe et l'Amérique. La première : tristounette, encore dans les pénuries de l'après-guerre, condamnée pour l'essentiel au noir et au gris. La seconde : gonflée d'optimisme, mordant à pleines dents les plaisirs de la société de consommation. Ford, GM et les autres rivalisent dans l'exubérance. Au sein d'une même couleur, le client peut choisir entre une multitude de nuances. On voit des modèles coûteux s'habiller de rose fuchsia ou de jaune canari. Le must est d'avoir une couleur coordonnée pour toute la voiture, de la carrosserie aux sièges, de la moquette aux panneaux de porte. Cadillac et Buick sont très forts dans l'exercice. Grand succès aussi du bicolore. Dans les années 1960, puis 1970, le Vieux Continent se guérit de sa neurasthénie et adopte les couleurs gaies. La 2 CV, longtemps grise, forcément grise, plonge dans le style pop. La R5 fait plaisir à voir avec son orange flashy. Les austères Peugeot osent le bleu « Mer du Sud ». Le métallisé se démocratise. Le nacré prépare son entrée en scène dans les années 1980. Le bicouche se répand aussi.

Dans les années 2000, pourtant, le noir et le gris regagnent leurs galons et deviennent un signe de distinction. Les teintes très colorées reculent. Comme si l'époque n'était plus à la rigolade. En 2010 apparaissent les premières finitions mates. Et aujourd'hui ? À l'échelle mondiale, le blanc (34 % des véhicules neufs) et le gris (27 %) sont redevenus les premiers choix des acheteurs. Le noir (21 %) est en augmentation constante. Belle résistance des bleus (8 %), mais baisse des rouges (5 %) et du marron-beige (2 %). Le vert (1 %) et le jaune (1 %) font de la figuration. L'Europe se distingue. Beaucoup plus de gris (36 %) et moins de blanc (21 %). Il faut noter le caractère auto-amplificateur de ce marché. Moins il y a de véhicules achetés dans une couleur vive, plus ils deviennent difficiles à écouler en occasion… et plus on va vouloir commander des teintes sombres. Le phénomène est entretenu par les flottes d'entreprise : elles évitent toute forme de fantaisie pour limiter les risques à la revente.

Paradoxalement, les tons vifs et originaux sont devenus l'apanage du super-luxe. Il peut se le permettre sans tomber dans la vulgarité. Les Ferrari aiment s'afficher en rouge, naturellement. Les Lamborghini en jaune pétant, vert fluo, bleu vif. Le bleu, justement, si bien porté par Bugatti et Alpine. Ce qui ne relève pas du hasard, car, lors des premières courses automobiles, il y a un siècle, chaque pays avait sa couleur : vert pour le Royaume-Uni, rouge pour l'Italie, blanc pour l'Allemagne, bleu pour la France. Profitons-en pour clore un vieux débat. Non ! conduire un véhicule de couleur vive, donc plus visible, ne réduit pas la probabilité d'avoir un accident. Au contraire, les voitures rouges et jaunes sont parmi les plus accidentogènes, selon le site CarVertical, spécialisé dans l'information sur les occasions. Le constat s'explique aisément : ces couleurs se retrouvent davantage sur les voitures de sport et elles sont privilégiées par les conducteurs ayant un tempérament fonceur.

Le goût majoritaire pour les teintes sombres n'empêche pas les bureaux d'études, opiniâtres, de phosphorer sur des tendances plus audacieuses. Il est d'ailleurs fréquent que les nouveaux modèles soient présentés lors de leur lancement dans une couleur forte et typée... que peu de clients choisiront ensuite. Qu'importe, cela permet de tester des innovations et d'ouvrir le champ des possibles. Par exemple, les chercheurs de BASF, l'un des leaders de la peinture automobile, pariaient récemment, pour les marchés asiatiques, sur un vert pâle fluorescent dit « Electronic Citrus », évoquant la croissance et la technologie. Pour l'Europe, ils misaient plutôt sur un beige-orange brillant appelé « Predictor », censé rappeler l'importance du facteur humain malgré la folle progression de l'intelligence artificielle.

Une innovation majeure va peut-être balayer tout cela : demain, notre voiture pourra changer de couleur en quelques secondes. Le procédé, élaboré par le spécialiste des liseuses électroniques E Ink, a été dévoilé en 2023 au CES de Las Vegas. La carrosserie de la voiture cobaye, une BMW, était revêtue d'un film contenant une infinité de microcapsules dont les pigments changeaient avec une impulsion électrique.

Vrai progrès ? Chaque matin, en plus de choisir la couleur de sa chemise, il faudra se poser la question : comment j'habille ma voiture, aujourd'hui ?

Coup de la panne

S'il fallait une seule bonne raison d'acheter une voiture électrique, la voici : elle permet encore de faire le coup de la panne. Avec une certaine crédibilité, car les bornes de recharge ne sont pas aussi nombreuses que cela. Contrairement aux véhicules thermiques, qui ne tombent quasiment plus jamais en rade. Bien sûr, il faudra cacher à sa passagère ou à son passager l'imposant pavé numérique qui trône désormais au milieu des planches de bord. Les indicateurs de charge des batteries et de l'autonomie restante crèvent les yeux et il ne faudrait pas que le jeu se termine en vaudeville.

Ce détail mis de côté, en avant pour le coup de la panne qui rappellera des souvenirs à bien des conducteurs. Il y avait une forme de poésie et pas mal de suspense dans cette opération séduction. Anticiper le bon moment, choisir le lieu idoine, éventuellement après repérages, tendre l'oreille, soudain attiré par un léger bruit, surjouer l'inquiétude, se pencher en avant comme pour se rapprocher du moteur. Jusqu'au constat navré : la panne ! Encore un effort pour lever le capot, évoquer sans rire le carburateur double corps probablement encrassé ou le radiateur qu'il faut laisser refroidir. Et après on quittait la mécanique pour le romantique.

Une vraie commedia dell'arte. Ne seraient-ce pas les Italiens qui ont inventé le coup de la panne ? Je ne le jurerais pas, mais l'idée me plaît assez. D'ailleurs, le mot « panne » vient lui-même du latin *penna*, qui signifie « plume ». Il s'invite au XVIe siècle à bord des bateaux pour désigner la longue pièce des vergues qui s'amincissaient vers leur extrémité comme une plume. « Mettre en panne » signifiait que les marins orientaient les voiles et le gouvernail de manière que le navire soit presque immobilisé, dérivant doucement. Ainsi ce dernier pouvait-il patienter dans des eaux trop profondes pour jeter l'ancre, avant de reprendre sa route ou de rentrer au port. Il s'agissait bien d'une action volontaire orchestrée par l'équipage. Or, un siècle ou deux plus tard, premier glissement sémantique vers la panne subie et imprévisible : « En attente, dans l'impossibilité d'agir. » La révolution industrielle et le fulgurant développement de l'automobile feront le reste : « Arrêt de fonctionnement d'un mécanisme. » Notons que l'antidote à la panne, c'est-à-dire les mots « dépannage » et « dépanner », n'apparaîtront que dans la première partie du XXe siècle.

Quel automobiliste, le premier, a-t-il eu l'idée de simuler une panne pour conter tranquillement fleurette à sa compagne ? Était-il au volant d'une somptueuse Bugatti Type 15 ou d'une confortable Peugeot Type 91 ? Nous ne le saurons malheureusement jamais. Parions cependant que l'homme devait être d'une certaine trempe, car il conduisait lui-même son véhicule, ce qui à l'époque était rare. Ou alors il mettait son chauffeur dans la confidence et le rendait complice, mais cela compliquait un peu la tâche. Notre inconnu pouvait aussi se permettre de raconter n'importe quoi à sa passagère à propos des problèmes mécaniques, car les femmes étaient soigneusement tenues éloignées des volants. Comme si le sexe fort pressentait que l'automobile allait se révéler pour elles un puissant moyen d'émancipation. La première dame à obtenir son permis de conduire fut Anne de Rochechouart, duchesse d'Uzès, en 1898. Imitée en 1929 par Simone Louise des Forest (à qui l'on doit l'expression « En voiture, Simone »). Entre les deux, très peu d'impétrantes. Ensuite, pendant de longues décennies, s'asseoir à la place avant gauche a été l'affaire du père de famille. C'est dans ce machisme ambiant que l'expression « le coup de la panne » a connu un succès prodigieux. Son immense popularité reflétait la place centrale qu'occupait la voiture dans nos sociétés. Elle émaillait nos conversations, inspirait les chanteurs (Sylvie Vartan, Renaud) et nourrissait nos films. Du *Gendarme et les Extraterrestres* (« Vous n'allez pas me faire le coup de la panne ! », lance Mme Cruchot à Louis de Funès, au bord de la route, en pleine nuit) à *Transformers*, en passant par James Bond dans *Permis de tuer*.

Le tout nimbé d'un certain deuxième degré. Au fil des ans, le coup de la panne est devenu un procédé gentiment ringard. Comme s'il était absolument impossible que cela se passe ainsi dans la vraie vie. Un sondage commandé en 2008 par Mondial Assistance montrait que les hommes pratiquant ce mode de séduction prétendaient arriver à leurs fins dans 85 % des cas. Mais seulement 39 % des femmes disaient, dans une telle occasion, succomber à leurs charmes. Vantards, les hommes ? Un brin...

C'est peut-être ce qui a sauvé ces cinq mots de la tempête MeToo. Ils avaient en effet tout pour être accusés de sexisme et d'incitation aux agressions. Or, il n'en a rien été. Comme s'ils étaient protégés par un charme un peu suranné. Sauvés aussi par leur utilisation en miroir par les femmes elles-mêmes. Marie Laforêt, par exemple, et sa très belle chanson « Le coup de la panne », écrite en 1973 : « Fais-le-moi, dis, le coup de la panne / Sur ce petit chemin de montagne / Regarde ce petit bois là-bas / Il n'attend que toi et moi / Arrête-toi[1] ! »

Inversion des rôles également dans une pétillante pub Renault datant de 2017. Une jolie conductrice, genre cadre dirigeante, tient clairement à s'arrêter pour faire plus ample connaissance avec son collègue de travail assis à sa droite. Las ! Un garage Renault surgit dans le virage. Les mécaniciens ne peuvent que confirmer, au grand dam de la dame, que tout fonctionne à merveille.

Quelle autre expression peut se vanter d'une telle longévité ? On s'est vite lassés des « Allô ! Non mais, allô quoi ! » et des « À l'insu de mon plein gré », quand « le coup de la panne », elle, tient toujours la corde. Reprise par les jeunes générations sur TikTok. La consécration ! Même si, il faut le reconnaître, son utilisation est de plus en plus libre et éloignée du monde automobile. Dans la pub ou dans le stand-up, elle permet d'évoquer des problèmes différents. Sur les réseaux, elle sert à reprocher à des fournisseurs – Internet, électroménager ou autres – leurs services défaillants. Au théâtre et au Festival Off

1. Texte et musique : Jean-Michel Caradec

d'Avignon, elle a tenu l'affiche d'une sympathique comédie sur les crises dans le couple.

Bref, le coup de la panne ne risque pas la panne.

Crime

« Ce n'est rien. » On prête ces mots à Henri IV agonisant, après qu'il eut été poignardé par François Ravaillac, le 14 mai 1610, au cœur de Paris. Le coche royal était immobilisé dans l'étroite rue de la Ferronnerie, encombrée par une charrette. Quelques instants auparavant, le meurtrier n'avait guère eu de mal à déjouer la garde et à bondir, à prendre appui sur le moyeu d'une roue arrière et à porter deux violents coups de couteau à l'illustre passager. « Ce n'est rien. » Façon de parler... Le bon roi à la poule au pot laissait son pays dans un équilibre précaire. Et il montrait qu'un objet roulant, fût-il d'apparat et escorté par des malabars armés, était une cible facile.

L'histoire retiendra que l'attentat perpétré par Ravaillac fut le premier commis dans un véhicule. Mais pas le dernier : la voiture est devenue une des scènes privilégiées du crime. La liste est longue. Voici quelques extraits pour illustrer la variété des modes opératoires, du couteau à la bombe, de la chaise de poste à la limousine blindée.

En 1622, au cœur de Madrid, s'inspirant de Ravaillac, un spadassin tire à l'arbalète sur le comte de Villamediana assis dans son carrosse. Celui-ci ayant été fort amoureux de la reine d'Espagne, on suspecte le royal époux d'avoir commandité le meurtre. Quelques décennies plus tard, le cortège du roi de Pologne en exil essuie une bordée de coups de feu. Pas de victimes. En 1737, dans la soirée du 5 janvier, un certain Damiens, domestique sans emploi, agresse au couteau Louis XV alors qu'il monte dans sa voiture, direction le Trianon. Sans gravité. Le 13 septembre 1758, le roi du Portugal quitte le domicile de sa maîtresse pour regagner son palais. Boum ! Il est légèrement blessé par des coups de feu dans sa chaise de poste. Le 24 décembre 1800, Napoléon Bonaparte se rend à l'opéra en grand équipage, quatre berlines menées bon train dans les embarras de Paris. Rue Saint-Nicaise, le cocher Germain évite avec habileté une charrette qui embarrasse le passage. Un instant plus tard, la charrette explose avec une violence extrême qui fait trembler tout le quartier. Le Premier consul est sain et sauf, mais une dizaine de passants sont tués, une trentaine sont blessés.

À partir de ce moment, le rythme des crimes s'emballe. Cela rend-il plus prudents les puissants de ce monde ? Pas du tout. On les dit paranoïaques, pourtant. Aujourd'hui comme hier, ils ne se déplacent pas sans garde rapprochée, repérages, goûteur de plats, sosie en doublure… Or, étrangement, dès qu'ils montent dans une voiture, qu'elle soit à cheval ou à moteur, ils font preuve d'une étonnante légèreté. Goût irrépressible de la parade, croyance en leur *baraka*, dose d'inconscience ? Il y a un peu de tout cela. Voyez la reine Victoria. Son long règne (1837-1901) a été émaillé de sept tentatives d'agression. L'une d'elles a lieu le 29 mai 1842, alors que la souveraine traverse Hyde Park en calèche. Un homme s'approche pour tirer. Mais l'arme ne fonctionne pas et il s'enfuit. Le lendemain, stoïque, la reine emprunte le même trajet. L'agresseur est de nouveau là et tire pour de bon ! Pas de blessés, et la police, aux aguets, le capture.

C'est un mélange de flegme et de bravade qui anime également le roi de Yougoslavie, le 9 octobre 1934, à son arrivée à Marseille, première étape d'un voyage officiel en France. Le contexte international, notamment dans les Balkans, est alors très tendu et les rumeurs d'attentat se multiplient. Au point que l'entourage du monarque tente de le faire renoncer aux apparitions publiques. Au lieu de quoi, Alexandre Ier accepte le programme fastueux concocté par les autorités françaises, avec remontée de la Canebière à bord d'une Delage découverte. Malgré les forces de l'ordre très nombreuses, la foule immense et enthousiaste devient difficile à canaliser. La voiture roule lentement, à 8 km/h. La tension grimpe. Le roi regrette-t-il alors d'avoir refusé, deux heures auparavant, de porter sous l'uniforme son gilet pare-balles en acier au prétexte qu'il aurait gêné son maintien ? Trop tard, un homme, décrit plus tard comme un nationaliste bulgare, surgit, un pistolet Mauser à la main. Il tire en rafales dans la voiture, blessant mortellement le roi ainsi que le ministre français des Affaires étrangères Louis Barthou.

Une forme de pressentiment anime aussi John Fitzgerald Kennedy, le 22 novembre 1963, lorsqu'il atterrit à Dallas. Il sait, comme son staff, qu'il débarque en terrain hostile. Le Texas, ancien État confédéré qui a combattu pour le maintien de l'esclavage, ne lui pardonne pas son engagement contre la ségrégation raciale. Le jeune Président s'est même demandé s'il ne fallait pas annuler l'étape. Foin d'appréhension ! Le programme est maintenu, non sans de graves défaillances dans la sécurité. La Lincoln présidentielle est certes blindée. Mais Kennedy a exigé que l'on retire les toits amovibles en acier et en plastique transparent. Selon ses instructions, le lourd véhicule doit rouler lentement (17,5 km/h au moment des tirs). Facteur aggravant, le siège arrière dispose d'un système hydraulique qui permet de le rehausser de 30 cm. Un parfait point de mire, en somme. Un des biographes de Kennedy, le journaliste Philippe Labro, raconte : « Quand il paradait dans une limousine découverte, il disait à son épouse, Jackie : "De cette fenêtre, un type aurait pu nous tirer dessus." » Donc, le Président était lucide sur les risques de se balader en voiture comme dans une fosse aux lions. Mais il était en campagne électorale permanente et avait une image de chançard et de « *tough guy* » (« dur à cuire ») à défendre. Pas question de montrer de la faiblesse ni de modifier le programme.

Comme celui de Kennedy, certains assassinats commis dans une voiture pourraient inspirer des uchronies vertigineuses. Et si, se reprenant au dernier moment, le 35e président des États-Unis avait décidé de conserver la protection arrière de la voiture ? Il n'aurait probablement pas été tué et le cours de l'histoire en aurait été changé. Si, à Sarajevo, le 28 juin 1914, le chauffeur de l'archiduc François-Ferdinand d'Autriche ne s'était pas trompé d'itinéraire, tournant à droite dans une petite rue au lieu de continuer tout droit, il n'aurait pas eu à s'arrêter pour retrouver son chemin. Et le nationaliste serbe Gavrilo Princip n'aurait pas eu la possibilité de faire feu sur l'héritier du trône assis dans une décapotable Gräf & Stift Type 28/32. Et la Première Guerre mondiale n'aurait pas été déclarée quelques semaines plus tard. Et si, le 13 mars 1881, à Saint-Pétersbourg, le coupé du tsar Alexandre II avait roulé un peu plus vite et n'avait pas été atteint par la bombe du nihiliste Grinevitski ? L'empereur ne serait pas mort ce jour-là, il aurait poursuivi ses ambitieuses réformes, comme l'abolition du servage, la réduction du service militaire de vingt-cinq à six ans, la reconnaissance de l'égalité de tous les sujets devant la loi, etc. Le pouvoir ne serait alors pas revenu à son successeur, le très conservateur Alexandre III, qui bloqua la modernisation de la Russie archaïque. Et la révolution de 1917 n'aurait peut-être pas eu lieu.

Comme pour toutes règles, il y a des exceptions. Et les VIP prudents en voiture, cela existe. Le roi Louis-Philippe, par exemple, essuya 18 tentatives de meurtre. Dont l'une, en 1846, alors qu'il roulait avec sa famille à bord d'un char à bancs dans le parc de Fontainebleau. Assez vite, donc, celui qui se donna le titre de roi des Français veillera à faire renforcer son carrosse avec de la tôle. Même précaution de la part de Napoléon III, habitué aux agressions. La plus grave est celle commise le 14 janvier 1858 par le révolutionnaire italien Orsini. Trois bombes de forte puissance lancées contre le cortège impérial qui se rend à l'opéra. La garde à cheval est décimée, les passants tombent : 12 morts et 156 blessés au total. Napoléon III et son épouse s'en sortent indemnes grâce aux plaques de fer fixées dans le plancher et dans les côtés de leur voiture.

Le blindage en est alors à un stade artisanal. Il connaîtra plus tard une grande prospérité... grâce à la pègre américaine qui avait toujours, en matière automobile, une longueur d'avance sur la police. Al Capone, par exemple, ne faisait confiance qu'à sa Cadillac Town Sedan, verte et noire, protégée par 1 360 kg de blindage. Pour la déplacer, un V8 de 5,6 litres de cylindrée. Option bien utile : la lunette arrière était basculante afin de pouvoir mitrailler à son aise un éventuel poursuivant. La plupart des gangsters d'envergure ont ensuite investi dans un véhicule blindé. Mais pas Jacques Mesrine. Celui qui était devenu l'ennemi public numéro 1 après une série de braquages violents était au volant d'une BMW 528i le 2 novembre 1979, porte de Clignancourt, quand les équipes du commissaire Broussard ont ouvert le feu sur lui. Une BMW de série, achetée d'occasion quelques jours auparavant à la concession de Clichy. Accusée d'avoir exécuté Mesrine plutôt que d'avoir cherché à l'arrêter, la police a répondu en substance : « Il était plus vulnérable dans une voiture. Vouloir l'appréhender dans son immeuble ou sur la voie publique aurait fait des victimes collatérales. » L'automobile n'a pas fini d'être une scène de crime...

Cuir

Une madeleine de Proust. L'inoubliable odeur du cuir, subtile mais puissante, jamais entêtante. Le grain souple, un peu craquelé, un peu brillant avec la patine de l'âge, mais jamais déformé. Les noms qui scintillent : Connolly (longtemps fournisseur de Rolls-Royce, Aston Martin, Daimler), Bridge of Weir, Nappa... Pour connaître ce bonheur, il y a encore cinquante ans, il suffisait de monter à bord d'une 404 SL ou d'une DS Prestige : leur sellerie n'avait presque rien à envier à celle des voitures de luxe. Aujourd'hui, malheureusement, cette sensation est devenue inaccessible, il faut signer des chèques à cinq zéros. Rolls, Bentley, Ferrari... traiter une sellerie complète coûte de plus en plus cher. À cause de la matière première, le cuir pleine fleur. Et à cause du traitement des peaux qui, lorsqu'il est réalisé dans les règles de l'art, est un long processus difficile à automatiser : nettoyage, écharnage, trempage, tannage, teinture, séchage... Les constructeurs généralistes sont obligés de rogner un peu par ici, un peu par là. Seule façon de rendre ce noble matériau accessible au plus grand nombre. Car la passion pour le cuir ne faiblit pas. Il est valorisant, robuste, moins salissant que le tissu et pratique à entretenir. On lui reprochait d'être glacial l'hiver et de brûler cuisses et dos pendant l'été. C'est moins vrai avec les sièges climatisés.

Pourtant, ses jours sont peut-être comptés. Sous la pression des défenseurs de la cause animale et des organisations environnementales, il est devenu *non grata*. Non sans de bonnes raisons. Il faut plus de 50 000 litres d'eau pour traiter une tonne de peaux. Et 130 substances chimiques diverses, malgré une réglementation très durcie au fil des ans. Ce qui explique la percée du cuir végan, réalisé à partir de fibres naturelles recyclées, d'écorce ou de liège. Tesla en est le pionnier avec ses sièges réutilisant, entre autres, des déchets de pommes. Renault l'a adopté pour la première fois sur la Megane E-Tech électrique. Volvo, Audi et même Bentley le proposent aussi. Cette conversion progressive est nécessaire. Même si on ne m'enlèvera jamais de l'esprit la beauté du cuir rouge de cette Lancia Aurelia B20 de 1957, ou du Connolly havane de cette Jaguar MK2 de 1962.

D

Dacia

C'est un grand classique des films d'action. Un général en chef court-circuite son état-major, qu'il juge trop conventionnel, et mise sur quelques officiers têtes brûlées pour une mission à haut risque. Un commando est constitué, prêt à sauter sur la cible en s'affranchissant de certaines procédures maison. Eh bien, ce scénario, c'est celui de Dacia ! Dans le rôle du boss, Louis Schweitzer, P-DG de Renault de 1992 à 2005. Dans celui des bérets verts, Jean-Marie Hurtiger, forte personnalité bombardée chef du projet, et Gérard Detourbet, grand spécialiste de l'ingénierie. Derrière eux, une équipe prête à se couper en quatre pour remporter l'un des défis les plus fous de l'industrie automobile moderne : construire, à partir d'une marque roumaine en ruine, une voiture de conception moderne à 5 000 euros. Objectif largement dépassé. Pulvérisé, même. Les routes françaises sont aujourd'hui remplies de Sandero et de Duster. Année après année, Dacia enregistre des chiffres record. En 2022, sa part de marché en France a atteint près de 9 %. Soit une progression de 4,5 % en un an dans un secteur pourtant très ralenti. En Europe, elle a même été l'une des rares marques à avancer, avec une hausse de 13,8 % de ses ventes. Bref, une incroyable histoire.

Elle a commencé en 1997. Louis Schweitzer, en déplacement en Russie, visite des sites de Lada. Un modèle à 6 000 dollars, toutes options comprises, l'intrigue. « Pourquoi Renault ne développerait pas ce type de véhicule premier prix à l'international ? », s'interroge-t-il. De retour en France, il développe sa vision devant ses collaborateurs. Avec cet argument : « Aujourd'hui, seulement 20 % de la population du globe a une voiture. Et si on faisait une voiture pour les 80 % restants ? » Un bide ! « Pour les ingénieurs, c'était impossible, et pour les commerciaux, c'était crétin », a-t-il ensuite confessé.

Sauf que Louis Schweitzer ne lâche pas l'affaire. Il rachète en 1999, pour 50 millions de dollars, le constructeur roumain en pleine capilotade, Dacia, qui possède depuis longtemps la licence Renault. Des usines envahies par les mauvaises herbes et les chiens errants. Une productivité à la ramasse. Des comptes bidouillés (quelques années auparavant, pour se conformer aux objectifs officiels, les ventes avaient été gonflées de 16 000 unités...). Dans ce chaos est lancé le projet low cost, sous le nom de code X90. Le pack d'ingénieurs français détachés à Bucarest vit sa première année sur place dans une ambiance surréaliste. Ils n'avaient jamais vu, sauf en Russie, un tel état de délabrement. À Billancourt, où règne le doute sur ce dossier, peu de gens les soutiennent. On les prend pour des dingues. D'ailleurs, personne ou presque ne vient les voir. Ils se battent seuls. L'un des responsables du commando confessera plus tard : « J'étais celui qui allait devoir annoncer au président que son projet n'avait aucune chance d'aboutir. » Mais le président tient bon et garde une confiance inébranlable.

De fait, 400 millions sont investis dans le projet X90 et 460 millions dans la remise à niveau de l'usine de Piteşti, à 120 km de Bucarest. Mot d'ordre : faire table rase des process habituels et des idées reçues, partir d'une page blanche. L'objectif n'est pas de fabriquer une voiture dégradée en économisant des bouts de chandelle ici et là. Mais de concevoir un nouveau modèle, entièrement inspiré par la chasse aux coûts. Une approche systémique et non paramétrique, comme on dirait aujourd'hui. La rupture, baptisée « *design to cost* », est totale. Des lignes comme tracées à la règle, un habitacle austère, des équipements suffisants mais spartiates, des vitres peu galbées, beaucoup de pièces monoblocs, peu d'électronique, une réutilisation systématique d'éléments existants sur d'autres modèles. Les managers français de Bucarest apprennent à jouer avec les effets de seuil : se contenter de 99 % d'une prestation permet souvent d'en réduire le coût de 10 %.

À l'époque, cette démarche suscite quelques sarcasmes. Comme si tout cela était évident et comme si Renault réinventait le fil à couper le beurre. Or, faire simple est très compliqué. Les compagnies aériennes low cost peuvent en témoigner : elles sont rares à être rentables sur la durée. C'est donc l'exploit de Renault : faire vivre ensemble ses marques classiques et low cost. Un cas unique dans le business.

À peine dévoilée en Roumanie, en 2004, la première Logan fait exploser les carnets de commandes. Austère et peu glamour certes, mais robuste et suffisamment équipée pour le pays des Carpates. Le deuxième miracle intervient l'année suivante, quand la voiture est lancée sur le marché français. Malgré sa carrosserie tricorps impopulaire chez nous, elle grimpe directement à la sixième place des ventes dans sa catégorie grâce à son rapport prix-prestations imbattable. Le véritable décollage date de 2008 avec l'arrivée de la Sandero : 40 000 ventes en France cette année-là ! Sa version Stepway avec son look baroudeur et sa variante GPL ont aidé. En 2010, c'est la consécration avec le Duster : un vrai SUV à prix cassé, qui s'écoulera à plus de 1 million d'exemplaires dans sa première version. Puis les nouvelles moutures de la Sandero et de la Duster se succèdent avec le même bonheur, consacrant Dacia comme la marque la plus rentable du groupe Renault. La preuve est faite que l'industrie automobile n'était pas condamnée à la course à l'armement perpétuelle et au « toujours plus ». Voilà pour la phase 1, celle du lancement et de la consolidation.

La phase 2 a commencé lorsque j'ai pris mes fonctions à la tête du groupe Renault en 2020. J'ai alors confié la responsabilité complète de la marque à Denis Le Vot, qui lui a donné un nouvel élan. Rompant avec l'approche géographique des marchés et la recherche des grands volumes, nous avons décidé de valoriser chacune de nos marques. Ce travail nous a conduits à faire sauter le plafond de verre de Dacia. La concurrence potentielle avec les modèles de Renault ne pouvait plus être un frein à son développement. Ce que la marque avait su faire avec des petits modèles, elle devait maintenant le faire pour les plus grands en s'attaquant au segment C, le plus grand en Europe. Passant à l'action, nous avons adopté la même approche dans cette catégorie que celle qui avait fait le succès de Dacia dans le segment B pendant quinze ans. À l'image de la Sandero ou de la Logan, le Bigster qui sera lancé en 2025 est ainsi plus léger et beaucoup moins cher que ses concurrents directs. Comment ? En utilisant une nouvelle fois des composants déjà utilisés et amortis dans la gamme de Renault. Cette stratégie est confortée par l'évolution du marché. D'abord, la course aux gros moteurs, c'est fini. Ce n'est plus un facteur déterminant dans l'achat d'une voiture. Ensuite, de nouveaux clients viennent vers la marque. Certes, nous continuons à cibler ceux des premières années qui n'avaient pas beaucoup d'argent. Mais d'autres, plus aisés, les rejoignent, car ils ne veulent plus payer 40 000 euros pour un modèle familial. Le portrait-robot de ces nouveaux adeptes, c'est un professeur d'université allemand marié et père de deux enfants qui fait attention à ce qu'il dépense. Pour lui, acheter une Dacia est devenu un acte naturel. Comme si la frontière entre les plus aisés et les pauvres s'était estompée. Dans le même temps, ces acheteurs privilégient les versions équipées de toutes les options. Plus nombreuses, celles-ci restent toutefois très bon marché. Tous les équipements sont passés au crible pour maintenir les budgets au plus bas. La caméra de recul ? Oui, mais analogique et non numérique. L'allumage est un peu plus lent, mais la facture est moins élevée. La climatisation ? Évidemment, mais sa technologie de compression est plus simple que celle des constructeurs classiques. Le réglage électrique des sièges ? C'est non. Il exigerait des câbles supplémentaires, un moteur électrique, un alternateur calibré… Même obsession du « coût utile » pour le design. À l'avant, par exemple, pas de LED superflues, elles sont réservées aux feux de croisement. À l'arrière du Jogger, les feux verticaux sont en Y. Du plus bel effet ! Mais beaucoup plus économiques que les feux qui se prolongent sur le coffre : pour ces derniers, il aurait fallu doubler les ampoules et prévoir des mètres de fil supplémentaires. En revanche, les stylistes ont eu le droit de récupérer les barres de toit modulables de la Sandero Stepway pour en équiper le Jogger : l'impact visuel, avec un petit côté baroudeur, a été jugé suffisamment décisif pour que le surcoût soit autorisé. De même, des teintes plus chics, comme le kaki ou le cuivre, sont proposées qui séduisent les nouveaux venus.

Côté production, les équipes ont travaillé dur pour mettre au point une plateforme modulaire qui peut désormais être utilisée aussi bien par la Dacia Sandero que par la Clio ou la Captur. Elles ont aussi réussi le tour de force de sortir la Spring, citadine électrique la moins chère du marché et illustration de l'ingéniosité Dacia. Il s'agit de la version modifiée de la Renault City K-ZE électrique produite et commercialisée en Chine, elle-même basée sur la Renault Kwid thermique indienne. Ses concepteurs ont tellement chassé les équipements inutiles que son poids a pu être contenu à 970 kg. Elle peut donc se passer d'une grosse batterie.

Ainsi avance la gamme Dacia. Sur une ligne de crête entre un maximum de prestations et un minimum de dépenses. Les arbitrages sont permanents pour savoir où il est le plus judicieux d'investir. Les ingénieurs de Dacia vous le diront : « Aller à l'essentiel demande beaucoup plus d'énergie que de tout mettre. » On entend de plus en plus souvent dire : Dacia monte en gamme, Dacia s'embourgeoise. Et pourquoi pas, tant que cela se fait avec discernement ? Et tant que les prix de vente restent canon, loin des modèles comparables mais proches des véhicules d'occasion. Oui, les Sandero, Jogger et Duster ne sont plus bruts de décoffrage comme ils l'étaient à leurs débuts. Heureusement ! Mais je sais que Dacia n'oubliera jamais le célèbre slogan de Colin Chapman, le fondateur iconique des bolides Lotus : « *Light is right.* » Ce qui est léger, c'est bien. Avec une nuance : aujourd'hui, c'est aussi branché.

Dakar

Ils ne sont pas si nombreux à avoir inventé une compétition automobile au rayonnement international. Thierry Sabine, l'inventeur du Paris-Dakar, ce raid qui rassemble tous les ans autos, motos et camions pour traverser les déserts les plus extraordinaires de la planète, est de ceux-là. Rien n'arrêtait ce visionnaire charismatique et obstiné, pas même les critiques parfois formulées à son égard. Son audace dérangeait, mais il était avant tout un créateur génial. Si génial que l'épreuve a survécu à sa mort accidentelle dans un crash d'hélicoptère survenu pendant la course en 1988. Menacée par le risque terroriste en Afrique, elle s'est déplacée en Amérique latine, puis en Arabie saoudite. Sans perdre sa dimension événementielle.

Le premier Paris-Dakar se déroule en 1979. Je n'ai que 11 ans, mais je suis déjà fan de compétition automobile et notamment de rallye. Une passion que partage Thierry Sabine, né comme moi un 13 juin, mais dix-huit ans plus tôt, en 1949. Il est originaire du Touquet où son père, Gilbert Sabine, exerce la profession de chirurgien-dentiste. C'est un bon pilote. Il a commencé par les rallyes automobiles, remportant d'ailleurs le Rallye du Touquet en 1976. Il a également obtenu quelques bons résultats dans les compétitions sur circuit. Il a terminé deux fois les 24 Heures du Mans. Le jeune Sabine est verni, car il a aussi une belle gueule. Diplômé de l'EFAP (école de référence en communication), il a été embauché comme attaché de presse par la municipalité du Touquet. Sa mission : faire parler de sa ville. Il a donc créé, en 1975, l'enduro du Touquet, une épreuve réservée aux motos qui se déroule sur la grande plage de la station touristique et qui va, elle aussi, perdurer au fil des années. Car il est autant dingue de quatre-roues que de deux-roues. Toujours à la recherche de sensations fortes, il s'engage dans le Rallye Abidjan-Nice avec trois amis en janvier 1977. Un événement va le marquer à vie. Il s'égare dans le désert du Ténéré, à la frontière entre la Libye et le Niger. Tombé en panne d'essence, il abandonne sa moto et marche trois jours sans boire ni manger. Sauvé par un pilote d'avion envoyé par l'organisation, il a frôlé la mort. Est-il atteint du syndrome de Stockholm ? De cette épreuve naît, paradoxalement, son amour du désert et de l'Afrique. Quand, en 1978, Jean-Claude Bertrand, l'organisateur du Rallye Abidjan-Nice, renonce à son événement, Thierry Sabine saute sur l'aubaine. Il décide de lancer une course qui ira dans le sens inverse, de l'Europe vers l'Afrique, de Paris à Dakar. Et qui s'élancera au pied de la tour Eiffel. C'est un peu mégalo, mais ça marche. Quelques grands médias nationaux, dont les hebdomadaires *Paris Match* et *VSD*, attirés par la promesse de photos fortes, sont au rendez-vous le 26 décembre 1978 au départ de la première édition. La date n'a pas été choisie au hasard : l'idée est d'occuper le terrain pendant la trêve des fêtes de fin d'année. Et quel terrain ! Les 182 participants, des professionnels et des amateurs attirés par cette aventure inédite, vont se frotter à un parcours de 6 000 km. En Afrique, d'Alger à Dakar en passant par Agadez, ils risquent de se perdre ou de s'enliser à tout moment. Promesse tenue : dès cette première course, les incidents qui vont faire la légende du Dakar sont nombreux. Certains concurrents terminent les étapes au bout de la nuit, d'autres sont accidentés et contraints de renoncer. Chaque jour, Thierry Sabine, vêtu d'une combinaison blanche ou bleu pâle et coiffé d'une casquette, tel un général en campagne, prend la parole pour briefer les pilotes. Les concurrents sont galvanisés par les paroles de ce guide charismatique. Il joue à fond la carte de l'aventure, ce qui lui permet de faire oublier le côté souvent improvisé de la course. Pour l'histoire, c'est le motard Cyril Neveu, au guidon d'une Yamaha, qui inscrit son nom au palmarès. Les motos sont allées plus vite que les autos...

Dans les années qui suivent, le nombre d'inscrits grandit rapidement. Les candidats se bousculent. Des aventuriers en herbe qui préparent eux-mêmes leur voiture ou leur moto dans leur garage mais aussi des célébrités, comme les acteurs Chantal Nobel et Claude Brasseur, veulent s'engager. Les sponsors, petits et grands, affluent, attirés par la perspective de voir leur logo mis en valeur dans les dunes du Ténéré. Surtout, les constructeurs d'autos et de motos y décèlent une occasion unique de mettre en scène leur savoir-faire et la qualité de leurs engins dans un contexte exigeant.

Des passionnés en galère qui partagent leurs soirées avec des stars épuisées, des voitures et des motos de tous les jours transformées en monstres du désert, un décor extraordinaire filmé tous les jours par des caméras embarquées à bord d'hélicoptères, des rebondissements... la mayonnaise prend. Le Dakar devient un événement majeur.

Des incidents hors normes, parfois dramatiques, amplifient son audience. Comme en 1982, lorsque l'on perd la trace de Mark Thatcher, le fils de la Première Ministre britannique, Margaret Thatcher, pendant cinq jours. À l'initiative de l'un de ses sponsors, il s'est engagé, sans préparation, comme copilote de la Française Anne-Charlotte Verney, qui conduit une Peugeot 504. Le tandem roule en convoi quand il heurte un obstacle caché. La carrosserie de la voiture est brisée. Impossible de repartir. Les autres concurrents leur promettent d'alerter la direction de la course, mais ils se trompent sur leur positionnement. Les secours n'arrivent pas. On frôle alors l'incident diplomatique entre la France et la Grande-Bretagne, car celle que l'on surnomme « la Dame de fer » adore son fils. Son ministre des Affaires étrangères alerte les autorités françaises, soulignant l'inquiétude qui monte à Londres. Le président américain Ronald Reagan fait part de sa sympathie à Margaret Thatcher. Face à cette crise qui devient internationale, le président François Mitterrand décide de mobiliser l'armée : il envoie trois avions de recherche qui se joignent aux forces algériennes déjà engagées. Mark Thatcher finit par être repéré et transporté en lieu sûr. Il a survécu en buvant l'eau du radiateur de la 504. Arrivé sur les lieux, son père, Denis Thatcher, lui donne une bonne gifle. Et, devant la polémique qui enfle dans les médias britanniques, sa mère décide de payer de sa poche les frais de rapatriement du fils terrible.

Cet épisode rocambolesque ne doit pas faire oublier que, sur le plan sportif, c'est Renault qui l'emporte dans la catégorie « Auto » cette année-là, avec les frères Marreau. Surnommés « les Renards du désert », ces fils d'un garagiste de l'Eure-et-Loir, grands spécialistes des raids en Afrique, ont commencé par s'engager avec une 4L en 1978 avant de triompher avec une Renault 20. Ils ont dominé les équipes de pros, dont Lada, Land Rover et Mercedes. Des images embarquées hallucinantes montrent comment ils dépassent leurs concurrents et évitent tous les obstacles, dont un cheval, des vaches ou même un engin de chantier. Respect ! C'est toutefois le chant du cygne pour les amateurs, car à partir de 1983 les grandes marques prennent le pouvoir. Mercedes, Land Rover et même Porsche trustent la première place sur le podium à Dakar.

1er janvier 1986. Le Dakar s'élance de la place d'Armes de Versailles. L'épreuve promet d'être passionnante. Des pilotes prestigieux, comme Jacky Ickx ou Henri Pescarolo, sont engagés. Les écuries officielles Porsche, Mitsubishi, Range Rover et Lada visent la victoire. Thierry Sabine est au sommet de sa gloire. Il est devenu une star du petit écran : il vient de présenter une émission en prime time consacrée à l'aventure sur Antenne 2. Une autre est déjà enregistrée et programmée en février. Contrairement aux années 1983 et 1985, le chanteur Daniel Balavoine ne participe pas à la compétition, car il a décidé de mener une action humanitaire en Afrique en s'appuyant sur la médiatisation du rallye. Sabine lui a proposé d'utiliser son hélicoptère pour aller d'un point à un autre tout en suivant la compétition. Le 14 janvier, l'appareil fait le vol de trop. La nuit est tombée, une tempête de sable s'est levée. Dans le brouillard, le pilote vole trop bas, il heurte une dune. C'est le crash. Les cinq occupants périssent, dont Sabine et Balavoine. Sous le choc, incrédule, la caravane perd son guide qu'elle croyait immortel. Gilbert Sabine, le père de Thierry, quitte immédiatement son cabinet du Touquet pour se rendre sur les lieux du drame. Sa vie change du jour au lendemain : abandonnant son métier et ses patients, il décide de succéder à son fils pour sauver le Dakar.

C'est sous son management que commencent les années Peugeot. Quatre victoires d'affilée entre 1987 et 1990. Composée de pilotes chevronnés, l'armada mise en place par Jean Todt, qui deviendra plus tard patron de Ferrari en Formule 1 et président de la FIA, est invincible. Elle connaît néanmoins son lot d'incidents inattendus. En 1988, la 405 Turbo 16 du champion de rallye finlandais Ari Vatanen est volée pendant la nuit à Bamako. Elle finit par être retrouvée mais trop tard pour rester dans la course. L'année suivante, Jean Todt est confronté à un problème de riche : ses deux pilotes, Vatanen et Ickx, se battent à coups de seconde, prenant tous les risques. Trop de risques à ses yeux. Pour mettre fin à cette guerre fratricide qui promet de mal finir, le patron de l'écurie choisit de tirer au sort le gagnant avec une pièce de 10 francs. C'est le Finlandais qui gagne. En tête de la course, le pilote belge s'exécute à la dernière minute, juste avant la ligne d'arrivée, en stoppant sa voiture pour laisser passer Vatanen...

Avec le recul du temps, ces épisodes rocambolesques symbolisent les années insouciantes du Dakar. À partir des années 2000, la course entre dans une période beaucoup plus difficile. La montée du terrorisme et de l'islamisme en Afrique menace directement la sécurité des concurrents. Après l'assassinat de quatre touristes français en Mauritanie, le rallye est même annulé en 2008.

Le rallye rebondit en Amérique latine en 2009. Un coup de génie : l'engouement populaire est considérable en Argentine. J'ai eu l'occasion de m'en rendre compte en allant suivre une étape dans le décor fantastique de la cordillère des Andes. Toujours appelé le Dakar, c'est devenu une marque, il reste sur ce continent jusqu'en 2020 avant de migrer vers les déserts saoudiens. Bien organisé par Amaury Sport Organisation, qui gère également le Tour de France et le Marathon de Paris, le Dakar demeure un rendez-vous incontournable de la compétition automobile internationale. Thierry Sabine peut être fier de ce qu'il nous a légué.

Design

par Luc Donckerwolke,
président de Hyundai Motor Group

Depuis toujours, c'est le design qui émotionnalise l'automobile. À moins d'en faire un usage strictement commercial, on la choisit d'abord pour sa forme. Chez moi, la passion pour les belles voitures remonte à l'enfance. Le premier designer qui m'a mis sur cette voie est en fait un dessinateur de bandes dessinées. Je suis belge né au Pérou, j'ai grandi en Afrique et en Amérique du Sud parce que mon père était diplomate. J'ai vécu dans des pays où l'automobile passion n'était pas présente dans les rues des villes. Mais, à l'âge de 4 ans, à Bujumbura, la capitale économique du Burundi, je suis tombé sérieusement malade. Pour me distraire, mon père a essayé de trouver une bande dessinée de *Tintin* dans une librairie. Sans succès. À la place, il m'a trouvé un *Michel Vaillant*, dessiné par le Belge Jean Graton. Ça a été le déclic. Grâce à l'histoire des Vaillantes, les superbes voitures de compétition héroïnes de l'album, l'automobile est entrée dans ma vie. Quand je suis rentré d'Afrique à 18 ans pour faire mes études, j'ai donc tout de suite voulu m'orienter vers le design automobile. On a tenté de m'en dissuader : « Oublie, il n'y a que les designers italiens qui vivent de ce métier. » Mais je me suis obstiné. J'ai obtenu un premier diplôme. Malheureusement, une hépatite m'a empêché d'entrer sur le marché du travail. Du coup, j'ai rempilé pour étudier dans l'antenne suisse d'une grande école de design américaine.

Trois pays ont joué un rôle important dans l'histoire du design automobile. Le premier, c'est l'Italie. Le style italien, c'est la référence à mes yeux. Même si je suis ensuite devenu un grand collectionneur de Porsche et de voitures de sport allemandes, les designers latins m'ont fortement marqué. Je pense à Pininfarina, à Giugiaro, à Bertone ou à Zagato... sans oublier des acteurs plus petits, comme Michelotti ou Scaglietti, des artisans carrossiers qui faisaient du sur-mesure pour des grandes marques comme Ferrari.

Le design italien a évolué avec le temps. Il s'est démocratisé dans les années 1970. Ainsi, Giorgetto Giugiaro a dessiné des véhicules comme la VW Golf, la Hyundai Pony (avec son design, il a donné naissance à l'automobile coréenne) et la Lancia Delta, des voitures qui ont le même ADN stylistique. Mais d'autres acteurs comme Bertone se sont plutôt orientés vers les concept cars présentés dans le Salon. La Lamborghini Countach est l'une des voitures les plus extrêmes qu'il a produites. Elle a été dessinée par Marcello Gandini, l'un des designers formés chez Bertone comme Giugiaro ou Deschamps. Le design italien, c'était la haute couture, le côté flamboyant, prestigieux. Les designers italiens sont devenus la figure de proue du design. Ils ont fait du style automobile un métier passionnant. Ce sont eux qui m'ont inspiré. Ils ont attiré beaucoup de personnes dans le métier de l'automobile. Il y a beaucoup de designers dans le monde, mais ce sont les seuls qui ont réussi à exporter leur design. Pininfarina a dessiné des Honda au Japon, la Rolls-Royce Camargue en Angleterre, la Peugeot 406 Coupé en France et le cabriolet Cadillac Allanté aux États-Unis. Bertone a dessiné la Citroën et la Škoda Favorit, Michelotti a créé la Triumph Spitfire outre-Manche.

À côté de l'école italienne, le design français a développé une approche différente en faisant appel à des artistes. Par exemple, c'est le sculpteur italien Flaminio Bertoni qui a dessiné la 2 CV et la DS chez Citroën. Le recours à ces artistes reflétait l'attitude plus raffinée du consommateur français. Certes, la France a très tôt démocratisé l'utilisation de la voiture. Mais de nombreux véhicules très inspirés ont fait les beaux jours de marques comme Panhard ou Facel Vega. C'était la haute couture de l'industrie française.

Enfin, la troisième école est celle des États-Unis. Outre-Atlantique, l'automobile a longtemps été inspirée par les visions du futur. Les Américains rêvaient de créer des véhicules inspirés par l'aéronautique, par les missiles et par les fusées. C'était le continent nouveau où tout était possible.

Le processus créatif variait beaucoup d'une école à l'autre. Mais assez rapidement les États-Unis ont imposé leurs règles du jeu. Ils ont créé une nouvelle norme reposant sur l'utilisation du « clay », l'argile synthétique pour fabriquer des maquettes à taille réelle. Ce matériau devient malléable une fois chauffé à 50 ou 60 °C. Quand il refroidit, il durcit et on peut le sculpter. Ensuite on peut le peindre et obtenir une impression de voiture finie. C'est le studio de General Motors qui, le premier, a fait appel à cette méthode qui s'est généralisée ensuite partout dans le monde. Du coup, un nouveau métier, modeleur de clay, est apparu.

Les États-Unis ont aussi établi un standard pour la formation des designers en créant deux institutions. D'abord, l'Art Center College of Design à Pasadena, en Californie, qui délivrait le diplôme que tout designer devait avoir, y compris les Européens. Grand avantage, cette école faisait appel à des designers professionnels qui en profitaient pour détecter les meilleurs talents au sein de l'établissement. Ensuite, le College for Creative Studies à Détroit, où a été formée, par exemple, la Française Anne Asensio, la femme qui a fait la plus belle carrière dans le design automobile. Elle a travaillé chez Renault et surtout chez General Motors aux États-Unis avant de rejoindre Dassault.

Avec le clay et leurs écoles, les États-Unis ont façonné le design automobile moderne tel qu'on le connaît aujourd'hui. Seule l'Italie a tenté de suivre son propre chemin en continuant à créer des voitures en plâtre jusqu'au début des années 2000.

Mais l'âge d'or du design italien a fini par s'achever. La plupart des entreprises automobiles ont commencé à créer leur bureau de design. Au début, c'était un métier peu attractif. Quelques passionnés, des artistes et des profils recyclés d'autres professions, réalisaient des dessins à la commande. C'était plus économique que de demander à un designer extérieur de faire des petits dessins. Souvent, ce sont les personnes qui avaient suivi la phase d'industrialisation d'un projet acheté chez Pininfarina, Bertone ou Giugiaro qui sont devenues responsables du style chez Renault ou chez Peugeot.

Des designers qui avaient réussi à apprendre leur métier chez les Italiens sont aussi arrivés. À l'exemple de Paul Bracq, qui a commencé sa carrière en Italie avant d'aller en Allemagne, puis en France chez Peugeot.

Avec ces bureaux intégrés, les marques ont créé leur ADN stylistique. Elles ont mis en place des chefs designers qui ont fini par exclure les propositions venues de l'extérieur.

Inévitablement, le déclin des centres de style italiens a commencé. Dans un premier temps, ils se sont déployés sur des nouveaux marchés comme l'Asie. Mais, à leur tour, les constructeurs asiatiques ont aussi appris à dessiner leurs voitures.

Pour ces bureaux de style intégrés, les difficultés sont vite arrivées. Avec l'internationalisation de l'automobile, le design est devenu un produit mondial. Il a fallu s'habituer à faire des voitures qui respectent des normes différentes dans chaque pays. Ce qui a multiplié les contraintes créatives, comme la taille des pare-chocs ou l'écartement des feux arrière.

Le pire a été l'introduction de tests marketing. Ils ont nivelé le design par le bas. Si vous demandez au consommateur d'aujourd'hui quelle voiture il veut dans trois, quatre ou cinq ans, il répond toujours : la même voiture. C'est pour ça que tous les SUV se ressemblent !

Quand vous devez plaire en même temps à des consommateurs américains, français ou asiatiques, vous enlevez tous les irritants. Une révolution n'est plus possible. Il est vrai que renoncer aux tests clientèle demande énormément de courage. Une entreprise qui a grandi devient très craintive. Elle a beaucoup à perdre. Un modèle qui ne se vend pas peut provoquer la fermeture d'une usine. Vous devez être prudent, vous avez la pression des syndicats.

L'arrivée de l'électrique change les règles du jeu. Plus besoin d'être un constructeur automobile pour créer une voiture. Les moteurs électriques sont plus ou moins les mêmes dans tous les véhicules, il n'y a plus de boîtes de vitesses ni de suspensions spéciales. Cela ouvre la voie à des start-up comme Tesla aux États-Unis. Soudainement, les grands groupes sont mis en concurrence. Ils doivent se remettre en question. Je vois cela comme une grande chance. Même si vous n'avez pas le courage ou la volonté de transformer votre entreprise, vous allez être forcé de le faire si vous ne voulez pas disparaître.

Sur le plan du design, les conséquences de l'électrification sont assez considérables. D'abord parce que vous devez caser 500 à 800 kg de batteries. Vous ne pouvez les placer que sous l'habitacle pour des raisons d'équilibrage de la voiture. Cela incite à faire des voitures plus hautes type SUV.

Ensuite parce que des composants traditionnels disparaissent, à commencer par le gros bloc-moteur. Le compartiment avant où était placé le moteur est moins nécessaire. Logiquement, on devrait voir revenir les monospaces.

Pour l'instant, les constructeurs hésitent à proposer des modèles trop audacieux, car le consommateur réagit de façon classique. On veut évidemment éviter de le perdre. Quand j'ai vu la Tesla arriver, j'ai pensé qu'il était incroyable de révolutionner le système de propulsion en faisant une voiture si classique sur le plan de la forme. Mais c'était voulu : ne plus aller à la pompe était déjà un grand choc pour les consommateurs, il ne fallait pas, en plus, remettre en question les canons stylistiques.

Tesla a préparé le marché pour tous les constructeurs. Au départ, ils rigolaient tous, ils pensaient que Tesla n'allait jamais réussir. Les chiens ont aboyé, mais la caravane est passée. Et Tesla a préparé le consommateur à tous les nouveaux entrants, notamment chinois.

Les voitures électriques vont-elles changer de forme ? Pour le moment, on agit par petites touches. On justifie le capot avant en mettant de l'espace bagages ou un rangement pour les câbles. On y installe aussi des composants intérieurs, tel le bloc climatiseur : cela permet d'avoir une planche de bord plus fine et plus de place pour les pieds...

Cette approche prudente se justifie : c'est le succès des véhicules actuels qui permet de financer les projets de demain. Mais nous travaillons tous sur la voiture électrique du futur. Car chaque crise est du pain bénit pour un designer. Un designer qui se contente de vivre dans les normes existantes est un chasseur qui aurait renoncé à trouver de nouveaux territoires de chasse.

Détroit

Quand je suis allé à Détroit pour la première fois, la capitale de l'automobile était déjà à l'agonie. Elle avait été mise à mal par l'incapacité des constructeurs américains à résister à l'offensive des voitures japonaises et par la crise financière. Plongée dans la pauvreté, livrée à la délinquance, vidée des habitants, la ville offrait un spectacle lugubre. Le centre-ville faisait penser à une ville frappée par une guerre. On voyait des immeubles qui brûlaient sans que les pompiers interviennent. Il suffisait de descendre de sa voiture pour être confronté à l'insécurité. Pas étonnant donc qu'en 2013 elle se soit déclarée en faillite.

C'est pourtant bien là que s'est écrite l'une des plus grandes pages de l'histoire automobile. Et que les Big Three du secteur (Ford, General Motors et Chrysler) sont encore installés. Cette ville fondée par le Français Antoine de Lamothe-Cadillac, en 1701, a accueilli ses premières usines à la fin du XIXe siècle. Henry Ford y a ouvert un premier atelier en 1896, avant de créer l'entreprise qui porte son nom en 1904. Entre 1900 et 1930, la croissance a été rapide. Tous les pionniers du secteur s'y sont regroupés, de William Crapo Durant (General Motors) aux frères Dodge, en passant par Walter Chrysler et les frères Packard. Elle est devenue la « Motor City ».

Mais elle a été une première fois durement frappée par la grande dépression des années 1930, qui a mis à terre l'économie américaine. Certes, elle a ensuite renoué avec les belles années grâce au New Deal de Roosevelt et au boom économique des années 1950.

Mais elle est entrée dans une phase de déclin durable dès le début des années 1960. La population a chuté, de 1,8 million d'habitants en 1950 à un peu plus de 600 000 aujourd'hui. Une évolution alignée avec celle de l'emploi industriel. Le pire a été atteint lors de la crise des subprimes en 2008. La faillite de la banque Lehman Brothers a mis à terre le système financier américain et a entraîné la ruine de millions de ménages qui s'étaient lourdement endettés pour acheter leur maison. Cette fois, les géants automobiles ont tous mis un genou à terre. Le président Barack Obama est lui-même intervenu pour les renflouer. Ce qui n'a pas empêché la fermeture de 59 usines appartenant aux Big Three. Les ouvriers concernés ont donc souvent perdu en même temps leur emploi et leur toit...

Depuis, Détroit remonte lentement la pente. Restructurés, les constructeurs américains vont mieux et se convertissent eux aussi à l'énergie électrique. La ville reste un haut lieu de la voiture. Chaque année, son Salon automobile est un rendez-vous pour notre industrie. Dans les rues, quelques timides signes de renouveau sont apparus, notamment dans le domaine culturel. Mais le retour à la prospérité du XXe siècle semble encore relever du rêve.

DS

Inutile de le nier, l'ambiance était morose chez Renault en cet été 1955. Le Salon de l'auto approchait et des informations de plus en plus précises fuitaient de toutes parts sur le lancement imminent d'une nouvelle Citroën, décrite comme révolutionnaire. La marque aux chevrons avait beau démentir en bloc et s'entourer d'un secret paranoïaque, les rumeurs devenaient insistantes. Jusqu'à la publication par *L'Auto-Journal*, le 15 septembre 1955, de photos volées et de documents techniques qui dévoilaient l'essentiel de la future star. Ce scoop retentissant vaudra au magazine d'être poursuivi par Citroën avec perquisitions, filatures et mises sur écoute. À l'époque, on ne badinait pas avec le secret industriel. Le procès durera douze ans. Clos par un non-lieu.

En attendant, *L'Auto-Journal* avait vu juste : la DS était une véritable bombe. Un choc. Dès l'ouverture du Salon le 6 octobre, le stand Citroën fut pris d'assaut. La remplaçante de la Traction trônait tel un objet de science-fiction qui aurait atterri la veille. Émerveillement des visiteurs devant son look de soucoupe volante, sa carrosserie effilée mêlant plastique et alliages d'aluminium, sa structure autoportante sans châssis, son volant monobranche, son pare-brise panoramique... Stupéfaction devant la débauche de technologies futuristes, la suspension hydropneumatique à hauteur constante, les freins assistés, l'embrayage hydraulique semi-automatique. La DS 19 faisait soudain basculer l'automobile française dans une nouvelle ère. Les commandes arrivèrent en masse : 749 dans les trois premiers quarts d'heure ; 12 000 au soir de la première journée. Cela ne s'était jamais vu, et cela ne se reproduira jamais. Léger problème : une trentaine d'exemplaires seulement avaient été fabriqués. Et, malgré une rapide montée en cadence, les délais de livraison étaient supérieurs à quinze mois. À cause de cet emballement, les premières séries connurent de fréquentes pannes hydrauliques. Facteur aggravant, le réseau était dépassé par ce flot d'innovations auxquelles il n'avait pas eu le temps d'être correctement formé. Cette réputation de fragilité colla longtemps aux pneus de la voiture. La blague courait : « Je n'ai pas les moyens d'entretenir une DS. Alors je roule en Rolls. »

Qu'importe, la folie Citroën redonnait à la France sa fierté industrielle. Avec elle, le pays entrait dans les « années croissance » où tout semblait possible. La DS fut immédiatement adoptée par les hommes politiques, les hauts fonctionnaires, les dirigeants d'entreprise et les gros rouleurs. Elle animait les ballets de voitures à cocarde dans les cours des ministères. Et elle commença une riche carrière au cinéma, symbole de la bourgeoisie aisée des années 1960, reine des cascades, voiture préférée des grands flics autant que des gangsters. Du *Cerveau*, de Gérard Oury, à *Attrape-moi si tu peux*, de Steven Spielberg, en passant par *Fantomas*, où elle se transforme en avion, elle sera la voiture française la plus mise en scène.

En 1957, le philosophe et sémiologue Roland Barthes lui fit les honneurs de son œuvre majeure, *Mythologies* : « La nouvelle Citroën tombe manifestement du ciel dans la mesure où elle se présente d'abord comme un objet superlatif [...] et il se peut que la Déesse marque un changement dans la mythologie automobile. » En 1958, consécration, elle devint le véhicule officiel du général de Gaulle. Elle fut de presque tous les voyages présidentiels, emblème itinérant du savoir-faire bleu, blanc, rouge. Elle gagna même un surcroît d'aura avec l'attentat du Petit-Clamart, le 22 août 1962. Ce jour-là, la voiture est occupée par le Général, son épouse et leur gendre. Sur la route qui mène à l'aéroport de Villacoublay, elle est mitraillée par un commando de l'OAS : 187 balles sont tirées, dont 14 seulement atteignent la carrosserie. Aucun passager n'est blessé. Ce bilan miraculeux est mis au crédit de la dextérité du chauffeur, mais aussi des qualités routières de la DS. Elle a pu conserver son cap malgré des pneus éclatés.

Sacrée reine de la route, et des autoroutes naissantes, la Citroën ne perdra jamais sa couronne. Au fil des ans, elle distilla les nouvelles versions et les audaces technologiques. Chaque fois, elle parvenait à étonner. En 1961, voici le sublime cabriolet réalisé par le carrossier Chapron. Sa cote peut friser aujourd'hui les 200 000 euros. En 1964, voilà la finition Pallas, avec fauteuils club aux bourrelets généreux, cuir couleur fauve partout, capitonnages épais et moquette moelleuse. Suivront l'injection électronique et les phares pivotants pour mieux éclairer les virages. Pour la petite histoire, il y eut aussi une variante conçue spécialement pour le marché italien, en 1966, avec un moteur légèrement boosté. Car, selon le directeur général de Citroën Italia de l'époque, la puissance d'origine ne suffisait pas « au tempérament volcanique » de ses clients transalpins. Les arguments ensuite utilisés pour la vendre furent : « *Elasticità, nervosità, velocità* ». Pas besoin de traduction, n'est-ce pas ?

En 1975, la DS tenait encore en respect les grosses berlines allemandes. Un journaliste spécialisé en fit un ultime banc d'essai : « Sa stabilité est phénoménale. Même sous la pluie, elle taille la route comme un torpilleur dans le mauvais temps, en soulevant une immense gerbe d'eau qui aveugle ses poursuivantes. La direction engage la voiture dans les virages avec une étonnante vivacité. » Cette année-là, la DS tira pourtant sa révérence. Vingt ans après sa présentation... et trente-sept ans après le lancement du projet. C'est en 1938, en effet, que la première ébauche fut lancée sous le nom de code VGD (pour « véhicule à grande diffusion »). Le début d'une histoire pleine de rebondissements et qui, comme on l'a vu, restera top secrète jusqu'au tout dernier moment. La genèse est instructive et prouve que, hier comme aujourd'hui, l'industrie automobile s'inscrit dans le temps long et dans la durée. Ce qui n'est pas toujours compatible avec les brusques coups de barre réglementaires qu'imposent nos élus et nos administrations.

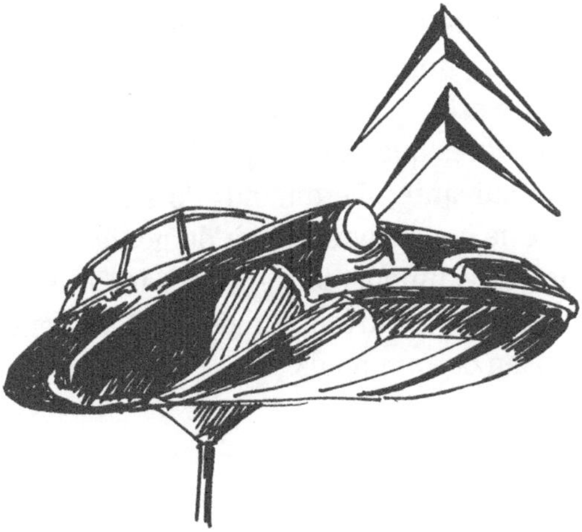

En 1938, donc, le patron s'appelait Pierre Boulanger. Prévoyant, il pensait déjà à la succession de la Traction, pourtant commercialisée depuis peu. Il avait en tête de doter le dossier VGD des techniques les plus modernes de son temps. Son mot d'ordre aux ingénieurs : « Étudiez tout, même ce qui est déraisonnable. » Ils ne demandaient que cela ! Un groupe se constitua sous les ordres d'un anticonformiste notoire, André Lefebvre, formé chez le constructeur d'avions Gabriel Voisin, où il inventa le train d'atterrissage à quatre roues. Il se fit ensuite virer de Renault pour insolence. Citroën le récupéra, en lui laissant une grande liberté, pour travailler sur la Traction, puis sur le VGD. Durant l'Occupation, le projet avança dans une totale confidentialité, loin de la curiosité des Allemands. Mais, et c'est stupéfiant, les grandes lignes de la future DS étaient déjà fixées : capot plongeant, carrosserie légère, suspension hydraulique. Dès 1945, les études reprirent à un rythme accéléré. Et les décisions hardies aussi. Notamment pour le design, piloté par Flaminio Bertoni, auteur par ailleurs de la 2 CV et de la future Ami 6. Le choix de l'hydraulique fut retenu également pour la transmission et pour la direction. De tests en séances d'essai, dont certaines furent catastrophiques, la DS était enfin prête pour l'ouverture du Salon de l'auto de 1955. Et le succès que l'on sait.

L'année suivante, Ferdinand Porsche dira d'André Lefebvre et de son œuvre : « Il a du génie. Je n'ai jamais vu autant de technique concentrée dans une voiture de série. » Venant de l'inventeur de la Coccinelle, l'hommage avait un certain poids.

E

Échecs

Un corbillard ? Non, une Pontiac Aztek ! Un étrange croisement de SUV et de monospace, mâtiné d'une inspiration de pick-up. Enfin, « inspiration » est un bien grand mot... La malheureuse fut considérée par le magazine américain *Time* comme l'une des 50 pires inventions de tous les temps. L'hebdomadaire allemand *Der Spiegel* l'a inscrite dans son top 10 des voitures les plus laides. Et un sondage du quotidien britannique *The Daily Telegraph* l'a propulsée à la première place des 100 autos les plus moches. Ainsi dotée, de 2000 à 2005, cette fée Carabosse s'est vendue les meilleures années à 27 000 exemplaires, loin des 75 000 prévus. Des ratages comme ceux-là, l'automobile en a connu pas mal. On peut le déplorer. On peut, à l'inverse, y voir la rançon de l'innovation permanente à laquelle est contrainte notre industrie. Peu de secteurs doivent autant aller de l'avant, sans cesse, et prendre des risques. Or, la culture du risque est mal comprise en Europe, et particulièrement en France. Contrairement aux États-Unis, où elle est bien théorisée : l'échec y est considéré comme un moteur de l'apprentissage. Un dirigeant d'IBM a déclaré un jour : « Si on ne se trompe pas une fois sur trois ou sur quatre, c'est qu'on n'a pas assez tenté. » Pour ma part, je mettrais plutôt le curseur à une fois sur dix, mais qu'importe : pour réussir, il faut accepter la possibilité d'échouer.

Il y a, je pense, deux types d'échecs. Ceux dus à un excès de modernisme et d'audace, à une forme d'anticipation excessive. Et ceux dus à de véritables erreurs. Renault connaît bien la première catégorie pour avoir toujours fait partie des pionniers et des défricheurs de tendance. Quitte parfois à en payer le prix. C'est l'histoire de l'Avantime, dont le nom à lui seul était tout un programme, et que les moqueurs surnommèrent « Aftertime » ou « fer à repasser » à cause de sa silhouette haute sur roues, façon carrosse. Un « glorieux ratage », comme titra le quotidien *Le Monde*. Ce véhicule insolite fut l'un des premiers à mélanger les genres, bien avant qu'on parle des crossovers, à la fois coupé et monospace. Pas de montant central entre les portes avant et les sièges arrière, vitres sans encadrement, énorme toit en verre, intérieur lumineux. Et un design qui avait du chien. Trop anticonformiste ? Probablement. Entre 2001 et 2003, 8 552 exemplaires vendus seulement. Depuis, une forme de réhabilitation a commencé. La valeur de cet objet baroque monte sur le marché de la collection. Un musée américain situé à Nashville (Tennessee) a même décidé d'en exposer un exemplaire. Un journaliste local, la découvrant, a décrit son incompréhension : comment les Français avaient-ils pu bouder une telle trouvaille ?

Une autre Renault, en 1983, eut le tort d'avoir été trop en avance : la R11 TSE Electronic, premier véhicule qui parlait au conducteur. Bien avant « OK Google », une voix synthétique demandait de desserrer le frein à main ou de vérifier le niveau d'huile. Des voyants de toutes les couleurs clignotaient sur le tableau de bord parsemé d'affichages LCD, ambiance sapin de Noël. Mais en fait de cadeaux, ce fut un bide. Les utilisateurs ne comprenaient rien à de telles étrangetés et l'ex-Régie remballa le tout.

Regrets aussi pour une étoile filante qui a payé cher son futurisme, l'Audi A2. Sa présentation en 2000 fut un choc : poids plume grâce à sa carrosserie en aluminium, aérodynamisme record, moteur trois cylindres, système stop and start... Ses émissions de CO_2 culminaient à 81 g/km, ce qui faisait d'elle la championne absolue de la sobriété, une fervente écologiste. Mais avec vingt ans d'avance. Or, on a souvent tort d'avoir raison trop tôt. Le public ne retint que sa ligne bizarroïde, sa puissance faiblarde, son image éloignée d'une « vraie » Audi : 176 377 ventes seulement, à comparer au million de la Classe A. Cuisant.

Des voitures trop originales pour leur temps, il y en eut beaucoup d'autres. La Peugeot 1007 avec ses deux portes coulissantes ; la Chevrolet Corvair avec sa ligne insolite, son moteur six cylindres à plat, ses quatre roues indépendantes ; la Tucker Torpedo qui, dès 1947, offrait arceau de sécurité, pare-brise en verre laminé, freins à disque, éclairage adaptatif en virage. Autant de flops magnifiques. On peut les considérer aujourd'hui avec indulgence vu les progrès qu'ils ont, à leur façon, permis de réaliser. De même, difficile de reprocher à certains modèles très réussis de ne pas avoir eu de chance, tout simplement. Qui pouvait prévoir la guerre du Kippour en 1973 et ses conséquences sur la sublime Citroën SM ? Qui imaginait le krach de 1929 alors que General Motors s'apprêtait à lancer une nouvelle marque, LaSalle, destinée à s'intercaler entre Buick et Cadillac ? Malgré leurs qualités, les Convertible Type 328 et 345 ont alors connu les affres de la déroute. Quant à la somptueuse et très onéreuse Panhard Dynamic, elle arriva au même moment que le Front populaire. Ce qui effraya sa riche clientèle.

On peut être plus sévère à l'égard des voitures qui ont bien cherché, si l'on ose dire, leurs difficultés. À la source de celles-ci, il y a bien souvent des erreurs de design. La Ford Edsel (comme le prénom du fils de Henry Ford) en est l'illustration. Censée bouleverser le marché, elle fut lancée en 1957 dans une débauche d'investissements : 18 versions différentes, deux ou quatre portes, cabriolet avec capote ou avec hard-top, break, moteurs V8 de 300 à 350 ch. Le budget communication explosa les compteurs avec, en apothéose, un show télévisé animé par Frank Sinatra, Bing Crosby et Louis Armstrong. Pourtant, tout cela fit pschitt à cause d'une ligne incroyablement tarabiscotée. Le pire était la calandre, énorme, disproportionnée, vaguement ovale, censée symboliser un licol de cheval. Le public y vit surtout au choix une lunette de WC ou la réplique d'un sexe féminin. Bilan : 30 000 Edsel vendues, dix fois moins que ce qu'il aurait fallu pour atteindre la rentabilité.

Un design kitsch a aussi été fatal à la Fiat Multipla, lancée en 1999 pour répondre au succès de la Renault Megane Scenic. Le projet du monospace compact à la mode italienne était pourtant astucieux : il pouvait accueillir six passagers et leurs bagages dans une longueur de 3,99 m grâce à deux rangées de trois sièges. Pour cela, il fallait une largeur respectable de 1,87 m. Le cahier des charges prévoyait un habitacle dessiné pour « rendre les gens heureux », avec de grandes surfaces vitrées qui devaient précisément… « permettre de voir les gens heureux à l'intérieur ». Mettez tout cela dans un shaker et il en sortit le Multipla, immédiatement brocardé comme le « vilain canard ». Il devint la risée de l'émission anglaise « Top Gear » et fut élu par un magazine britannique « voiture la plus laide ». Les vendeurs du réseau furent priés d'écourter au maximum le temps passé autour de la bête avec leurs clients et de les faire monter à bord le plus rapidement possible. Dans l'espoir que l'intérieur, astucieux, fasse oublier le look désastreux. En Italie, les chiffres de vente furent corrects. Mais à l'étranger, ils frisèrent la bérézina.

Faut-il accabler le designer, Roberto Giolito ? Un peu trop facile. Il ne s'est pas toujours trompé : il a aussi dessiné la 500 ! Le lancement d'un nouveau modèle est d'une complexité extrême et fait intervenir un nombre considérable de services et de compétences. Les arbitrages sont incessants et se prennent, pour les plus importants, au niveau de la direction. À la fin des fins, c'est le patron qui donne le go. Voyez le flop de la Renault 14. Elle avait beaucoup de qualités objectives, suffisamment pour relever son défi : rivaliser avec les Opel Kadett, Volkswagen Golf et autres Citroën GS. Et pourtant, son destin a vite déraillé. Pour au moins trois raisons : son manque de personnalité ; son moteur d'origine Peugeot qui braqua les commerciaux de la maison ; sa célèbre campagne de pub qui la comparait, et son propriétaire par ricochet, à une poire. Elle aura beau tenter de rectifier ensuite le tir avec des versions bien équipées et plus puissantes, elle restera mal aimée. Et bien malin qui pourra en démêler avec précision les responsabilités précises.

Ce genre de désillusion frappe tout aussi bien le très haut de gamme. Comme la Volkswagen Phaeton, appelée en 2002 à porter les ambitions de la marque de Wolfsburg.

Tout avait été mis sur la table pour la hisser au niveau des concurrentes les plus prestigieuses. Dimensions imposantes, finitions d'un raffinement extrême, moteur W12 de 450 ch. Le projet fut imposé, et suivi quasiment au jour le jour, par le président du groupe lui-même, Ferdinand Piëch. Quelques dirigeants téméraires tentèrent de s'y opposer ou d'en réduire les coûts les plus extravagants. Poussés dehors ! Pourtant, ils avaient raison : ce paquebot à quatre roues relevait du péché d'orgueil. Et leur président, à qui tout a toujours réussi, avait cette fois-ci négligé une chose : on ne change pas une image de marque du jour au lendemain. La clientèle riche n'avait aucune envie de miser 100 000 euros sur une « voiture du peuple », dont la ligne semblait extrapolée à partir de celle de la Passat. Facteur aggravant, le réseau n'était absolument pas préparé à vendre un véhicule d'aussi grand standing. Bilan : sur chaque exemplaire vendu, Volkswagen perdait 28 000 euros.

Ce problème de positionnement n'est pas rare dans l'automobile et explique bien d'autres échecs. Comme celui de la Jaguar au rabais, la X-Type, surnommée « Baby Jag ». Elle n'était qu'une sorte de Ford Mondeo recarrossée et n'avait rien d'une vraie féline, mais la direction de l'époque voulait croire que son nom prestigieux suffirait à séduire les acheteurs. Il n'en a rien été. Je me rappelle aussi le triste sort de l'Alfa Arna, issue en 1983 de l'association entre la firme au trèfle à quatre feuilles et Nissan. Cette compacte devait allier les performances et le charme italiens aux technologies et au sérieux japonais. Parfait sur le papier. Dans la réalité, ce ne fut pas le meilleur, mais le pire des deux mondes. La banalité japonaise et le manque de fiabilité latin.

Dans la série des voitures Frankenstein, c'est-à-dire manipulées sans discernement par des comités de direction aux objectifs flottants, une de mes préférées est la

Talbot Tagora. Une routière aux lignes épurées, quasi rectangulaires, d'un classicisme élégant… bousillée par des intérêts contradictoires. Elle a été imaginée chez Chrysler Europe et devait être badgée Simca. Mais elle fut développée par Peugeot, puis vendue sous le nom de Talbot. Au ralenti, voilà le film : à la fin des années 1970, Chrysler et Simca s'associèrent pour lancer une routière haut de gamme. Un projet que Peugeot trouva dans la corbeille lorsqu'il racheta Chrysler-Simca. Il accepta de le mener à terme à une condition : placer des pièces Peugeot partout où cela était possible. À commencer par le moteur. Les ingénieurs durent donc remettre leur ouvrage sur le métier. Par exemple, pour recevoir le diesel de la 604, il fallut décaler les roues avant de quelques centimètres. Et en récupérant un essieu arrière de 505, les roues arrière de la Tagora devenaient trop rentrées dans la carrosserie. Coup de grâce, lors de la commercialisation, en 1979, les vendeurs Peugeot refusèrent presque de la vendre, car elle concurrençait directement la 604.

On parle de curiosité, en voilà une autre en approche : la Amber électrique du constructeur russe Avtotor, présentée récemment comme la future Tesla slave. Son look burlesque, ses phares minuscules et son capot boursouflé en ont fait la cible des réseaux sociaux. « Une voiturette sans permis, en plus moche », « À côté, la Fiat Multipla est jolie », « La première e-Babybel ». « L'indifférence est le commencement de l'échec », dit le proverbe. Pour une fois, il se trompe.

E-fuels

Prenez de l'hydrogène produit à partir d'énergies renouvelables, capturez du carbone émis, par exemple, dans certains sites industriels. Mélangez le tout. Vous obtenez un nouveau carburant dit « de synthèse », qui peut faire rouler les voitures et voler les avions. L'avantage de cette solution, qui commence déjà à être utilisée dans le secteur aérien mais aussi dans la Formule 1, c'est qu'elle est neutre en matière d'émission : le carbone émis est compensé par celui qui est récupéré en amont. Les e-fuels (e-carburants), c'est leur nom, peuvent être utilisés par tous les véhicules existants sans aucun équipement supplémentaire. Ce qui permettra de traiter le problème du milliard et demi de véhicules thermiques restant en circulation dans le monde pendant encore de très longues années, le temps que la flotte électrique se déploie.

Comment produire des volumes suffisants ? Il faudra du temps et des dizaines de milliards d'euros d'investissements industriels pour répondre à la demande. Mais la volonté est là. La technologie aussi. Les pays producteurs de pétrole savent que leurs réserves s'épuiseront à terme. Ils se préparent donc à basculer vers de nouvelles sources de revenus. Des fermes solaires gigantesques leur permettront ainsi de produire de gros volumes d'hydrogène. Transformé sur place en e-fuel, infiniment plus facile à transporter, il pourra passer par le système logistique de l'or noir : supertankers, pipelines, etc. C'est, selon moi, le complément idéal, et incontournable, de l'électricité. Fonçons !

Électrique

Tesla n'a pas tout inventé. À la fin du XIXe siècle, les premières voitures conçues par l'ingénieur allemand Carl Benz étaient déjà électriques. Entre-temps, le moteur à combustion et le roi pétrole ont pris le pouvoir et régné sans partage. Cette longue séquence s'achève et il n'y aura pas de retour en arrière. Quelles que soient les difficultés rencontrées sur le chemin de la transition énergétique, les industriels de l'automobile se sont tous ralliés au passage à l'énergie décarbonée. Ils investissent tous massivement pour être au rendez-vous fixé en 2035 : à partir de cette date, plus aucun véhicule thermique ne sera construit en Europe.

C'est une évidence qui nous oblige, l'électrique réduit la pollution et améliore la qualité de l'air. Dans les grandes villes, la fumée et le bruit des voitures sont devenus un vrai problème qui sera ainsi progressivement résolu. Le bien-être et la santé des habitants sont clairement en jeu. Si tout le monde s'accorde pour réduire l'empreinte carbone de l'automobile, l'énergie électrique est la solution.

J'adhère d'autant plus à ce combat écologique qu'il est source de progrès. Seule l'innovation permettra de développer des voitures électriques compétitives en matière de prix.

Comme précédemment dans l'histoire industrielle, l'automobile s'apprête à jouer le rôle qu'elle a toujours joué : démocratiser et rendre fiable une nouvelle technologie. Les avancées réalisées profiteront à d'autres industries. Exemple : les travaux sur les batteries entraîneront une amélioration des piles que nous utilisons au quotidien.

Cette bascule sans précédent vers l'électrique constitue une véritable révolution industrielle. Mais elle pose au moins trois questions :

Le prix des voitures va-t-il baisser ?

La réponse est oui, mais peut-être pas autant qu'on peut le rêver. D'ici à 2030, les tarifs des automobiles électriques devraient décroître progressivement et croiser ceux des modèles thermiques, poussés vers le haut par les nouvelles normes qui leur sont imposées. Ce qui freine la baisse pour l'instant, c'est le coût des batteries. Facturées 7 000 ou 8 000 euros, elles pèsent très lourd dans le prix de revient. Il est difficile, voire impossible, de vendre une voiture à 15 000 euros dans ces conditions. Bien sûr, ces prix vont sans doute baisser grâce aux usines géantes déployées en Europe. Une quarantaine devraient voir le jour d'ici à 2030, dont quatre en France. Un doublement de la capacité par rapport à 2021. Mais l'accroissement des volumes produits ne suffira pas. Sous la pression de la demande mondiale, et notamment chinoise, les métaux (lithium, cobalt, manganèse, nickel) utilisés dans les batteries vont rester chers. Une situation comparable à celle de l'agriculture : les fruits bio resteront toujours plus coûteux à produire, parce qu'ils demandent plus de travail. La transition écologique se traduira par une hausse des prix dans tous les secteurs de la consommation. En compensation, ce que l'acheteur d'une voiture électrique paiera en plus à l'achat, il le récupérera ensuite : l'électricité est moins chère que l'essence (– 33 % sur la durée de vie d'un véhicule) et les frais d'entretien sont deux fois moins élevés.

Le réseau d'infrastructures de recharge va-t-il se développer assez rapidement ?

C'est un enjeu majeur. Les constructeurs sont prêts à vendre des bornes de recharge aux particuliers, mais ils ne sont pas les mieux positionnés pour s'occuper des installations le long des routes. C'est à la puissance publique de s'impliquer pour orchestrer et accélérer le déploiement des bornes. En Chine, personne ne se pose cette question. Le réseau se met en place de façon coordonnée et rapide. L'avantage d'une économie hyper-administrée…

Quelle sera la place de l'hydrogène dans ce nouveau dispositif ?

Cette technologie est très intéressante mais assez chère. À la différence de l'électricité qui arrive partout, l'hydrogène nécessite la mise en place d'équipements spécifiques. Pour cette raison, elle devrait rester marginale dans le mix énergétique de la mobilité. Elle semble aujourd'hui plus adaptée aux gros véhicules, notamment les bus des transports en commun, qui passent régulièrement par des points fixes.

Il est trop tôt pour dire qui sortira gagnant de la bataille qui s'annonce. En choisissant l'électricité, nous entrons dans un monde nouveau qui va beaucoup dépendre du travail des bureaux de recherche et des scientifiques. Ce sont eux qui détiennent les clés de notre futur.

Estafette

D'abord, empoigner fermement le volant grand et fin comme un cerceau. Penser à prendre des séances de muscu pour le tourner, car la direction a la lourdeur d'une enclume. Ensuite, s'habituer à cette drôle de position de conduite, perchée tout à l'avant, comme en surplomb de la route. Composer avec les suspensions sautillantes. Anticiper les ralentissements à cause des freins asthéniques...

Bienvenue à bord de l'Estafette, qui, malgré ses menus défauts, devint tout de suite une vedette. En un éclair, elle occupa le devant de la scène et s'imposa comme l'un des objets familiers de nos rues et de nos campagnes. Reine du transformisme, championne de la modularité, comme on ne disait pas encore à l'époque. On la croisait partout en camionnette d'artisan, épicerie ambulante dans les petits villages, marchande de glaces au bord des plages, sandwicherie (l'ancêtre de nos food trucks), minibus pour colonies de vacances, camping-car avant l'heure, véhicule préféré des *Gendarmes à Saint-Tropez*... Dès sa présentation, en 1959, elle fit souffler un vent de modernité sur le marché plan-plan de la fourgonnette, dominé par la Type H de Citroën et par la D4 de Peugeot. Deux modèles conçus dans l'austérité de l'après-guerre. Pas étonnant si l'Estafette, avec son air de jeune première, fut identifiée à la prospérité et à l'optimisme des Trente Glorieuses.

Son nom, à lui seul, était un pari. Il avait une consonance féminine, alors qu'il ciblait en principe la clientèle des gros bras. Un risque assumé : l'Estafette, comme le porteur militaire de courrier ou de petits paquets, devait être véloce, légère et compacte, moins destinée aux lourdes charges que ses rivales. Ce sera son point fort : combler le vide entre le break utilitaire et le camion de transport. Renault récidiva et joua de la rime en nommant Alouette la version vitrée à huit sièges. En définitive, ce nom d'Estafette était bien trouvé. Au point de devenir synonyme de camionnette.

Sa bonne bouille un peu joufflue et ses couleurs pimpantes ont tout de suite séduit. Orange, jaune, bleu. Une manière de narguer le Type H, taillé à la serpe et disponible seulement en gris triste. Surtout, son rapport encombrement-charge utile a atomisé la concurrence : 4,09 m de long, comme une Clio d'aujourd'hui ; 6 m^3 de chargement. Un exploit rendu possible par la carrosserie monovolume, vingt-cinq ans avant l'Espace, et par l'adoption de la traction avant. Une première pour Renault. Et même une révolution copernicienne : Billancourt, dans ces années-là, ne jurait que par le tout à l'arrière. Il faudra d'ailleurs attendre deux ans et la 4L pour que la Régie convertisse ses voitures à la traction.

Abandonner la propulsion a permis à l'Estafette de débarrasser son plancher de l'arbre de transmission et d'offrir une somptueuse surface de charge complètement plane : 3,80 m^2 ! Même audace côté moteur. Pour gagner de la place, il fut décidé de le loger au milieu de la cabine entre les deux sièges. Pas de capot proéminent donc, pas 1 cm de perdu. Et tant pis pour le bruit de bombardier qui envahissait l'habitacle. Ces choix techniques relevaient d'un pur avant-gardisme. Certes, le très malin Combi Volkswagen avait ouvert la voie neuf ans plus tôt. Le bureau d'études de Renault envisagea un temps de s'en inspirer et en fit démonter un exemplaire. Mais le moteur placé à l'arrière sacrifiait trop de volume utile. D'où les innovations radicales de l'Estafette. Elles étaient défendues par un jeune ingénieur du nom de Guy Grosset-Grange. Mais contre lui, il avait son boss, le chef du bureau d'études Fernand Picard, qui jugeait tout cela trop risqué. Le dossier remonta dans le bureau du P-DG du groupe, Pierre Dreyfus. Qui arbitra en faveur de l'intrépide Grosset-Grange et lui donna carte blanche. À une condition, utiliser le maximum d'éléments de la Dauphine pour limiter les frais. Le contrôle des coûts, une seconde nature chez Renault…

Au moment du lancement, la direction organisa le Championnat de France des conducteurs-livreurs qui consistait, au volant d'une Estafette, à parcourir le plus vite possible un itinéraire truffé de gymkhanas, de trottoirs piégeux et de passages étroits comme un goulet. Le but était évidemment de mettre en avant la maniabilité et la facilité de conduite de la bête. Une opération de communication astucieuse. Mais en vérité, l'Estafette n'en avait pas vraiment besoin. Son succès a été foudroyant. Au point que les délais d'attente s'étaient allongés. J'ai lu dans un magazine spécialisé dans la voiture de collection le témoignage d'un propriétaire d'Estafette. Il raconte l'avoir récupérée chez une épicière qui l'avait achetée en 1962. Mais la demande était tellement forte qu'elle avait dû passer commande aussi d'une Renault Floride pour accélérer son dossier. Cela relativise un peu les problèmes d'approvisionnement et de livraison que l'industrie automobile a connus récemment...

D'emblée, et c'était aussi révolutionnaire à l'époque, la Régie Renault a commercialisé sa nouvelle fourgonnette dans une foultitude de versions. Fourgon surélevé (avec un toit en polyester, ce qui était inédit), pick-up bâché, Microcar neuf places... Il y avait même la série Zone bleue avec une charge utile plus faible afin de contourner la loi interdisant dans certaines villes la circulation des véhicules de plus de 500 kg de charge. La Zone bleue rappelle que l'administration française était déjà prolifique en réglementation il y a soixante ans. Et que les Français étaient déjà très imaginatifs pour s'adapter. Parmi les déclinaisons les plus célèbres de l'Estafette, restent en mémoire celles destinées aux forces de l'ordre. En 1960, la gendarmerie lança un appel d'offres géant pour renouveler ses fourgonnettes. Face à Peugeot et à Citroën, l'Alouette de Renault, une Estafette rebaptisée, l'emporta haut la main grâce à sa ribambelle de places assises et à son rayon de braquage ultra-court. Son statut d'entreprise publique aidait, c'est sûr (comme pour les appels d'offres de La Poste). Au total, 11 000 exemplaires furent livrés. Dans la foulée, la police aussi opta pour l'Alouette. À noter, son statut de panier à salade n'a jamais nui à sa cote d'amour. Et pourtant, beaucoup de Français l'ont connu de près. Ne serait-ce que lors des excès de vitesse. C'était dans le fourgon que l'on signait le PV.

Que doit-on aujourd'hui à l'Estafette dont la carrière s'est achevée en 1980 ? Beaucoup de choses. Elle préfigurait les nouveaux concepts qui ont déferlé longtemps après. Monospace, break surélevé, SUV, ludospace, SUV coupés... L'Espace, le Scenic, la Dacia Jogger sept places, le Kangoo, l'Austral, le Captur et tant d'autres : ils lui disent merci.

Europe

L'Europe de l'automobile, c'est toute ma vie. Depuis la fin de mes études, je n'ai cessé d'aller d'un pays à l'autre. J'ai occupé des postes à responsabilité chez les plus grands constructeurs du continent, de Fiat à Renault en passant par Volkswagen, Audi, Seat et Toyota Europe. J'ai vécu à Bruxelles, à Turin, à Wolfsburg, à Barcelone et à Paris. Partout je me suis intégré, partout j'ai regardé, écouté, appris, et, surtout, agi. Au fil des années, j'ai donc accumulé une expérience qui me permet de livrer un diagnostic sans concession sur cette industrie qui est l'un des poumons de l'économie européenne. Problème : ce poumon a besoin d'air au moment le plus critique de son histoire, celui du passage à l'énergie électrique. Un sacré défi ! C'est sans doute la plus grande transformation de l'histoire industrielle contemporaine. Tous les constructeurs s'y sont engagés à fond. Ils ont mis en œuvre des programmes d'investissement gigantesques (250 milliards d'euros !) pour être au rendez-vous de la fin du moteur thermique en 2035.

Le défi est d'autant plus grand que l'électrique impose de renverser la table. Les savoir-faire d'hier s'effacent derrière de nouvelles disciplines. À part les quatre roues et la carrosserie, les voitures n'auront plus rien à voir avec celles d'aujourd'hui.

Il faut désormais apprendre à maîtriser de nouvelles technologies extrêmement évolutives comme celle des batteries. Et le software embarqué devient un nerf de la guerre, ce qui exige de faire appel à de nouvelles compétences, celles des GAFAM et de l'intelligence artificielle.

L'ennui, c'est que nous n'avons pas le moindre droit à l'erreur pour rester dans cette course à haut risque. Pourquoi ? Parce que nous ne sommes pas seuls au monde.

Avec l'électrique, la barrière à l'entrée du moteur thermique très complexe à fabriquer disparaît. Ce big bang technologique a déjà fait le bonheur de nouveaux entrants comme Tesla.

Sans actifs industriels historiques à préserver, bénéficiant de la confiance aveugle des marchés financiers, soutenu par les gouvernements, Tesla, via ses programmes sur d'autres chaînes de valeur (espace, énergie, etc.), a pu explorer de nouveaux modes de production, construire des « gigafactories » ultra-modernes et prendre des positions commerciales enviables dans le monde entier.

D'autant qu'une autre concurrence, encore plus redoutable, se prépare à envahir nos marchés : celle des constructeurs chinois.

Dans la compétition pour la suprématie mondiale de l'automobile, son objectif avoué, la Chine dispose de plusieurs atouts stratégiques :

Elle contrôle les filières d'approvisionnements des matières rares destinées aux batteries.

Grâce à ses nombreuses entreprises de l'électronique grand public et de la tech (TCL, Huawei, Xiaomi...), elle maîtrise tous les ingrédients (écrans, applis, software, semi-conducteurs, intelligence artificielle) qui font des voitures électriques de véritables « smartphones sur quatre roues ».

Ses constructeurs automatisent à outrance leurs usines. Chaque année plus d'un robot sur deux installé dans le monde l'est en Chine. Cela leur permettra d'être compétitifs sur tous les marchés.

Une bonne quarantaine de constructeurs se bagarrent comme des fous pour être l'un des cinq ou dix qui survivront à terme. Ils rivalisent d'audace et d'innovations, tout en se piquant mutuellement les innovations, ce qui, au final, est bon pour les consommateurs.

Enfin, et surtout, le gouvernement de Xi Jinping fait tout, et depuis longtemps, y compris en mobilisant le système financier, pour que son industrie automobile devienne la première du monde. Dans ce domaine comme dans les autres, la deuxième économie mondiale a mis en place un cadre réglementaire clair. Les règles du jeu sont faites pour provoquer une amélioration de la compétitivité du système.

Certes, pour faire face, les constructeurs européens ne sont pas démunis. Ils ont entre leurs mains des atouts non négligeables : leurs marques très prisées des clients, leur sens du marketing, le génie de leurs ingénieurs, la créativité de leurs designers, la qualité de leur main-d'œuvre.

Mais cela ne suffira pas. Sur le plan mondial, l'industrie européenne perd des parts de marché. Avec la montée en puissance de la Chine, ce recul risque de s'amplifier.

Que faire pour résister ? Où trouver l'air qui fait défaut pour inverser la tendance ?

Cette industrie a joué, et joue encore, un rôle clé pour la prospérité du continent. Quelques chiffres pour s'en convaincre :

— l'industrie automobile emploie 13 millions de personnes en Europe ;

— 8 % des ouvriers européens travaillent dans ses 164 usines ;

— elle a produit 12,1 millions de voitures en 2023 ;

— elle représente 8 % du PNB et un tiers des investissements européens ;

— elle génère un excédent commercial avec le reste du monde de 102 milliards d'euros.

Sans oublier le volet recettes : l'automobile rapporte 392 milliards d'euros de revenus fiscaux.

En fait, l'industrie automobile, c'est un peu l'industrie des industries. Tous les secteurs d'activité ont un lien avec elle. Comme on l'a souvent dit du bâtiment, si elle va bien, tout ira bien. Mais aujourd'hui, les constructeurs automobiles s'inquiètent. Ils ont besoin de décisions politiques claires et stables pour relever ces défis. Ils espèrent que l'Europe va changer de logiciel. À leurs yeux, il faut qu'elle mette en place une véritable politique industrielle dont l'automobile sera l'un des bénéficiaires. Et qu'elle maîtrise mieux sa politique de régulations. Certes, celles-ci sont nécessaires ; mais elles ont démontré qu'elles pouvaient devenir contre-productives. À l'exemple des normes mises en place pour rendre les voitures plus sûres qui ont abouti à les rendre plus lourdes et plus chères. Résultat : les acheteurs gardent plus longtemps leur vieux véhicule, ce qui va à l'encontre de la stratégie de décarbonation. Elles sont aussi trop nombreuses et relèvent souvent du diktat punitif avec leurs échéances d'application fixes et leurs amendes.

Selon moi, l'Europe doit inventer sa propre voie : un modèle hybride misant à la fois sur une forme de dirigisme, garant de la stabilité des objectifs et des méthodes, et sur l'initiative privée.

Prenant en compte toutes les dimensions de la décarbonation, elle doit maintenant impulser des choix innovants et de bon sens. Par exemple, elle devrait inciter toutes les grandes villes à mettre en œuvre un arsenal de mesures favorables aux petites voitures électriques et aux véhicules bénéficiant d'une homologation récente. Cela dynamiserait le segment des citadines, des modèles plus légers et bon marché, donc moins émetteurs de CO_2, de leur fabrication à leur utilisation.

L'avenir de l'automobile européenne sera-t-il radieux ? Je l'espère, je le crois. Rien ne sera facile. C'est mon combat de tous les jours.

F

Ferrari

Qui voit rouge pense Ferrari. Quelle autre marque peut se vanter d'avoir fait main basse sur une couleur ? C'est un phénomène marketing unique qui symbolise à lui seul l'insolente réussite économique de l'entreprise de Maranello. Avec son outil industriel ultra-moderne, elle a livré plus de 13 500 voitures en 2023, trois fois plus qu'en 2002. La demande est si forte que les clients doivent patienter plus de deux ans après avoir passé commande pour prendre possession d'une Stradale, d'une Daytona ou d'une F40. En moins de trente ans, la belle PME italienne est devenue un ténor mondial du luxe. Une icône qui joue désormais dans la même catégorie que Rolex ou Vuitton. Un signe : le titre Ferrari flambe sur les marchés boursiers de Milan et New York. Pour le plus grand bonheur de ses actionnaires, à commencer par la famille Agnelli, qui à travers sa holding Exor détient 24 % du capital.

Quatre personnages ont façonné cette histoire hors normes. Quatre hommes au profil et aux compétences très différents, tous dévorés par la passion de faire réussir le cheval cabré, l'emblème légendaire de la marque.

Le premier, c'est bien sûr Enzo Ferrari, le fondateur. Né à Modène en 1898, fils d'un entrepreneur de la réparation automobile, il se prend très tôt de passion pour la course automobile. Il veut devenir pilote. Le destin est parfois curieux, c'est Alfa Romeo qui lui permet d'accéder à son rêve. Au début des années 1920, la marque au trèfle lui confie le volant d'une de ses voitures engagées dans les principales compétitions de l'époque comme la Targa Florio. Il obtient quelques bons résultats mais, prenant acte de l'émergence de jeunes pilotes plus rapides que lui, il décide d'arrêter sa carrière en 1931. Mais pas d'abandonner le sport automobile. Dès 1929, il crée son écurie, la Società Anonima Scuderia Ferrari, dont la mission est de faire courir les meilleurs pilotes dans des Alfa Romeo. Mission accomplie : il gagne ainsi de nombreuses courses et hérite d'un surnom, « Il Commendatore », qu'il va conserver jusqu'à la fin de sa vie. Avec Alfa Romeo, actionnaire de la jeune entreprise dès sa création, les relations connaissent des hauts et des bas. Elles s'enveniment lorsque le constructeur décide, sur injonction de Mussolini, de prendre le contrôle total de l'écurie en 1937. Insupportable pour Enzo Ferrari qui finit par reprendre sa liberté en signant au passage une clause de non-concurrence. Dans la foulée, il crée une nouvelle entreprise qui fabrique des pièces détachées pour l'automobile et l'aviation pendant la Seconde Guerre mondiale. Quand la paix revient, il renoue aussitôt avec sa passion : les voitures de course. La première Ferrari, la 125 S, sort de l'atelier qu'il a fait construire à Maranello, à 15 km de Modène, en 1947. Il engage ses modèles dans toutes les disciplines à commencer par la Formule 1 qui vient de naître. Dans l'esprit d'Enzo Ferrari, les voitures de série servent d'abord à financer son activité sportive. Il a, très vite, l'idée d'organiser une forme de rareté afin de justifier leur prix élevé. La Ferrari 250 GTE, un coupé 2+2 dessiné par le designer Pininfarina est tout de même produite à 950 exemplaires entre 1960 et 1963. Mais cette démarche industrielle demeure insuffisante pour éviter les difficultés financières. La compétition coûte de plus en plus cher. En 1963, Ford propose de lui venir en aide. Sans aboutir à un accord. L'orgueilleux Enzo Ferrari veut rester le seul maître chez lui. Un peu plus tard, en 1969, il trouve une solution italienne plus acceptable à ses yeux. Gianni Agnelli vient au secours du Commendatore. Fiat prend 50 % du capital de Ferrari sans interférer dans le fonctionnement opérationnel de l'entreprise. Mais avec la promesse que Fiat portera cette participation à 90 % après le décès du fondateur. Après sa disparition, le 18 février 1988, les managers venus de Turin débarquent donc à Maranello. Le choc des cultures ! Déstabilisée, l'entreprise s'enfonce dans la crise. Les ventes de voitures dévissent de moitié.

C'est à ce moment qu'un deuxième homme clé entre en piste. Il s'appelle Luca Cordero di Montezemolo. Gianni Agnelli le propulse au poste de président de Ferrari en 1991. Avec un objectif, remettre l'entreprise sur le chemin de la croissance. Ce fils d'aristocrate piémontais natif de Bologne est entré chez Fiat au début des années 1970. Passionné de sport automobile, il a fait un premier passage chez Ferrari en 1973 en acceptant une mission de confiance. Il est devenu l'assistant d'Enzo Ferrari. Séduit par son sens du leadership, celui-ci l'a ensuite propulsé à la tête de l'écurie de Formule 1. Il n'avait que 26 ans, mais il a excellé à ce poste : le pilote autrichien Niki Lauda a remporté deux titres de champion du monde, en 1975 et en 1977, au volant d'une Ferrari. Ensuite, il a enchaîné les postes dans la galaxie Agnelli. Il a même dirigé l'entreprise d'alcool Cinzano. En 1990, il a aussi dirigé le comité d'organisation de la Coupe du monde de football en Italie.

Montezemolo va rester aux commandes de Ferrari pendant vingt-trois ans. Son bilan est impressionnant. Il a fortement amélioré la profitabilité de la marque en accélérant la création de nouveaux modèles tout en limitant le nombre d'unités produites. Pour y parvenir, il a mis en œuvre un programme de modernisation industrielle de 200 millions d'euros. En quelques années, Maranello s'est projeté dans le futur. Les meilleurs architectes, comme l'Italien Renzo Piano, ont été sollicités. Point d'orgue, le bâtiment qui abrite la ligne d'assemblage confié au français Jean Nouvel.

Gagner de l'argent, c'est bien, mais quand on dirige Ferrari il faut également gagner en Formule 1. Luca di Montezemolo s'y est attelé dès sa prise de fonction. Cela n'a pas marché tout de suite. Les années 1990 sont marquées par la domination des McLaren et surtout des Williams-Renault sacrées quatre fois championnes du monde. Face à cette rude concurrence, Ferrari galère pour revenir sur les podiums. Mais les efforts finissent par payer. Grâce à un recrutement décisif. Le français Jean Todt atterrit à Maranello en 1993 après avoir accumulé les victoires chez Peugeot dans toutes les compétitions : rallyes, Paris-Dakar, 24 Heures du Mans. C'est le troisième personnage clé de l'histoire. Le premier étranger à prendre une telle fonction. Todt se retrouve à la tête d'une armada de 400 techniciens. Celui que l'on surnomme « le petit Napoléon » ne met pas longtemps à restructurer une organisation minée par les querelles intestines. En quelques années, il monte une incroyable machine à gagner. Avec une méthode infaillible : recruter les meilleurs, ne jamais se contenter d'une situation acquise et faire preuve d'autorité. En 1995, Todt débauche un crack, l'Allemand Michael Schumacher, deux fois champion du monde au volant d'une Benetton Renault, et deux des meilleurs ingénieurs de la Formule 1. Ensemble, ils vont bâtir le plus beau palmarès de l'histoire de Ferrari : 14 titres mondiaux et 116 victoires en grand prix. Todt quitte l'entreprise en 2009, quelques années avant de Montezemolo, pour prendre la présidence de la FIA (Fédération internationale de l'automobile).

Mais l'histoire ne s'arrête pas là. Un quatrième acteur entre en scène : Sergio Marchionne, directeur général du groupe Fiat de 2002 à 2014 et de FCA (Fiat Chrysler Automobiles) de 2014 à 2018, année de son décès brutal. Il n'a pas seulement redressé Fiat, il a aussi suivi de très près celui de Ferrari dont il a pris la présidence après le départ de Luca de Montezemolo en 2014. J'ai eu la chance de travailler à ses côtés en pilotant les marques Fiat et Alfa Romeo entre 2002 et 2009. Je peux témoigner de son attachement à cette marque. Pendant les quatre dernières années de sa vie, il a amplifié le décollage vertigineux des ventes. C'est lui qui a voulu, et réussi à, transformer Ferrari en marque de luxe. Qui a accru sa désirabilité sur tous les marchés du monde. C'est également lui qui a détaché Ferrari de Fiat et qui l'a introduit en Bourse, révélant aux marchés financiers sa stature de pépite du business mondial.

21 octobre 2015, 9 h 30 le matin. Wall Street est teinté en rouge. Plusieurs Ferrari dont une Formule 1 sont parquées devant le bâtiment new-yorkais. Un grand drapeau

orné du blason de la marque couvre toute sa façade. À l'intérieur, Sergio Marchionne, vêtu comme toujours d'un simple pull-over à col rond qui le fait davantage ressembler à un réalisateur de Hollywood qu'à un chef d'entreprise, est accompagné sur le célèbre balcon de l'édifice par John Elkann, le président de FCA. Mais c'est bien lui qui, tout sourire, est chargé de faire sonner la cloche lançant la cotation sur le marché. On retrouve le même dispositif à la Bourse de Milan le 4 janvier 2016. Cette fois, c'est John Elkann qui donne le signal de la cotation, applaudi sur scène par l'homme au pull-over. Désormais positionné dans le secteur de l'hyper-luxe, Ferrari n'est plus dans l'obligation de gagner sur les circuits pour réussir économiquement. Aujourd'hui, la Formule 1 joue, selon moi, le rôle de la muleta du torero dans les arènes. Elle permet de montrer la couleur rouge de temps en temps. Et qui voit rouge… pense Ferrari !

Fiat

C'est peu dire que les Italiens aiment Fiat. Moi le premier qui ai été le patron de la marque au moment du relancement de la Fiat 500 en 2007. Avec l'entreprise née à Turin en 1899, nous entretenons depuis toujours des relations fusionnelles, émotionnelles, passionnelles… D'ailleurs, aucun constructeur n'a été aussi dominant dans son pays pendant des décennies. En 1970, trois ans avant le choc pétrolier qui allait tout changer pour l'industrie automobile, sa part de marché était de 64 % sur ses terres ! Certes, depuis, les choses ont radicalement changé. La concurrence est entrée en force dans mon pays. Et la famille Agnelli a choisi de se marier avec le groupe PSA pour renforcer, et mondialiser, son activité au sein de Stellantis, ce qui dilue inévitablement la dimension transalpine de Fiat. Mais chez nous, Fiat restera toujours Fiat. Avec ses joyaux Abarth, Alfa Romeo et Lancia dont le potentiel reste intact à mes yeux. Ce qui me fascine depuis longtemps, c'est l'incroyable épopée industrielle de cette entreprise pas comme les autres. Giovanni Agnelli, le fondateur, s'est très tôt inspiré des méthodes américaines pour investir dans un outil industriel très compétitif. Figure de proue : le fameux Lingotto, un bâtiment de cinq étages en forme de lingot de 500 m de long, dont la construction a débuté à Turin en 1916. Conçu par l'architecte Giacomo Trucco, il a été achevé en 1922. À ce moment, c'était de loin l'usine la plus moderne et la plus révolutionnaire du monde. Les pièces détachées arrivaient au rez-de-chaussée et les voitures étaient progressivement assemblées pour être testées, une fois terminées, sur la piste d'essai ovale de 1,5 km dotée de deux courbes paraboliques aménagées sur le toit. Elles descendaient ensuite par une rampe vers les parkings de stockage. Dix mille ouvriers travaillaient sur ce site hors du commun. Pendant trente ans, la plupart des modèles de Fiat sont sortis du Lingotto. À commencer par la Fiat 508 Balilla, lancée en 1932 au Salon de Milan, et la Fiat 500 Topolino, une mini-Balilla conçue par l'ingénieur Dante Giacosa, en 1936. Au total 80 modèles de voitures ont été fabriqués au Lingotto jusqu'en 1982, année de sa fermeture définitive. Le dernier a été la Lancia Delta.

Entre-temps, Fiat avait repris une longueur d'avance en lançant, en 1937, le projet de l'usine de Mirafiori également à Turin. Elle bénéficiait d'une organisation industrielle plus avancée que celle du Lingotto. Terminée en 1939, elle avait commencé par produire des chars avant d'être détruite par des bombardements et reconstruite en

1956. Comme les autres constructeurs européens, Fiat a habilement surfé sur la vague provoquée par les Trente Glorieuses.

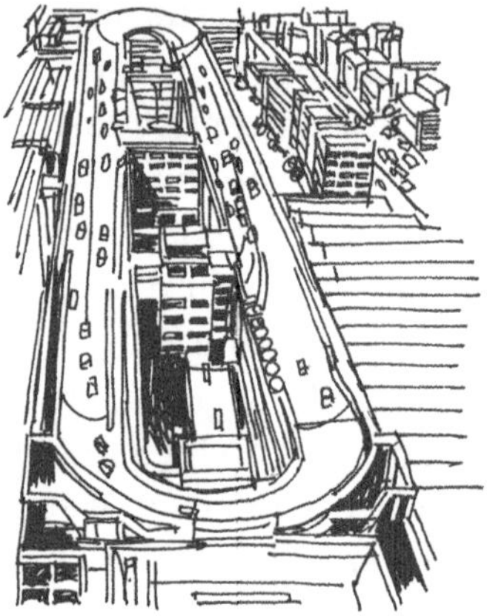

Le groupe a également été l'un des premiers à miser sur la mondialisation des marchés, investissant dans des usines un peu partout sur la planète. Avant d'entrer dans une longue période de crise marquée par des mouvements sociaux de grande ampleur. On connaît la suite : la fin du règne du flamboyant Gianni Agnelli, l'arrivée du génial financier Sergio Marchionne et, plus récemment, l'intronisation du brillant John Elkann aux commandes d'Exor, la holding de la famille Agnelli, le plus grand actionnaire de Stellantis. L'Italie a admiré et attendu beaucoup de chacun d'entre eux. À juste titre : ces dirigeants se sont battus et se battent encore pour que l'entreprise conserve son rang. Comme on dit en italien : *rispetto* (« respect ») !

Filière

par Luc Chatel,
ancien ministre, président de la Plateforme automobile (PFA)

L'industrie automobile est l'incarnation du génie français. La France a inventé l'automobile à la fin du XIXe siècle, elle a été une grande nation de l'automobile au XXe siècle. C'est extraordinairement complexe, de fabriquer des voitures : jusqu'à une période récente, moins de dix pays dans le monde maîtrisaient l'ensemble de la chaîne de valeur de cette industrie. Avec la transformation historique que nous vivons, sans doute la plus importante qu'ait connue l'automobile depuis son invention, tout change ! Le jeu redevient ouvert, comme il l'était au temps des pionniers. Et la question, désormais, est de savoir si la France figurera au premier rang des leaders de l'automobile du XXIe siècle. Voilà le défi qui rend la période actuelle absolument passionnante.

Jusqu'à la Seconde Guerre mondiale, la France a vu naître d'incomparables génies industriels. Ils ont incarné des aventures humaines fantastiques. Notre pays était le centre du monde. Dans les années 1920-1930, on y produisait les plus belles voitures : les Hispano, les Delahaye, les Bugatti… sans oublier les Stella, la marque haut de gamme lancée par Renault – c'était bien avant que Toyota ne crée Lexus. Louis Renault était un génie. André Citroën était un génie. Pendant plus de deux décennies, une émulation fascinante s'est jouée entre ces deux hommes. Quand l'un s'installait à Billancourt et sur l'île Seguin, l'autre ripostait en arrivant quai de Javel. Une émulation créatrice de valeur comme jamais. Nous sommes les héritiers de ce patrimoine industriel inouï.

Ce patrimoine se décline aujourd'hui à travers toute une filière, ancrée au cœur de nos régions françaises. À travers 4 000 sites industriels, plus de 350 000 emplois directs (850 000 en intégrant les activités de service), la filière automobile, qui représente un sixième des activités de l'industrie manufacturière française dans son ensemble, joue un rôle structurant pour l'économie française.

La filière automobile, ce sont nos grands constructeurs et grands équipementiers, bien sûr, mais aussi les fournisseurs et sous-traitants qui déploient des savoir-faire incomparables dans une diversité de domaines qui font l'excellence de notre industrie, de la mécanique à la plasturgie, de la fonderie à la microélectronique, du caoutchouc au logiciel...

Cette filière, c'est le résultat d'un siècle d'audaces industrielles qui ont permis à notre pays d'en maîtriser tous les maillons de la chaîne de valeur. C'est une fierté française.

Aujourd'hui, face aux transformations sans précédent que nous vivons, constituer une « véritable équipe de France » de l'automobile s'impose comme un impératif. Les trois révolutions qui font basculer notre modèle, du moteur thermique à l'électrique, du hardware vers le software et d'une logique exclusivement industrielle à une logique d'offre de services de mobilité, sont autant de défis collaboratifs.

Jouer collectif est devenu une exigence parce que, face à un tel changement de modèle, aucun acteur ne s'en sortira seul. Jouer collectif, mais aussi décloisonner : en passant de logiques verticales à des approches agiles et horizontales, en écosystèmes, associant tous les acteurs d'une chaîne de valeur profondément transformée et étendue à de nouveaux acteurs (énergie, datas et intelligence artificielle, économie circulaire...).

À l'heure du retour des pionniers, la filière automobile apparaît aujourd'hui comme le premier moteur de l'innovation en France (7 milliards d'euros annuels en R&D), comme en Europe (un tiers des dépenses de R&D de l'UE). L'industrie automobile carbure à l'innovation. C'est inscrit dans son ADN. Pour rebondir après une crise, pour relever de nouveaux défis, pour regagner du terrain face à des concurrents qui émergent, la filière automobile innove.

Pour reconquérir notre souveraineté technologique et conforter le tissu industriel français, notre filière investit en France comme jamais depuis cinquante ans.

Des dizaines de milliards d'euros sont engagés par les industriels dans le cadre d'investissements créateurs d'emplois sur les nouvelles chaînes de valeur.

Dans le domaine de l'électrification et des batteries, ce sont les investissements, par exemple, en Hauts-de-France, de ACC, Renault-Envision, Verkor et ProLogium ; ce sont aussi les efforts d'innovation de Valeo à travers son projet de moteur électrique haute tension sans terre rare.

Dans le domaine de l'hydrogène, ce sont les investissements en Auvergne-Rhône-Alpes de Forvia, Michelin et Stellantis, à travers Symbio ; ou encore de Plastic Omnium avec son projet de réservoir hydrogène dans l'Oise.

Dans le domaine des matériaux à très faible empreinte carbone, ce sont les investissements de Forvia en Auvergne-Rhône-Alpes avec sa filiale Materi'Act qui a pour ambition de contribuer de manière décisive à la neutralité carbone de l'industrie automobile.

Face au défi climatique, la filière automobile se positionne comme une industrie des solutions. Et cet effort sans précédent d'innovation et d'investissement fait d'elle la première filière à engager aussi rapidement sa transformation.

Au cœur de l'ADN de la filière automobile, il y a incontestablement cette capacité à partager l'innovation, à la démocratiser, à la transformer en progrès. Aujourd'hui, de faire converger ambition écologique et liberté de mouvement.

L'automobile est un concentré de technologies, mais ce ne peut pas être un produit de luxe. Par nature, l'automobile est populaire, c'est ce qui a fait son succès. La raison d'être de la filière automobile, hier, aujourd'hui et demain, c'est de rendre la liberté de mouvement accessible à tous.

Et face à l'un des plus grands enjeux du XXIe siècle, notre industrie est en passe de démontrer une fois de plus sa capacité à être, comme elle l'a toujours été, à l'avant-garde des grandes transformations de la société, à toujours se réinventer pour faire de la mobilité un progrès partagé par tous.

Ford

par Jim Farley,
directeur général de Ford

Il y a des constructeurs automobiles... et puis il y a Ford. Partout dans le monde, la simple évocation de ce nom suscite une émotion particulière. Des véhicules emblématiques. Le frisson de la route qui s'ouvre devant soi. Les hommes et les femmes qui accomplissent au quotidien un travail harassant, et qui font tourner notre économie. C'est aussi un nom chargé d'une prodigieuse histoire : c'est l'entreprise qui a fait naître l'industrie automobile il y a près de cent vingt ans, et qui n'a jamais cessé de l'aiguillonner depuis lors.

Chez Ford, nous faisons bien plus que d'assembler des véhicules formidables. Nous sommes cette entreprise qui a démocratisé l'autoroute avec des véhicules accessibles au plus grand nombre. Nous pouvons revendiquer notre part dans l'élaboration du rêve américain, et du concept même de classes moyennes, appuyées sur des emplois qui forment le socle d'une vie meilleure pour des millions de familles. L'histoire de Ford ne se réduit pas à nos produits. L'innovation n'a jamais été pour nous un objectif en soi, mais toujours le moyen de faire vivre une entreprise saine, qui génère des retombées positives pour la vie des gens. Je ne perds jamais de vue cette qualité si précieuse.

Aujourd'hui encore, la marque Ford ne laisse personne indifférent. Et ce n'est que justice, parce qu'elle n'a aucun équivalent. Nous lui devons la Ford T, la Bronco et le F-150. Et bien entendu la Mustang, ce bolide lancé sur les routes de France dans *Un homme et une femme*, qui propulse Steve McQueen dans le San Francisco de *Bullitt*, et dont la version GT40 déjoue tous les pronostics dans *Le Mans 66*. Comme ceux qui les fabriquent, les véhicules de cette marque sont animés par la fougue et la passion.

Toute ma vie, j'ai été un amoureux des voitures. Quand j'étais petit, j'étais si fasciné par tout ce qui avait des roues qu'on m'appelait « Jimmy Tuture » dans la famille. À 14 ans, j'ai été embauché pour remonter des moteurs dans le garage californien de Phil Hill ; j'ai pu économiser de quoi m'acheter une Mustang noir de jais de 1966 et six canettes de Coca pour me tenir éveillé, et j'ai roulé toute la nuit jusque chez moi dans le Michigan. J'avais seulement omis un menu détail, qui était de passer mon permis de conduire.

Depuis ma petite enfance, j'ai toujours adoré la marque Ford. Mon grand-père fut l'un des tout premiers employés de Henry Ford – badge numéro 389. Il travaillait à l'usine de Highland Park dans le Michigan, le berceau historique des chaînes de montage. Cet emploi a changé sa vie, et le destin de toute ma famille. Voilà pourquoi, lorsque j'ai décroché mon premier emploi chez Toyota, ma famille m'a fait savoir que je n'aurais pas de place à la table de Noël cette année-là. Et c'est aussi pour cette raison qu'en rejoignant Ford en 2007, bien avant d'en devenir le CEO, j'ai eu l'impression de rentrer à la maison. J'ai toujours eu cette entreprise dans le sang, et sans doute aussi dans la sueur de mon front.

Lorsque Henry Ford a créé la Ford Motor Company en 1903, il en était à sa troisième tentative de création d'entreprise automobile – jamais deux sans trois, dit l'adage ! Cinq ans plus tard, la Ford T entrait en scène. Ce véhicule révolutionnaire, suffisamment abordable et robuste pour devenir un véritable produit de masse, a changé la face du monde.

Mais l'histoire de Ford ne s'est pas arrêtée là. Nous avons construit les chaînes de montage qui ont façonné la révolution industrielle. Nos salaires et notre main-d'œuvre ont inventé l'idée même de classe moyenne. Les avions et les chars assemblés dans l'usine Ford de Willow Run ont enrayé la victoire du fascisme. Nos camions et nos T-birds ont accompagné le baby-boom. Nous avons bâti le centre de contrôle de mission qui a envoyé des hommes sur la Lune et réalisé des innovations majeures, comme les systèmes d'airbags avancés et l'ABS, qui protègent les vies des automobilistes sur terre. Autant de prouesses qui font de Ford l'un des grands pionniers d'un siècle d'exploits, d'aventure et de progrès pour l'humanité.

Nous sommes dépositaires d'un remarquable héritage, et nous pouvons en être fiers. Mais nous savons également que nous ne pouvons rien tenir pour acquis. L'histoire de la Ford T en témoigne : en 1926, Ernest Kanzler, l'un des cadres dirigeants de l'entreprise, adressait à Henry Ford un rapport remettant en question le véhicule qui avait fait la gloire de la marque. Ce modèle, qui avait défini et dominé le monde de l'automobile, était alors éclipsé par ses concurrents dotés de nouveaux équipements, de motorisations plus puissantes, et surtout de carrosseries colorées.

Kanzler a pris ses responsabilités au service de nos clients. Peut-être était-il en avance sur son temps – cette audace lui a d'ailleurs coûté son poste –, il était néanmoins dans le vrai. Il aura fallu qu'Edsel Ford, le fils de Henry, se rallie à cette optique centrée sur le client, pour que naisse la Ford A qui a finalement sauvé l'entreprise. C'est une histoire que j'affectionne, parce qu'elle nous rappelle qu'honorer son héritage n'implique pas de se reposer sur ses lauriers. Encore aujourd'hui, notre entreprise porte dans ses gènes cette attention presque obsessionnelle portée aux désirs et aux besoins réels des clients.

Ford possède actuellement des usines dans 125 pays, et nos véhicules sont exportés vers toutes les destinations de la planète. Nous comptons près de 180 000 salariés dans le monde, auxquels s'ajoutent plus de 1 million d'emplois indirects générés dans les seuls États-Unis. Ford a inventé le camion pick-up il y a plus d'un siècle ; presque cinquante ans après son apparition, notre F-150 domine encore le marché américain, et ne semble pas près d'être détrôné. Ailleurs dans le monde, le Ford Ranger connaît un succès retentissant dans les 180 pays où il est commercialisé. Notre devise « *Built Ford Tough* » (« robuste comme une Ford ») est bien plus qu'une accroche marketing : c'est la promesse faite à nos clients qu'ils pourront toujours compter sur nous pour les tâches les plus exigeantes.

Bien des choses ont changé depuis l'époque de la Ford T, mais quelques fils rouges marquent aussi des continuités historiques : aujourd'hui plus que jamais, Ford se distingue par les produits emblématiques qui forgent son identité. Ainsi, le Ford Bronco accompagne désormais une nouvelle génération d'amateurs de tout-terrain. Nous réinventons sans cesse la Mustang pour qu'à l'approche de la soixantaine elle continue d'incarner le mythe de la virée en voiture, cheveux au vent, les Doobie Brothers à fond sur la radio et le sac à dos plein de choses à grignoter. Quant au Transit, fidèle compagnon de toutes les petites entreprises qui font tourner l'économie, il est maintenant disponible en version électrique.

Ces véhicules sont taillés pour l'action et pour l'originalité. Ils s'adressent à tous ceux qui ont des tâches rudes à effectuer. À ceux qui ont l'amour du volant, et l'authenticité chevillée au corps.

Nous avons su démocratiser les nouvelles technologies à l'aube du XXe siècle, et nous continuons à le faire à présent. Notre système BlueCruise de conduite mains libres est un exemple parmi d'autres de la manière dont nos véhicules conçus autour de leurs logiciels répondent à tous les besoins de nos clients, et rendent leurs trajets toujours plus sûrs et agréables. Il y a cent ans, Clara Ford, l'épouse de Henry, optait résolument pour un véhicule électrique. Nous proposons aujourd'hui à nos clients un éventail de motorisations plus étendu que jamais, dont une version électrique Lightning du F-150, qui reste le véhicule le plus apprécié aux États-Unis. Nos usines de pointe ouvrent une nouvelle ère de production responsable, comme en témoigne le site de BlueOval City, dans le Tennessee. Enfin, notre gamme de services Ford Pro accompagne au quotidien les agriculteurs qui produisent notre nourriture, les artisans qui sont les rouages de notre économie et les services d'urgence qui veillent sur notre santé et notre sécurité. Nous comptons sur eux chaque jour, et eux peuvent compter sur Ford Pro pour leur fournir des véhicules fantastiques bien sûr, mais aussi pour leur apporter les systèmes logiciels qui rendent leur travail plus efficace et plus rentable.

Aujourd'hui comme il y a cent vingt ans, Ford tire toute sa force des hommes et des femmes qui font cette entreprise. Je suis très fier d'appartenir à l'une de ces familles dont le destin est attelé à celui de Ford depuis plusieurs générations. Nous attirons désormais des talents d'un type nouveau, en provenance de la Silicon Valley et d'ailleurs : des personnes qui n'auraient jamais cru travailler pour un constructeur automobile, mais qui se passionnent pour l'aventure de la révolution numérique dans l'automobile. Et nous veillons à ce que Ford crée un environnement professionnel où chacun, quels que soient son parcours et son ancienneté, puisse donner le meilleur de lui-même.

Nous restons aussi profondément ancrés dans notre terre d'origine, ce sud-est du Michigan où Henry Ford a décidé d'enraciner l'entreprise il y a plus d'un siècle. Ce n'est pas sans raison que Détroit est surnommé « Motor City » : c'est le berceau ouvrier de la production manufacturière américaine, et nous faisons tout pour que la ville reste à jamais fidèle à cette vocation. Il n'en est pas de plus fort emblème que la rénovation de Michigan Central Station, cette gare qui fut le cœur vibrant de l'âge d'or de Détroit avant de tomber à l'abandon pendant plusieurs décennies. Longtemps érigée en symbole du triste déclin de la ville, elle incarne aujourd'hui son spectaculaire renouveau : Ford a transformé la gare et les 12 hectares de foncier urbain qui l'entourent pour en faire une nouvelle capitale de l'innovation américaine et un modèle exemplaire de renouvellement urbain. C'est là que s'écrira l'avenir de l'industrie automobile des États-Unis. L'histoire de Ford est intimement liée à celle de Détroit, et toutes deux ont été forgées avec une détermination inébranlable : chaque fois qu'on nous croit vaincus, nous

nous serrons les coudes, nous nous remettons au travail et nous écrivons un nouveau chapitre de notre destinée.

Enfin, nous cultivons toujours cette relation particulière qui nous lie à la France depuis l'inauguration à Paris, il y a plus de cent ans, de la toute première concession Ford hors du territoire américain. Nous avons ajouté un jalon à cette belle histoire commune avec notre retour triomphal au Mans en 2016, lorsque, cinquante ans jour pour jour après notre première victoire, nous avons de nouveau éclipsé la concurrence et remporté l'épreuve, contre toute attente. Et, près d'un siècle après qu'Aloha Wanderwell a effectué le premier tour du monde en Ford T, avec l'hôtel Le Royal de Nice comme point de départ et d'arrivée, une autre exploratrice a accompli le même exploit au volant de notre nouveau Ford Explorer électrique ; ce fut un honneur pour moi que d'assister à cet événement historique.

Chez Ford, nous ne voulons pas seulement construire de meilleurs véhicules. Nous voulons bâtir un monde meilleur. Comme à l'époque de Henry Ford et de mon grand-père, l'entreprise que je dirige aujourd'hui avec Bill Ford a toujours été bien plus que la simple somme de ses composantes. Bill est guidé par une vision claire et des valeurs solides. Et nous savons tous deux que le succès de toute entreprise se mesure à l'aune de ses retombées pour les clients, les salariés et les collectivités qu'elle doit servir. À cet instant des cent vingt années d'histoire de Ford, nous sommes fiers des emplois que nous créons, des collectivités que nous soutenons et des progrès accomplis sur la voie d'un avenir durable. C'est l'héritage que nous avons reçu, et que nous avons promis d'honorer. Mais la seule histoire qui compte maintenant est celle qui nous reste à écrire.

Formule 1

par Stefano Domenicali,
directeur général de la Formule1

Quand on grandit à Imola, la ville italienne renommée pour son circuit culte, il est difficile de ne pas tomber amoureux du sport automobile. Ma carrière n'a donc pas été un choix, mais une partie de ma vie dont j'ai été heureux de faire partie. J'ai travaillé tour à tour pour Ferrari, Audi, Lamborghini et maintenant pour la Formule 1 ; un petit garçon d'Imola ne pouvait pas espérer plus !

Mais, même dans mes rêves les plus fous, je ne pouvais pas anticiper la force de la croissance du sport auquel j'ai consacré ma vie depuis que je suis devenu directeur général de la Formule 1. La F1 est le sport automobile roi. Elle a séduit les cœurs et les esprits des fans de sport depuis des décennies. De ses débuts dans l'Europe de l'après-guerre, quand le continent cherchait à relancer sa passion pour le sport automobile, au phénomène global qu'elle est devenue aujourd'hui, avec un calendrier qui se déploie sur cinq continents et 500 millions de fans passionnés qui suivent chacun de ses rebondissements, ce sport a évolué en permanence pour s'assurer qu'il reste toujours à l'intersection de l'innovation et du divertissement.

Cela dit, aussi importante soit cette croissance, je suis conscient que notre sport doit laisser une empreinte positive, quel que soit l'endroit où les courses se déroulent. Et qu'au cœur de notre engagement figure l'ambition d'être « net zéro » d'ici à 2030.

Le développement durable est devenu une composante vitale du futur de tous les sorts. Il est partie intégrante de chaque aspect de notre business. Je crois même que nous devons utiliser notre position de leader technologique pour réduire significativement notre impact carbone au-delà de nos seules courses automobiles.

L'engagement de la Formule 1 de faire appel à des carburants 100 % durables et la prochaine génération des moteurs hybrides qui arrivera en 2026 peuvent avoir un effet vertueux majeur dans le monde qui nous entoure. Il y a 1,4 milliard de véhicules équipés d'un moteur à combustion qui roulent aujourd'hui sur la planète. Et ce nombre s'accroît. Le carburant que nous développons pour nos voitures a été conçu pour être un « *drop in fuel* ». Cela veut dire qu'il pourra être utilisé dans n'importe quelle voiture sans modifications. Son impact sociétal pourrait être extraordinaire.

Nous avons aussi pris des initiatives significatives pour réduire nos propres émissions. En 2023, nous nous sommes, par exemple, équipés d'une flotte de camions qui roulent au carburant bio lorsqu'ils se déplacent au Royaume-Uni ou en Europe. Cela a permis de réduire les émissions de nos opérations de fret européennes de 83 %. De même, sur les circuits, nous commençons à utiliser une nouvelle génération de générateurs qui fonctionnent avec de l'énergie bas carbone, un mélange constitué de carburants alternatifs et de solaire. Un essai effectué en Autriche s'est traduit par une réduction des émissions de CO_2 des stands et des activités des équipes de plus de 90 %.

En faisant appel à ces nouvelles technologies, non seulement nous réduisons donc notre impact carbone, mais nous accélérons leur déploiement au-delà de la Formule 1. Avec des effets potentiellement massifs. Et nous n'allons pas en rester là : la prochaine étape sera d'examiner la façon dont notre sport se déplace dans le monde. Nous avons déjà modifié notre calendrier pour optimiser les mouvements de fret en 2024. Nous irons plus loin dans cette direction, les années suivantes. Nous évaluons également les atouts des différents moyens de transport – le ciel contre la mer, par exemple – en nous interrogeant sur les équipements qui doivent impérativement voyager avec nous. Nous pourrions ainsi acheter une partie de notre matériel dans les pays où nous allons et le stocker sur place au lieu de le transporter.

Tous ces changements renforcent notre engagement à devenir « net zéro ». Sur ce chemin nous retournons inlassablement et méthodiquement chaque pierre.

Frime

Étonnante confidence de la légende du football brésilien Rai sur un plateau de télévision en octobre 2023 : lorsqu'il jouait au PSG entre 1993 à 1998, l'attaquant vedette prenait souvent le RER à Croissy-sur-Seine en sortant de l'entraînement. Il allait suivre des cours de français au cœur de Paris. Un jour, un passager qui l'avait reconnu se risqua à lui demander : « Vous n'avez pas de voiture ? » Imagine-t-on cette scène aujourd'hui ? La norme est devenue, pour un joueur un peu capé, de ne pas passer inaperçu. Pour y parvenir, le chemin le plus court passe par la voiture époustouflante, celle qui n'est construite qu'au compte-gouttes, crache ses 500 ou 800 ch, dépasse le demi-million d'euros.

Frime, flambe, flafla. C'est le mantra des dieux du stade, dont la valeur semble indexée sur le prix et les performances spectaculaires de leurs monstres. Lionel Messi fait parler la poudre avec sa supercar Pagani Zonda Tricolore, estimée à plus de 1,3 million d'euros, avec sa Maserati Stradale, sa Mercedes SLS AMG ou sa Cadillac Escalade. Christiano Ronaldo peut lui en remontrer avec ses Bugatti Chiron, Veyron et Centodieci (à 8 millions), sa McLaren Senna et sa Rolls-Royce Cullinan. Pas mal non plus, l'écurie de Karim Benzema : Bugatti Veyron Pur-Sang (à 2,5 millions), Lamborghini Urus, Huracan Spyder, Porsche 911 Turbo... Dans sa roue, Antoine Griezmann aligne Rolls-Royce Wraith, McLaren 675LT, Ferrari F12 Berlinetta et McLaren 675LT. Et Kylian Mbappé ? On le voit dans une Ferrari, estimée à près de 500 000 euros. Côté passager, car le crack de Bondy n'a pas son permis. Chauffeur obligatoire. Qu'importe, ces bolides ne sont pas faits pour la vie de tous les jours mais pour parader aux abords de l'entraînement, dans les villas de luxe, devant des lieux nocturnes branchés et sur les comptes Instagram. Ces princes du show off ont leurs marques préférées, selon le site marchand Autodoc, qui en a révélé le classement à l'occasion du dernier Mondial. Mercedes, en tête, plie le match. Suivie par Audi, Land Rover, Ferrari, Bentley, Lamborghini, Porsche, BMW, Aston Martin. Le palmarès par modèles est intéressant. Les favoris sont la Bentley Continental (24 des vedettes du foot en possèdent une), la Range Rover Sport (20), la Lamborghini Gallardo (8), la Porsche Panamera Turbo S (8), l'Audi R8 (7)... On relève 5 Bugatti Veyron, 8 Ferrari 458, 4 Ferrari Berlinetta, 4 Lamborghini Aventador...

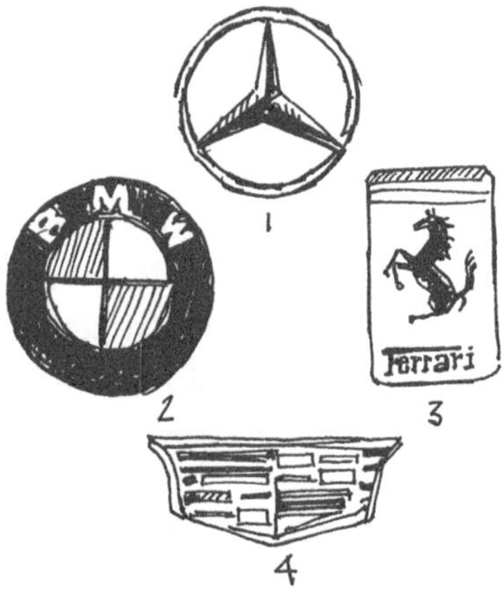

La fascination des stars du ballon rond pour les grosses mécaniques s'inspire de celle que l'on trouve chez les rappeurs. Guère étonnant. Entre le rap et le foot, c'est une vieille histoire d'amour. Les deux univers se fréquentent, se mélangent, s'influencent. Et Dieu sait si la belle bagnole nourrit le rap. Le Marseillais Jul cite une marque automobile dans près de 115 titres – record mondial –, dont 34 évoquent Audi. En deuxième position, le rappeur allemand Kollegah avec 112 titres, dont 37 pour Mercedes. C'est la marque à l'étoile, d'ailleurs, qui a la cote la plus élevée auprès des rappeurs de tous les continents avec 1 180 mentions. Elle devance de peu BMW. Ferrari (844 mentions), Cadillac (824), Lamborghini ou Bentley suivent. Porsche n'émarge qu'à la onzième position. Globalement, les marques automobiles sont plus citées que les griffes de prestige Gucci, Rolex, Louis

Vuitton, Fendi, etc. Comme si la grosse cylindrée customisée était le fantasme absolu. Sociologues et spécialistes du luxe ont une explication toute prête : « Les rappeurs et les footballeurs viennent de quartiers difficiles et de familles très démunies. Quand ils accèdent à la fortune, jeunes, ils réalisent une partie de leurs rêves en s'offrant ces marques qui leur étaient interdites peu de temps auparavant. » Alors, ils s'en donnent à cœur joie. Entre eux, c'est une bagarre de punchlines et de clips acérés, et très sexualisés, en hommage à la *gova* ou au *gamos*, petits noms utilisés pour citer une voiture. SDM et Booba célèbrent Audi : « Elle m'appelle Daddy, elle croit que j'vais lui passer l'anneau, la faire monter dans l'quatre anneaux[1]. » SCH répond Ferrari : « Féfé sur les Champs, pas loué, pas loué[2]. » Gims rebondit avec Lamborghini : « Armes à feu de type A sé-po sur le crâne, 'ghini, 'ghini, Lambo', ouais, ça sent l'cramé[3]. » Benab revient sur Audi : « En RS3, la conduite est violente / Je fume la beuh, j'ai les palettes au volant[4]. »

Qu'en disent les marques présentes dans les clips provocateurs des rappeurs ? La plupart font contre mauvaise fortune bon cœur et veulent y voir une forme de promotion. Pour l'instant, elles ne s'alignent pas sur l'exemple de Ferrari, qui a interdit la vente de ses modèles à des stars jugées trop frimeuses. Dont le chanteur Justin Bieber et le rappeur 50 Cent. Le crime de ce dernier : avoir lavé sa « féfé » avec du champagne.

1. SDM, featuring Booba, « Daddy », in *Ocho* (Bramsito et Trent 700, 2021).

2. SCH, « Champs-Élysées », in *A7* (Myd, Aurélien Mazin et Kore, 2015).

3. Gims, featuring JUL et SCH, « GJS », in *L'Empire de Méroé* (Boumidjal, 2021).

4. Benab, featuring Timal, « RS3 », in *Au clair de la lune* (Koston et Bersa, 2020).

G

Google

par Sundar Pichai,
directeur général de Google

Dès mes premières années, j'ai été fasciné par la technologie, son fonctionnement et sa façon d'améliorer nos vies. Ma fascination s'est ensuite focalisée sur les ordinateurs lors de mon entrée à Stanford. J'ai ainsi passé de longues heures au laboratoire d'informatique afin d'apprendre tout ce que je pouvais. Les moyens de transport suscitaient chez moi la même fascination. Des trains et des bus que je prenais dans ma jeunesse aux voitures et aux avions découverts bien plus tard. Mais, même dans mes rêves les plus fous, je n'ai jamais relié ces deux passions ni anticipé le rapprochement des industries sur lesquelles elles reposent. Même au début de ma carrière dans la technologie, ce secteur me semblait bien distinct de l'automobile. L'informatique était mon sujet de travail. La voiture me permettait de me rendre au bureau. Cela s'arrêtait là.

C'est à mon arrivée chez Google que les choses ont changé. Ce que j'ai vu m'a permis de comprendre que la technologie et les transports commençaient à converger. À cette époque, le Web évoluait, passant du contenu à des applications riches et interactives. Nous étions alors particulièrement concentrés sur les systèmes d'exploitation modernes et les appareils sur lesquels ils fonctionnaient. Cela a largement influencé ma manière d'appréhender l'automobile.

En informatique, le « logiciel » – *software* – désigne traditionnellement la manière dont on crée des applications utiles. Le « matériel » – *hardware* – désigne le moyen de mettre le logiciel entre les mains des gens. L'accès à la technologie est déterminé par les limites ou les opportunités du matériel disponible à un temps donné. Au fil des avancées technologiques, un nombre croissant de personnes ont pu accéder à des outils utiles depuis une gamme élargie d'appareils. Comme les ordinateurs de bureau, les ordinateurs portables ou les téléphones mobiles. Et cela d'une manière plus naturelle et intuitive, grâce aux navigateurs Web, aux applications ou à l'assistance vocale. Aujourd'hui, nous voulons que l'informatique nous aide à l'instant et à l'endroit de notre choix, depuis l'appareil le plus proche de nous à un moment donné. Y compris lorsque nous sommes en mouvement. À bien des égards, la voiture est l'appareil originel. Nous entretenons une relation personnelle avec elle. La voiture est partie intégrante des grands comme des petits instants de la vie de nombreuses familles, ainsi que du fonctionnement de nos communautés, de nos villes et de nos économies. Et comme l'informatique a transformé la façon dont nous utilisons d'autres appareils, elle a rendu l'expérience de conduite plus sûre, fluide et agréable.

Chez Google, cela a commencé avec la navigation. D'une part, Google Maps a permis de répondre à une grande question de nos ingénieurs : peut-on mettre la carte du monde entier dans la poche de chacun ? D'autre part, Maps a été conçu comme un outil pratique, capable d'aider les gens à obtenir les informations utiles pour se rendre d'un point A à un point B. C'est la combinaison de ces deux visions qui s'est révélée révolutionnaire. Je me souviens encore de l'enthousiasme partagé avec un conducteur de taxi après avoir atterri à Mumbai en pleine nuit. Grâce à Maps, j'étais capable de lui donner des indications précises pour suivre le bon itinéraire à travers les ruelles jusqu'à l'adresse d'un ami, sans avoir à demander de l'aide à qui que ce soit.

Le passage au mobile ne se limita pas à mettre des ordinateurs dans la poche des conducteurs (ou de leurs passagers). Les systèmes d'exploitation conçus pour alimenter les smartphones, comme Android, nous ont permis d'intégrer des applications utiles directement dans les voitures elles-mêmes. L'idée même de demander à votre voiture de jouer votre chanson préférée aurait été de la science-fiction pour la génération de mes parents. Aujourd'hui, vous pouvez monter à bord d'une Renault Megane E-Tech et, grâce à votre voix, contrôler Spotify, Google Maps ou plus de 40 autres applications via la technologie intégrée, afin de vous informer ou vous divertir quand vous êtes au volant. Le fait que cela soit naturel pour de nombreuses personnes aujourd'hui illustre la vitesse à laquelle la technologie peut passer d'extraordinaire à ordinaire.

La prochaine grande transformation est celle de l'intelligence artificielle (IA). À l'heure actuelle, il s'agit de la technologie la plus significative sur laquelle travaille l'humanité. Son impact sera visible dans tous les secteurs et dans tous les aspects de la vie, y compris la conduite, l'industrie automobile et les systèmes de transport dont elles font partie.

Dès aujourd'hui, nous voyons les opportunités offertes par l'IA pour proposer aux conducteurs des outils radicalement plus utiles. Je pense aux systèmes avancés d'aide à la conduite fondés sur une architecture neuronale, ou aux interfaces capables de fournir des informations de manière conversationnelle en temps réel, un domaine sur lequel nous travaillons avec la Formule E. Les voitures de demain seront ainsi plus sûres et plus connectées. À plus long terme, la technologie embarquée passera progressivement de l'assistance à l'automatisation. De nombreuses entreprises, dont Alphabet, explorent ces possibilités et nous sommes impatients de participer à la conversation sur ce que les véhicules autonomes signifient pour nos villes, nos économies et notre environnement.

L'IA redessine aussi la manière dont les voitures sont produites. Google Cloud et Renault ont ainsi travaillé ensemble sur une nouvelle approche des opérations industrielles, où le *machine learning* alimente tout, des robots dans les usines aux systèmes de suivi qui permettent aux constructeurs de résoudre les problèmes de *supply chain*, de réduire la consommation d'énergie comme les émissions et d'acheminer les voitures jusqu'aux clients plus rapidement. En parallèle, les nouvelles façons de produire et de distribuer des voitures nous donnent la possibilité de créer de nouvelles opportunités d'emplois et d'avoir un impact positif sur les communautés, à condition de déployer les programmes de formation adaptés. Les pôles d'innovation dédiés à la mobilité, comme le Michigan Central de Ford à Détroit, contribueront à élaborer des programmes de formation fondés sur des qualifications flexibles, comme celles proposées par les Google Career Certificates.

Auparavant, un ingénieur automobile et un informaticien auraient pu admirer leur travail respectif sans jamais se croiser. Avec l'IA, ils collaboreront de plus en plus et pourront bientôt relever de grands défis et saisir de grandes opportunités ensemble.

La lutte contre le changement climatique est l'exemple le plus éloquent. Les ventes de véhicules électriques ont augmenté de 37 % en 2023, portant leur part à un cinquième des voitures en circulation. Cette approche visionnaire que nous observons dans l'industrie automobile est l'une des raisons pour lesquelles, malgré l'urgence et l'ampleur du défi, je suis optimiste quant à notre capacité à trouver les solutions dont le monde a besoin. Chez Google, nous voulons aider les gens à trouver les informations nécessaires pour faire des choix durables, notamment pour leurs déplacements. Le moteur de recherche fournit désormais des informations pour aider les gens à comprendre les coûts et les incitations liés à l'achat d'un véhicule électrique, tandis que Google Maps affiche aussi les bornes de recharge des véhicules électriques proches de vous et propose des itinéraires plus écoresponsables, optimisés pour économiser du carburant ou de la batterie.

Avec l'aide de l'IA, nous pouvons aussi commencer à repenser les systèmes de transport dans leur ensemble. À titre d'exemple, Google travaille avec une douzaine de municipalités à travers le monde sur le projet Green Light, qui utilise l'IA pour améliorer l'efficacité des feux de circulation. Les premiers résultats montrent qu'il est possible de réduire jusqu'à 30 % des arrêts de véhicules, réduisant ainsi les émissions de 30 millions de trajets en voiture chaque mois. L'IA nous donne la possibilité d'avoir une vue d'ensemble des réseaux de transport et de prendre des décisions plus intelligentes sur la façon dont les personnes et les véhicules se déplacent. Elle sera un outil puissant pour concevoir de meilleurs systèmes pour l'avenir.

Associée aux processus de production plus propres et à la navigation plus efficace permise par l'IA, la transition énergétique de l'automobile peut être une feuille de route inspirante pour d'autres industries devant se transformer pour construire un avenir plus durable.

Hasard de l'histoire, Google et Renault ont tous deux débuté dans des garages, à un siècle d'intervalle. Louis Renault a mis la touche finale à sa première Voiturette 1 CV dans un petit garage à Boulogne-Billancourt en 1898. Lorsque Larry Page et Sergey Brin ont créé Google en septembre 1998, c'était dans le garage d'une maison de Menlo Park, en Californie. Même à cette époque, il aurait été difficile d'anticiper les percées technologiques futures et l'accès croissant à la technologie au cours du dernier quart de siècle, ou d'imaginer que les voitures d'aujourd'hui relèveraient « plus du software que du hardware », comme le dit Luca de Meo, le P-DG du groupe Renault.

Pourtant, nous y sommes. Et je ne pourrais pas être plus enthousiaste face au chemin qu'il nous reste à parcourir.

H

Honda, Soichiro

Ce n'était pas un Japonais comme les autres. Soichiro Honda, le fondateur de Honda, décédé en 1991 à l'âge de 84 ans, a toujours cultivé sa différence. Tout chez lui était étonnant. D'abord, au contraire de ses collègues nippons, murés dans le silence et la discrétion, il a toujours aimé parler aux médias ; ensuite, il a été l'un des très rares constructeurs à exceller à la fois dans la production de motos et dans celle de voitures ; enfin, et peut-être surtout, Honda a gagné en Formule 1. Dès 1965 avec une voiture 100 % à ses couleurs et plus tard comme motoriste du champion brésilien du monde Ayrton Senna. Comme d'autres grands pionniers de l'automobile, il s'est fait tout seul. Poursuivant très tôt le rêve de devenir ingénieur, il a commencé comme apprenti mécanicien à Tokyo alors qu'il n'avait que 15 ans. Il s'est ensuite lancé dans la fabrication de voitures de course dès la fin des années 1920. « Quand j'étais jeune, je conduisais la voiture que j'avais construite moi-même, avait-il raconté, interrogé par une chaîne de télévision japonaise ; à certains moments, j'avais tellement de problèmes à régler que je pouvais passer une semaine sans dormir pour les corriger. J'étais comme une maman avec son bébé. »

Son aventure industrielle a débuté après la guerre avec la création en 1948 de la Honda Motor Company. C'est l'un des inventeurs de la moto moderne. Créateur génial, il a aussi été un entrepreneur audacieux. Il a compris avant les autres qu'il devait être offensif à l'exportation. Il a notamment fait des étincelles sur le marché américain. Dès la fin des années 1950, Honda était leader mondial de la moto.

Quant à ses voitures, même si elles ne se sont jamais autant vendues que les Nissan ou les Toyota, elles ont toujours affiché une personnalité très forte, de la Civic au CRV.

Ouvert sur le monde, il a multiplié les rencontres avec les chefs d'État et les célébrités. Il leur a souvent fait visiter, vêtu d'une veste blanche de technicien, son usine de Suzuka.

Il s'est retiré de toutes ses fonctions opérationnelles en 1973 pour devenir « conseiller suprême » de son entreprise. Ce qui ne l'a pas empêché de rester actif. Il s'est, par exemple, amusé à restaurer complètement une très vieille voiture du British Royal Museum. À son volant, il a même participé à la course Londres-Brighton. Il s'est également mis à peindre des toiles de style japonais. « Plus je vieillis, plus j'ai des rêves, disait cet éternel optimiste ; quand on sort de ses rêves, la vie n'a plus de sens. » Trois ans avant sa disparition, en 1988, il a été le premier Japonais à entrer dans le Automotive Hall of Fame. Une reconnaissance méritée pour ce personnage si atypique, si inventif, si amoureux de ses produits. C'est l'un des entrepreneurs qui ont façonné cette industrie automobile que j'aime tant. Respect, *Honda-san*.

Hybride

par Nicolas Fremau, Ahmed Ketfi-Cherif et Antoine Vignon, ingénieurs chez Renault Group

L'idée d'associer un moteur thermique et un moteur électrique est vieille comme l'automobile. Dès 1894, Paul Pouchain, un inventeur lillois, conçoit une voiture de six places, capable de parcourir 70 km à 16 km/h avec, sous son capot, cette double motorisation, l'essence jouant le rôle de générateur pour recharger les accus, donc d'accroître leur autonomie. Un peu plus tard, en 1899, les établissements Piper, une entreprise belge de Liège, développent une automobile présentant des caractéristiques similaires. Ses brevets permettent à la société Auto-Mixte de lancer la production en série de modèles hybrides entre 1905 et 1914. Au même moment, en Allemagne, le célèbre Ferdinand Porsche adopte cette solution technologique en plaçant des petits moteurs électriques dans les moyeux des roues dont les batteries sont rechargées par un moteur à essence. Mais la Première Guerre mondiale met un terme à ces expériences. L'électricité est abandonnée, le règne sans partage de la combustion thermique commence. Il va durer jusqu'en 1997, année du lancement de la Prius par Toyota. C'est un tournant dans l'industrie automobile. La voiture est dotée du système HSD (Hybrid Synergy Drive). Pour la première fois, les deux types de motorisations interagissent avec l'objectif de réduire la consommation d'essence. Dès 1999, Honda lance à son tour un véhicule hybride. Ensuite, les chocs pétroliers à répétition, la volonté de protéger la planète et la crise financière de 2008 incitent les constructeurs à mettre de l'électricité dans leurs moteurs.

Les plus audacieux commencent à développer des modèles fonctionnant à 100 % avec des batteries. Renault est l'un des premiers à dégainer : un prototype de la Zoe, qui sera lancée plus tard, en 2012, est présenté au Salon de Genève en 2005. Mais le succès de la Prius, 1 million d'exemplaires vendus en 2008, confirme que l'hybride est une étape incontournable sur le chemin de la sobriété énergétique. Fascinés, les ingénieurs européens ont décortiqué la star nipponne. La voiture n'est pas très belle, sa conduite sur autoroute est molle, mais elle séduit. Le principe, c'est que ses batteries se rechargent quand la voiture décélère. Ce qui permet de rouler quelques minutes à l'électrique. Surtout de consommer moins. L'économie réalisée est en moyenne de 10 %.

Les bureaux d'études cherchent évidemment des solutions pour augmenter cette durée. La première, prônée d'abord par les marques allemandes mais reprise ensuite par d'autres, est celle de l'hybride rechargeable : l'utilisateur branche sa voiture sur le réseau pour recharger les batteries et bénéficier ainsi d'une autonomie plus grande. Inconvénient majeur, la taille des batteries et les équipements supplémentaires qu'il faut installer, comme un deuxième embrayage, complexifient et alourdissent les voitures. Non seulement elles sont plus chères, mais elles consomment plus si on oublie de les charger.

D'où l'intérêt de travailler à une solution alternative.

Fort de son expérience en électrique et en Formule 1, Renault développe une technologie hybride inédite dont l'esprit est de fournir au client une expérience qui se rapproche le plus possible de celle d'un véhicule électrique. L'idée centrale est simple : considérer le moteur électrique comme le moteur principal, qui assurera systématiquement les démarrages du véhicule. Cela permet de faire simple et de se passer d'embrayage et même de synchroniseurs de boîte, remplacés par la technologie des crabots, en provenance directe de la Formule 1. Pour optimiser l'agrément de conduite, un second moteur électrique est utilisé pour faciliter les passages de rapports. Pas moins de 15 combinaisons de rapports, transparentes pour l'utilisateur mais permettant d'améliorer le rendement, sont disponibles en roulant. Ajoutez-y des lois de gestion de l'énergie afin de maximiser l'usage du moteur électrique elles aussi issues de l'expérience en Formule 1, et le système E-Tech hybrid était né ! Les travaux ont duré plus de dix ans, mais les résultats sont spectaculaires. Quand le rendement moyen d'un moteur thermique est de 25 à 27 % (la part de l'essence consommée qui sert à faire avancer la voiture), celle d'un modèle hybride de la dernière génération E-Tech s'élève à près de 40 %. Cela représente une économie moyenne de consommation de 25 % (et elle peut atteindre 40 % en ville). Des progrès dus à l'amélioration du moteur thermique ; de plus en plus léger, il est désormais conçu spécialement pour fonctionner couplé à des batteries, ce qui le rend très économe. En une seule fois, l'entreprise a prouvé qu'elle était capable de rivaliser avec Toyota, la référence incontestée en matière d'hybride. Une performance d'autant plus remarquable que l'entreprise japonaise n'a pas cessé de perfectionner sa technologie depuis le lancement de la Prius.

Tout le monde devrait s'en réjouir. En attendant la bascule complète vers l'électrique, cette avancée apporte une contribution majeure à la réduction des émissions de CO_2 de l'automobile.

Hydrogène

Nous savons depuis longtemps faire rouler des voitures à l'hydrogène. Plusieurs modèles sont déjà commercialisés, notamment des utilitaires. À Paris, 400 taxis Toyota circulent sans problème au quotidien. Cette technologie est donc éprouvée et robuste. Comment ça marche ? Une minicentrale, une pile à combustible qui fonctionne à l'hydrogène lui-même chargé, comme un carburant, dans un réservoir, produit de l'électricité qui alimente la batterie du véhicule en permanence. Celui-ci roule donc à l'électricité. Cette technologie présente plusieurs avantages substantiels :

- Elle permet d'alléger le poids des voitures. Les batteries n'ont pas besoin d'être aussi massives. Il faut savoir qu'elles pèsent 500 kg en moyenne, le poids d'une vache !
- L'autonomie peut atteindre jusqu'à 650 km avec un réservoir de taille raisonnable.
- Les émissions de CO_2 sont proches de zéro pendant les déplacements.

C'est donc une alternative plus que crédible au système des batteries classiques, pour l'instant privilégiées pour passer à la propulsion électrique. Elle semble même incontournable pour les petits véhicules utilitaires électriques qui doivent effectuer des longs trajets : c'est la seule façon de leur donner un rayon d'action suffisant sans les équiper de batteries énormes qui prennent la place des marchandises transportées. L'hydrogène permet aussi de réduire les quantités faramineuses de matières, comme le cuivre ou le lithium, qu'il faut extraire des sols pour fabriquer les batteries.

Problème : jusqu'à présent l'hydrogène était produit en brûlant des énergies fossiles. Une décision de l'Europe va permettre d'y remédier. Tout est parti de la guerre en Ukraine qui a privé brutalement l'industrie allemande du gaz naturel russe. C'est lui qui faisait tourner les usines.

L'idée est de le remplacer par l'hydrogène, plus compétitif que le gaz importé des États-Unis ou du Qatar. Un grand plan d'investissement européen pour développer la production d'hydrogène propre a donc été lancé. Concrètement, des électrolyseurs géants fonctionnant avec des énergies renouvelables (panneaux solaires, éoliennes) vont voir le jour. L'hydrogène circulera ensuite à travers des pipelines, des hydrogénoducs, vers les sites consommateurs. D'après une étude de l'Agence internationale de l'énergie, le prix de production de l'hydrogène sera ainsi très nettement inférieur à celui obtenu en utilisant de l'énergie nucléaire. D'autant que l'on est certain aujourd'hui de disposer des volumes d'énergies renouvelables suffisants pour faire face aux besoins. En 2028, les panneaux solaires produits en Chine représenteront une capacité de production d'électricité équivalent à 250 réacteurs nucléaires. C'est énorme ! À quoi il convient d'ajouter les capacités de l'éolien qui vont également fortement, et rapidement, s'accroître. Si tous les investissements prévus sont réalisés dans un délai raisonnable, nous aurons des quantités astronomiques d'hydrogène qui décarboneront notre industrie et assureront notre souveraineté.

Est-ce une bonne nouvelle pour l'industrie automobile ? Incontestablement. Une fois produit, le grand défi de l'hydrogène, c'est sa distribution. Rien n'est possible si on ne met pas en place un réseau de stations de recharge. Pour l'instant, les hydrogénoducs vont desservir les grands bassins industriels. La bonne nouvelle, c'est que leur trajet recoupe plus ou moins celui des grands axes autoroutiers européens. On peut donc imaginer que les poids lourds en bénéficient également. Pour avancer dans ce sens, une réglementation européenne appelée AFIR impose aux États membres de mettre en place, d'ici à 2030, une station hydrogène tous les 200 km sur le réseau emprunté par le transport routier. Les prix de ce carburant devraient être attractifs puisque l'on estime qu'ils seront alignés avec ceux du diesel.

Dans un premier temps, nous avions imaginé que l'hydrogène serait réservé, en raison des contraintes de logistique, aux véhicules utilitaires revenant régulièrement à leur base pour remplir leur réservoir. En utilisant ce réseau prévu initialement pour les camions, ils vont pouvoir effectuer des trajets plus longs. Cela va débloquer le marché. Les feux vont passer au vert pour l'hydrogène !

I

Iacocca, Lee

On lui doit la Ford Mustang, l'une des voitures les plus fascinantes de l'histoire de l'automobile, et pour cela au moins nous lui sommes, je lui suis, éternellement reconnaissants. Lido Lee Iaccoca est une légende, un géant de l'industrie automobile américaine. Avec son diplôme d'ingénieur, ce fils d'immigrés italiens arrivés de Campanie en 1919 a grimpé tous les échelons pour prendre la tête de Ford d'abord, de Chrysler ensuite. Il a donc dirigé successivement deux des fameux Big Three (avec General Motors) du secteur aux États-Unis. C'était un passionné, l'exemple très rare d'un technicien devenu un as de la vente. Il n'hésitait pas à se mettre en scène dans des spots publicitaires devenus cultes pour vanter les qualités de ses voitures. Il est vrai qu'il avait une gueule d'acteur de Hollywood doublé d'un sacré caractère. L'Amérique adorait ses formules chocs. Ses actionnaires parfois moins : Henry Ford 2 l'avait viré de son entreprise alors qu'elle dégageait pourtant des profits substantiels en 1978.

Mais ses qualités de manager n'étaient pas restées très longtemps inemployées. Il avait été appelé au chevet de Chrysler au bord de la faillite. Et il avait redressé l'autre firme de Détroit en appliquant des mesures sociales d'une brutalité inouïe : 50 % des employés avaient été licenciés... Symboliquement, le 12 août 1983, il avait posé devant la reproduction géante d'un chèque de 813 millions de dollars : le remboursement de l'énorme emprunt garanti par l'État qui avait permis le renflouement de l'entreprise. En 1987, il avait même racheté American Motors Corporation (AMC), le quatrième constructeur du pays, réputé notamment pour ses Jeep, à Renault qui n'avait pas réussi à digérer ce gros morceau. La même année, il avait aussi acquis Lamborghini.

Parti en 1992, Iaccoca avait ensuite tenté de lancer une OPA hostile sur Chrysler associé au milliardaire Kirk Kerkorian. Sans succès. Ce qui avait ouvert la voie à la fusion de l'entreprise avec l'allemand Daimler-Benz en 1998.

Son héritage, ce sont des modèles qui ont marqué l'histoire. Parfois pour longtemps. Chez Ford, il avait donc lancé la Mustang en mars 1964. Apparaissant aussitôt dans un *James Bond*, *Goldfinger*, puis, conduite par Steve McQueen dans une incroyable course-poursuite de *Bullitt*, elle avait connu un triomphe commercial : 400 000 exemplaires vendus dès la première année, 1 million au bout de deux ans. De nombreuses générations de ce modèle star s'étaient succédé. Version la plus mythique : la Shelby reconnaissable aux deux larges bandes blanches qui couvrent sa carrosserie.

Iaccoca avait aussi été à l'origine de best-sellers comme l'Escort et la Continental Mark III. Mais il s'était planté dans les grandes largeurs avec la Pinto.

Chez Chrysler, il avait notamment cru, avant d'autres, au développement des monospaces. Le Voyager avait d'ailleurs été lancé un an avant le Renault Espace en Europe. Il avait également posé le bon diagnostic en militant pour une riposte américaine aux petites japonaises qui commençaient à déferler outre-Atlantique. Sans toutefois apporter de bonnes réponses. Au sommet de sa gloire, il avait fréquenté Washington et la sphère politique. Surtout pour défendre son industrie, c'était un lobbyiste hors pair. Mais son charisme en avait fait un candidat potentiel pour les plus hautes fonctions. Aurait-il pu rebondir à la Maison Blanche ? Bien avant le milliardaire Donald Trump, il avait vraiment songé à se lancer dans la course à la succession de Ronald Reagan. En 1988, une enquête du quotidien le *New York Times* l'avait placé en tête devant les autres candidats démocrates à l'investiture. Parmi eux, il y avait, déjà, un certain Joe Biden.

Immatriculation

Nos amis belges ont de l'humour. Même quand ils personnalisent leur plaque d'immatriculation. Ils en ont le droit depuis 2014, moyennant une taxe de 1 000 euros. APEROOO, BATMAN, CATCH-MEN... 11 000 Belges paient ainsi leur écot chaque année pour pouvoir choisir leur série de lettres. Soit 70 millions d'euros récupérés depuis dix ans par les finances publiques. Ce qui était le but proclamé de la réforme. Au Québec aussi, depuis 2018, chacun peut exprimer sa créativité. Quitte à tomber dans le mauvais goût. DRVAGIN, BURNS, GOGOBOY... L'administration qui gère ce service se défend d'être laxiste. Elle affirme avoir retoqué des dizaines de demandes jugées à côté de la plaque. PRNHUB, FCKCOPS, COCAINE... Et dans tous les cas, même si le dossier est refusé, elle prélève 257,54 dollars canadiens (177 euros).

Ainsi le business des plaques prospère-t-il dans le monde à mesure que les pays se convertissent à la personnalisation. Un nombre croissant d'automobilistes veulent afficher leur statut social sur ce petit bout de métal. Le phénomène prend des dimensions homériques dans les pays du Golfe et en Asie, où se tiennent des ventes aux enchères géantes dans une ambiance de raouts pour ultra-riches. Année après année, les records sont pulvérisés. En avril 2023, la plaque « P7 », chiffre porte-bonheur dans l'islam, s'est arrachée à 15 millions de dollars à Dubaï lors d'un événement caritatif organisé par l'émir Mohammed ben Rachid Al Maktoum. L'objet du désir était présenté et protégé dans un écrin comme un tableau de Picasso. Le précédent record s'élevait à 14 millions de dollars, à Abou Dhabi, pour un autre chiffre magique : P1. Les Émirats arabes unis ont porté à son paroxysme le snobisme américain qui commande d'avoir le moins de signes possible gravés sur sa plaque. On raconte qu'un tycoon local s'est vu refuser l'accès à un établissement sélect de Dubaï, car l'immatriculation de sa Rolls comptait trop de chiffres. Un plouc, en somme.

À Hong Kong, c'est à peine moins fou. Chaque année, le ministère des Transports vend aux plus offrants quelques centaines de plaques spéciales. En février 2023, le simple R a été adjugé 3,2 millions de dollars. R comme *Rabbit*, puisque l'on entrait dans l'année du lapin. En 2021, le W était parti à 3,8 millions. Un cran au-dessous, les VIP dépensent couramment plusieurs milliers de dollars pour arborer leur mot fétiche. CARPEDM, MYTH, ELONMUSK... Un moyen d'exhiber leur fortune, leurs hobbies, leurs croyances ou leur humour. La Thaïlande vit la même passion. Une fois par an, l'État vend à l'encan un lot de plaques spéciales. Les recettes sont destinées à la sécurité routière. 2022 fut une très bonne année avec la mise en vente d'une série de 301 plaques comportant le chiffre 9, le plus convoité, car censé apporter chance et longévité. La timbale a été décrochée par la combinaison « 9nn 9999 », cédée 1,3 million de dollars à une société locale de capital-risque. Quelques années auparavant, un jeune conducteur, fils d'un riche homme d'affaires thaïlandais, avait signé un chèque de 635 000 dollars pour une immatriculation porte-bonheur. Soit cinquante fois la valeur de sa voiture, une Nissan Almera.

Dans ce casino d'un nouveau type, les Américains ont donc trouvé plus flambeurs qu'eux. Ils sont pourtant les inventeurs en 1931 de la plaque personnalisée, la bien nommée *vanity plate*. Et ils ne passent pas pour des petits joueurs. La plaque la plus chère du monde se trouve d'ailleurs chez eux : 20 millions de dollars ! Mais il s'agit d'une estimation, car elle n'a jamais fait l'objet d'une transaction. Pourquoi un tel pactole potentiel ? Parce que la suite de lettres forme le mot « NEW YORK ». Tout simplement. Elle équiperait une modeste Volvo V70, que son propriétaire, prudent, se garde bien de sortir. Tous les États n'autorisent pas les plaques personnalisables et transférables. Ceux qui le font, comme le Delaware, entretiennent évidemment une spéculation active. Les immatriculations à deux chiffres se vendent plusieurs milliers de dollars. Celles à trois ou quatre caractères se cèdent jusqu'à 1 000 ou 2 000 dollars. On raconte que la plaque 11 a longtemps été détenue par un citoyen ordinaire du Delaware. À son décès, elle constituait l'essentiel de son patrimoine, plus que sa maison, et fut vendue 675 000 dollars à un promoteur immobilier.

En réalité, chaque État américain fait à peu près ce qu'il veut en matière d'immatriculations. Une des rares contraintes communes est la dimension : 15 cm sur 30. Et encore, il a fallu attendre 1956 pour qu'un tel accord soit signé. Pour le reste, c'est chacun pour soi. L'immatriculation avant, par exemple, n'est obligatoire que dans une trentaine d'États. Les *vanity plates* numériques sont autorisées depuis peu en Californie. Pratique pour indiquer à distance « STOLEN » quand le véhicule a été volé. Sauf qu'un groupe de chercheurs en cybersécurité a déjà réussi à en hacker certaines. Couleurs, dessins, slogans promotionnels... tout cela est aussi laissé à l'appréciation des autorités locales qui en fixent les grandes règles. Aux conducteurs de piocher librement dedans pour constituer leur œuvre personnelle. Et ils ne s'en privent pas. Aux États-Unis, les plaques sont chatoyantes et bariolées.

Tout le contraire des plaques françaises, sérieuses et monocordes, au point d'être tristounettes. Comme une métaphore de l'État centralisateur et jaloux de ses prérogatives, la seule liberté est de pouvoir choisir le numéro du département qui figure à droite de la plaque. Ce qui ne finit pas d'étonner l'Italien que je suis : le département le plus demandé est la Haute-Savoie. Alors qu'il n'est que 27e en termes de population. Même bizarrerie avec la Corse-du-Sud, 5e département le plus affiché alors qu'il est 96e au regard de sa population. Les auteurs de l'étude, réalisée en 2021 pour un site de ventes de plaques, justifient cette distorsion par un témoignage d'affection de la diaspora corse, fort nombreuse sur le continent. Ils l'analysent aussi comme un signe que le conducteur étant supposé corse, il est forcément un gros dur à ne pas chatouiller. Et comme une forme d'assurance pour tous les vacanciers qui vont sur l'île de Beauté avec leur véhicule.

Reste que le vrai chic, celui qui scotche tous les experts en *vanity plates*, est celui de rouler sans aucune plaque. Le top de l'excentricité ! Un homme y est parvenu sur la planète, c'est Steve Jobs, le fondateur d'Apple. Il profitait d'une loi californienne laissant six mois au propriétaire d'un véhicule neuf pour s'immatriculer. Donc, il rachetait une nouvelle voiture tous les semestres. Toujours la même, une Mercedes cabriolet SL 55 AMG. Élémentaire.

Impact

L'automobile est souvent critiquée, parfois même victime de désinformation. Chacun a sa liberté d'opinion, bien sûr, mais je souhaite donner ici quelques éléments chiffrés incontestables qui tordent le cou aux idées reçues et donnent la vraie mesure de son impact économique, industriel, social et environnemental.

L'industrie automobile, c'est d'abord une force de frappe industrielle vitale pour l'Europe : elle détient 127 usines sur le continent, qui ont produit 12,1 millions de véhicules en 2023, un chiffre en progression de 11,3 % par rapport à l'année précédente. Cela représente 2,4 millions d'emplois industriels directs. Mais l'influence sociale du secteur s'étend bien au-delà de ces sites manufacturiers. Selon l'ACEA (l'Association des constructeurs européens d'automobiles), si l'on prend en compte tous les métiers qui lui sont liés (sous-traitants, concessionnaires, garages, transporteurs, loueurs, etc.), 13 millions d'Européens travaillent directement ou indirectement pour la profession. Cette dimension sociale se double d'une influence déterminante sur l'innovation. L'industrie automobile prépare le futur en investissant lourdement dans la recherche et le développement. En Europe, c'est le secteur qui dépense le plus dans ce domaine, loin devant les laboratoires pharmaceutiques. Et cet effort s'amplifie avec la conversion à l'énergie électrique qui impose de repenser l'ensemble de la filière.

Une révolution qui devrait naturellement entraîner à terme une forte chute des émissions de CO_2. La filière automobile s'est déjà mobilisée depuis plusieurs années dans cette bataille. D'abord, les grands constructeurs ont réduit les émissions de leurs sites de production (– 31 % depuis 2005), ensuite, les nouvelles voitures à moteur thermique ont fait des progrès considérables dans ce domaine. Leur impact carbone s'est réduit en moyenne de 17 % depuis 2012. Mais l'enjeu est immense : l'automobile représente autour de 15 % des émissions de CO_2 en France. Elle est devancée par l'industrie et l'agriculture (21 % chacune) et le bâtiment (20 %). À l'échelle de la planète, et toutes activités confondues, sa part est évaluée autour de 6 %, loin derrière l'agriculture (20 %), les centrales à charbon

(19 %) et la déforestation (11 %), mais devant les camions (4 %) et les avions (2 %).

L'énergie électrique est la solution pour faire chuter ces émissions. Mais il faudra du temps pour convertir l'intégralité du parc mondial de véhicules thermiques, qui dépasse 1,4 milliard d'unités ! Et il ne sera pas possible de faire l'impasse sur le problème du poids des voitures. Celles-ci se sont alourdies à mesure que l'on instaurait de nouvelles normes de sécurité. Les consommateurs ont encouragé cette tendance en privilégiant les SUV. C'est un fait : même électrique, l'impact carbone d'une grosse voiture reste plus élevé. Principalement au niveau de la fabrication : par définition, un modèle haut de gamme contient plus d'acier, de plastique, et embarque des batteries énormes. On n'est pas si loin du non-sens écologique !

Intelligence artificielle

par Luc Julia,
directeur scientifique de Renault

Et si l'IA était une voiture ? Pour être provocateur, je répondrais qu'elle serait peut-être un de ces improbables concept cars dont le destin est plus d'alimenter les fantasmes que de toucher la route un jour. Ou bien un personnage de série B à la *K 2000*, plus vraiment futuriste mais déjà rétro ! Constamment à l'horizon depuis des années, la voiture autonome semble s'éloigner au fur et à mesure qu'on s'en approche ! N'ayons pas la cruauté d'aller fouiller dans les archives pour ressortir les prophéties qui nous annoncent régulièrement depuis des lustres l'arrivée imminente de la pleine autonomie – la fameuse autonomie de niveau 5 !

Mieux vaut sans doute commencer par redescendre de quelques étages. Mais pas d'inquiétude ! La réalité terre à terre est au moins aussi enthousiasmante que la science-fiction. Premier constat : l'IA est déjà là. L'IA ? Non, en fait : *les* IA ! Car cela fait bien longtemps qu'elles foisonnent, appliquées à une multitude d'activités et de métiers, et qui déjà ont transformé nos vies et nos façons de travailler. Des IA omniprésentes mais que pourtant l'on oublierait presque, depuis les systèmes experts utilisés de longue date, par exemple, dans l'industrie nucléaire, jusqu'au filtre antispams de nos messageries électroniques, en passant par les chatbots et les innombrables systèmes qui, déjà, automatisent des pans entiers de notre quotidien.

L'automobile ne fait pas exception. Où que vous la saisissiez, vous trouverez cette « industrie des industries » traversée par les IA. Ce qui se produit aujourd'hui, c'est que le mouvement s'accélère et se généralise, ouvrant des perspectives neuves dans l'ensemble des métiers, depuis la conception jusqu'à la logistique aval. Là où des pannes immobilisant des machines engendraient des millions d'euros de pertes, l'entraînement d'algorithmes par apprentissage statistique permet, en travaillant sur les signaux faibles et les vibrations relevées par des capteurs, de déclencher des opérations de maintenance avant même la survenue du problème, et sans devoir arrêter inutilement l'usine. Aux gains de productivité s'ajoutent les réductions d'émissions de CO_2, par optimisation des circuits de livraison de pièces depuis les fournisseurs vers les usines, par optimisation du chargement des camions... De plus en plus, ce sont maintenant aussi les designers qui font leur miel de l'IA générative. Des outils comme Midjourney stimulent leur créativité en exploitant la possibilité d'obtenir des images de véhicules dans les environnements les plus divers.

Ne nous y trompons pas : tous ces outils ne tombent pas du ciel. Ce sont les hommes qui les construisent, à commencer par l'énorme travail préalable de collecte et d'harmonisation des données qui est la base de tout. Les qualités comme les défauts des IA sont le résultat de ceux qui les mettent au point et de ceux qui les utilisent. Face à l'accélération technologique actuelle dont ChatGPT est le symptôme le plus spectaculaire, le premier défi est d'inventer la bonne articulation entre les IA, d'une part, et celles et ceux qui les utilisent, d'autre part. Quel meilleur exemple que l'efflorescence dans la Silicon Valley d'entreprises spécialisées dans l'élaboration de « prompts » ? C'est bien l'art de donner les bonnes instructions à la machine, de dialoguer avec elle, qui permet de libérer sa puissance, au service d'une créativité qui, elle, reste humaine.

Cette réalité est aussi celle des femmes et des hommes sur les lignes de production automobile. Le métier des opérateurs se transforme ; ils deviennent partie prenante de l'apprentissage machine, dialoguant d'une part avec les spécialistes de la data, développant d'autre part une capacité presque artisanale à saisir le fonctionnement des systèmes d'IA pour mieux réagir. Prenons le cas d'un système de repérage des malfaçons : il s'agit pour l'opérateur de savoir attribuer un dysfonctionnement du système à des modifications aussi subtiles qu'un changement d'éclairage ou d'exposition par rapport au contexte dans lequel l'IA a été entraînée : à côté du progrès de l'automatisation, ce sont l'ingéniosité et l'intelligence proprement humaines des situations qui, plus que jamais, sont sollicitées.

Pour les constructeurs, ce défi de la collaboration entre homme et machine concerne aussi le produit, car les IA peuvent nous aider à humaniser la technologie en faisant de nos voitures les compagnons de leurs utilisateurs, apprenant d'eux, évoluant à leur contact. Avec les IA génératives, nous avons un nouvel atout dans notre manche pour faire entrer l'automobile dans l'ère de l'expérience hyper-personnalisée et adaptative en fonction des contextes détectés. Et comment ignorer les progrès spectaculaires et les milliers de vies potentiellement sauvées par la montée en puissance des systèmes d'assistance à la conduite ? Sans parler de la détection automatique des cyclistes pour avertir les conducteurs en cas de risque de collision !

Mais je vous vois déjà venir : « Alors, au bout de tout cela, pour quand la voiture autonome ? » À cette question, j'ai coutume de répondre par une autre : qui voudra un jour confier sa vie à des systèmes à qui il manquera toujours la clairvoyance nécessaire pour comprendre qu'un panneau « stop » porté par un piéton marchant au bord de la route n'est pas un signe à prendre en compte ?

On l'aura compris, avec les IA, l'heure est moins que jamais au pilotage automatique !

J

Japon

par Makoto Uchida,
directeur général de Nissan

Au terme de près d'un siècle de développement graduel, l'industrie à laquelle j'ai consacré toute ma carrière est aujourd'hui confrontée à de profonds bouleversements. Le monde aspire à des véhicules sobres en émissions, toujours plus autonomes et conçus autour de leurs logiciels.

Un changement de cap aussi radical pour notre secteur d'activité exige une remise en question tout aussi radicale pour les grands groupes qui l'animent.

L'industrie automobile japonaise sait pertinemment qu'elle ne peut se permettre de se reposer sur ses lauriers. Comme lors de précédentes périodes de turbulence, tous les constructeurs, y compris Nissan, réagissent en proposant des produits inédits et innovants. Nous avons également comprimé nos coûts et rationalisé notre activité.

Mais nous savons que cela ne suffira pas. Dans l'environnement en perpétuelle évolution qui est le nôtre, le succès ne peut venir d'une simple réitération de méthodes éprouvées.

Nous devons au contraire adopter des mesures décisives, et le faire rapidement si nous voulons assurer notre réussite pour la décennie à venir, et au-delà.

Peut-être faut-il rappeler que dans l'immédiat après-guerre les constructeurs automobiles japonais sont entrés en lice en position de challengers. Ce sont ces entreprises japonaises qui ont inventé le concept de production en flux tendu, le processus *kaizen* d'amélioration continue, et l'approche *monozukuri* de l'optimisation de l'efficacité opérationnelle.

Nous pouvons nous appuyer sur cette solide tradition industrielle pour affronter la prochaine ère de ruptures technologiques. Je crois d'ailleurs le moment propice pour appliquer dans notre activité cette autre méthode largement acceptée au Japon, qui concerne la prise de décision : le *danshari*, une approche très répandue dans l'organisation du foyer qui vise à désencombrer, à épurer et à clarifier le monde qui nous entoure.

Je suis convaincu que ce modèle peut avoir une grande portée dans la production industrielle.

Notre industrie repose sur des fondations robustes. Depuis plus d'une génération, les marques japonaises se distinguent par l'excellence de leurs produits et par la qualité de leur ingénierie, de leurs designs, de leurs services et de leur innovation. Au cours du XXe siècle, nous avons fait œuvre de pionniers dans l'efficacité des chaînes d'approvisionnement et dans la productivité des lignes d'assemblage. C'est ainsi que les constructeurs japonais ont conquis 30 % du marché mondial des véhicules de tourisme, 16 % du marché des utilitaires à charge lourde et 46 % du marché des motocycles.

Les constructeurs japonais ont mis cette position à profit pour devenir leaders de segments tels que les petites citadines ou les sportives d'entrée de gamme, et pour développer les premiers véhicules hybrides du monde.

Le groupe Nissan lui-même peut se flatter d'avoir lancé le tout premier véhicule électrique à batterie destiné au grand public, la Nissan LEAF. Et nous pouvons également être fiers que les premières motorisations GNC largement diffusées et les premiers véhicules à pile à combustible soient estampillés *made in Japan*.

Autant d'atouts qui font notre force.

Le chapitre de la mondialisation est bien clos. En ce milieu des années 2020, le marché automobile mondial est en cours de fragmentation et les consommateurs recherchent des produits différenciés dans chaque zone géographique. Certes, nous devons poursuivre résolument la standardisation de nos plateformes et de nos designs ; mais l'époque appelle aussi une plus grande autonomie de décision, au niveau régional, pour la planification, la production et l'établissement des prix de nos produits.

En pratique, cela signifie que nous devons proposer aux clients états-uniens les types de véhicules utilitaires et de pick-up qui sont demandés sur ce marché ; au Japon, nous verrons davantage de *kei cars* électriques et une gamme plus complète de véhicules hybrides à émissions faibles ; sur le marché chinois, nous devons présenter une offre de motorisations à énergies renouvelables affichant un prix et une autonomie concurrentiels par rapport aux marques locales ; enfin, nous devons nous adapter à la transition du marché européen vers un parc entièrement électrique, même si celle-ci est moins rapide qu'initialement prévu.

Dans chaque région, notre succès dépendra d'une formulation spécifique de nos objectifs de parts de marché, et de l'ajustement de notre gamme de produits aux préférences locales. Sur certains marchés, et notamment aux États-Unis, en Chine, au Japon et en Europe, notre organisation est en mesure d'opérer unilatéralement ces modulations : nous avons la capacité de produire les modèles pertinents dans nos propres usines, avec nos propres circuits d'approvisionnement, et notamment de mobiliser différentes technologies de batteries et d'activer les filières correspondantes pour alimenter en véhicules électriques l'ensemble des segments de marché.

Dans l'ère de volatilité et de turbulences accrues qui s'annonce, nous devons redécouvrir le sentiment d'urgence qui a été si salutaire historiquement à l'industrie japonaise.

Jargon

En France, « on est attachés à la bagnole. Et moi je l'adore ». L'auteur de cette déclaration d'amour est Emmanuel Macron, à la télévision, en septembre 2023. Clin d'œil à son lointain prédécesseur, Georges Pompidou, qui avait lui aussi confessé, mais hors micro, son affection pour la « bagnole ». Étonnante familiarité de la part de deux présidents réputés fins lettrés. Nonobstant, ils auraient pu dire aussi « chignole », « tire », « caisse », « vago », « bahut », « tacot », « gamos »... Les lexicologues ont dénombré plus de 60 manières de nommer une auto. Comme disait le réalisateur Michel Audiard : « Conduire dans Paris, c'est une question de vocabulaire. » Tellement vrai ! Ne pas maîtriser le jargon de la voiture expose aussi à passer pour un naïf, voire un « bouffon », pour parler jeune. Les professionnels du secteur ne sont pas toujours tendres avec le volatile (client à qui l'on peut vendre n'importe quoi). Certains vendeurs d'occasion, par exemple, ont vite fait de repérer le pauvre (client riche, comme son nom ne l'indique pas) et le traflou (client douteux). Alors mieux vaut réciter la même poésie qu'eux, et tout ira bien. Leur faire remarquer, par exemple, que leur *rave* (véhicule de seconde main, avec des défauts cachés) a le moteur qui *bafouille* (marche mal) et la carrosserie *carénée comme un papillon* (très bosselée). En plus, il y a de la *choucroute* (corrosion) sur les bas de caisse et *la peau qui pèle* (vernis de la peinture qui s'en va). Ainsi, vous aurez leur respect.

Pareil chez le garagiste. Ne surtout pas ressembler à un *loden* (client bon chic bon genre). Pour jouer l'affranchi, parlez du *rossignol* (bruit parasite), du *nez qui coule* (radiateur qui fuit), de votre *chaussette trouée* (pneu crevé), des *craquements du dentier* (boîte de vitesses). Et bien sûr, s'amuser du côté *survireur* de la voiture (lorsque le train arrière a tendance à déraper dans un virage) ou se réjouir d'avoir *dégoupillé* (en rallye, prendre des risques et rouler à fond). Le bonheur ? S'accrocher au *cerceau* (volant) et *souder* (écraser la pédale d'accélérateur comme si elle était soudée au plancher). Les vendeurs de voitures neuves, surtout les plus jeunes, versés directement dans les véhicules connectés et électriques (surnommés « Dyson », en référence à la célèbre marque anglaise), donnent dans un autre registre. Pas facile à suivre pour autant. Consommation WLTP, batterie LFP ou MLP, ADAS, AFIL, kWh, KW, ACC, AFU…

Vous pensiez échapper au jargon en prenant un *ronfleur* (taxi, car les premiers compteurs ronflaient comme un gros réveil) ? Erreur ! Souvent, le chauffeur voudra se faire *le département du Doubs* (la belle course, le gros pourboire). Parfois, il tentera l'*embellie* (laisser tourner le compteur entre deux clients). Au risque de se faire pincer par les *boers* (policiers spécialisés). Ces derniers doivent leur nom aux Russes blancs exilés à Paris au début du XXe siècle. Beaucoup d'entre eux devinrent chauffeurs de taxi. Quand la maréchaussée arrivait, ils s'alertaient en criant : « Les bourres ! » Avec leur accent, cela donnait « boers ». Aujourd'hui encore, un chauffeur indélicat qui se fait pincer *passera à la côtelette* (convoqué à la préfecture de police).

Longue vie, donc, à la bagnole… qui nous vient du latin *benna*. Le mot désigna longtemps les charrettes de piètre qualité. Jusqu'à ce qu'il se transforme, dans la première partie du XIXe siècle, en bagnole, sous l'influence du mot *carriole*. Sa carrière est assurée. Contrairement au *coco* (essence ou diesel), dont on n'aura un jour prochain plus besoin de faire le plein. À cause de la *watture*.

Jeep

Avis aux bureaux d'études du monde entier : concevoir en trois mois une voiture révolutionnaire, appelée à devenir un mythe et à le rester quatre-vingt-cinq ans après sa naissance, c'est possible ! Jeep l'a fait. L'aventure, inouïe, a commencé sur les chapeaux de roues au printemps 1940. La guerre fait rage en Europe, la France est occupée, le Royaume-Uni résiste, l'Allemagne nazie étend sa domination. Aux États-Unis, beaucoup savent qu'il leur faut se préparer au pire. Or, dans la formidable armada que le pays s'apprête à constituer, il manque un chaînon essentiel : l'engin de liaisons à tout faire, léger mais capable de transporter hommes et matériels dans n'importe quelles conditions.

L'US Army crée donc en juin 1940 une commission chargée d'élaborer le cahier des charges de ce mouton à cinq pattes. Il doit pouvoir grimper les pires raidillons, franchir les gués, manœuvrer dans la boue, résister aux chocs violents, se réparer les yeux fermés... Épreuve supplémentaire, 70 exemplaires de présérie doivent être livrés avant soixante-quinze jours. Mission impossible ? Sur les 135 entreprises qui étudient l'appel d'offres, une seule répond « banco ! ». Il s'agit d'un petit constructeur, Bantam, qui fabrique sous licence l'Austin Seven. Pour relever le défi, il recrute un ingénieur surdoué, Karl Probst, qui va mettre au point un prototype en cinq jours. La future Jeep est déjà là : calandre à fentes, pan arrière vertical avec la roue de secours à droite, transmission 4 × 4. Les premiers tests relèvent de la torture. Le petit baroudeur affiche pas mal de faiblesses, rien de plus normal.

Mais elles sont corrigées avec célérité. Surtout, sa base et son potentiel se révèlent prometteurs. Mais voilà, l'état-major prépare un sale coup à Bantam, qu'il juge trop petit pour fabriquer les milliers d'exemplaires dont l'armée a besoin de toute urgence. Alors, il va mettre dans la confidence du dossier deux autres constructeurs, Willis et Ford. L'un et l'autre vont pouvoir plagier intégralement le prototype et, forts de leurs capacités de production, remporter le marché. *Bye bye*, Bantam... Le génial inventeur sera à peine dédommagé par un contrat mineur de fournitures.

Le 18 novembre 1941, les premiers engins sortent des chaînes. Sous le nom de Jeep. Pourquoi Jeep ? Plusieurs thèses s'affrontent. La plus sérieuse penche pour la réduction de « *general purpose* » (« tous usages »). Une autre pour l'acronyme de « *just enough essential parts* » (« juste ce qu'il faut de pièces essentielles »). Une dernière pour Eugene le Jeep, un petit animal sympa, dans les aventures de Popeye, qui a le don de surmonter les obstacles les plus difficiles. Une chose est sûre, la Jeep rencontre aussitôt un succès fracassant. Un journaliste américain la résume ainsi : « Grands dieux ! Je ne pense pas que nous pourrions continuer la guerre sans la Jeep. Aussi fidèle qu'un chien, aussi forte qu'une mule, aussi agile qu'une chèvre. » Les chaînes de montage chauffent : en quatre ans, près de 700 000 exemplaires vont en sortir. En juin 1944, des essaims de Jeep débarquent en France et se répandent dans toute l'Europe. Symboles de la liberté retrouvée et de l'*American way of lif*e. Hommage du général et futur président Eisenhower : « La Jeep, le DC-3 et le bateau de débarquement sont les trois instruments qui ont gagné la guerre. » La paix revenue, le petit 4 × 4 poursuit sa cavalcade. Même si elle reste engagée dans tous les conflits, de la Corée au Vietnam, il entame une fructueuse reconversion dans le civil. Dès 1945 apparaît la Willis CJ-2A. CJ pour « Civilian Jeep ». Au fil des ans, la voiture s'embourgeoise un peu, châssis adouci, freins avant à disques, hard-top à la place de la capote. Mais elle ne trahit jamais sa vaillante ascendance. La série des CJ est abandonnée en 1987 au profit de la Wrangler, de la Cherokee puis, aujourd'hui, de l'Avenger.

Pendant ce temps, en coulisses, c'est la valse des actionnaires. American Motors Corporation (AMC) en 1956, Renault en 1979 ; ce qui fait bondir nombre d'Américains, hostiles à l'idée qu'une firme française rachète un tel emblème. En 1987, la Régie, en très mauvaise santé, jette l'éponge et solde son aventure outre-Atlantique. Hop ! Chrysler récupère la marque. Mais très mal en point, le groupe est absorbé en 1998 par l'allemand Daimler... qui le revend quelques années plus tard, pas au mieux de sa forme, à un fonds d'investissement. La crise de 2008 lamine le peu qui reste de Chrysler. C'est alors que l'audacieux Sergio Marchionne, patron de Fiat, peut mettre la main dessus à bon compte, entre 2009 et 2014. Ainsi est créé le groupe FCA (Fiat Chrysler Automobiles). Sa pépite s'appelle Jeep, et Marchionne va miser gros dessus. Avec succès. La petite Renegade, sur une plateforme de Fiat 500 retravaillée, fait un carton. Les ventes de la Cherokee, devenue SUV de luxe, s'envolent. Ultime bouleversement en 2021, lorsque PSA fusionne avec FCA pour former Stellantis.

Fatiguée d'être ainsi ballottée d'un actionnaire à l'autre ? Ce serait mal connaître la Jeep. L'US Army avait prévenu : « Nous voulons un véhicule increvable. »

K

Kangoo

Nous avons tous un ami ou un proche qui nous a déclaré un jour qu'il venait d'acheter « une voiture formidable, bourrée d'astuces, hyper-logeable, une sorte de camionnette qui se conduit comme une citadine ». Son nom : Kangoo. Ce modèle transgressif ni beau ni laid a ses aficionados dans toutes les classes sociales. Il séduit les familles nombreuses comme les créateurs de start-up parisiens. On y loge des enfants, des planches de surf ou des meubles chinés dans les brocantes. Quand j'ai fait connaissance avec ce modèle, j'ai d'abord été surpris de voir qu'il recrutait aussi chez les cadres. Mais j'ai vite compris : il était tout simplement génial.

Je ne devais pas être le seul à le penser, car, en vingt-six ans de carrière, il s'en est vendu plus de 4 millions d'exemplaires, versions utilitaires (VU) et particuliers (VP) confondues. Le Kangoo a le triomphe modeste. Il ne la ramène pas, il ne fait pas l'objet de cas d'entreprise dans les écoles de commerce. Pourtant, il pourrait. Car Dieu sait si son positionnement était acrobatique, et sa tâche guère évidente. On lui demande, depuis sa naissance en 1997, de s'adresser à deux cibles presque antagonistes.

De plaire à l'artisan, au commerçant ou au chef de chantier autant qu'au jeune retraité, au sportif ou au père de famille. D'être tout à la fois une bête de somme et une pin-up. De pouvoir transporter une armoire normande et d'avoir un intérieur douillet. Un redoutable défi que les équipes de Renault ont brillamment relevé : le Kangoo est devenu l'une des voitures les plus polyvalentes du marché. Avec lui, selon l'expression française que j'aime beaucoup, on a « le beurre, l'argent du beurre et le sourire de la crémière ».

Lorsqu'il a débarqué, son style tranchait sur tout ce que l'on connaissait à l'époque. Oublié, son prédécesseur, le Renault Express, un brin rustique ! Bousculées, malgré leurs grandes qualités, les concurrentes Berlingo et Partner lancées un an plus tôt par Citroën et par Peugeot ! Le Kangoo atterrit avec son design jovial, ses phares façon Twingo, ses couleurs acidulées, sa modularité record et sa botte secrète, une porte latérale coulissante. Son nom, clin d'œil au marsupial australien, avait du peps. Pour souligner sa double vocation, à l'usage des particuliers autant que des professionnels, Renault lança le concept de ludospace, qui évoquait les monospaces très en vogue à l'époque. Même audace côté publicités. On doit au Kangoo des films anthologiques. « Ça ne marchera jamais » faisait défiler les nouveaux concepts dont la marque au losange était à l'origine depuis quarante ans. Chaque fois, des rabat-joie doutaient de leur avenir, chaque fois, le succès était au rendez-vous. Souvenir ému aussi de cette pub (j'étais alors directeur général du groupe Fiat, où elle n'a laissé personne indifférent) dans laquelle un père de famille parcourait un livre d'images avec son jeune fils. « Et comment on dit "voiture" ? – Kangoo », répondait invariablement le malicieux gamin. Plus tard, en 2008, ce sont les Simpson qui feront la promotion du Kangoo II. Un exploit. C'était la première fois, dans une pub télé, que la bande à Bart quittait son univers animé pour le monde réel. Un formidable capital sympathie se développa ainsi autour du Kangoo. *Utilitaire* n'était plus un gros mot. Il devint la voiture fétiche de La Poste et des livraisons Darty. On vit même des fan-clubs se créer un peu partout. Jusqu'au Royaume-Uni, où des passionnés oseront lui greffer un moteur de Megane 2 RS. Et au Japon, où des rassemblements réguliers avaient lieu au pied du mont Fuji.

Au fil des ans et des générations (Kangoo II, Kangoo III), la voiture a poursuivi avec succès son numéro d'équilibriste entre la clientèle des professionnels et celle des particuliers. Perfectionnant ses aspects pratiques en même temps que sa convivialité. Plus cossue, elle adopta en 2007 la plateforme du Scenic, puis en 2019 celle dite « CMF-C », commune à Renault-Nissan-Mitsubishi. Les restylages se sont succédé, les innovations techniques aussi. Comme la porte latérale coulissante sans montant, baptisée « Sésame ouvre-toi », qui dégage un énorme espace pour accéder à l'habitacle. Ou le système Easy Inside Rack, qui se présente comme une immense galerie intérieure capable d'accueillir des objets extra-longs. Signe des temps, le concept de ludospace, un peu daté, a été remplacé par celui de « combispace ». Il est vrai que les dimensions du Kangoo se sont étoffées : 4 m de longueur à sa naissance, 4,48 m aujourd'hui. Et même 4,91 m pour le Grand Kangoo, commercialisé depuis peu. Un vrai galion des routes, avec sept places et un coffre qui avale tout, y compris des Frigidaire américains et des vélos debout non démontés.

Alors, aucun ratage dans la vie de ce surdoué ? Rien, pas même un petit accroc ? Bien sûr que si, des erreurs ont été commises. Et comment en serait-il autrement quand on prend des risques ? L'échec fait partie du jeu. Le flop s'appelle Be Bop, version raccourcie du Kangoo lancée en 2009. Trois portes, quatre sièges, peu de place pour les passagers arrière, un très baroque toit ouvrant manuel en trois parties, un coffre riquiqui. Un ludospace coupé, en somme. Faute d'acheteurs, l'épisode ne durera que deux ans. Mais il sera vite oublié grâce au succès, en 2011, de la déclinaison électrique du Kangoo. Destinée aux entreprises, elle s'écoulera à plus de 60 000 exemplaires. Un score assez fabuleux sur ce marché qui était encore balbutiant. La voiture électrique ? Ça ne marchera jamais... Mais si, Kangoo a ouvert la route.

Kei cars

Elles sont l'arme du Japon pour lutter contre les embouteillages et la pollution. Là-bas, elles pullulent. Elles s'appellent « *kei cars* », abréviation de *keijidōsha*, qui veut dire « véhicule léger ». Rien à voir avec nos voiturettes sans permis. Il s'agit de vraies voitures, légères, petites, très bon marché. Certaines existent même en version utilitaire. Elles profitent d'avantages fiscaux divers et de primes d'assurances réduites. Pour entrer dans cette catégorie, le véhicule doit avoir une longueur maximale de 3,40 m et une cylindrée inférieure à 660 cm^3. Derrière son look sympa de voiture jouet, la *kei car* est une affaire très sérieuse. La plupart des grands constructeurs nippons occupent ce créneau, fort dynamique. Il a représenté 38,80 % des ventes en 2022, avec 1,63 million d'unités écoulées. Il est le seul à avoir résisté, alors que le marché automobile reculait de 5,6 % par rapport à 2021. Joli ! Évidemment, l'hyperdensité que connaissent les villes de l'Archipel explique en partie ce succès. Mais il est intéressant de noter qu'une part croissante des ventes se font hors des métropoles japonaises. Comme si une vraie voiture à 8 000 euros suffisait amplement pour les campagnes. On essaie chez nous ?

Klaxon

Il a été créé aux États-Unis, en 1908. Il est utilisé de la manière la plus abusive – en Europe du moins – par les Espagnols, selon une enquête de la fondation Vinci Autoroutes. Son nom vient du grec ancien *klázō* (« hurler »). Et pourtant, c'est toujours vers nous, les Italiens, que l'on se tourne quand on parle de klaxon. Comme si nous en étions les champions mondiaux. Pourquoi ? Peut-être parce que nous avons un don très particulier pour l'utiliser. Une façon légère, aérienne, proche de la commedia dell'arte. Nous parlons avec les mains et avec l'avertisseur. Nous avons le klaxon gai quand d'autres l'ont agressif. Les Parisiens, par exemple… C'est dans la Ville lumière que j'ai découvert cette manière de donner des grands coups sur le klaxon avec le plat de la main quand la rue est bloquée. Cela ne sert à rien, mais ça défoule. C'est en France aussi que j'ai découvert le merveilleux hommage rendu par le chanteur Renaud à la R8 Gordini. Il s'appelle « La tire à Dédé » : « Sur l'toit et sur l'capot l'avait deux bandes blanches / Le volant en faux bois, les banquettes en vrai Skaï / Le klaxon qui jouait le pont d'la rivière Kwaï[1]. »

Dédé avait du goût : la musique du film de David Lean fait partie du top 3 des avertisseurs personnalisés les plus achetés en Europe avec le 3-tons Tour de France et « La Cucaracha ».

Moins discrets que les subtils sons d'alerte que Bruxelles impose à basse vitesse aux véhicules électriques pour prévenir les piétons. Renault, en toute modestie, en a d'ailleurs été le pionnier, dès le lancement de la Zoe, avec le VSP (*Vehicle Sound for Pedestrians*). Aujourd'hui,

1. Auteur et compositeur : Renaud Séchan, « La Tire à Dédé », in *Ma gonzesse* (Jacques Bedos, Polydor, 1979).

la firme au losange innove encore en associant le compositeur Jean-Michel Jarre à cette définition du VSP. Le but est de créer un design sonore original et exclusif pour chaque modèle.

On est loin, soudain, du grand ancêtre du klaxon, à la fin du XIXe siècle : une corne dans laquelle soufflait l'homme qui, selon la loi britannique, drapeau à la main, devait précéder les voitures…

L

Lamborghini

C'est une incroyable histoire de testostérone qui a donné naissance à Lamborghini. Un duel hors normes entre deux Italiens, fiers et ombrageux, qui se sont affrontés à partir du début des années 1960. L'un, Enzo Ferrari, ancien pilote et manager d'Alfa Romeo, avait créé son entreprise en 1947, l'autre, Ferruccio Lamborghini, avait rompu avec son destin de paysan de la province d'Ombrie pour fabriquer des tracteurs en 1948. Fondu de course automobile, Lamborghini s'était offert plusieurs Ferrari avec les bénéfices de son activité florissante. Il était passionné de course automobile et jalousait le succès de la firme au cheval cabré. En 1960, comme il se plaignait que ses bolides tombent souvent en panne, il avait décidé d'interpeller Enzo Ferrari en allant le voir dans son fief de Maranello. En général, un fournisseur se doit de bien accueillir un client, surtout s'il n'est pas content. Pas cette fois. Entre les deux entrepreneurs, le ton était vite monté dans les tours. Après avoir fait attendre Lamborghini, « Il Commendatore » l'avait éconduit sèchement. Ambiance cour d'école. « Tu sais conduire un tracteur, mais pas une Ferrari ! – Retourne à tes tracteurs, paysan ! » Plusieurs versions des propos gratinés tenus par Enzo Ferrari circulent. Quelle que soit la formulation exacte, ils avaient déclenché une tempête dans le cerveau de Lamborghini. Mortifié, humilié, il avait décidé le soir même de lancer une activité de voitures de sport. Avec une idée simple mais audacieuse : faire des modèles plus beaux et plus rapides que les Ferrari. Pour y parvenir, il avait mis sa fortune sur la table. Il s'était installé à Bologne pour se rapprocher des sous-traitants de l'automobile et avait recruté une équipe de jeunes talents dont certains avaient travaillé pour Ferrari. Rapidement, un homme clé l'avait rejoint, le designer Marcello Gandini. C'est lui qui avait notamment dessiné la Miura lancée en 1966. Une voiture fantastique. Véritable génie formé chez Bertone, Gandini avait ensuite collectionné les créations spectaculaires : Urraco, Espada, Diablo ou Countach. Mise sur le marché en 1974, cette dernière est pour moi l'une des plus belles voitures jamais fabriquées dans le monde. Je me souviens que j'avais cessé de respirer pendant une minute et demie en la voyant pour la première fois. J'avais 8 ans. Ferruccio Lamborghini était décédé en 1993, sept ans avant Enzo Ferrari. Côté produits, il avait tenu son pari de faire jeu égal et même souvent de dépasser les voitures au cheval cabré. Économiquement, cela avait été plus difficile. Affaiblie par les chocs pétroliers, l'entreprise était passée de main en main avant d'atterrir dans le groupe Volkswagen, en 1998. Une décision de son patron de l'époque, Ferdinand Piëch, qui voulait constituer un portefeuille de marques diversifié. Il avait aussi acheté Bugatti et Bentley. Arrivé dans le groupe allemand en 2009, j'avais eu le bonheur d'être nommé au conseil d'administration de Lamborghini quand j'étais directeur commercial d'Audi. J'avais notamment participé aux réflexions pour le développement d'un SUV luxueux réalisé sur une plateforme d'un modèle Audi. L'Urus était ainsi née en 2017. Elle avait plusieurs années d'avance sur la Purosangue, son alter ego lancé par Ferrari... en 2022. Elle avait rencontré un très grand succès, ce qui avait fait entrer la marque dans la cour des grands. Stefano Domenicali, qui dirige désormais la Formule 1, et Stephan Winkelmann, l'actuel CEO, ont fait un travail remarquable aux commandes de l'entreprise. La preuve ? Des acquéreurs potentiels se sont présentés, alors qu'elle n'était pas à vendre. Un fonds a fait une offre de plusieurs milliards d'euros au groupe Volkswagen, qui l'avait acquise pour un prix estimé à 120 millions d'euros seulement. Une entrée en Bourse, suivant l'exemple réussi de Ferrari, est aujourd'hui envisagée. L'ancien fabricant de tracteurs est devenu une très, très belle affaire.

Le Mans

par Jacky Ickx, ancien pilote

Quelque part, nous, les pilotes, sommes des voleurs de gloire. Toute la lumière est pour nous. Certes, quand ça ne marche pas, nous sommes aussi les premières victimes, mais quand ça marche, les formules de courtoisie exprimées envers notre entourage sont largement insuffisantes pour rendre compte de la réalité. J'ai gagné six fois les 24 Heures du Mans en 12 participations. Mais je file doux. Je considère que nous sommes la partie émergée de l'iceberg. Nous sommes trois à piloter une voiture mais, dans la coulisse, des dizaines de personnes, mécaniciens et ingénieurs, ont mis tout leur savoir, toute leur expérience, toute leur passion dans le projet. Sans elles, la victoire est impossible.

Peu de gens ont autant couru que moi. Au cours de ma carrière, j'ai enchaîné les participations dans toutes les disciplines moto et auto. Trial, enduro, voitures de tourisme, Formule 1, endurance, rallyes raid. J'ai conduit des Cortina, des Ford, des Mirage, des Ferrari, des Porsche... Mais quand on arrive la première fois au Mans, on change de dimension et on cesse de faire le malin. On ressent le poids de l'histoire. Le Mans, c'est un monument qui vient de fêter ses 100 ans. La vie des humains est souvent beaucoup plus courte.

Tous ceux qui participent à cette épreuve mythique sont prêts à signer pour gagner une fois. Alors, gagner six fois, c'est comme si vous alliez au casino et que, sur une douzaine de tentatives, vous sortiez le gros lot six fois ! Cela dit, après moi, le Danois Tom Kristensen a fait encore mieux. Il a décroché neuf fois ce gros lot, dont huit fois au volant d'une Audi. C'est magnifique !

On me demande souvent quelles sont les victoires qui m'ont le plus marqué. J'en retiens deux. La plus belle aux yeux du public, c'est sans doute celle de 1969. Pourquoi ? Parce qu'à vaincre sans péril, on triomphe sans gloire. Parce que tout se joue dans le dernier tour. L'écart à l'arrivée est le plus faible jamais enregistré entre deux voitures. C'est fabuleux pour les spectateurs de ne pas savoir qui va gagner jusqu'à la dernière seconde. Jusqu'au dernier virage. Il faut se rappeler que cette édition inaugure une ère pour l'ORTF, qui retransmet encore l'événement en noir et blanc mais qui, pour la première fois, fixe une caméra sur la porte arrière d'un avion Breguet Atlantic. Pendant trois heures, il y a un suspense total. Ceux qui sont autour du circuit deviennent fous, ceux qui sont devant leur téléviseur également, car ils ne ratent pas une minute du duel entre la Ford GT 40 que je conduis et la Porsche 908 de l'Allemand Hans Herrmann, grâce aux images vues du ciel.

Il y a autre chose qui donne du relief à cette victoire : j'ai osé être disruptif lors du départ. À l'époque, les pilotes devaient traverser la piste en courant, monter dans les voitures alignées en épis et démarrer sans prendre le temps de s'attacher. Je trouvais cela trop dangereux. J'avais mûrement réfléchi ma décision sans en parler à mon entourage. J'ai décidé de marcher vers ma Ford GT 40 et de partir bon dernier. C'était une course d'endurance, nous ne figurions pas parmi les favoris. Le départ n'avait donc en réalité pas beaucoup d'importance. Il restait vingt-quatre heures pour se refaire. Évidemment, avec le recul, on peut dire qu'il valait mieux gagner cette course, car si j'avais terminé deuxième, battu de quelques mètres, on m'aurait reproché d'avoir fait le malin au moment de m'élancer ! Ce jour-là, dès le premier tour, un événement terrible m'a, hélas, donné raison quelques minutes plus tard. Le pilote amateur John Woolfe, un industriel britannique de 37 ans qui s'était offert une Porsche 917 pour participer à l'épreuve, est malheureusement sorti de la route dans le virage de Maison-Blanche. Il s'est tué. Il n'avait pas eu le temps de s'attacher. C'est bien à cause de cet accident, et pas du tout à cause de mon initiative, que l'on a pris conscience qu'il fallait changer la procédure de départ. Ce qui fut décidé dès l'édition suivante.

La victoire de 1969 s'est donc jouée dans le tout dernier tour. Pour gagner, il fallait que je puisse prendre le sillage de la Porsche dans la longue ligne droite des Hunaudières. Cette voiture était très rapide. Je ne pouvais la dépasser qu'en profitant du phénomène d'aspiration. Il était important que je le double à la fin de ces 5 km empruntés à fond. Je savais qu'il ne pouvait pas revenir après. Pendant trois heures, comme sur un ring de boxe, on avait eu le temps d'observer l'adversaire. Nous savions où nous étions meilleurs et où nous étions moins bons.

Ce qui a pipé les dés, c'est que nous sommes passés sur la ligne d'arrivée vingt secondes avant la fin des 24 Heures. On a donc dû faire un tour de plus. Il savait ce que j'allais tenter de faire, puisque je l'avais fait au tour précédent, pensant, comme moi, que nous ne ferions pas ce tour de plus. À l'époque, nous n'avions pas de radio pour nous informer.

J'ai dû repenser ma stratégie. C'était celle que je pratiquais quand je voulais séduire une copine : le coup de la panne d'essence. En attaquant les Hunaudières, j'ai mis mon clignotant. Nous savions tous les deux que le carburant n'allait pas tarder à manquer. J'ai fortement ralenti. Il a commencé par me suivre à petite vitesse. Le piège a fonctionné ! À un moment donné, il s'est dit : « J'en suis débarrassé, j'attaque. » Il est passé devant. Immédiatement, j'ai pris son sillage et je ne l'ai plus lâché. Comme prévu, je l'ai dépassé à la fin des Hunaudières et j'ai gagné. Il faut parfois avoir un petit sens de l'arnaque pour arriver à ses fins ! J'étais extrêmement heureux. Se retrouver debout sur le toit de sa voiture au milieu de 250 000 personnes qui hurlent leur joie, c'est émouvant : on se sent infiniment petit, à ce moment-là.

Pourtant, ma plus belle victoire au Mans est celle de 1977. Je suis tombé en panne après trois heures de course au volant de la Porsche 936 que je partageais avec Henri Pescarolo. J'avais un avantage sur lui, j'étais pilote de réserve sur l'autre voiture de l'écurie. On m'a tout de suite demandé de renforcer son équipage. Problème, cette voiture était tombée dans les profondeurs du classement. Victime elle aussi d'une panne importante, elle était en 41e position et avait plusieurs tours de retard.

Dans certaines courses, on peut se sublimer, se dépasser. Plus formidable encore, vous pouvez sublimer vos coéquipiers. C'est fantastique, de pouvoir être chasseur : comme tout est perdu, on peut utiliser sa machine à fond. Toutes les heures, nous avons gagné quelques places. C'était incroyablement motivant ! J'ai fait quelques courses comme ça dans ma vie où tout semble vous réussir. Vous n'avez peur de rien. Toute la nuit, j'ai enchaîné les relais en roulant à fond. Je ne ressentais aucune fatigue. J'avais la rage, une détermination sans faille. Les mécanos se sont également surpassés dans leurs interventions ! Nous sommes remontés au classement. Les ingénieurs et les patrons de l'écurie, qui n'y croyaient plus, ont compris progressivement que la victoire était possible. Les Renault qui menaient la course sont tombées en panne les unes après les autres. On était à huit tours de la voiture de tête et, tout à coup, on s'est retrouvés dans le même tour. Ça change la donne ! D'où cette devise : « *Never give up* »

(« Ne renoncez jamais »). Dans le sport, il se passe toujours quelque chose. Nous avons pris la tête dans la matinée. Mais les derniers instants de cette course, d'abord perdue et devenue gagnante, ont été haletants. Le moteur tournait sur cinq cylindres au lieu de six, on ne savait pas si on allait finir. Le compte-tours était en panne, on pilotait à l'oreille. Ça peut quelquefois réussir. Ce sont des expériences inouïes, fascinantes, incroyables. Votre ange gardien doit quand même y être pour quelque chose !

Avec ces victoires, je suis conscient et fier d'avoir apporté ma contribution à l'histoire extraordinaire des 24 Heures du Mans. C'est l'addition d'aventures, de passions, d'efforts humains, d'enthousiasmes, de désastres et de déceptions qui a fait des 24 Heures ce qu'elles sont aujourd'hui. Une légende.

Pour tous les constructeurs et les pilotes qui s'engagent, et ils sont de plus en plus nombreux, cela reste la course à gagner. Prenez l'exemple de Ferrari. Ils sont revenus au Mans en 2023, l'année du centenaire. Déjouant tous les pronostics, ils ont gagné. C'est magique. Cette victoire a effacé des années de frustration en Formule 1 !

N'oublions jamais, enfin, que le succès d'une épreuve se mesure au nombre de personnes qui viennent y assister. C'est le juge de paix. Grâce à l'action des organisateurs actuels, Le Mans a conservé son attractivité (250 000 spectateurs en 2023 !) et son caractère humain au moment où le monde moderne tend à déshumaniser les événements. Il y a de la sécurité partout. On ne peut pas aller où l'on veut librement. Comme le circuit de Goodwood en Angleterre, les 24 Heures du Mans démontrent que l'on peut être professionnel, faire du business, mais aussi respecter infiniment ceux qui permettent à ce monde-là de vivre : les spectateurs. Ils doivent être bien traités, comme des invités. C'est ce qui permettra aux 24 Heures d'exister encore pendant de nombreuses décennies.

M

Marchionne, Sergio

Cet homme est une icône en Italie. On l'a béatifié pour avoir sauvé Fiat. Quand il est arrivé à sa tête en 2004, le groupe perdait 5 millions d'euros par jour. Trois ans plus tard, les comptes étaient revenus à l'équilibre. Les actionnaires ont été les premiers à en tirer les bénéfices. Au cours de son mandat de seize ans, la valorisation du groupe contrôlé par la famille Agnelli a bondi de 5 à 65 milliards d'euros. Son bilan comptable est donc incontestablement très bon. La vérité est peut-être plus nuancée. J'ai eu la chance de travailler sept années à ses côtés, quand j'ai dirigé la marque Fiat, Abarth, puis Alfa Romeo. Je peux donc affirmer que je le connais bien. Je n'ai jamais voulu parler de lui, de notre histoire commune, depuis son décès intervenu dans la chambre d'un hôpital suisse, le 25 juillet 2018. Il avait 66 ans. Mais il a évidemment sa place dans ce *Dictionnaire amoureux de l'automobile*. Le temps est venu de raconter l'homme qu'il était à mes yeux.

Notre première rencontre s'est déroulée un soir de juillet dans le bureau que j'occupais à Turin pour diriger la marque Lancia. J'avais quitté Toyota Europe pour rejoindre le groupe Fiat en 2002. Il avait pris ses fonctions deux ans plus tard. On ne s'était encore jamais rencontrés. Il était tard, il n'y avait personne dans les bureaux. Quelqu'un a frappé à la porte. C'était lui. C'était la première fois qu'un patron du groupe venait sur le site de Mirafiori à l'improviste. Je l'ai reconnu parce que j'avais vu son visage dans les journaux ! J'étais vraiment surpris. Il m'a demandé en anglais : « *What do you do ?* » Je lui ai dit que j'étais le responsable de Lancia. On a parlé pendant une heure et demie. Je lui ai raconté tous les atouts de Lancia, que c'était une marque extraordinaire, qu'il fallait absolument investir de l'argent pour la sauver. Il a sans doute compris que j'avais un brin de folie, la passion de l'automobile. Deux semaines plus tard, il m'a appelé pour me dire : « De Meo, vous allez prendre la direction de Fiat. » Je lui ai répondu : « Mais, monsieur Marchionne, je ne saurai pas faire ça ! » J'ai essayé de le convaincre de renoncer à cette décision. Fiat, c'était le trou noir de l'entreprise. Je n'étais pas sûr d'être à la hauteur de la tâche. Mais il n'a rien lâché. « Ne vous inquiétez pas, je vais vous aider », m'a-t-il promis. Le problème, c'est que, à ses yeux, aider consistait à taper en permanence sur ses proches collaborateurs comme sur un tambour. Cela dit, cela m'a durci le cuir. Et je dois reconnaître qu'il a lancé ma carrière. Il m'a sorti de nulle part et m'a confié le cœur du groupe. Je n'avais que 37 ans !

Marchionne n'était vraiment pas un dirigeant comme les autres. C'était un très gros travailleur, immersif et obsessionnel. Il n'y avait pas de place pour autre chose dans sa vie. Cela impactait les relations avec ses équipes, avec lesquelles il alternait les attitudes extrêmes : il pouvait être d'une immense bienveillance ou d'une effarante inhumanité. Tantôt ange, tantôt démon, son attitude ne convenait pas à tout le monde. Il avait une fâcheuse tendance à confondre ses collaborateurs avec des citrons que l'on presse jusqu'à la dernière goutte de jus avant de les jeter. Cette brutalité cohabitait avec un professionnalisme reconnu de tous. Au quotidien, ses compétences de financier, acquises dans le monde de l'audit, faisaient merveille. Personne n'analysait mieux les chiffres que lui. Devant les analystes financiers, il était comme un charmeur de serpents. Ses présentations les subjuguaient, car il employait tous les arguments qu'ils voulaient entendre. L'une de ses grandes forces était son agilité, sa capacité à pivoter qui lui permettait de saisir toutes les opportunités. Sa vision lui permettait d'anticiper très vite le coup d'après. Il évitait ainsi de nombreux pièges. Il avait, par exemple, très habilement laissé son concurrent Carlos Ghosn (patron de Renault-Nissan) foncer sur le rachat du constructeur russe AvtoVAZ. Un investissement difficile à digérer qui a donné du fil à retordre à Renault ! C'était aussi un redoutable négociateur, un joueur de poker qui gagnait très souvent. Pour marquer sa différence, ce fils d'émigrés italiens au Canada cultivait un look spécial, aux antipodes de celui des grands capitaines d'industrie. Il avait opté pour le port permanent d'un pull-over noir (après avoir abandonné le bleu), ce qui lui donnait un air de professeur d'université. Tout le monde avait fini par accepter cet uniforme, un peu comme on s'est habitué à voir Giorgio Armani toujours vêtu d'un tee-shirt noir. Cela avait d'ailleurs agacé Silvio Berlusconi, réputé pour l'élégance de ses costumes. Lorsqu'il était Premier ministre, celui-ci lui avait dit, en ma présence : « Vous allez si mal chez Fiat, que vous ne pouvez même pas vous acheter une cravate ? » Vexé, il n'avait ensuite cessé de critiquer Berlusconi. Pour l'anecdote, seul le pape avait eu l'honneur de le voir cravaté...

Quel bilan dresser de son action ? Sergio Marchionne a d'abord redressé les comptes de Fiat, puis, à partir de 2009, ceux de Chrysler, que l'administration Obama lui a donnés pour une bouchée de pain au moment de la crise des subprimes. C'est outre-Atlantique qu'il a forgé son image de grand manager. Il a sauvé l'un des Big Three, le surnom des trois géants historiques de l'automobile américaine (Chrysler, Ford et General Motors), ce qui était très loin d'être gagné d'avance. Grâce à son action, les marques Dodge et Jeep ont notamment connu un véritable renouveau. En 2014, il a également gagné une bataille homérique contre le puissant syndicat unique de l'entreprise américaine en 2014. Il l'a convaincu de lui céder les 41,5 % qu'il détenait dans le capital. Le groupe Fiat en est sorti renforcé et mieux valorisé.

Mais, au regard des intérêts de l'industrie italienne, ses résultats sont plus mitigés. Le relancement de la Cinquecento, ce n'est pas seulement lui. Dans un groupe automobile, beaucoup de gens sont mobilisés dans un tel projet. À mes côtés, il y avait le designer Roberto Giolito, l'ingénieur Mauro Pierallini et Lapo Elkann, l'homme du marketing. Mais il a compris tout de suite que cette voiture mythique allait redorer le blason de la marque qu'il m'avait confiée. Et que c'était un moment clé pour le groupe. En fait, ce n'était pas un homme de produits, mais un homme de chiffres, un as de la négociation. Il avait une vitesse de lecture et une agilité mentale qui lui permettaient de saisir toutes les opportunités, de créer du business. Il rêvait de finir sa carrière comme actionnaire principal de Ferrari, qu'il vénérait. Ses derniers jours ont été tragiques. Il appréhendait l'opération à l'épaule qui le faisait souffrir depuis longtemps. Lors de sa dernière apparition en public, le 26 juin 2018, il avait semblé très fatigué. Le mal qu'il avait caché à tout le monde (même à son actionnaire !) était plus invasif et plus grave qu'il ne le pensait. Victime d'un accident vasculaire cérébral pendant l'intervention des chirurgiens, il s'est éteint quelques jours plus tard. Au moment de sa mort, Marchionne était devenu un homme seul. Il avait rompu avec ses proches. Avec un gros compte en banque...

Il restera pour moi comme un père. Un père célèbre avec lequel je me suis beaucoup disputé, ce qui m'a conduit à le quitter pour aller chez Volkswagen. Mais je lui voue une reconnaissance éternelle, il m'a propulsé sur le marché des grands dirigeants européens. Je ne l'oublierai jamais.

Marque

Il y a quelque chose de magique dans une marque : quelques centimètres carrés racontent une histoire longue parfois de plusieurs dizaines d'années. Une succession de faits, d'images, de voitures gravés dans nos mémoires ont façonné un récit et une réputation. Dans le cas de Ferrari, c'est même une couleur, le rouge, qui fait tout ce travail ! Souvent les marques sont associées à une qualité bien identifiée : Volvo c'est la sécurité, Toyota c'est la qualité,

Mercedes c'est le prestige. Ou à leur culture nationale : quand on achète une voiture italienne, on s'offre un petit morceau d'un été à Rome, une forme de joie de vivre. Avec une voiture allemande, on investit dans la robustesse. Avec une voiture anglaise, on s'imagine en train de conduire une voiture un peu excentrique dans la campagne anglaise. Ce n'est pas le cas lorsque l'on acquiert une machine à laver ou une télévision. C'est pour cette raison que, chez Fiat en Italie, chez Seat en Espagne ou chez Renault en France, j'ai toujours veillé à cultiver la dimension culturelle du pays d'origine du constructeur.

Le premier contact avec une marque, c'est bien sûr son nom. Dans l'automobile, on ne s'est pas compliqué la vie : le plus souvent, le fondateur s'est mis en scène. À l'exemple de Citroën, Ford, Peugeot, Renault, Rolls-Royce ou Ferrari. C'était un peu la préhistoire du marketing. Aujourd'hui, il serait impensable qu'Apple s'appelle Jobs et que Tesla soit baptisé Musk !

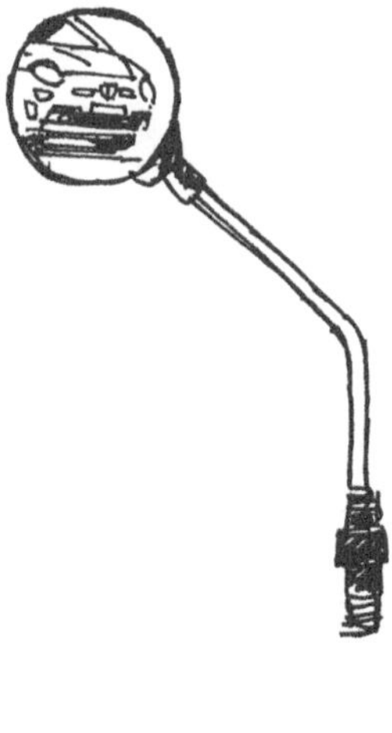

Comment construit-on une bonne marque ? Même si je viens du marketing, je pense qu'un bon produit est plus important qu'une bonne communication. Le marketing n'est qu'un embellisseur. On ne peut jamais tromper le marché. Augmenter la notoriété, c'est facile, puisque c'est une question d'argent. Plus on dépense, plus la marque est connue. En revanche, il est beaucoup moins évident d'avoir une bonne image, car cela suppose de faire les choses bien. La confiance, qui est le pilier principal de la construction d'une marque, est à ce prix. Quand on la perd, on perd tout. Il faut des dizaines d'années pour la consolider et parfois dix minutes seulement pour la détruire. L'éternité n'est donc garantie pour personne ! Malheureusement, on ne peut pas espérer rebondir en changeant de positionnement. Aucune marque grand public n'est jamais devenue premium. La seule chose que l'on puisse faire, c'est renouer avec l'ADN d'origine.

C'est ce que j'ai fait en ressuscitant Abarth lors de mon passage dans le groupe Fiat. On me disait que cette marque n'était connue que des plus de 60 ans. Trois mois après son lancement, tous les jeunes de milieux aisés voulaient une Fiat 500 Abarth ! Il fallait simplement faire revivre les valeurs du passé.

Parallèlement, il y a toujours de la place pour de nouvelles marques. Les pays asiatiques comme la Chine en sont très friands, car leurs habitants pensent que demain sera mieux qu'hier. D'ailleurs, ceux qui prédisaient une concentration du marché autour d'un nombre restreint d'acteurs se sont trompés. Des groupes se sont effectivement constitués (Stellantis, Volkswagen), mais ils ont conservé une place pour chaque nom. Et de nouveaux acteurs, comme Tesla ou BYD, sont nés dans l'intervalle. En Europe, on aime bien regarder dans le rétroviseur. Mais cela fait aussi notre charme !

Matra

Coupé 530, Bagheera, Murena, Rancho, Espace... le lancement d'une nouvelle Matra était comme un uppercut. Tant d'audace et de créativité bluffaient le public. Chaque fois, le constructeur défrichait un nouveau segment et inventait un concept appelé à faire date dans l'industrie automobile. La petite GT avec moteur central et trois places de front, le break baroudeur précurseur du ludospace, le monospace. Pour moi, ce tourbillon était le symbole d'un certain génie français. Une sorte de laboratoire in vivo qui osait tout et savait prendre des risques considérables.

Derrière ce rôle d'enfant terrible, il y avait un homme d'exception, trop tôt disparu : Jean-Luc Lagardère, autant magicien qu'ingénieur et homme d'affaires. Dans ses veines coulait moins la passion de l'automobile que celle de la compétition pure. Au début des années 1960, « le Gascon », comme on le surnommait, dirigeait, avant d'en devenir plus tard actionnaire, la société Mécanique

Aviation Traction, dont l'acronyme donna Matra. Le cœur de son business : armement, aéronautique, aérospatiale. C'est pour valoriser l'image de son groupe que le jeune patron se diversifia dans l'automobile. À sa manière, bien sûr. À la d'Artagnan. Son premier modèle, lancé en 1967, la 530, portait le nom d'un missile vendu par la maison mère. D'emblée, son design, son confort, son agilité en firent une légende. Lagardère la surnomma « la voiture des copains », en référence à l'émission culte d'Europe 1, « Salut les copains », dont le propriétaire était l'un de ses proches.

En fait de « copain », le petit bolide était trop coûteux pour ça. Qu'importe, la saga Matra pouvait commencer. Et d'abord sur les circuits. La marque a réalisé cet exploit immense que l'on considère aujourd'hui avec incrédulité : se hisser à la vitesse de l'éclair sur les podiums. En moins de dix ans, 330 victoires : dont un double titre de champion du monde (pilotes et constructeurs) en F1, deux titres en sport-prototypes, trois premières places aux 24 Heures du Mans, deux au Tour de France automobile... Au volant, des noms qui font rêver : Beltoise, Ickx, Pescarolo, Stewart, Larrousse... En coulisse œuvrait l'ingénieur de génie Philippe Guédon, le grand sorcier à l'origine des trouvailles Matra et, tout particulièrement, de l'Espace. Je me rappelle l'une de ses interviews dans laquelle il racontait ses débuts, en 1965 : « Quand je suis arrivé, je n'avais pas de bureau. Le local était dépourvu de téléphone comme de chauffage. Jean-Luc Lagardère m'a déclaré que nous allions construire des voitures de course et que nous allions gagner les 24 Heures du Mans ! En rentrant chez moi, j'ai dit à ma femme : "J'ai rencontré un type formidable, mais complètement fou !" Nous n'avions rien et, quand il manquait un cric, nous allions l'acheter au magasin le plus proche. Dans ces conditions, il ne reste que les plus passionnés. »

Et ce sont eux qui firent de Matra cette marque mythique, jusqu'au coup de maître absolu, l'Espace ! Un ovni à l'époque, mélange de berline, de break et d'utilitaire. Une anticipation absolument lumineuse, dont Philippe Guédon eut l'intuition lors d'un voyage aux États-Unis, pays du van. À la fin des années 1970, Matra n'avait plus les épaules assez solides pour construire et commercialiser seul un modèle ambitieux. Il lui fallait donc un puissant partenaire. Le prototype fut d'abord proposé à Peugeot, en 1980. Refus poli. Puis à Citroën. Nouveau refus, un brin méprisant pour cet ersatz de camionnette. Puis ce fut le tour de Renault, en 1982, dont le patron, Bernard Hanon, fut tout de suite conquis. Plus que ses troupes, qui chouinaient sur mille problèmes techniques. Hanon tint bon et imposa le projet. On connaît la suite. Après des débuts difficiles, notamment à cause de problèmes de qualité, les ventes s'envolèrent. L'Espace est ainsi passé de véhicule de niche à un segment de marché, puis à un standard : 1,4 million d'exemplaires auront été construits. Progressivement, la Matra Espace est devenue la Renault Espace. Comme la transmission de la dernière et peut-être la plus belle œuvre des équipes Lagardère. Je n'oublie pas qui en furent les parents.

Mini

L'industrie automobile britannique a disparu en tant que force indépendante. Tous ses joyaux ont été rachetés par des groupes internationaux, asiatiques ou européens. Elle a pourtant marqué l'histoire. Quel génie créatif ! La Jaguar Type E, l'Aston Martin DB4, le Land Rover Defender, la Triumph Spitfire, la Rolls-Royce Corniche...

la liste des voitures que tout collectionneur rêve d'avoir dans son garage est longue. Mais celle qui a fait bouger les lignes sur le marché mondial, c'est la plus petite de toutes, la Mini. Précurseur de toutes les citadines de la planète, elle est née en 1959 grâce au coup de crayon de l'ingénieur anglo-grec Alec Issigonis. Ce qui me plaît beaucoup, c'est qu'elle a été conçue en deux cent vingt jours seulement et que le modèle de série a été rigoureusement identique au prototype. Les meilleures idées sont celles qui s'exécutent vite et simplement. Inspirant ! À l'époque, elle innove avec son moteur en position transversale à l'avant de 850 cm^3. L'option inverse des Fiat 500, Volkswagen Coccinelle et autres Renault Dauphine, qui sont des tractions arrière. Elle est capable de transporter quatre personnes malgré sa longueur de 3,02 m. Elle a immédiatement rencontré un immense succès. Une version sportive développée par John Cooper, l'inventeur de la Formule 1, tente rapidement sa chance dans les grands rallyes européens, comme le Monte-Carlo. Après quelques échecs, elle finit par gagner cette épreuve reine en 1965. Le pilote finlandais Tommi Mäkinen devance des voitures bien plus puissantes, comme les Porsche 904 et 911, les Saab 96 et les DS 21. Sur le parcours enneigé, elle a fait preuve d'une agilité fantastique.

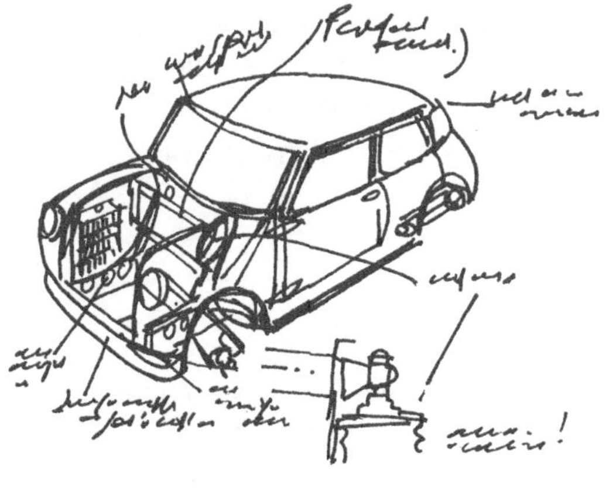

La Mini devient un objet à la mode. Ses déclinaisons inventives séduisent. La version coupé est offerte aux quatre Beatles. George Harrison couvre la sienne de peintures psychédéliques. Apparaissant dans le film culte *Magical Mystery Tour*, la voiture devient une légende ! Les stars françaises l'adorent aussi. Brigitte Bardot roule en Mini à Saint-Tropez. Jacques Dutronc chante « Tout est mini dans notre vie / Mini-moke et minijupe[1] ». Entre 1959 et 2000, un peu plus de 5 millions d'exemplaires de la version originale ont été fabriqués. Insuffisant pour sauver le groupe British Leyland, confronté à de graves difficultés dès la fin des années 1960, nationalisé en 1975 par les travaillistes anglais, puis cédé par Margaret Thatcher à British Aerospace en 1988 pour le montant dérisoire de 150 millions de livres sterling. Honda s'invite un temps au capital avant que BMW n'achète l'entreprise en 1994. Le groupe bavarois reprend la production de la Mini avant d'avoir la belle idée de lancer en 2001 une nouvelle version, beaucoup plus grande et plus cossue. La voiture emblématique change ainsi de marché, mais triomphe. Je ne peux qu'approuver cette stratégie, moi qui ai fait de même en 2007 avec la Fiat 500 en Italie. Mais aujourd'hui, c'est la première Mini qui devrait nous servir de modèle pour inventer une nouvelle génération de citadines électriques. La seule bonne solution pour mieux circuler dans les grandes villes, en éliminant les émissions de CO_2 et en occupant moins d'espace. Tout doit de nouveau être mini dans nos vies !

1. Paroles Jacques Dutronc et Jacques Lanzmann, « Mini, mini, mini », in *Et moi, et moi, et moi* (Universal Music Publishing Group, 1966).

Mobilité

par Frédéric Mazzella,
président-fondateur de BlaBlaCar

À une époque où nos lieux de vie et de travail sont décentralisés, la mobilité est un paramètre non négligeable pour combler bon nombre de besoins de la pyramide de Maslow : se nourrir, travailler, voir ses proches. Mais on ne peut la concevoir sans se poser certaines questions. Celle du rôle de ce secteur dans la création de lien social. Celle de l'énergie impliquée dans le déplacement de tous et de son rôle dans la crise sociale et environnementale que nous traversons. Doit-on continuer d'aller et venir partout, parce que l'innovation le permet, mais au risque d'endommager ce qui est déjà là ?

Imaginez un secteur économique dont le marché est aussi grand que le monde. C'est la mobilité : tout le monde bouge. Et pour répondre à autant d'attentes que de contraintes physiques, géographiques, économiques, écologiques, culturelles existantes, le secteur offre une place immense à l'innovation.

Parmi toutes les voies potentielles d'exploration, j'identifie non pas une mais bien quatre innovations de rupture, représentant des chemins possibles au futur de l'humain en mouvement.

La connectivité

80 % des Français utilisent Internet tous les jours. La digitalisation a développé de nouvelles offres de transport en ville comme en zone rurale. Les cartes routières ont disparu pour laisser place aux outils de navigation par GPS. Les usages et la manière d'utiliser les véhicules ont eux aussi évolué. Trois Français sur quatre possèdent un smartphone (98 % des 18-24 ans). Depuis un smartphone, on réserve un covoiturage sur BlaBlaCar ou bien on loue une voiture sur Getaround. En ville, on débloque un vélo électrique en un clic, ou on commande un taxi ou un VTC. Nous sommes « connectés », tout en accédant encore à toute la palette des moyens de transport plus établis, comme les trains, les bus, le métro, les tramways ou tout simplement nos vélos et nos véhicules personnels. Le numérique est également la condition sine qua non de la deuxième innovation de rupture : l'autonomie.

L'autonomie

Contrairement à ce que l'on peut imaginer, l'innovation autonome n'est pas réservée à un groupe de « happy few ». Au contraire, l'autonomie a d'abord gagné les transports en commun : c'est en 1983 que la première ligne de métro autonome est inaugurée à Lille, douze ans après le dépôt de brevet d'invention du système de conduite automatique intégrale. Une première mondiale. Des véhicules qui avancent seuls et sans chauffeur, c'est déjà une réalité dans certains endroits. Exemple : les navettes autonomes de la start-up EasyMile se déplacent dans le bois de Vincennes ou bien à l'Oncopole de Toulouse. La tendance est lancée, mais jusqu'où ? Dans les centres urbains, il est fort probable que la mobilité soit concentrée sur des flottes de véhicules centralisées et disponibles à la demande.

Le partage

Ces innovations techniques et notre aisance numérique ont permis de faire émerger une innovation d'usage : le partage des moyens de transport historiquement utilisés de manière individuelle. L'économie de partage transforme profondément notre rapport à la mobilité. La France s'est faite pionnière et numéro 1 mondial sur le secteur. Elle est aujourd'hui la nation pratiquant le plus de covoiturage par habitant. On peut encore faire mieux : sur les trajets du quotidien, neuf voitures sur dix n'ont toujours qu'une personne à bord, le conducteur. Grâce au simple partage permis par le covoiturage, on élève le taux d'occupation à 3,9 personnes par voiture. Cette optimisation n'a rien d'anecdotique, puisqu'elle permet chaque année sur BlaBlaCar l'économie de 1,6 million de tonnes de CO_2, soit plus que l'intégralité des émissions de CO_2 liées au trafic routier d'une ville comme Paris, bus et périphérique inclus.

Le rêve de la voiture électrique n'est pas contemporain. Le premier prototype de véhicule électrique est conçu à partir d'une calèche par Robert Anderson en... 1830. En 1881, un premier modèle viable (car rechargeable !) de voiture électrique est mis au point par trois Français (de nouveau : cocorico), Camille Faure, électrochimiste qui travaille à l'amélioration des batteries au plomb, Charles Jeantaud, constructeur automobile, et Nicolas Raffard, ingénieur en mécanique. En 1900, des ancêtres des « yellow cab » roulent à l'électricité à New York. On décrit déjà que « les voitures électriques ne laissent pas un nuage irrespirable de fumée noire derrière elles ». L'arrivée de la Ford T fait tomber l'électrique dans l'oubli jusqu'en 1973, quand le premier choc pétrolier et l'embargo de l'OPEP sur les États-Unis rebattent les cartes de notre dépendance aux énergies fossiles. Aujourd'hui, le contexte écologique, géopolitique et physique d'épuisement des ressources fossiles laisse apparaître très clairement l'urgence de flottes électriques.

Ces quatre innovations doivent nous permettre d'atteindre un objectif plus important : permettre au secteur de la mobilité de conserver pertinence et modernité face à un monde, lui aussi, en mouvement. Il est impératif de mettre l'innovation au service de l'humain et non l'inverse. En se posant la question des usages, on pourra faire des choix sur la façon d'innover : à quoi devra ressembler la mobilité dans dix, vingt ou trente ans ? Une mobilité au service de l'humain, pertinente dans le contexte actuel, doit prendre en compte trois enjeux.

L'impact environnemental

Toutes les innovations doivent être mises au service de la réduction de notre empreinte écologique. Dans le cas contraire, on ferait un bond en arrière. Revenons sur le cas de l'électrique. Il est important d'avoir une vision globale des enjeux et d'ajuster la dose de cette innovation à implémenter dans le secteur. Cette innovation nous impose de réfléchir à la méthode de production de notre énergie, car, si l'on produit de l'électricité à partir de centrales à charbon, nous ne diminuons pas notre empreinte écologique. Parfois, l'énergie la plus écologique reste... la nôtre, en prenant tout simplement son vélo pour effectuer de petits parcours. Les innovations énergétiques ne doivent pas effacer notre bon sens.

Le social

La deuxième qualité de la mobilité doit être de créer du lien social. La mobilité est un moteur de découverte et d'émerveillement, et pas seulement géographique ! C'est aussi un moteur de relations humaines. Choisir la mobilité partagée, c'est créer du lien social. BlaBlaCar a étudié les motivations et les comportements de ses membres. Il en ressort que 60 % des membres utilisent la plateforme pour voir leurs proches plus souvent. Non seulement le covoiturage offre plus d'opportunités pour renforcer des liens sociaux existants, mais il permet également de créer des liens entre ceux qui ne se seraient peut-être jamais croisés. Un membre sur deux affirme que les personnes avec qui ils ont partagé un BlaBlaCar représentent une plus grande diversité que leur cercle de fréquentation ; 21 % des membres disent avoir révélé à bord d'un covoiturage des choses personnelles qu'ils n'avaient jamais dites à personne !

L'accessibilité

Longtemps, nous avons pensé que la mobilité rendait le monde accessible à tous. Aujourd'hui, cette qualité même fait débat, on en perçoit les limites : doit-on, parce qu'on le peut techniquement et que c'est plus rapide, tous nous déplacer en avion ? En fait, l'accessibilité doit avancer de pair avec la création de lien social et la réduction de l'empreinte carbone du secteur.

Sommes-nous dès lors en mesure d'imaginer la mobilité omnipotente de demain, sorte de Shiva de nos déplacements ? Je le pense. Nous apercevons une cinquième rupture, conséquence des innovations et des préoccupations humaines : l'intermodalité. Nous allons pouvoir tout combiner ! Un peu de train et de voiture électrique, un peu de bus et de vélo, le tout en accès immédiat en quelques clics préfinancés, et nous voilà à destination. C'est le Graal, plutôt dénommé MaaS (*Mobility as a Service*) dans le domaine de la mobilité, que de nombreux acteurs des déplacements cherchent à faire naître. Pour un trajet optimisé, c'est-à-dire rapide, simple, écologique, entre un point A et un point B, nous utiliserons plusieurs moyens de transport l'un après l'autre, qui se complètent comme les maillons d'une chaîne.

Chacune des crises que nous traversons génère des idées, des pistes d'innovation. La technologie a bien sûr un rôle à jouer. Mais il convient de la mettre au service du plus grand nombre, au service de notre meilleur futur. Elle doit être employée pour construire des structures capables de résilience et répondant à une double exigence d'impact positif et de durabilité. Une seule question doit nous obséder : « Est-ce utile ou est-ce nuisible pour le futur de la société, et pour la planète ? »

En acceptant de faire des choix d'*Impact by Design* dans la mobilité, notre rapport au transport sera alors pleinement modifié : on ne jouira plus de la possession d'un véhicule, mais pleinement de notre liberté de mouvement, de découverte et d'émerveillement ! En somme, d'une mobilité au service d'une humanité qui bouge sans tout aplatir sur son passage.

Montres

par Richard Mille,
fondateur de Richard Mille

L'univers de l'automobile est présent chez moi depuis les fonts baptismaux. Cette passion compulsive m'a accompagné tout au long de ma carrière. C'est pourquoi je n'ai jamais cessé de chercher des passerelles entre ce monde et celui des montres, mon métier.

J'ai débuté au sein de la division horlogère de Matra. Ses fleurons s'appelaient Yema, Jaz, des marques françaises que Lagardère a revendues plus tard au japonais

Seiko. J'étais responsable de zone export et basé dans le Haut-Doubs. Pour l'anecdote, quand j'ai eu mon premier salaire, je suis allé directement chez le concessionnaire Renault. Je voulais m'acheter une Alpine. Le concessionnaire m'a dit qu'il fallait trois fiches de paie. Je lui ai répondu que j'étais à l'essai. Il a alors appelé mon patron, qu'il connaissait, pour savoir si j'allais garder mon job. La réponse étant oui, j'ai acheté une Alpine A110 1300. Chez Matra, je suis devenu directeur commercial, mais ce qui m'intéressait déjà, c'était de faire des produits qui étaient des moutons à cinq pattes. J'avais fait, par exemple, la montre de Jean-Louis Étienne lorsqu'il était devenu le premier homme à atteindre le pôle Nord en solitaire. Nous avions aussi fait des montres pour les spationautes français.

L'industrie horlogère a toujours été proche de l'univers de la voiture. Des modèles emblématiques, comme la Daytona de Rolex, la Monaco de Heuer, la Mille Miglia de Chopard ou la série Montoya et Barrichello de Audemars Piguet, ont incarné une relation souvent complice. Des marques comme Longines ou Hublot ont également signé des partenariats avec la Formule 1.

Quand la marque Mille a été créée, en 2001, j'ai souhaité aller plus loin en appliquant plusieurs concepts techniques de l'automobile à l'horlogerie. Jusque-là, le rapport de cette activité avec l'automobile relevait plutôt du premier degré. Exemples : on faisait des bracelets qui ressemblaient un peu à une voiture, ou des aiguilles qui s'apparentaient à des éléments de volant. Ce qui est intéressant dans l'horlogerie, c'est que les dimensions avec lesquelles on travaille sont tellement petites que tout devient très « challenging ». Ce sont de vrais défis techniques.

J'ai d'abord travaillé sur la résistance aux chocs. Nous avons été les premiers à utiliser des platines, des bases de mécanisme, en titane. Pourquoi ? Parce que c'est un matériau extrêmement rigide. Les métaux qui étaient utilisés jusque-là étaient trop meubles. Pour des rouages dont les tolérances sont de l'ordre du centième de millimètre, avoir une base de mouvement en métal peu rigide, c'est quand même problématique. Sur les montres Mille, tout ce qui doit être suspendu l'est pour absorber les chocs.

Pour valider notre démarche, nous avons multiplié les crash-tests. Ils étaient beaucoup plus destructeurs que ceux pratiqués par le secteur de l'horlogerie jusque-là. Quand j'ai démarré, on disait qu'il était impossible de jouer au golf avec une montre. J'ai apporté la preuve que, si on travaillait les choses de manière correcte, on le pouvait. La montre que nous avons faite pour Rafael Nadal supporte une pression de 13 000 G.

La connexion avec la voiture s'illustre aussi dans le choix de matériaux toujours plus légers. De ce point de vue, les Formule 1 sont très inspirantes, car ce sont des objets extrêmes. Dans la compétition automobile, la recherche du poids minimal est une obsession. On a été les premiers à faire des bases en fibre de carbone. D'où le partenariat passé avec Ferrari et McLaren. Nous avons ainsi développé une montre avec Ferrari, qui détient le record du monde d'épaisseur : 1,75 mm seulement ! Cela m'a aussi permis de créer une montre pour Rafael Nadal, qui pèse moins de 18 g, le poids d'une lettre.

Évidemment, ce sont des caractéristiques qui, au départ, contredisaient les codes du luxe. Pour avoir de la valeur, une montre devait peser lourd. Arriver sur le marché avec des produits cliniques, assez dépouillés, utilisant des matériaux high-tech, cela choquait tout le monde. Mes premières montres étaient en titane : elles étaient ultra-légères, mais elles valaient deux à trois fois le prix d'une montre en or. Les clients adoraient ces premiers modèles, mais il a fallu du temps pour qu'ils les adoptent vraiment.

Comme les motoristes de l'industrie automobile, nous avons cherché à optimiser nos performances. Dans l'horlogerie, on a toujours privilégié ce qu'on appelle « la réserve de marche ». On remonte sa montre mécanique et elle fonctionne soixante-douze heures, voire plus. C'est un concept quantitatif qui ne m'a jamais intéressé. Cela fonctionne comme une réserve d'essence pour une voiture. Cela n'a rien à voir avec la performance. J'ai donc imaginé un système identique à un capteur de couple sur une voiture : un système d'indicateur de performance, mais pour quelque chose d'infiniment petit. Pour une montre, l'unité mesure est le déci-newton-millimètre, alors que pour une automobile, c'est le newton-mètre.

Autre similitude avec l'automobile, nous avons également réduit au maximum les frottements. En général, on mesure la précision d'une montre mécanique en secondes/jour. Un bon résultat se situe en général dans une fourchette de quatre à huit secondes/jour. Nous avons fait nettement mieux. En travaillant notamment sur le profil des dentures des roues des mécanismes. Sur une série limitée de dix montres, nous sommes arrivés à une performance jamais vue dans l'horlogerie : moins de une seconde/mois (sous la surveillance d'un huissier) pour la dernière pièce sortie de production.

Enfin, comme dans la Formule 1, nous avons soigné l'ergonomie et le confort. De même qu'aujourd'hui une monoplace s'adapte à la morphologie du pilote, il est pour moi très important qu'une montre soit légère sur le poignet, qu'on ne la sente pas et qu'elle soit facile à remonter.

Tout cela explique que 95 % de nos clients masculins sont des fous d'automobile. C'est le dénominateur commun. Certains, comme moi, collectionnent les montres et les voitures. Au fil des années, j'ai acquis de très nombreuses voitures de course, dont une centaine de Formule 1. Elles sont toutes en parfait état de marche. Un mécanicien fait tourner leur moteur une fois par jour. Quand je vous dis que cette passion est dévorante !

Musique

par Jean-Michel Jarre, compositeur

J'avais un grand-père qui était à la fois ingénieur et inventeur. Il a donné naissance à l'ancêtre de l'iPod, un tourne-disque avec des batteries incorporées pour écouter du Chet Baker ou du Édith Piaf. Quand j'avais 10 ans, il m'a offert un magnétophone de marque allemande qui était plus grand que moi ; j'ai commencé à enregistrer tout et n'importe quoi. Un jour, j'ai passé une cassette à l'envers : j'ai pensé que les aliens me parlaient ! C'est à partir de ce moment que j'ai commencé à manipuler le son. Ensuite, je suis entré au groupe de recherches musicales de Pierre Schaeffer et Pierre Henry. J'ai découvert là une manière totalement nouvelle d'approcher la musique non pas à partir de notes et du solfège, mais à partir des sons. La musique, c'est d'abord du son. La voiture aussi.

Je n'avais jamais travaillé dans l'univers de l'automobile avant d'y être invité par Renault. J'ai très vite mesuré les enjeux qui se présentaient avec le passage à l'énergie électrique.

Le premier est celui de la sécurité. Devenues silencieuses, les voitures sont potentiellement dangereuses. Elles ont besoin d'être incarnées sur le plan sonore. Mais ce son doit exister, incarner une marque sans pour autant ajouter de la pollution sonore.

Le deuxième concerne le rapport du consommateur avec sa voiture. Depuis des décennies, c'est une sorte d'auditorium de poche, une bulle où l'on peut être encore plus réceptif à la musique que l'on peut l'être chez soi. On s'isole du monde extérieur, on se déconnecte. Mais dans une voiture électrique, on éprouve un peu la sensation inverse, on a l'impression de se reconnecter au monde extérieur. Comme les voitures électriques vont être de plus en plus légères, l'insonorisation sera moins efficace. Il faut que les sons de l'automobile qui étaient produits jusque-là par les frottements mécaniques des moteurs thermiques soient réinventés et diffusés à travers des haut-parleurs.

Du coup, il faut aussi inventer des équipements spécifiques. Pour l'instant, le son émis vers l'extérieur, c'est un petit haut-parleur placé sur le côté du capot, qui n'a pas suffisamment de basses à mon sens. Et que l'on entend plus ou moins selon le sens emprunté par la voiture. Ce n'est pas idéal. Je suis évidemment conscient que le concept de « *less is more* » doit s'appliquer aussi dans ce domaine. Cette contrainte est souvent vertueuse : quand on compose, quand on peint, quand on écrit, quand on fait de la politique, il faut arriver à être disruptif avec une économie de moyens.

Il est essentiel que toute la chaîne sonore, du hardware (les amplis, les haut-parleurs, etc.) jusqu'aux contenus, soit cohérente. C'est nouveau dans cette industrie : en général, les designers avaient l'habitude de concevoir un cockpit en faisant totalement abstraction de l'équipement sonore. On le casait là où il restait de la place, sous le tapis ou sous les accoudoirs. Cela doit changer, car sinon à quoi bon dépenser beaucoup d'argent pour installer de beaux haut-parleurs ?

Aujourd'hui, les marques doivent bien sûr innover dans des domaines clés comme la pénétration de l'air ou les économies d'énergie. Mais leur incarnation aux yeux de leurs clients dépend aussi de facteurs qui pouvaient leur paraître secondaires, comme le son. Le vécu quotidien de l'automobiliste passe par le bruit du moteur, l'acoustique et l'insonorisation. Pourquoi le design sonore a-t-il été encore peu exploré ? Peut-être parce que la France est davantage un pays de littérature et de cinéma que de musique.

Une fois les problèmes d'équipements résolus, quel son inventer ?

Il faut d'abord éviter de tomber dans un certain nombre de pièges. Les premières voitures électriques du marché sont parties sur l'idée de faire des sons inspirés de *Star Wars* et/ou de la science-fiction. Or, une voiture, ce n'est pas un vaisseau spatial. Il ne faut pas non plus créer des bruits d'aspirateur ou de moulin à café.

En fait, le son d'une voiture doit faire appel à des graves, du bas au médium, pour donner une idée de confort. Longtemps, on a attribué la qualité d'une voiture à son côté testostérone, à son moteur, qui évoque la puissance. Aujourd'hui, les limitations de vitesse rendent assez dérisoires les voitures qui font *vroum*, *vroum* et qui montent à 250 km/h ou à 300 km/h. Quand on les entend aujourd'hui dans la rue, on a l'impression qu'elles appartiennent au XXe siècle. Elles sont ringardes. D'où cette question : comment parvenir à évoquer une idée de mobilité, de vitesse et de puissance sans passer par un niveau sonore extrême ?

Ma vision est qu'il faut s'inspirer du bruit des hovercrafts qui se déplacent sur l'eau. Ils donnent une très grande impression de puissance et de vitesse et sont pourtant presque silencieux.

Ce qui est important aujourd'hui, c'est d'incarner la mobilité plutôt que la puissance qui serait liée à la vitesse. Par le passé, une voiture séduisante avait un côté menaçant. On n'en est plus là. Le respect de l'environnement prime, il faut pouvoir se glisser dans la société d'une manière plus fluide. Il faut donc penser autrement.

De même, pour l'intérieur, la tentation de gadgétiser la voiture doit être écartée. On ne doit pas avoir l'impression d'entrer dans un flipper géant avec des lumières qui s'allument et une cacophonie de sons qui auraient un côté anecdotique et insupportable. Le son émis doit être le contraire d'un jingle de radio, mais il doit évoquer un sentiment de bienveillance. Il est temps que nous passions à une autre relation avec la technologie. Il faut montrer qu'elle n'est pas nécessairement froide, robotique et dystopique, mais qu'elle peut être bienveillante, organique et évoquer un sentiment de confort.

Au fond, avec la voiture électrique, nous sommes comme un peintre devant une page blanche. Nous devons créer à partir du silence.

N

Nationale 7

De toutes les routes de France, d'Europe
Celle que j'préfère est celle qui conduit
En auto ou en auto-stop
Vers les rivages du Midi
Nationale 7
Il faut la prendre qu'on aille à Rome à Sète
Que l'on soit deux trois quatre cinq six ou sept
C'est une route qui fait recette
Route des vacances
Qui traverse la Bourgogne et la Provence
Qui fait d'Paris un p'tit faubourg d'Valence
Et la banlieue d'Saint-Paul-de-Vence[1]...

Il suffit de relire ces paroles devenues cultes de la célèbre chanson de Charles Trenet « Nationale 7 », écrite en 1954, pour qu'une mélodie entraînante, presque lancinante, entre dans nos têtes et ne les quitte plus de la journée. Nostalgie d'une époque révolue. C'était la France d'avant les autoroutes, celle de l'après-guerre. Tout n'était pas parfait, loin de là. Mais la reconstruction donnait du

1. Paroles et musique : Charles Trenet, 1955.

travail à tout le monde, les familles goûtaient aux joies des congés payés, on s'achetait des voitures comme les Renault 4 CV, les Peugeot 203 ou les Simca Aronde pour goûter aux joies de la liberté. Alors, l'été venu, on prenait la route du Sud, chargés comme des mules. Il y avait, bien sûr, d'autres axes importants comme celui de la nationale 10 vers Bordeaux et le Pays basque, ou celui de la nationale 20 vers Limoges et Toulouse, mais c'était bien la nationale 7, surnommée très vite « la route du soleil », qui incarnait le mieux la transhumance des vacances.

Cette route a incontestablement nourri la passion de l'automobile des Français. Elle a aussi dynamisé l'économie des territoires traversés avec ses innombrables stations-service, ses petits bistrots et ses haltes gastronomiques. À sa façon, elle raconte une France qui n'existe plus mais qui n'a pas disparu de nos mémoires.

Comme souvent chez les Gaulois, mes ancêtres les Romains ont joué un rôle majeur dans la construction de cet axe routier. Jusqu'à leur arrivée, la Gaule dispose bien d'un réseau de chemins, mais il se limite à un usage local. Or, les armées de César et de ses successeurs ont besoin d'infrastructures pour recevoir du ravitaillement. Vingt ans avant J.-C., des voies romaines sont donc tracées à partir de Lyon (Lugdunum), la cité créée une vingtaine d'années plus tôt par Rome sur un site gaulois. Le concepteur de ce réseau des Gaules est Marcus Vipsanius Agrippa, général et gendre de l'empereur Auguste. La route Lyon-Aix-Arles-Marseille qui suit la rive gauche du Rhône est donc nommée la via Agrippa. C'est l'ancêtre de la nationale 7. Elle fait d'ailleurs la jonction avec la via Aurelia qui longe la Méditerranée, en prenant à peu près le même chemin que la route d'aujourd'hui.

Les rois de France prennent le relais des empereurs. Les infrastructures routières sont évidemment au cœur de leurs préoccupations. Un pas décisif est effectué au XVe siècle lorsque Louis XI crée la poste royale. Pour aller de Paris à Lyon, un chemin qui passe par Moulins est réalisé. Les premiers transports de passagers l'empruntent dès le XVIe siècle. C'est à ce moment que l'on plante également des ormes le long des voies pour les délimiter et apporter un peu d'ombre. Après la Révolution, Napoléon prend lui-même les choses en main. Le rattachement du comté de Nice à la jeune République française, en 1793, l'incite à lancer la construction d'une route entre Nice et Menton, à proximité de la frontière italienne. Des chantiers parfois très compliqués sont mis en œuvre, comme celui du franchissement du Var. Dès 1792, un premier pont en bois construit par le génie militaire enjambe la rivière à Saint-Laurent-du-Var. Il est plusieurs fois endommagé, notamment par des crues. Rafistolé, il reste néanmoins en service jusqu'en 1863, date de l'inauguration d'un viaduc pour les besoins de la ligne de chemin de fer de la compagnie PLM. À cette occasion, un pont routier à tablier en fonte, donc plus robuste, est construit.

Cela permet de désenclaver le comté de Nice qui, après être passé sous contrôle sarde en 1814, devient définitivement un département français le 24 mars 1860, jour de signature du traité de Turin.

Entre-temps, la route a reçu un nom. Un nom qui change d'ailleurs au fil des régimes politiques. En 1811, Napoléon est encore au pouvoir. Comme il est sacré empereur en 1804, elle est baptisée « route impériale 8 ». Un peu plus tard, en 1824, elle devient la « route royale 7 », conséquence du retour des rois aux affaires : Louis XVIII jusqu'en 1824, Charles X ensuite. Elle relie Paris à Antibes et Nice. Elle est longue de 948 km et traverse 13 des départements créés en 1789. En 1860, elle est prolongée jusqu'à Menton et prend ainsi sa configuration définitive. Elle conserve son chiffre 7, mais adopte le statut de nationale en 1870.

Au XIXe siècle, on fait le parcours en diligence. Il faut cinq jours pour relier Paris à Marseille. Non sans risque : les accidents sont nombreux, des chevaux y laissent fréquemment leur vie.

Mais l'arrivée de l'automobile change tout. Dès les années 1920, les plus fortunés prennent le volant pour rejoindre des lieux de villégiature sur la Côte d'Azur. De grandes tables naissent, qui leur permettent de faire des pauses gourmandes. Exemples : La Pyramide du chef Fernand Point à Vienne en 1925, l'hôtel-restaurant des Platanes de Jean-Baptiste Troisgros, à Roanne, en 1930, qui deviendra un peu plus tard Les Frères Troisgros, ou la Maison Pic à Valence en 1936. La fin de la Seconde Guerre mondiale donne le signal de la démocratisation de la voiture. Pendant deux décennies, la nationale 7 connaît une sorte d'état de grâce. Même si les départs en vacances donnent naissance à des embouteillages monstres. Ceux de Lapalisse, Vienne ou Lavaur deviennent légendaires. On y fait la queue pendant des heures sous un soleil de plomb. Les moteurs chauffent. On tombe en panne. Mais on trouve toujours un garage pour se faire dépanner rapidement. Et les conducteurs et leurs mécaniques peuvent se reposer en s'arrêtant dans les relais routiers ; on y mange bien et pas cher… Preuve de son importance dans la vie des Français, le jeu des *1000 bornes*, lancé en 1954 par un éditeur de matériel d'auto-école, en référence à la longueur, 996 km, de la nationale 7, a rencontré un immense succès : environ 15 millions d'exemplaires ont été vendus à ce jour ! On y a tous joué au moins une fois en famille.

Tout s'arrête net en 1971, lorsque l'autoroute A6 est mise en service entre Paris et Lyon. Elle est suivie en 1974 par l'autoroute A7, qui relie Lyon et Marseille sans arrêt. La fin d'un chantier de plus de vingt années qui permet à la France de combler son retard sur d'autres pays européens. L'autoroute A1 qui relie Milan à Naples a ainsi été inaugurée par le Premier ministre Aldo Moro dès 1964 ! Quant à l'Allemagne, les grands axes de son réseau ont été imaginés entre 1918 et 1933 par la république de Weimar, avant l'arrivée de Hitler au pouvoir.

Le désir de vitesse l'a donc emporté sur un certain art de vivre. Le sens de l'histoire. Certes, les usagers doivent désormais se bousculer sur des aires d'autoroute qui n'auront jamais, malgré leurs efforts, le même charme que les centres-villes de Moulins ou Montélimar. Et d'autres embouteillages, encore plus grands, entre Valence et Orange, par exemple, sont apparus les jours de grands départs. Mais au moment de faire les comptes, la balance penche en faveur de l'autoroute : la sécurité routière est nettement accrue et le temps effectif des vacances a été rallongé, car on arrive plus vite au bord de la mer.

Qu'est devenue la nationale 7 ? Elle n'a pas disparu, mais son trajet est devenu plus haché, de déviation en rond-point. La plupart des stations-service ont fermé, les petits restaurants également. Il faut s'arrêter dans les zones commerciales peu avenantes qui se sont étendues à la périphérie des villes pour faire le plein. Elle n'a conservé son nom que sur la moitié de son parcours. Mais il est encore possible d'aller de Paris à Menton en évitant les autoroutes. La route mythique conserve d'ailleurs ses aficionados. Avec la crise énergétique récente, elle est même redevenue à la mode. Les nombreux adeptes du camping-car y font des road-trips de plusieurs jours qui leur permettent de découvrir les incroyables richesses du patrimoine français : le château de Fontainebleau, Montargis, surnommée « la Venise du Gâtinais », la cathédrale Saint-Apollinaire de Valence, le Palais des papes d'Avignon ou Èze, qui offre une vue extraordinaire sur la Riviera.

Certaines municipalités ont décidé de jouer à fond la carte de la mémoire. Un musée de la nationale 7 accueille les visiteurs à Montélimar, la capitale du nougat. À Roanne, des passionnés ont restauré une station d'essence en ruine. Dans l'Allier, Lapalisse reconstitue tous les deux ans les fameux bouchons qui ont fait sa notoriété. Venus de toute la France, 1 000 véhicules rutilants des années 1950 et 1960 se rassemblent dans une longue file à l'arrêt. Conducteurs, familles et gendarmes sont habillés comme dans les années 1950. Un étonnant musée éphémère qui rassemble 30 000 personnes pour se rappeler « les moments heureux de la nationale 7 ». De tels événements renforcent ma conviction que la voiture reste un ingrédient majeur de notre bonheur collectif.

P

Peugeot

Avec plus de deux siècles d'existence, Peugeot est l'une des entreprises les plus anciennes de France. Ce qui force le respect, c'est non seulement son impressionnante longévité – la famille Peugeot est encore l'un des actionnaires de référence de Stellantis, le groupe né de la fusion de PSA avec Fiat-Chrysler –, mais aussi son indéfectible attachement à sa terre montbéliarde dans l'est de la France. Sans oublier cet amour de l'industrie, si indispensable à la prospérité des grandes économies modernes. Les Peugeot ont beaucoup apporté à la France productive. Ils se sont parfois divisés sur le chemin à suivre, notamment en 2014 lorsque le Chinois Dongfeng est entré au capital avec la bénédiction de l'État français pour renflouer l'entreprise, mais ils ont toujours trouvé la force de se réconcilier.

L'histoire débute en 1810, sous le règne de Napoléon, quand deux frères, Jean-Frédéric et Jean-Pierre Peugeot, décident de transformer le moulin à grains familial, situé à Hérimoncourt dans le Doubs, en aciérie. Scies, ressorts, baleines de corset, moulins à café... l'éventail des produits fabriqués tout au long du XIXe siècle est large. Le lion est choisi comme emblème en 1847, en hommage aux armoiries de la région Franche-Comté. Il faut attendre 1885 pour que l'entreprise commence à s'intéresser aux objets mobiles. Aux commandes, Eugène et Armand Peugeot, les représentants de la troisième génération, mettent au point plusieurs vélocipèdes. Un tricycle à vapeur entraîné par une chaudière, le Peugeot Type 1, est présenté en 1889. Armand Peugeot comprend qu'il faut passer à la propulsion thermique qui fait ses premiers pas en Europe. Il achète des moteurs à l'allemand Daimler et développe sa première « voiture sans chevaux », en 1891. D'autres suivent rapidement. En 1898, 500 voitures sortent de l'usine créée en 1897 à Audincourt, toujours dans le Doubs. La fin du XIXe et le début du XXe siècle sont marqués par une scission familiale. Les uns préfèrent fabriquer des vélos ; les autres des autos. La réconciliation est scellée en 1910 avec la création de la Société anonyme des automobiles et cycles Peugeot. La célèbre usine de Sochaux est inaugurée en 1912. On y fabrique des camions. On estime qu'à la veille de la Première Guerre mondiale Peugeot produit la moitié des automobiles françaises. Dans les années 1920, l'entrée en piste du tonitruant Citroën bouscule le marché. Pas assez pour déstabiliser l'entreprise montbéliarde, qui traverse sans trop de casse la crise des années 1930. Comme ses consœurs de l'industrie automobile, elle est contrainte de travailler pour l'armée allemande pendant la Seconde Guerre mondiale. Elle lui livre, par exemple, des ambulances, des camions, des patins de char ou des moteurs d'avion.

Le conflit achevé, elle lance plusieurs modèles qui vont rencontrer un vif succès : la 203 en 1948, la 403 en 1955 et la 404 en 1960 séduisent tour à tour les familles des Trente Glorieuses. C'est toutefois la petite 204, la première traction avant de l'entreprise, qui remet Peugeot au centre du jeu en 1964. En 1974, l'entreprise familiale prend une participation dans Citroën avant de l'absorber complètement en 1976. Offensifs, les Peugeot enchaînent avec le rachat de Chrysler Europe en 1978. Cette année-là, ils démontrent aussi leur capacité à innover en lançant la 604 D Turbo, la première voiture équipée d'un moteur turbo diesel en Europe. Pendant que la production de deux-roues prospère (550 000 cyclomoteurs vendus en 1974, dont l'iconique 103), les petites Peugeot cartonnent. La 206 est ainsi fabriquée à 8,4 millions d'exemplaires. Et la 207 devient la première voiture vendue en Europe en 2007. Jusque-là, tout va bien. Le 20 juin 2008, à Sochaux, on célèbre la 50 millionième automobile produite par la marque : il s'agit en l'occurrence de l'un de ses nouveaux modèles phare, une 308 SW.

Dans l'intervalle, Peugeot a aussi laissé son empreinte dans le sport automobile. Son coup de génie : avoir décelé les qualités de manager d'un modeste copilote, Jean Todt. Sous sa direction, la 205 Turbo 16 remporte le Championnat du monde des rallyes en 1985 et en 1986, avant de triompher sur les pistes du Paris-Dakar en 1987. Dans la foulée, la 405 Turbo 16 gagne à son tour deux fois la mythique épreuve africaine. Le plus beau est à venir avec le superbe doublé de la Peugeot 908 aux 24 Heures du Mans 2009 et un duel à couper le souffle avec Audi lors de l'édition 2011 de l'épreuve mancelle.

Hélas, la crise financière de 2008 frappe durement Peugeot, qui peine à s'en remettre : 5 milliards d'euros de perte en 2013, 2,3 milliards en 2012. En 2014, la faillite menace. L'État décide de voler à son secours au terme d'un psychodrame qui oppose dans les médias le gouvernement, notamment le tumultueux ministre de l'Économie Arnaud Montebourg, et les actionnaires du groupe. Un nouveau tour de table finit par être mis en place. L'État et le chinois Dongfeng mettent de l'argent au pot et prennent chacun 14 % du capital. Autant que la famille, qui n'est plus maîtresse chez elle. Un ancien manager de Renault, Carlos Tavares, est recruté. Sous son impulsion, l'entreprise se redresse. Elle rachète Opel et marque les esprits avec ses modèles 3008 et 5008. Leur réussite fait même des jaloux chez les concurrents qui cherchent tous à s'en inspirer.

En janvier 2021, une nouvelle ère commence avec la création de Stellantis, fruit de la fusion entre PSA (Peugeot-Citroën-Opel) et FCA (Fiat-Chrysler), dont le processus avait été amorcé à la fin de 2019. La famille Peugeot est désormais le deuxième actionnaire du groupe avec 7 % du capital, loin derrière Exor (famille Agnelli) qui en détient 14,4 %.

Peugeot est l'une des 14 marques automobiles de ce nouvel ensemble. Mais la qualité de son savoir-faire industriel, sa capacité à innover et la fidélité de sa main-d'œuvre la rendent incontournable. Plus que jamais.

Pneu

par Florent Menegaux,
président du groupe Michelin

Il s'agit peut-être de la recette la plus complexe du monde. Deux cents ingrédients, assemblés et transformés pour conférer à chaque pneu un profil de performance unique. Du caoutchouc, bien sûr, mais aussi, par exemple, du noir de carbone qui, en rendant les pneus plus résistants à l'usure, leur confère cette couleur noire caractéristique, en lieu et place du blanc originel du latex.

Après des mélanges savants, et l'ajout précis de renforts textiles et métalliques, direction le moule de cuisson. Dix minutes environ pour un pneu de voiture, quand un pneu de tracteur agricole peut cuire plus d'une heure. Lorsqu'il sort enfin de sa chrysalide, on peut épouser de la main sa courbure, suivre le dessin net des sculptures, en caresser le flanc.

Cette chorégraphie au millimètre se joue tous les jours dans les usines de fabrication de pneu, pour fournir nos clients en 195/65 R15, 235/55 R20, 205/45 R17... Précision : 205 indique la largeur en millimètres, 45 la hauteur du flanc en pourcentage par rapport à la largeur du pneu, R la structure radiale, 17 le diamètre en pouces. C'est ce que vous lirez, par exemple, sur la roue d'une voiture comme la Clio E-Tech 140 hybride.

Passionnante et émouvante destinée que celle du pneu. Longtemps, il se rappelait sans cesse à notre bon souvenir. Il crevait souvent, se dégonflait rapidement, ne durait pas des lustres. Pas de départ en vacances sans un check-up de ses pneus. On prenait la route comme on prenait la mer, c'est-à-dire très au sérieux. Avec une bouée de sauvetage forcément, appelée roue de secours. Celle-ci, sur certaines voitures, comme la superbe Rover P6, s'exhibait, fixée sur le coffre arrière. Une quasi-œuvre d'art.

Et aujourd'hui ? Le pneu fait si bien son travail que l'automobiliste l'oublie trop souvent (au contraire de la jante en alu, de plus en plus ouvragée et pour laquelle les propriétaires sont prêts à dépenser beaucoup d'argent, mais c'est une autre histoire…). Au pire, un témoin sur la planche de bord signale qu'il manque un peu de pression. La roue de secours, elle, a disparu.

On s'est tellement habitués au pneu qu'on oublie le miracle qu'il recrée chaque minute. Car on lui demande tout et son contraire : être souple mais rigide, adhérent mais endurant, léger mais résistant. Pensez un instant à tout ce qu'on lui fait subir : la charge, les températures extrêmes, des routes et des chemins parfois très dégradés. Le pneu assure notre sécurité en toutes circonstances.

Pourtant, à y regarder de plus près, le pneu a rarement été autant d'actualité. Il est en première ligne dans le combat en faveur de l'environnement. La résistance qu'il oppose au roulement représente environ 20 % de la consommation du véhicule et donc 20 % de ses émissions de CO_2, avec une forte hétérogénéité selon les produits. D'immenses progrès ont déjà été faits. Depuis 1992, la résistance au roulement a diminué de 60 % à poids égal. Mais cela ne suffit pas, car, dans le même temps, les véhicules ont pris énormément d'embonpoint à cause de la mode des SUV, mais aussi des équipements de sécurité et de confort toujours plus nombreux. Leur poids a ainsi crû de 40 % en moyenne depuis 1960.

Le pneu est aussi incontournable dans le succès des voitures électriques, qui lui en demandent encore plus. Il doit porter davantage : pour les véhicules à batterie, ce sont 250 à 700 kg supplémentaires ! Le pneu doit aussi résister davantage à l'usure, mise à l'épreuve par le freinage régénératif. Sa résistance au roulement est scrutée de près par les constructeurs, car elle détermine en grande partie l'autonomie du véhicule. Sans amélioration de la performance, le passage à l'électrique se traduirait par une consommation de pneus supérieure de 20 à 30 %. Et qui aurait pu penser que le bruit que fait le pneu en roulant deviendrait un désagrément ? Pour un véhicule électrique, le roulement représente une grande partie du niveau sonore généré, et le pneu un élément clé du confort sonore de l'usager.

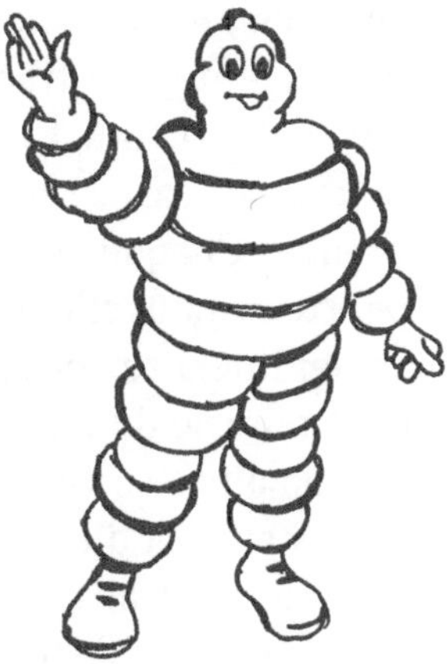

Loin de la voiture individuelle, le pneu a investi des champs aussi différents que l'aviation, l'agriculture, les mines ou les chantiers. Ces pneus de spécialité sont d'une taille impressionnante, jusqu'à 5 m de haut, et crapahutent souvent dans des conditions extrêmes. Ils sont des laboratoires d'essais à eux tout seuls. Leurs sculptures complexes sur la bande de roulement permettent de limiter la température aux alentours de 100 °C. Les flancs sont conçus pour encaisser des déformations de plus de 20 cm. Une série de capteurs détectent la moindre anomalie et anticipent les réparations.

Car, plus que jamais, le pneu est un champ d'innovation. Il suffit pour s'en convaincre de rencontrer les chercheurs passionnés et les pilotes d'essai qui développent et testent de nouveaux produits sur les pistes et dans les laboratoires de notre Centre de recherche et développement à Ladoux, près de Clermont-Ferrand.

Chez Michelin, nous avons déjà déterminé notre étoile Polaire, le pneu « Vision ». Il sera composé à 100 % de matériaux recyclés ou renouvelables en l'espace d'une vie humaine. Il sera rechargeable, doté d'une bande de roulement remplaçable pour en prolonger la durée de vie. Il sera connecté et intelligent, pour transmettre au véhicule les données que seul le contact avec la route peut procurer. Il sera increvable, car... sans air, donc d'une fiabilité à toute épreuve. Chaque jour nous rapproche de cet horizon et apporte de nouvelles concrétisations de cette vision, qui circulent déjà sur nos routes.

Aujourd'hui, le petit miracle du pneu fait des envieux, et beaucoup d'autres domaines se verraient bien profiter de ses propriétés de résistance et d'élasticité. À cet égard, les joints et les courroies de transmission ressemblent déjà à de lointains cousins. Nos structures gonflables aussi, qui permettent de déployer en quelques minutes une ombrière en ville, un espace de soins d'urgence ou encore une cage de Faraday.

Tant que la matière n'aura pas révélé tous ses mystères, le pneu n'en finira pas de nous étonner.

Poids

La lutte contre l'obésité sera la prochaine bataille de l'automobile. Comme les humains, les voitures prennent du poids. Depuis 2001, un véhicule particulier s'est alourdi en moyenne de 60 %. La nouvelle Renault 5 électrique pèse deux fois plus que le modèle d'origine, lancé en 1973 ! En cause, les réglementations imposées pour les rendre plus sûres et le goût des consommateurs pour les gros modèles, les SUV, par exemple, bardés d'équipements, comme la climatisation et des sièges confortables. À l'origine, on pensait bien faire en cherchant à réduire le nombre de morts sur les routes et en augmentant l'agrément à bord. Résultat, la voiture la plus massive, la Rolls-Royce Spectre, flirte avec les 3 tonnes ; la plus légère, la Suzuki Ignis, s'approche de la tonne...

On sait désormais que les enjeux climatiques nous imposent de faire autrement. On ne porte pas une doudoune très chaude en été ! Nous devons faire maigrir les autos. C'est de la physique simple : faire bouger une voiture qui pèse 1,5 tonne réclame plus d'énergie que pour un modèle de 1 tonne. Sans parler de l'empreinte des matières additionnelles utilisées dans la construction elle-même. S'ajoute maintenant le problème des batteries installées dans les modèles électriques. Elles sont très lourdes : la nouvelle R5 serait allégée de 300 kg si elle roulait avec un moteur thermique. C'est le grand paradoxe de la transition énergétique. En passant à la propulsion électrique, on leste les voitures.

Que faire ? La solution peut venir partiellement du software. L'électronique remplace progressivement des composants qui pèsent un certain poids. Je pense aussi qu'il faut réhabiliter les voitures légères. Rappelons-nous de la berlinette Alpine, qui pesait seulement 680 kg et qui battait des modèles beaucoup plus lourds qu'elles dans les rallyes au début des années 1970. Ou de la Fiat Panda 4×4 qui avait, avec ses 875 kg, conquis la clientèle montagnarde parce qu'elle grimpait sur les routes enneigées aussi aisément qu'un gros Land Rover. Prenons exemple sur la compétition, qui traque inlassablement les kilos pour améliorer les performances. Cela doit nous inciter à réduire la taille moyenne des voitures. Dans les villes, nous devrions être obligés d'utiliser de petites voitures. Ce qui impose de mettre en place des réglementations différenciées selon la taille des modèles. Si nous voulons adopter un comportement écologique, nous devons tous nous mettre au régime !

Porsche

par Wolfgang Porsche,
président du conseil de surveillance de Porsche

Chez nous, la passion pour les voitures de sport est une affaire de famille. Tout tourne autour de la voiture depuis l'époque de mon grand-père, et cela n'a pas changé au fil des générations. En 2023, nous avons fêté le 75e anniversaire de notre marque et j'ai pu constater moi-même à l'occasion de nombreux événements qu'elle est plus jeune et plus dynamique que jamais. La petite manufacture de voitures de sport fondée par mon père en 1948 est devenue une success-story mondiale.

La plus grande manifestation, qui a rassemblé plus de 90 000 fans de Porsche, s'est déroulée à l'automne 2023 sur le circuit de Laguna Seca en Californie. J'ai fait quelques tours de piste avec mon fils Ferdinand dans la

356 Roadster nº 1. C'était très émouvant pour nous, car il s'agit de la voiture en version « carrosserie ouverte » à deux places qui a ouvert l'histoire de la marque Porsche. Après la guerre, mon père rêvait d'une voiture de sport ; il l'a construite et commercialisée en 1948. Trois quarts de siècle plus tard, ce rêve perdure à l'identique chez Porsche.

Je me demande souvent ce que mon père aurait dit s'il avait pu voir ce que son rêve est devenu aujourd'hui. Lorsque la fabrication en série du modèle 356 a commencé, il s'attendait à en vendre tout au plus quelques centaines d'exemplaires. Et pourtant, quelques années plus tard, en 1956, j'ai eu l'honneur, à l'âge de 13 ans, de voir la 10 000e Porsche sortir de la chaîne de montage de Zuffenhausen. La nuit précédente, j'avais à peine dormi tant j'étais fébrile. Une fois remis de mes émotions, j'ai pris place au premier rang entre mon père et ma grand-mère Aloysia pour admirer la voiture décorée. Aujourd'hui, il nous faut bien moins de deux semaines pour produire 10 000 véhicules dans nos sites de Zuffenhausen et de Leipzig.

Ce qui compte pour moi, c'est que nous sommes restés une entreprise familiale au sens propre comme figuré, malgré notre croissance, notre succès mondial et l'entrée en Bourse de l'entreprise. Je ne pense pas uniquement à notre famille, qui n'est pas la seule à être derrière l'entreprise et à laisser son empreinte sur la marque ; dans le monde entier, nos amis, nos clients, nos partenaires et nos salariés sont animés par une passion commune et incarnent le « mythe Porsche ».

Chez Porsche, nous ne perdons jamais de vue nos origines même lorsque nous nous projetons dans l'avenir. Tradition et progrès, continuité et innovation sont pour nous indissociables. J'en veux pour preuve la Porsche 911, qui est restée fidèle à elle-même depuis soixante ans. Elle en est aujourd'hui à sa huitième génération et reste une voiture de sport compacte qui incarne la quintessence de la technologie automobile. La 911 actuelle illustre parfaitement la façon dont les concepteurs et les ingénieurs de Porsche ne cessent de se surpasser dans leur quête de perfection. Ils ont tout remis en question, repensé, reconçu et reconstruit des dizaines de fois au fil des décennies. C'est là le secret de son éternelle jeunesse.

La Porsche 911 incarne à mes yeux le cœur de la marque, l'âme de l'entreprise et de ses créateurs. Tout l'art consiste à préserver l'identité de la marque tout en restant la référence de sa catégorie en matière de performance, d'efficacité et de design. Nous sommes fiers d'y être toujours parvenus jusqu'à aujourd'hui. La solidité, la robustesse, la dimension humaine dans la taille et l'allure, une certaine modestie, des formes fonctionnelles, la sobriété du design et le pragmatisme à travers les générations font partie de l'ADN de Porsche. Depuis la Porsche 911, ces qualités caractérisent également nos autres voitures de sport à deux et quatre portes. Cette approche se retrouve également dans les véhicules entièrement électriques des séries Taycan et Macan Electric.

Chez Porsche, nous ne nous reposons jamais sur nos lauriers, ce qui s'explique entre autres par la tradition de notre maison dans le sport automobile. Dans les années 1920 et 1930, mon grand-père a construit des voitures de course qui ont marqué l'histoire de ce dernier. Nos premiers coupés 356 en version légère ont participé aux 24 Heures du Mans dès 1951, et Auguste Veuillet et Edmond Mouche au volant de la 356 SL sont immédiatement devenus champions de la catégorie. Dès mon plus jeune âge, j'ai accompagné mon père au Mans et au circuit du Nürburgring chaque fois que ma scolarité me le permettait, car il était hors de question que je fasse l'école buissonnière. J'étais – et je reste – fasciné par les circuits automobiles. J'en suis fan et, en 2023, lors des débuts de l'imposante Porsche 963, j'ai vibré dans le stand avec notre équipe Porsche Penske Motorsport. L'enjeu pour moi n'est pas uniquement de faire acte de présence, mais de soutenir toute l'équipe. Je souffre quand nous échouons et je me réjouis en cas de succès.

La course est une bonne école, qui apprend la modestie et une saine dose d'humilité. L'épaisseur d'un cheveu sépare le triomphe de la tragédie et la victoire de la défaite. En l'espace d'un instant, tout peut basculer. En 2016, la phase finale des 24 Heures du Mans a été d'une intensité dramatique incroyable. La Toyota qui était alors en tête est sortie de la route, alors qu'elle s'apprêtait à franchir la ligne de départ et à entamer le dernier tour. Elle a donc été éliminée du classement et nous avons gagné dans les tout derniers mètres, alors que nous étions donnés battus. Je suis allé spontanément dans le stand de Toyota pour féliciter mon rival de sa magnifique performance, car je voulais montrer qu'on doit toujours respecter son adversaire. Le fair-play est le maître mot du sport automobile.

La course automobile reste essentielle pour Porsche ; elle fait et fera toujours partie de notre ADN. D'innombrables innovations techniques ont été apportées à nos séries au travers de la course automobile. C'est ainsi qu'en 1976 la Porsche 936 qui a disputé les 24 Heures du Mans était la toute première voiture de cette course à être équipée d'un turbocompresseur. En ces années de crise pétrolière, cette victoire était doublement précieuse, car elle nous a permis de prouver que les turbos étaient à la fois efficaces et sophistiqués, ce qui a contribué au succès des modèles de série.

La course automobile est également précurseur de la série ; c'est ainsi qu'en 2014 nous avons réintégré avec une nouvelle équipe la catégorie reine LMP1 de la course d'endurance la plus dure au monde. Nos trois victoires au classement général du Mans en 2015, 2016 et 2017 n'ont pas seulement écrit l'histoire de notre succès aux 24 Heures. La Porsche 919 Hybrid nous a fourni des informations précieuses pour le développement des véhicules hybrides de série Panamera et Cayenne ainsi que pour la première Porsche entièrement électrique, la Taycan.

Chez Porsche, nous avons ouvert très tôt la porte à l'électrification et avons pris des risques considérables sur le plan commercial avec cette décision d'ordre stratégique. Nous avons construit une toute nouvelle usine dédiée à la Taycan à Stuttgart-Zuffenhausen, créant ainsi de nombreux emplois. Cela démontre clairement que Porsche mise sur l'avenir de l'électromobilité. La Taycan et la Taycan Cross Turismo sont bien implantées sur le marché et le nouveau Macan Electric, premier SUV entièrement électrique de la maison Porsche, a été présenté début 2024.

Porsche vit actuellement l'aube d'une nouvelle ère, dans une filière technologique qui était déjà celle de mon grand-père il y a plus de cent vingt ans.

Pour moi, la boucle de la tradition et du progrès est bouclée. Nous devons aller de l'avant sans perdre nos racines, surtout à une époque où le débat sur la mobilité individuelle est de plus en plus vif. Je suis convaincu que Porsche ainsi que l'ensemble de l'industrie automobile allemande, riches de leurs grandes traditions et de leur capacité d'innovation sans cesse renouvelée, ont un grand avenir devant elles.

La voiture continuera à avoir sa place dans la société, car des millions de personnes dans le monde l'associent au rêve d'indépendance et de liberté. Mon père a prédit un jour que la dernière voiture serait une voiture de sport. Chez Porsche, nous ferons tout pour que ce rêve dure encore longtemps.

Publicité

par Maurice Lévy,
président de Publicis de 1987 à 2017

Avant même d'imaginer qu'un jour je ferais ma vie professionnelle dans la publicité et encore moins une grosse partie de ma carrière à faire, à inspirer ou tout simplement à superviser les campagnes pour Renault, j'ai toujours aimé la publicité automobile.

Sans doute l'image de la Floride (Renault), avec l'énorme star qu'était Brigitte Bardot, n'était-elle pas étrangère à la naissance de ce goût, mais plus je découvrais la publicité automobile, plus je l'aimais. C'était l'expression de la modernité, de l'aventure, de la puissance, de la séduction, de l'élégance, du style, du luxe, de la liberté, de l'évasion vers les horizons lointains… Tous les rêves de l'adolescent ou du jeune homme que j'étais se retrouvaient dans ces pages, affiches, films... Il ne pouvait y avoir de défilé de voitures sans jolies femmes, sans les grands hôtels ou les majestueux monuments en background, ou les grands espaces... C'était magique. Nous étions très loin de la voiture-utilité, c'était le temps de la voiture-passion.

Depuis maintenant plus de cinquante ans, la publicité automobile est devenue plus qu'un métier, une passion. À quelques exceptions près, la pub automobile n'obéit pas au fameux « USP » (*unique selling proposition* : mettre en avant un avantage unique qui définit le produit, comme la poudre de perlimpinpin ou les enzymes pour les lessives), pas plus qu'elle n'obéit aux règles classiques du marketing. Le look de la voiture, son allure, sa ligne ou son design, ses qualités objectives de tenue de route, de conduite, son confort, sa « gueule », la marque et son histoire, tout cela forge sa personnalité et commande l'expression publicitaire. Il est intéressant de voir à quel point les publicitaires les plus talentueux peuvent être complètement à l'aise, inspirés par un modèle, ou au contraire « secs », sans imagination. On pourrait presque dire que c'est la voiture qui crée l'univers d'imagination du créatif et pas l'inverse.

Quand Bill Bernbach (le B de DDB) crée Ugly pour la Coccinelle de Volkswagen, il dit ce qu'elle est et crée un langage qui est propre à VW et qui reste une des grandes leçons de communication outre-Atlantique. Quand Publicis découvre la Renault 5, c'est un festival de créativité qui va de la création du dessin animé *Super Car* à « Adieu, monde cruel » quand elle tire sa révérence, en passant par une richesse d'expressions à ce jour inégalée. Avec Clio, qui n'avait pas de traits saillants, mais qui était en soi un concentré de tout ce qu'offrait l'automobile moderne, c'était une évidence : « Elle a tout d'une grande », et ce slogan s'est imposé à la fois comme langage publicitaire mais aussi comme guide pour faire évoluer la voiture dans son époque et en faire l'expression la plus riche, la plus audacieuse et la plus actuelle. Sans oublier la plus compétitive, au point d'être devenue la voiture la plus vendue d'Europe.

En me replongeant dans l'histoire de la publicité automobile, il y a des pages mémorables que je ne résiste pas à rappeler.

Bien sûr, le « monument » de la publicité en général et de celle de l'automobile, l'iconique *Penalty of Leadership*, l'annonce parue une seule fois, le 2 janvier 1915 dans le *Saturday Evening Post*, sans illustrations, pour Cadillac. Un texte remarquablement bien écrit, très habile, faisant ressortir que les critiques sont, en fait, un hommage à l'excellence de Cadillac. C'était aussi l'époque où l'on prenait le temps de lire, et où les annonces étaient riches d'une belle écriture au service du message, avec cette phrase qui pourrait s'appliquer à tous : « *If the leader truly leads, he remains the leader.* [...] *That which is good or great makes itself known, no matter how loud the clamor of denial...* » (« Si le leader dirige réellement, il reste le leader. [...] Ce qui est bon et grand sait se faire reconnaître, quel que soit le bruit des critiques... »).

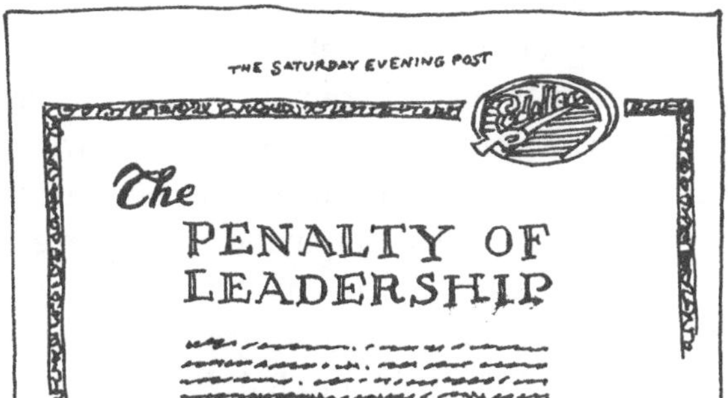

Après le succès de la Ford T sortie en 1908 des usines de Henry Ford (vous pouvez choisir votre couleur, pourvu qu'elle soit noire) et vendue à 6 millions d'exemplaires, il lance vingt ans plus tard, en 1928, la Ford A avec une annonce sur double page signée de la main de Henry Ford : « Une annonce d'une importance particulière à tous les propriétaires de voitures. » Dans ce texte soigneusement écrit, Henry Ford explique pourquoi la Ford A doit être préférée, ce que sont ses avantages, etc., avec cette phrase étonnamment actuelle : « Vous n'achetez pas une voiture, mais l'expression la plus avancée d'une nouvelle idée du déplacement moderne et économique »...

Que peut faire Chrysler face au déferlement des Ford A (lancement hyper-réussi) et à General Motors qui, avec Cadillac et Chevrolet, occupe tous les segments du marché ? Walter Chrysler, bien avant Lee Iacocca, va s'afficher et inviter tous les acheteurs potentiels avec une accroche assez agressive : « *Look at all three ! But don't buy any low-priced until you have driven the new Plymouth...* » (« Comparez les trois constructeurs ! Mais n'achetez aucune voiture à bas prix avant d'avoir conduit la nouvelle Plymouth »). Le texte est excellent et, sans jamais citer les concurrents, fait une démonstration de la supériorité de la nouvelle Plymouth, qui se trouve ainsi propulsée dans la cour des grands.

Ces trois annonces sont d'une qualité esthétique, d'une sobriété et d'une efficacité redoutables. Elles préfigurent les combats que se livrent de manière acharnée les constructeurs automobiles. Tout est là et se retrouve dans les communications qui vont suivre avec plus ou moins de bonheur, mais une qualité graphique et des moyens techniques les plus modernes, comme dans la série des films de cinq à dix minutes, véritables petits chefs-d'œuvre, pour l'univers du Net, créés pour BMW par l'agence Fallon et réalisés (excusez du peu) par John Frankenheimer,

Alejandro González Iñárritu, Ang Lee, Guy Ritchie, Tony Scott et John Woo, tous utilisant deux stars : Clive Owen et sa BMW… « *The Ultimate Driving Machine* ».

Pour rester dans l'univers un peu spectaculaire, comment résister à l'envie de rappeler cette montée vertigineuse de l'Audi Quattro sur la piste de lancement du saut à ski ? Quelle plus belle illustration de leur slogan éternel « *Vorsprung durch Technik* » et surtout quelle meilleure démonstration à la fois de puissance de tenue de route et de la qualité unique de la Quattro ?

Du spectaculaire, on peut passer à une forme de simplicité exceptionnelle comme avec toute la série réalisée pour Renault Espace dans des paysages extraordinaires et un style épuré pour affirmer « on n'a jamais été aussi bien sur terre que dans l'Espace »… Ou à la comédie avec la très populaire saga anglaise pour Clio avec Nicole et Papa : à telle enseigne que, lors d'un match de football de la Coupe européenne, quand le speaker a annoncé « Papin », la foule s'est levée et a répondu d'un seul cri « Nicole »…

Si on parle de campagnes très populaires qui marquent les esprits, on ne peut passer sous silence le lancement de la nouvelle Fiat 500 en 2007. Comment rappeler le rôle sociétal de la petite italienne et la faire percevoir et vibrer dans toute sa modernité ? Le lancement, sur ce point, fut un petit chef-d'œuvre : rappel des grands moments historiques qui ont marqué les temps présents et belles démonstrations produits.

On pourrait penser que la publicité automobile et le secteur avaient épuisé le charme du renouveau. Or Seat ose en 2018 lancer une nouvelle marque. Volkswagen avait relancé Škoda. Renault avait également relancé une autre marque de l'Europe de l'Est avec Dacia. Mais sur le Vieux Continent, on n'avait pas vu le lancement d'une nouvelle marque depuis longtemps. Avec Cupra,

Seat décide de rompre ce cycle avec un lancement bien ciblé, un produit très typé et une publicité qui ne l'est pas moins. Et Cupra est née, avec une personnalité forte, un environnement spécifique, et elle a trouvé son public.

L'humour a su aussi être au service de la publicité automobile et de la marque Renault avec la fameuse campagne « Ça ne marchera jamais », où les détracteurs du progrès étaient tournés en dérision à chaque évolution ou innovation de la marque...

Mais la publicité automobile a ceci de particulier qu'elle accompagne les automobilistes et leurs passagers dans tous les moments de la vie, depuis les grandes balades jusqu'aux encombrements enfumés de la ville, ou encore les étapes de la vie : première voiture, premier flirt (et plus), mariage, dispute, famille, joies et pleurs, etc., et c'est ce qu'a su si bien faire Renault et « Les voitures à vivre ».

Exprimer le caractère, la personnalité d'une marque, d'un modèle va bien au-delà du marketing rationnel, qui veut la mise en avant des avantages compétitifs d'une voiture. C'est d'émotions que l'on parle, ou peut-être même d'émotion sans « s ». La voiture n'est pas seulement la satisfaction d'un besoin ou l'expression d'un statut ou d'une passion, c'est en quelque sorte le prolongement de l'automobiliste dans la richesse des instants de sa vie, avec heurs et malheurs, avec joies et tristesse, avec surtout ce sentiment d'être dans son habitacle privé, sécurisé, à vivre ses instants dans leur plénitude, un second chez-soi, presque un second « soi ».

Certains me demandent souvent pourquoi l'on met tant de moyens pour les films publicitaires de voitures. À cela il y a trois raisons. D'une part, le besoin d'émerger, ce qui impose une grande qualité, le fait que l'espace publicitaire est devenu de plus en plus cher. Il y a vingt ans, le spot le plus cher du monde (durant le Super Bowl) valait

4 millions de dollars pour soixante secondes. Aujourd'hui, c'est 15 millions, toujours pour soixante secondes. L'annonceur et l'agence n'ont pas le droit à l'erreur. Et, *last but not least*, il faut absolument donner à voir, à admirer, à vivre et à ressentir, ce qui suppose des films remarquables à tous points de vue.

N'oublions jamais que la pub automobile, c'est avant tout une affaire de passion qui doit provoquer des émotions, des vibrations, et que l'on doit sentir le pouls battre, battre...

PV

Voilà un record dont nous nous serions bien passés, nous, les Italiens. Celui du plus grand nombre de radars en Europe, tous modèles confondus, vitesse et feux rouges : 22,1 appareils précisément pour 1 000 km de réseau routier. La France suit loin derrière, en huitième position, avec 3,4 appareils. Entre les deux, la Belgique (19), la Grande-Bretagne (18,4), l'Allemagne (7,3)... En revanche, les radars français sont beaucoup plus productifs que les nôtres : bien que sept fois moins nombreux, ils dressent chaque année 10 à 15 % de PV (procès-verbaux) en plus. Cela tendrait à prouver que, contrairement à la légende, on recense moins de chauffards dans la patrie de Ferrari que dans celle de Bugatti.

En 2021, les Français ont reçu 42,5 millions de mots doux signés de la police et de la gendarmerie. Dont 16,5 millions d'avis dus aux radars automatiques, 13 millions de PV électroniques, 12,8 millions d'avis de forfait post-stationnement (FPS), 287 000 amendes forfaitaires délictuelles (AFD). Pour le budget de l'État, c'est une bonne affaire, qui lui rapporte environ 1,9 milliard d'euros par an. Pour les automobilistes, en revanche, c'est la soupe à la grimace. Et elle s'aggrave à mesure que l'administration améliore ses techniques de chasse et de recouvrement.

À qui devons-nous nos malheurs ? L'histoire n'a pas retenu le nom du premier agent verbalisateur, mais celui de sa victime. Il s'agit de Walter Arnold, constructeur sous licence des automobiles Benz en Angleterre. Au volant de l'une d'elles, le 28 janvier 1896, il traversa comme un fou le village de Paddock Wood, dans le Kent. La gazette locale rapporte qu'il roulait à 13 km/h au lieu des 3,2 km/h autorisés en ville et qu'il n'était pas précédé, comme la loi l'exigeait, d'un homme agitant un drapeau rouge. Circonstance aggravante, il n'a pas immédiatement obtempéré et le policier dut le poursuivre à vélo. Arnold fut condamné à une amende de quelques shillings. Ce qui valait bien la publicité retentissante dont ses véhicules ont alors profité. En France, le premier PV est tombé le 3 juillet 1898 sur… une conductrice. La duchesse d'Uzès, par ailleurs première femme à avoir passé son permis de conduire, circulait à 15 km/h dans le bois de Boulogne à bord de sa Delahaye. Trop vite, selon la justice, qui lui colla une amende de 5 francs. Après cette aventure, il devint du plus grand chic pour les automobilistes mondains de se faire arrêter pour excès de vitesse. Il faut dire qu'à cette époque on ne retirait pas le permis.

Longtemps, l'ambiance resta assez aimable pour les conducteurs. Nous n'étions pas encore à l'ère de la voiture de masse. Le premier brevet pour un radar date de 1935. On le doit au Britannique Robert Watson-Watt. Dans les années 1950, les statistiques d'accidents commencèrent à se dégrader à mesure que la circulation se densifiait. Ce qui favorisa l'apparition en France des premiers radars, issus des recherches militaires menées pendant la guerre. Le Mesta 206, surnommé « barbecue » à cause de sa ressemblance avec notre équipement de jardin préféré, devint un best-seller. Il était assez massif et se posait au bord de la route près de la voiture des gendarmes. Il se voyait de loin. Les applis Waze et Coyote, qui révèlent le positionnement des radars, n'existaient pas en ce temps-là, mais les conducteurs se prévenaient par appels de phares. Sa technologie utilisait l'effet Doppler-Fizeau, qui consiste à mesurer l'écho renvoyé par une cible pour en mesurer sa vitesse. Elle sera balayée en 1997 par l'apparition du laser, d'une portée proche de 900 m et déclinable sur de petits appareils. Comme les jumelles, hantises des conducteurs de l'époque. Mais le problème restait entier : il fallait beaucoup de personnel pour faire fonctionner tout ce matériel.

D'où la révolution du radar automatique et du traitement également automatisé de l'infraction. Le PV a alors basculé dans une dimension industrielle. Comme le passage du colt à la kalachnikov. La première cabine fut inaugurée en grande pompe le 27 octobre 2003, sur une route nationale de l'Essonne. Aux côtés du ministre des Transports se tenait le ministre de l'Intérieur, Nicolas Sarkozy. Un fait inhabituel destiné à symboliser l'engagement de l'État en faveur de la sécurité routière, déclarée cause nationale par le président de la République Jacques Chirac. Il y avait en effet urgence : le nombre de décès et de blessés graves sur les routes progressait à un rythme inquiétant. Médiatiquement, l'affaire aurait pu commencer mieux. Les deux ministres se firent repérer sur le trajet, l'un à 103 km/h et l'autre à 98 km/h sur une voie limitée à 70 km/h. L'hebdomadaire *Auto Plus* avait malicieusement installé son propre matériel de mesure sur un pont à quelques kilomètres de l'événement.

L'incident fut vite oublié et le radar moderne put commencer sa brillantissime carrière. Les dix premières cabines flashèrent 3 500 plaques en trois jours. Deux mois plus tard, les 70 appareils déjà en service avaient expédié 210 000 PV. Et, fin 2004, on était à 400 radars automatiques, dont 232 fixes et 168 mobiles. Aujourd'hui, on en décompte 4 600. De plus en plus efficaces, de mieux en mieux protégés. Voire blindés. Car, au fil des ans, le radar est devenu l'un des symboles de l'État « emmer... ». Et donc l'une des cibles du vandalisme, en particulier pendant les grandes crises sociales, comme celles des « bonnets rouges » en 2013 et des « gilets jaunes » en 2018 et en 2019.

Ce ressentiment ne s'est pas estompé avec la mise en place, à partir de 2018, du contrôle automatisé du stationnement payant. Le paiement dématérialisé a remplacé le ticket de l'horodateur, et le forfait post-stationnement (FPS) a pris la place du papillon sous l'essuie-glace. Cette activité est largement sous-traitée par des sociétés privées, dont les voitures patrouillent les rues en scannant tous azimuts les plaques d'immatriculation pour repérer les mauvais payeurs. Les meilleurs radars contrôlent plus de 1 000 véhicules par heure. Ils ont bien gagné leur surnom de « sulfateuses à PV ». Bien qu'il ne faille plus dire « procès-verbaux », puisque formellement ils n'existent plus, mais « amendes ». Autre nouveauté, le montant des FPS n'est plus fixé par l'État, mais par les collectivités. Certaines ont la main lourde et voient une forme de jackpot dans la voiture – et désormais dans le deux-roues – mal garée. Plus de 330 millions d'euros sont, par exemple, entrés dans les caisses de la Ville de Paris en 2022. Les Français, comme les Italiens d'ailleurs, auraient pourtant tort de se plaindre, le montant de leurs éventuels PV étant plafonné ; contrairement à certains pays où il dépend des revenus du contrevenant. Dès lors, les chiffres peuvent devenir stratosphériques. En Finlande, par exemple, un très prospère homme d'affaires, récidiviste, a reçu en juin 2003 une amende de 121 000 euros pour avoir roulé à 82 km/h au lieu de 50 km/h. En Suisse, le record est détenu par le propriétaire d'une Mercedes SLS AMG flashée à 290 km/h. Un petit plaisir qui lui a coûté 679 000 euros.

Peut-on s'attendre à une trêve dans cette course à l'armement ? Objectivement, non. La tendance, depuis l'apparition du premier radar automatique, est au perfectionnement permanent et cela va continuer. Radars détecteurs de covoiturage, de mesure de bruit, de ZFE (en suspens), de téléphone au volant et de ceinture non bouclée (à venir), avec flash invisible (à venir)...

Dommage que cette ingéniosité ne serve pas aussi à lutter contre l'épidémie des arnaques aux faux PV. Dernière en date, des automobilistes reçoivent des avis à payer qui ressemblent furieusement à ceux de l'Agence nationale de traitement automatisé des infractions (ANTAI). Le plus troublant est que le formulaire pirate indique le nom, l'adresse et le numéro d'immatriculation de la potentielle victime. Extrêmement piégeux. Mais ce n'est rien à côté d'un phénomène en plein boom, la « doublette ». Son principe est d'une incroyable simplicité : un délinquant roule avec une plaque attribuée à un autre véhicule. Il peut ainsi enchaîner les infractions, c'est l'automobiliste victime de l'usurpation qui recevra une pluie de PV. Jusqu'à perdre ses points et à voir son compte bancaire bloqué. Un cauchemar vécu par plusieurs milliers de Français chaque année. Moins chanceux que ces Toulousains qui, en août 2023, ont profité d'un gros bug administratif : ils ont reçu un PV pour défaut de stationnement d'un montant de... 1 centime.

Q

Qualité

« Si cet homme dit non, c'est non. » C'est par une publicité mettant en scène, dans un bureau austère, la silhouette d'un cadre en costume sombre, les mains derrière le dos, que Renault a choisi de faire passer le message. Un message d'autorité. Nous sommes en 1988. Confrontée aux problèmes de fiabilité récurrents de ses modèles, l'entreprise nationale, dirigée à cette époque par Raymond Lévy, prend enfin le problème à bras-le-corps. Pierre Jocou, le directeur de la qualité qui vient d'être nommé, a été chargé de lancer un plan « Qualité totale ». Ce qui est inédit, ce sont les pouvoirs qui lui sont donnés. S'il le juge nécessaire, le lancement d'un nouveau modèle peut être interrompu pour faire des améliorations avant qu'il ne soit trop tard. À peine nommé, Pierre Jocou passe à l'acte en retardant de plusieurs mois le lancement de la R19. Il se met beaucoup de monde à dos dans l'entreprise, mais bénéficie du soutien sans faille de son président. Au même moment, ce dernier signe de sa main un manifeste en six points qui sensibilise chaque métier, chaque échelon hiérarchique dans l'entreprise. « La qualité totale est notre priorité, écrit notamment Raymond Lévy ; condition déterminante de notre succès, elle inspire nos comportements, notre façon de travailler ensemble et structure notre organisation. Chacun de nous, individuellement comme en groupe, dans son métier, dans ses décisions et dans ses actes, s'impose l'absence d'erreur du premier coup. Chacun de nous est à la fois fournisseur et client au sein de notre entreprise et s'engage à en assumer les droits et les devoirs. L'enjeu de nos efforts est le succès de notre entreprise : ses résultats en sont la mesure. »

C'est un tournant capital dans l'histoire de Renault. À bien des égards, je pourrais reprendre les mots de mon prédécesseur. Car le combat pour la qualité n'est jamais terminé. Certes, des progrès considérables ont été effectués depuis 1988. Chez Renault comme chez tous les grands acteurs de l'automobile. Mais la menace d'une rechute plane toujours. Récemment encore, plusieurs modèles lancés par des constructeurs européens ont connu des pépins qui ont obligé certains de leurs acquéreurs à revenir rapidement dans les concessions. Inacceptable !

Nous devons donc redoubler d'efforts pour nous rapprocher le plus possible du champion incontesté dans ce domaine, le japonais Toyota. Nous avons tous déjà importé dans nos usines les principes du Toyota Production System (TPS). Ce système fondé sur le « *lean management* » est doublement vertueux. Il réduit à la fois les coûts, en limitant les gaspillages de matières et les erreurs de fabrication. Le « bon du premier coup » devient la règle. En augmentant la robotisation, les stocks entre les différentes chaînes de production ont été supprimés, comme les réparations en fin de cycle, une non-valeur ajoutée. Auparavant, Renault avait créé une usine à retouche, dont la mission était d'éliminer les défauts en sortie de chaîne ! Elle a été supprimée en 1992.

En 1986, le consultant nippon Masaaki Imai, qui a joué un rôle majeur dans l'organisation du travail chez Toyota, a théorisé cette approche avec son concept *kaizen*, devenu le mantra des industriels du monde entier. *Kai* signifie « changement », et *zen* « le meilleur » : « Le changement pour le meilleur. » Concrètement, cela veut dire que la culture de l'amélioration permanente l'emporte sur toutes les autres. Conséquence, le métier de directeur de la qualité change aussi de nature. Puisqu'elle est intégrée dans chaque geste, à chaque étape du processus de fabrication, il ne s'agit plus de contrôler la qualité, mais de la construire. *Work in progress !*

R

R5

Mercredi 1er juillet 2020. Aujourd'hui, je commence un nouveau job, celui de patron d'un grand constructeur automobile européen. J'en ai rêvé. Je prends mes fonctions de directeur général de Renault. J'ai hâte de revenir dans l'entreprise où j'ai débuté en sortant de l'école Bocconi de Milan. J'ai lu des dizaines de livres sur l'entreprise, j'ai rencontré une palanquée d'anciens dirigeants venus spontanément à ma rencontre. J'ai beaucoup réfléchi. Je me suis construit ainsi une première idée des forces et des faiblesses de la maison. Mais, en réalité, je ne sais encore rien ou pas grand-chose. À mes yeux, le nerf de la guerre, ce sont les produits. Je brûle de savoir sur quels projets planche le bureau de design de Renault. C'est à partir de cette base que je pourrai entrer dans le vif du sujet, bâtir une stratégie de relance. Ma première décision est de demander qu'on me les présente.

Dès le lendemain, je mets le cap sur le technocentre de Guyancourt, situé au sud-ouest de Paris à une trentaine de minutes du siège de Billancourt. C'est dans ce lieu très protégé que les nombreuses innovations de la marque au losange sont imaginées, réalisées, testées, et que l'on invente les modèles de demain. Un concentré de matière grise qui rassemble 12 000 personnes. J'ai demandé que l'on regroupe toutes les voitures en cours de développement dans la même salle. Parmi elles, des petites voitures destinées aux marchés internationaux et un gros SUV électrique. Mais je dois avouer que je reste un peu sur ma faim. Je me rends compte qu'il va falloir faire une refonte complète de la gamme. Soudain, en avançant dans le bâtiment, j'aperçois une maquette qui ressemble à une R5. Impossible de la rater, elle est de couleur orange fluo. Curieux, j'interroge mes interlocuteurs du centre. « C'est quoi, ça ? » C'est, me répondent-ils, juste un travail exploratoire d'un designer, un exercice de style. Malin, ce créatif l'a tout de même placée à un endroit où il était sûr que je la verrais. « Il s'agit d'une proposition de petite voiture qui n'était pas électrique, me précise-t-on ; mais elle a été rejetée, car l'entreprise ne voulait pas se lancer dans le rétro design. » Je regarde longuement cet objet. Pour moi, l'évidence est là. Je prends la décision sur-le-champ : « C'est exactement ce qu'il faut faire ! Essayez de mettre ce design sur une plateforme. Mais il faut que ce soit une voiture 100 % électrique. On va faire la Renault 5 ! »

Bien sûr, en prenant cette décision, je pense au succès du relancement de la Cinquecento. Mais ce n'est pas ma seule source d'inspiration, loin de là. Tous les grands constructeurs automobiles ont dans leur gamme un ou des modèles qui incarnent, plus que les autres, leur ADN. Ce sont leurs classiques. Chez Renault, la 4L, la R5, la Twingo, l'Espace ou le Kangoo en font partie. Certains, comme la VW Golf ou la Mercedes Classe S, évoluent au fil des années sans jamais disparaître de la gamme, d'autres, comme la 500 ou la Mini, refont surface après une longue éclipse. Et cela marche presque à tous les coups. Lors de sa première vie, la R5 a marqué l'histoire de la marque.

Elle dispose de tous les atouts pour le faire une seconde fois. Le parallèle avec ce qui se passe aujourd'hui saute aux yeux. Dans les années 1970, elle a permis à l'entreprise de rebondir après les chocs pétroliers et de réussir sa transition vers la frugalité énergétique. À ce moment, on redoutait que le pétrole ne disparaisse ou, à tout le moins, ne devienne très cher. Une cinquantaine d'années plus tard, j'anticipe que la nouvelle R5 va devenir le symbole d'un autre rebond, celui qui propulsera Renault dans le petit club des champions de l'électrique.

Cette intuition m'invite à faire un voyage dans le passé, aux origines de cette voiture culte. Mieux la connaître pour mieux m'en inspirer.

En 1972, année du lancement de la Renault 5, je vivais en Afrique. J'avais 5 ans, mais je me passionnais pour tout ce qui roulait, je voulais déjà en faire mon métier. Dans ma famille, on ne jurait que par Fiat. Je me souviens que ma maman avait une Fiat 127, la concurrente de la R5. Mais comme nous fréquentions beaucoup les milieux francophones, j'avais bien remarqué que les mamans de mes copains français roulaient, elles, dans la nouvelle Renault. À vrai dire, j'étais un peu jeune pour prendre la mesure de l'événement. C'est quelques années plus tard, rétrospectivement, que j'avais découvert le génie qui habitait cette voiture. Autant d'innovations et d'audace sur 3,52 m, c'était bluffant ! Éclaboussante de modernité, incarnation des seventies, allégorie du pop art. Avec sa bonne bouille, ses couleurs acidulées, ses sièges en Skaï orange luisant, sa carrosserie trois portes, ses boucliers en plastique, ses protections latérales inédites, ses poignées de porte intégrées... D'emblée, la petite Renault avait imposé un nouveau concept : celui de la voiture accessible mais « branchée », comme on ne le disait pas encore à l'époque. À la fois pratique et fantaisiste, utilitaire et gratifiante pour son conducteur. Pour moi, elle ressemblait un peu à une petite R16, cette grande voiture familiale arrivée sur le marché en 1965 qui avait innové, bien avant la Golf, avec son hayon arrière lui donnant un look mi-berline, mi-break. Comme son aînée, la R5 était dotée de cet atout précieux qui agrandissait son coffre et le rendait plus facile d'accès. En posséder une ne renseignait pas sur votre niveau de vie, mais en disait beaucoup sur votre style de vie. Pour la première fois, révolution copernicienne, le standing du véhicule n'était pas corrélé à sa dimension.

Il fallait oser imaginer un tel cocktail ! Et ils avaient osé.

Le designer d'abord, Michel Boué, l'un des dix stylistes du studio Renault. Discret, il n'avait jusqu'alors « pas réalisé grand-chose de remarquable et aucune de ses idées n'avait été retenue », selon le patron de l'époque du bureau d'études. On pouvait espérer meilleur départ... Mais Boué était un passionné et un disciple de Raymond Loewy, pionnier du dessin industriel. Le mantra de cette star franco-américaine : « La laideur se vend mal. » Son obsession, réconcilier esthétique et aspects pratiques. Ses grands clients : Shell, Coca-Cola, Studebaker, Lucky Strike... Ainsi inspiré, Michel Boué avait présenté le 26 avril 1967 deux esquisses pour le très secret projet 122. Tous les ingrédients étaient déjà là. Look cubique, hayon arrière, calandre en forme de visage espiègle, larges surfaces vitrées... l'auteur de ce coup de maître évoquait « un petit objet aux formes souples, en harmonie avec l'esthétique féminine ». C'était osé mais prémonitoire. Les femmes voulaient s'émanciper et pouvoir travailler, le besoin d'une seconde voiture se faisait sentir. Chose rare, la maquette dévoilée ce jour-là avait été figée presque aussitôt. Le premier essai avait été le bon. Pour aller droit au but, le designer s'était appuyé sur une autre innovation de Renault, le « Renaultrama », qui permettait de voir la maquette au 1/5e en conditions de roulage, avec un décor défilant derrière elle. De la réalité virtuelle avant l'heure !

Autre homme à avoir pris le risque : le patron de l'époque, Pierre Dreyfus. D'emblée, il trouvait la petite nouvelle « marrante et sympathique » et avait dit « banco ». Cet enthousiasme avait gagné toutes les équipes de la Régie qui avaient donné vie au projet. Car, entre autres vertus, la R5 avait eu celle de galvaniser les troupes. Cela confirme mon idée qu'une voiture peut avoir du charisme. Un cas unique, à ma connaissance, dans le monde de l'industrie. Ce mélange de séduction et de conviction, cette qualité indescriptible qui fait sortir du lot la personne (l'objet en l'occurrence) qui en est dotée. C'est un sujet plus d'actualité que jamais dans notre secteur soumis à de nombreuses questions existentielles. Nous devons nous interroger : comment faire encore rêver avec un volant et quatre roues ? Comment faire retomber les jeunes générations amoureuses de l'automobile ? Comment concilier la passion et les nouvelles contraintes environnementales ? La première R5 était en cela un formidable sujet d'inspiration. Elle avait su casser les codes en restant financièrement dans les clous. Il aurait été facile de jouer la séductrice avec un budget *no limit*. Ce n'était pas son cas. La petite citadine avait donc dû être très maligne. Son ramage était révolutionnaire, mais sa mécanique traditionnelle. Moteur en position longitudinale et non transversale, barres de torsion transversales à l'arrière, plateforme récupérée de la 4L, vitres latérales plates plus faciles à usiner. Innovante, la Renault 5 l'avait aussi été sur le plan industriel. Elle avait aussi été la première à bénéficier de deux bonds en avant technologiques qui allaient révolutionner l'industrie automobile : la conception assistée par ordinateur et l'installation des premiers robots industriels sur le site pilote de Flins. Ainsi les coûts de développement avaient-ils été mesurés et les investissements avaient-ils pu se concentrer sur le glamour.

Pari gagné, puisque les ventes avaient vite décollé. Dès 1973, elles avaient dépassé les 100 000 exemplaires et permis d'accrocher la cinquième place du marché. L'année suivante, la R5 était devenue la voiture la plus vendue en France et l'était restée pendant près de dix ans. Jusqu'à ce qu'une certaine 205 montre le bout de son capot. Au total, jusqu'à sa retraite en 1985 (même cela, elle l'avait réussi avec son ultime pub « Adieu, monde cruel »), 3,5 millions d'exemplaires avaient été écoulés. Des chiffres énormes.

Pour atteindre ce score mirifique, la petite Renault, et c'est cela aussi que j'aime en elle, avait dû se battre comme une lionçonne. Sans cesse, elle s'était remise en question, avait testé de nouvelles versions et avait ouvert des voies. La TS avec ses sièges intégrés ajourés, l'Alpine survitaminée, la Turbo body-buildée avec moteur central et monstrueux élargisseurs d'ailes, la berline avec empattement allongé et coffre arrière classique pour le marché espagnol, la TX à la finition tellement soignée, la cinq portes, la « Le Car » pour le marché américain. Et même une version électrique – déjà ! – développée avec EDF : batteries au plomb, 80 km/h en pointe, 110 km d'autonomie.

Parfois, elle avait raté la marche. Qu'importe ! Le droit à l'erreur existait, et elle était repartie à l'assaut avec une nouvelle panoplie. Cette audace se reflétait dans ses publicités, qui utilisaient l'humour et le dessin. Une première, à l'époque, dans le monde automobile. Des yeux à la place des phares, une bouche à la place de la plaque d'immatriculation : stupéfiant anthropomorphisme.

La Renault 5 fut pourtant tout sauf une enfant gâtée, elle était née un an avant le choc pétrolier de 1973 et avait grandi avec la fin des Trente Glorieuses. Beaucoup de modèles européens n'avaient pas résisté à ce quasi-changement de civilisation. Elle, si. Elle avait même permis à l'entreprise de surfer sur la crise. Preuve de sa réactivité, une version GTL était sortie en 1976. Travaillée pour être la plus sobre possible, elle fut la première voiture à descendre sous le seuil symbolique des 5 litres aux 100 km.

Autant de vista faisait, je peux le confesser, quelques jaloux. En Italie, mais pas seulement. Et je connais plusieurs concurrents qui auraient payé cher pour se glisser dans l'antre de la R5 afin d'en percer les secrets.

Aujourd'hui, je l'imagine du haut de son panthéon regarder avec tendresse et passion le démarrage de sa petite sœur électrique et lui dire, comme dans une des pubs de l'époque : « Renault 5, une sacrée famille ! »

Cette filiation naturelle forge ma conviction. On fonce ! Avant de quitter Guyancourt, le 2 juillet 2020, je demande aux équipes de transformer la maquette orange en vraie voiture le plus rapidement possible. Cela implique quelques ajustements, mais c'est jouable. Pendant l'été, je découvre les premières esquisses sur un écran. En octobre, elle est déjà achevée. Les designers sont allés à la vitesse de la lumière pour relever le défi. Pas question de baisser le rythme. Lorsque je présente le projet « Renaulution », le 14 janvier 2021, le modèle, dont on a seulement retouché la peinture, est sur la scène derrière moi. Je l'ai choisi comme symbole de la nouvelle stratégie du groupe. Six mois seulement après le top départ. Aussi incroyable que cela puisse paraître, c'est exactement la voiture qui est produite en série en 2024 ! Je l'avais déjà constaté lors du retour de la Fiat 500, certains produits sont magiques. Pas besoin de discuter des semaines, tout le monde est toujours d'accord sur ce qu'il faut faire. Et fait ce qu'il faut faire. Il n'y a pas d'inertie. Quand les équipes font revivre une voiture qui a laissé de si bons souvenirs, elles y mettent beaucoup d'amour. C'est bon signe pour la suite, car le client reconnaît et voit cet amour dans la voiture.

Jour après jour, je suis cette naissance avec passion. Je l'ai appris de l'ingénieur Ferdinand Piëch et de Martin Winterkorn, auprès de qui j'ai travaillé chez Audi, mais c'est aussi ma nature profonde : je m'intéresse à chaque détail des nouveaux modèles. Je suis un freak, un dingue des produits. Cette nouvelle R5, j'en ai fait le tour des dizaines de fois, l'observant de façon quasi obsessionnelle. Des séances critiques intensives qui ont débouché sur de petits ou de grands changements. À l'exemple du pommeau du levier de vitesses situé au volant, dont on pourra choisir la couleur à la carte. Je me suis inspiré des étuis de rouge à lèvres pour l'imposer !

L'un des moments les plus forts de cette phase de développement, c'est la première prise en main de la voiture. Au milieu de l'année 2022, je suis convié à la conduire sur l'une de nos pistes d'essai. Personne ne peut la reconnaître, car elle est camouflée derrière des formes provisoires. Je me mets au volant accompagné de l'un des ingénieurs chargés du projet. Un pur bonheur. Les performances, les sensations de conduite sont spectaculaires. Je complimente mon copilote du jour. Sa réponse ne manque pas d'humour : « C'est quand même la voiture du patron, on n'avait pas le droit à l'erreur ! » Tiens, tiens... Renault serait-elle en train de redevenir l'entreprise humaine, sympathique et accessible qu'elle a toujours été, notamment dans ses périodes glorieuses ? Je l'ai ardemment souhaité. J'ai pensé que faire revivre une voiture culte y contribuerait. Nous sommes sur la bonne voie !

Culte mais de son temps. La nouvelle Renault 5 n'a en réalité pas grand-chose à voir avec son aînée. Dans ce métier, tout part de la plateforme. La sienne est entièrement conçue pour la traction électrique. J'ai bataillé contre certains de mes collègues qui défendaient une approche mixte permettant d'en faire aussi une voiture à moteur hybride. Mais, à l'arrivée, l'avantage est considérable. Nous sommes les premiers à faire ce choix en Europe. Cela nous donne une avance d'au moins deux ans sur nos concurrents. La Renault 5 n'embarque que 12 modules de batteries contre 17 pour ses rivales. Un gain de poids et d'espace.

J'ai aussi insisté pour faire de ce modèle un concentré de technologie interactive. L'idée, c'est d'en faire un compagnon utile et vivant.

Utile, car c'est la première voiture capable de renvoyer de l'énergie dans un réseau privé. Son propriétaire peut utiliser le courant restant dans la batterie chez lui avant de la charger aux heures creuses. Ce choix technique est coûteux pour le constructeur, mais génial pour le consommateur : d'après nos études, celui-ci pourra économiser jusqu'à 50 % de sa facture d'électricité.

Vivant, car un avatar se déplace de votre smartphone au tableau de bord. Un petit personnage nourri à l'intelligence artificielle qui parle au conducteur. Pour l'alerter d'un danger ou lui recommander un paysage à regarder.

À l'image d'un Tamagotchi, il vit et apprend. Cela donne de l'humanité à la voiture. Et un peu d'auto-ironie que seules les grandes marques peuvent se permettre d'avoir. Qu'on se le dise, la Renault 5 est pop !

Ce n'est pas tout, à l'exemple d'une Tesla, elle est diagnostiquée et mise à jour à distance. Les progrès du software ne sont donc plus réservés aux milieux aisés. Véritable *game changer* de l'industrie automobile, elle entre sur le marché avec un prix compétitif : 33 500 euros, soit 1 500 euros de moins qu'une Zoe. Pour 400 km d'autonomie !

Fin de l'histoire ? Non. Le produit est certes très important à mes yeux, mais cette aventure a une autre dimension, essentielle pour la France. Celle de la relance industrielle et du combat contre le déclin.

Renault

Renault, c'est la France. Avec son génie et ses trous d'air, sa modernité et ses vieux réflexes. L'entreprise née en 1898 n'a cessé de jouer les premiers rôles dans l'industrie automobile depuis cent vingt-cinq ans. Elle me fait penser à ces acteurs de cinéma qui chutent, mordent la poussière, mais remontent sur leur cheval pour repartir au combat. Elle a connu de nombreuses périodes difficiles, mais elle a toujours trouvé les ressources et les bonnes idées pour rebondir. Elle collectionne les modèles innovants qui ont marqué l'histoire. Quand je suis arrivé à sa tête en juillet 2020, Jean-Dominique Senard avait commencé à remettre l'entreprise sur pied. Les équipes étaient encore sous le choc du départ brutal de Carlos Ghosn, P-DG tout-puissant de 2005 à 2019. Pour les mêmes raisons, l'alliance avec Nissan, l'alpha et l'oméga de la stratégie suivie jusque-là, était figée dans l'inaction. Aujourd'hui, beaucoup de choses ont changé. La machine a redémarré. Ma conviction, c'est que Renault s'apprête à renouer avec les plus belles heures de son passé. La transition vers l'énergie électrique est, de ce point de vue, une opportunité unique.

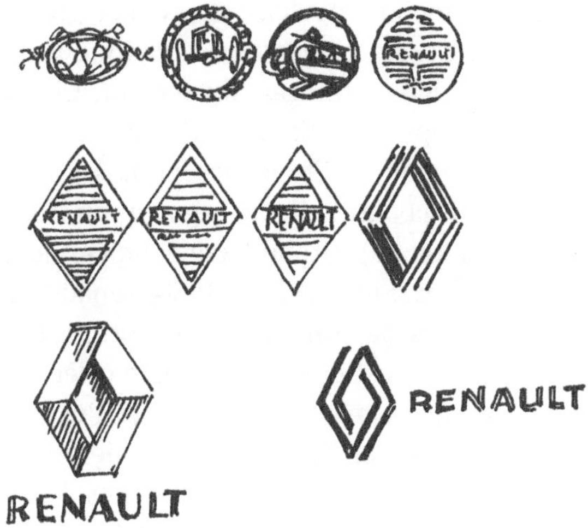

Flash-back. L'histoire de l'entreprise fait corps avec celle du XXe siècle. Créée en 1898 par les frères Fernand, Marcel et Louis Renault, elle a survécu à deux guerres mondiales et à plusieurs crises majeures, dont celles de 1929 et des trois chocs pétroliers. Dès l'origine, elle s'installe à Boulogne-Billancourt, une commune limitrophe de Paris, qu'elle ne va plus jamais quitter. La première voiture lancée par Renault frères est une voiturette dérivée d'un tricycle, équipée d'une boîte de vitesses à prise directe inventée par Louis Renault. Responsable du développement technique, il enchaîne ensuite les innovations et apporte ainsi sa contribution au développement de la très jeune industrie automobile. Les frères Renault redoublent d'initiatives pour faire croître leurs ventes. Ils se lancent dans la compétition automobile pour se faire connaître. Pendant la Première Guerre mondiale, il oriente l'entreprise vers les marchés militaires : fabrication de munitions de moteurs d'avion et même d'un char, le Renault FT. La demande est forte, ce qui l'incite à mettre en place le travail à la chaîne. En quelques années, la firme de Billancourt devient le premier groupe privé de France. L'entre-deux-guerres est marqué par la rivalité avec l'autre acteur français du secteur, Citroën. Une émulation qui dope la croissance des deux entreprises. La gamme de Renault s'étend des petites voitures aux camions. Elle fait la part belle au segment du très haut de gamme avec les Renault Grand Luxe équipées de moteurs six et huit cylindres. Entre 1920 et 1930, Renault met aussi en place les piliers de son expansion future. Un réseau de concessionnaires est créé dès 1920, le célèbre losange devient le logo de la marque en 1925 et l'usine de l'île Seguin est inaugurée en 1929. Cette dernière est révolutionnaire : elle est dotée de plusieurs pistes d'essai, d'un embarcadère pour expédier les automobiles par voie fluviale et d'une centrale électrique. Hélas, le timing est loin d'être idéal. À peine ouvert, le site est frappé de plein fouet par la crise de 1929, dont les effets se font ressentir pendant plusieurs années. La production s'effondre. Quand le Front populaire arrive au pouvoir, les mouvements sociaux se propagent dans le pays. Les premières grèves se déclenchent dans les usines Renault de Billancourt, qui deviennent des bastions de la contestation syndicale. Elles vont le rester longtemps. La Seconde Guerre mondiale succède aux années de marasme. Des heures sombres pour Renault. Cette fois encore, l'entreprise de Billancourt se met en ordre de marche pour participer à l'effort de guerre. Mais l'occupation allemande change tout. L'entreprise est contrainte de produire des camions pour le régime nazi. Dans la foulée, elle est nationalisée en 1945 sur ordre du Conseil national de la Résistance (CNR). Pour marquer le coup, elle est rebaptisée « Régie nationale des usines Renault ». Elle démontre immédiatement que son potentiel créatif est intact. Elle joue un rôle décisif dans la démocratisation de la voiture avec le lancement de la 4 CV en 1947. La « quatre-pattes », c'est son surnom, fait écho à la Coccinelle allemande, qui arrive sur le marché au même moment outre-Rhin. C'est la voiture la plus vendue en France jusqu'en 1955. La Régie l'engage dans plusieurs compétitions sportives. Elle y excelle : une version développée spécialement l'emporte dans sa catégorie aux 24 Heures du Mans ! Après la 4 CV, c'est la Dauphine qui entre en scène en mars 1956. Encore un triomphe avec plus de 2 millions d'exemplaires produits jusqu'en 1967. On est entré dans les Trente Glorieuses. Renault en profite pleinement. L'entreprise nationalisée enchaîne les nouveautés qui font mouche : la R4 en 1961, la R8 en 1962 ou la R16 en 1965 séduisent les ménages.

Mais deux crises majeures vont la déstabiliser. La première, c'est Mai 68. Les usines Renault sont les premières à être occupées par les ouvriers en grève. La France est à l'arrêt. Pour débloquer la situation, le Premier ministre gaulliste Georges Pompidou organise une grande négociation sociale. Les accords de Grenelle, signés le 27 mai, décrètent une hausse du SMIG (l'ancêtre du SMIC) de 35 %. Quelques jours plus tard, le travail reprend. Les Français ont gagné du pouvoir d'achat, mais tout se paie : les coûts salariaux supportés par les entreprises sont devenus plus élevés...

Après plusieurs semaines de chaos, l'économie et Renault repartent de l'avant. En 1972, un nouveau modèle star, la R5, arrive sur le marché. Cette petite voiture, qui prend de facto la place de la 4L dans la gamme, tombe à pic sans le savoir. Car une deuxième crise, lourde de conséquences pour l'industrie automobile, et que personne n'a vue venir, succède à Mai 68. Le choc pétrolier de 1973 et sa réplique de 1979 plongent le monde occidental dans la récession et l'inflation. Les prix à la pompe flambent. Subitement, on ne parle plus que d'économies d'énergie dans les médias. C'est une aubaine pour les petits modèles comme la R5. Celle-ci va devenir la voiture du rebond pour Renault. Cela n'empêche pas les comptes de l'entreprise nationalisée de virer au rouge vif. En 1984, elle perd 12,5 milliards de francs (environ 2 milliards d'euros). Le gouvernement socialiste décide alors de confier le redressement de l'entreprise à Georges Besse, l'homme qui vient de restructurer le champion de l'aluminium Pechiney. Mais celui-ci n'a pas le temps d'agir. Il est assassiné par un commando d'Action directe devant son domicile, en novembre 1985. Les salariés de l'entreprise sont sous le choc. « Les premiers succès de sa politique sont déjà apparents pour tout le monde, déclare le lendemain matin Patrick Faure, le délégué général de la Régie Renault ; l'équipe de direction de Renault est déterminée à poursuivre dans la voie qu'il avait tracée. » Nommé peu après, son successeur Raymond Lévy s'attelle à la tâche. Aidé par son actionnaire public, qui injecte 12 milliards de francs, il remet les comptes de Renault à l'équilibre. Côté produits, il peut compter sur un succès inattendu, celui de l'Espace, un monospace familial imaginé par le groupe Matra (Lagardère) en 1979, dont Renault reprend le développement à partir de 1984. Autre bonne nouvelle, les marchés de l'automobile s'agrandissent grâce à la mondialisation qui prend toute son ampleur à partir des années 1980. Les constructeurs de tous les pays cherchent à tisser des alliances ou à faire des acquisitions. Le groupe Volkswagen rachète l'espagnol Seat en 1986 et le tchèque Škoda en 1991. S'estimant trop petit, le

Suédois Volvo, spécialiste du haut de gamme et des poids lourds, approche Renault. Les deux entreprises annoncent un premier accord en 1990, puis leur mariage en septembre 1993. Mais les actionnaires de Volvo, dont certains s'inquiètent de la présence de l'État français dans le capital du nouvel ensemble, font brutalement volte-face : le divorce est prononcé seulement trois mois plus tard !

Entre-temps, Renault est devenue une société anonyme à capitaux publics et Louis Schweitzer a pris les commandes en 1992. La privatisation décidée par le gouvernement Juppé en 1996 lui donne les mains libres pour chercher activement de nouvelles opportunités. En 1999, la firme au losange prend le contrôle de Nissan, en grande difficulté, et rachète Dacia en Roumanie. Ces deux opérations la propulsent dans le petit club des géants mondiaux du secteur. Schweitzer confie l'entreprise japonaise à Carlos Ghosn, entré chez Renault quelques années plus tôt pour lancer un vaste programme de réduction de coûts. Une fois le redressement de Nissan opéré, Ghosn devient le seul maître à bord. Il poursuit un objectif : faire de Renault le leader mondial du secteur. Deux nouvelles acquisitions consolident l'édifice ; AvtoVAZ en Russie en 2013 et Mitsubishi en 2016. Mais tout s'arrête brutalement lorsqu'il est arrêté par la justice japonaise le 19 novembre 2018. L'entreprise entre dans une nouvelle crise. La dernière ?

Peu de temps après, en 2019, Jean-Dominique Senard, le président du conseil d'administration, un homme d'une grande expérience, mais aussi d'une élégance rare et d'une grande éthique, me propose d'en devenir le directeur général. J'ai tout de suite cru en lui, je n'ai pas hésité une seconde.

Jeune diplômé de l'école de management Bocconi à Milan, j'ai commencé ma carrière au sein du service marketing de Renault. J'étais chargé du programme Clio 2.

J'y suis resté plus de sept ans. Je suis donc le premier patron de Renault qui a commencé en bas de l'échelle de l'entreprise. Beaucoup de gens me déconseillent de prendre ce poste. En fait, cela décuple ma motivation. C'est une constante de ma carrière, je vais toujours chercher les gros problèmes. Quand la situation est difficile, on peut faire la différence ! Il n'y a pas besoin de grand leader quand tout marche bien ! J'ai appris beaucoup de choses chez Toyota, chez Fiat et dans le groupe Volkswagen. Je me dis que je vais essayer de les appliquer en devenant patron d'un groupe pour la première fois. Renault est une entreprise qui a parfois manqué de constance. Elle était, par exemple, en avance dans le secteur de l'électricité, mais elle a lâché l'affaire. Elle a deux grandes qualités à mes yeux pour rebondir. Elle dispose d'un vivier de talents extraordinaires et elle est humaine et accueillante. Longtemps on a pensé qu'il fallait être le plus gros possible pour être compétitif et que tout marche bien. L'histoire récente des groupes Volkswagen et Renault, leaders mondiaux éphémères, respectivement en 2012 et en 2017, a prouvé que cela ne protégeait pas de graves ennuis. Toyota, qui leur a succédé, est aussi entré dans une tempête à cause des ennuis de sa filiale Daihatsu. Aujourd'hui, il n'est plus suffisant d'être un géant. Jusqu'à présent, il y avait deux écoles. Celle des Allemands ou de Toyota, qui valorise l'innovation technologique et la mondialisation des composants, et celle de Stellantis, qui veut accroître sa taille critique pour baisser ses coûts de revient (c'était d'ailleurs aussi la stratégie de Carlos Ghosn lorsqu'il était président de l'alliance Renault-Nissan). Je pense qu'il y a une troisième voie, fondée sur l'agilité et l'innovation. C'est pour cette raison que l'alliance avec Nissan a été réinventée. Par sa stratégie et sa structure, Renault doit devenir une entreprise adaptée à la nouvelle modernité de l'automobile.

Passage à l'électrique, software, économie circulaire… un chapitre s'ouvre avec l'arrivée de technologies différentes et très évolutives. Les marchés sont devenus volatils. L'idée, c'est de rester léger pour affronter la tempête et les grosses vagues. Nos organisations doivent être mobiles, ouvertes aux idées nouvelles et prêtes à prendre des risques. Renault, sortant d'une crise, n'avait rien à défendre. Une situation idéale pour reconstruire l'entreprise et la préparer au futur. Désormais, notre seul et unique objectif est de surprendre les clients.

Renault, Louis

Ceux qui l'ont connu l'on décrit taciturne, silencieux, solitaire. C'est peu dire que je ne ressemble pas à Louis Renault, le fondateur de l'entreprise qui porte son nom et que j'ai l'honneur de diriger aujourd'hui. Mais nous avons un point commun. Comme moi, c'était un fou d'automobile. Je ressens une immense fierté de contribuer à construire l'histoire qu'il a commencée. Car il fait partie du petit club très fermé des bâtisseurs de l'industrie automobile européenne. Ses pairs s'appellent Carl Benz, Giovanni Agnelli, Henry Ford, Ferdinand Porsche ou André Citroën. Des géants dont les noms résonnent encore au moment où s'achève le premier quart du XXIe siècle.

En février 1899, il a été l'un des tout premiers à se lancer dans cette folle aventure, soutenu par ses frères Marcel et Fernand. Qu'elles sont émouvantes, les photos d'époque des trois fondateurs qui posent dans leur première usine sans un sourire et sans regarder l'objectif du photographe ! Moustache ou barbe bien taillées, redingote et chapeau melon, ils ont la classe, les frères Renault. Au sein du trio, Louis est l'ingénieur, celui qui invente les voitures. Dès 1898, la veille de Noël, il a fait sensation en grimpant la rue Lepic à Montmartre au volant de sa première création. Tout juste libéré des obligations militaires, il a fabriqué lui-même cette auto, assisté d'un camarade de régiment. Dans la soirée, qu'il passe avec des amis dans un cabaret, il enregistre 12 commandes. Et tous les acquéreurs paient un acompte ! Puisqu'il faut produire, Louis embarque ses frères dans la création de l'entreprise Renault frères. Le siège est à Billancourt. Il n'en bougera plus. La petite affaire démarre sur les chapeaux de roues. En 1900, la centaine d'ouvriers embauchés fabriquent déjà 179 voitures. Les trois frères ont le sens des affaires. D'un côté, ils s'engagent dans les courses automobiles, comme Paris-Toulouse-Paris, qu'ils gagnent, ce qui prouve la fiabilité de leurs voitures, de l'autre, ils tissent déjà un réseau d'agents dans le monde. En 1903, Renault est considérée comme le plus grand constructeur de la planète avec 1 000 unités assemblées à Billancourt. Hélas, Marcel se tue dans un accident lors de la course Paris-Madrid. Louis peut heureusement encore compter sur l'aide de Fernand, qui liquide l'affaire familiale de boutons pour se consacrer à l'automobile. Ensemble, ils vendent 1 500 taxis à Paris et lancent un premier autobus Renault. Un moteur d'avion suit en 1907. Tout ce qui se déplace avec un moteur les intéresse ! Quand Fernand décède à son tour, en 1908, frappé par la maladie, Louis Renault se retrouve seul aux commandes. C'est un infatigable bosseur. Il travaille sept jours sur sept. Il s'est même aménagé un atelier dans sa propriété de Herqueville, en Normandie, qu'il aime présenter à ses amis. Son épouse, la cantatrice Jeanne Hatto, tente de le divertir en invitant les grands compositeurs Gabriel Fauré et Maurice Ravel à leur table. La musique est le seul sujet qui le détourne un peu de l'industrie ! Mais le couple ne résiste pas à ce rythme de vie. Jeanne et Louis se séparent, tout en restant en bons termes, juste avant la Première Guerre mondiale.

Côté entreprise, tout se passe bien, en revanche. En 1911, le chef d'entreprise voyage aux États-Unis, où Renault vend ses voitures. Sa notoriété a déjà franchi l'Atlantique. À Philadelphie, il rencontre l'ingénieur Frederick Winslow Taylor, qui vient de développer sa théorie de la division horizontale du travail. À Détroit, il fait connaissance avec Henry Ford. Avec ce dernier, le courant passe : les deux hommes partagent la même vision de leur métier. Ils détestent les grands discours et privilégient l'action dans les usines. Ils vont se voir à de nombreuses reprises après la guerre. De retour en France, Louis Renault ne perd pas de temps pour appliquer ce qu'il a appris aux États-Unis. Il introduit le taylorisme dans ses usines, ce qui déclenche quelques mouvements sociaux qu'il mate parfois vigoureusement, se forgeant à cette occasion une réputation de patron dur et impitoyable. Lorsque la guerre éclate, il est devenu le premier constructeur automobile français. Dispensé d'aller sur le front, il mobilise son entreprise au service de l'effort de guerre. Il produit des obus, fournit des pièces aux fabricants de fusils, conçoit des chars plus légers que ceux détenus par l'armée en un temps record. Il équipe également les avions de Louis Breguet d'un moteur de 300 ch, ce qui les rend plus rapides que leurs concurrents allemands.

À la fin de la guerre, l'industriel se remarie avec une fille de notaire, Christiane Boullaire, qui lui donne un fils en 1920, Jean-Louis. Tient-il enfin un successeur ? Louis Renault y songe : dès qu'il sera assez grand, il va le former aux disciplines techniques et l'envoyer en stage dans les usines, sans doute parce que, à ses yeux, il n'y a pas de meilleure école que celle qu'il a lui-même suivie.

Parallèlement, l'entreprise poursuit sa croissance. Soucieuse de contribuer à l'activité du pays, elle ne se contente pas de fabriquer des voitures. Elle se diversifie notamment dans les tracteurs, les autorails et les moteurs d'avion. En 1933, Renault vole même au secours de la Société des avions Caudron, confrontée à de graves difficultés financières. Les années de l'entre-deux-guerres sont notamment marquées par la rivalité avec André Citroën. Difficile de trouver des personnages plus différents. L'un est introverti et passionné par les développements industriels, l'autre est fêtard et obsédé par les innovations marketing. En réalité, ils se complètent. D'ailleurs, ils s'observent, se marquent à la culotte. Bref, ils s'inspirent mutuellement. De Billancourt au quai de Javel, dans le 15e arrondissement de Paris, où s'est installé Citroën, il n'y a qu'un pas... À cette époque, une grande partie de l'industrie automobile française est postée aux portes de la capitale. Mais il est un domaine où Louis Renault fait nettement mieux que son rival, c'est la gestion et le management. Quand la crise financière des années 1930 survient, il taille dans les effectifs et réduit ses frais généraux. Moins prudent, André Citroën fait faillite en 1934... La suite est plus sombre. Les conflits sociaux secouent Renault. Notamment lorsque le Front populaire arrive au pouvoir en 1936. Privé de ses contacts habituels dans l'appareil d'État, Louis Renault peine à maintenir le cap. Les temps sont durs. D'autant que Hitler ne cache pas ses intentions belliqueuses, et que la guerre ne tarde pas à éclater. Sous l'Occupation, les Allemands exigent que les usines de Billancourt se consacrent à la production de camions militaires pour leur armée. Resté à son poste, l'industriel ne s'y oppose pas. Son obsession est de maintenir son entreprise en vie. Pas simple, les bombardements des alliés détruisent une partie des usines en mars 1942. Enfermé dans son bureau, irascible, fatigué, il perd progressivement pied. Sa santé se dégrade. Aurait-il pu, aurait-il dû, agir différemment ? Ce n'est pas à moi de juger. Quelques semaines après la libération de Paris, il se constitue prisonnier. Il est inculpé de commerce avec l'ennemi et emprisonné à Fresnes le 27 septembre 1944. Gravement malade, il meurt le 24 octobre 1944 dans une clinique, en l'absence de ses proches. Sa fin ne pouvait pas être plus triste, mais son héritage industriel lui a survécu. Et pour longtemps.

Robots

Pas de robots, pas d'autos ! L'essor de l'industrie automobile est étroitement lié à l'automatisation ininterrompue de ses lignes de production. Les premiers robots sont arrivés dans les usines au début des années 1960, chez General Motors et chez Ford. Leur usage s'est ensuite généralisé à partir de la fin des années 1970. Dans un premier temps, les constructeurs ont cherché à réduire leurs coûts et à augmenter la productivité. Les premières machines étaient assez lentes et répétaient des tâches simples. Mais leurs performances se sont rapidement améliorées. Pour faire une carrosserie, 80 personnes et 300 robots réalisent le travail de 3 000 personnes. L'évolution est identique dans le domaine de la peinture, un métier très pénible. Les robots ont aussi joué un rôle décisif dans l'amélioration de la qualité, éliminant les risques d'erreurs humaines. Grâce à eux, la sécurité a aussi fortement augmenté. Aujourd'hui, seul l'assemblage final des voitures, le moment où on installe le tableau de bord ou les garnitures de portes, par exemple, requiert encore une intervention manuelle.

Le progrès technologique ne se met jamais en mode pause. De nouveaux robots ont fait leur apparition. Ils sont plus intelligents, plus autonomes, plus collaboratifs. Boostés par l'intelligence artificielle, ils sont capables de reconnaître les formes et de travailler avec l'homme. Les « cobots », c'est ainsi que l'on surnomme les robots collaboratifs, sont chargés d'effectuer des missions de soudage très complexes avec une précision extrême et une répétabilité sans égale. De leur côté, les robots mobiles autonomes chargés de transporter des pièces sont capables de prendre des décisions en faisant appel à des scanners laser et à des algorithmes de reconnaissance d'objet pour se mouvoir dans les entrepôts. Ils sont ainsi en mesure de contourner les obstacles, ce qui, dans un système de flux tendus, permet d'éviter l'arrêt de la production.

Cette nouvelle génération d'équipements nourrit la croissance du secteur de la robotique automobile. Le marché mondial devrait progresser de 11 % par an d'ici à

2028, selon la société d'études Mordor Intelligence. Tous les industriels renouvellent ou étendent leur parc. Mais c'est la Chine qui joue les locomotives. On estime que ses entreprises lancées dans la course à l'électrique ont installé la moitié des nouveaux robots de la planète en 2021. À ce rythme, elle devrait combler rapidement son retard sur les pays les plus robophiles. D'après un rapport de la Fédération internationale de robotique (IFR), c'est pour l'instant la Corée du Sud qui est le plus grand utilisateur de robots dans l'industrie automobile, avec un ratio de 2 867 robots pour 10 000 employés, loin devant l'Allemagne (1 500) et les États-Unis (1 457).

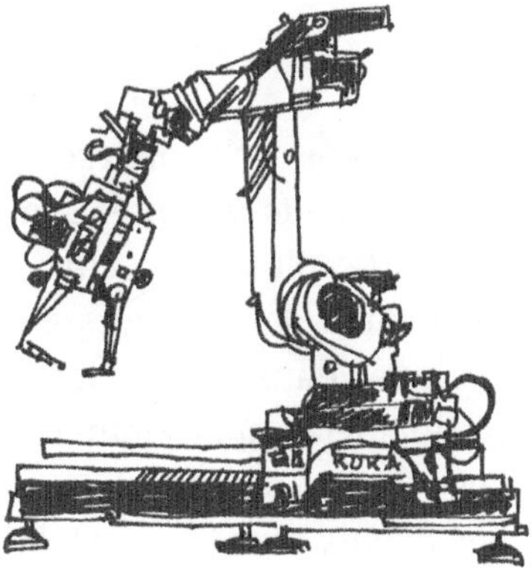

Au total, 1 million de robots sont désormais opérationnels dans les usines des constructeurs. Cela représente le tiers du parc, tous secteurs d'activité confondus ! On ne peut trouver meilleur indice de l'importance de l'industrie automobile dans l'économie mondiale.

Dommage évidemment que cette activité échappe de plus en plus à l'Europe. À l'exception notable du leader ABB, à la fois suisse et suédois, la plupart des champions du robot portent les couleurs asiatiques. Kuka, une pépite allemande, a été rachetée par un groupe chinois spécialisé dans l'électroménager, Fanuc, Yaskawa et Nachi-Fujikoshi sont japonais. Sur ce marché très concurrentiel, on recense, d'après l'IFR, moins de start-up que par le passé. Seuls quelques Coréens, favorisés par un marché intérieur dynamique et une politique industrielle très incitative, tentent une percée. Mais il n'y a rien de rédhibitoire pour les constructeurs du Vieux Continent : on peut toujours faire de très bonnes voitures avec des robots *made in* ailleurs !

Rolls-Royce

Ce mythe à quatre roues cache bien son jeu. À son bord, tout n'est que luxe, calme et volupté. Son nom ouvre sur un monde où règnent les plus beaux cuirs, les bois vernis, les moquettes opulentes, les moteurs en V somptueux. Aucune autre marque, dans aucun secteur que ce soit – haute couture, joaillerie, maroquinerie –, n'est identifiée comme l'est Rolls-Royce au luxe absolu. Et cela, sans discontinuer depuis plus d'un siècle. Et pourtant... Derrière cet univers scintillant, que de drames, de souffrances et de rebondissements spectaculaires !

Commençons par le début. Charles Rolls, né à Londres en 1877 ; Henry Royce, né à deux heures de Birmingham en 1863. Ces deux-là étaient faits pour ne jamais se rencontrer.

Le premier, rejeton d'une riche et illustre famille d'aristocrates, diplômé d'Eton, puis de Cambridge. En tant que cadet, il n'héritait pas de grand-chose. Il était « *the spare* » (« le suppléant »), comme un certain prince Harry, cent vingt ans plus tard. Mais contrairement à ce dernier, il était un sacré bûcheur. Fou de voitures et d'avions, féru de mécanique, il passait du smoking au bleu de travail avec le plus grand naturel. Il courait lui-même à bord de nombreux bolides et s'était endetté pour ouvrir une luxueuse concession automobile. Dans sa vitrine, des modèles étrangers pour l'essentiel, car, en ce début de XXe siècle, l'industrie automobile britannique était balbutiante. Or, ces coûteux véhicules le frustraient : guère confortables, peu fiables, désagréables à conduire. L'idée germait, pour obtenir l'excellence et toucher à l'idéal, il lui fallait construire lui-même sa voiture.

Changement de décor avec l'autre « R », Royce. On bascule dans Dickens. Henry était le fils d'un modeste meunier mort jeune après avoir fait faillite. À 10 ans, il hantait les rues de Londres, enchaînait les jobs misérables, mourait de faim. Il avait dû son salut aux chemins de fer, dans lesquels il était entré comme apprenti à ses 15 ans. Travailleur acharné, passionné lui aussi de mécanique, enchaînant les formations, il était entré dans une usine d'outillage, puis chez un producteur d'électricité. En 1886, à 23 ans, il en savait assez pour monter sa propre affaire à Manchester. Au programme, fabrication de matériel électromécanique, puis de grues et de ponts roulants. Le succès avait été rapide, et la fortune aussi, tant Royce le perfectionniste était habité par un souci de qualité totale. En 1900, il achetait sa première voiture, une Decauville bicylindre. Mais il ne l'appréciait guère : crachotante, salissante, bruyante. Se retroussant les manches, il avait décidé en 1902 de bricoler le modèle de ses rêves à partir de la Decauville. Miracle ! Plus de vibrations, démarrage au quart de tour, silence de fonctionnement... Les amateurs d'automobile étaient tombés sous le charme. Deux autres exemplaires avaient alors été fabriqués, dont l'un pour le collaborateur de Royce, Henry Edmunds.

Personnage central, cet Edmunds. Il admirait le talent de Royce et connaissait le carnet d'adresses de Rolls. Il fit donc tout pour rapprocher ces deux personnages si opposés, façon *Amicalement vôtre*. Pas gagné d'avance. L'aristocrate s'interrogeait sur la valeur de cet autodidacte, n'avait guère envie de se déplacer à Manchester, méprisait un brin les moteurs deux cylindres, auxquels il préférait les quatre et six cylindres. L'ancien gamin des rues, lui, n'avait guère d'estime pour celui qu'il pensait être un fils à papa. Faisant sa mauvaise tête, il refusait de se rendre à Londres.

À force de diplomatie, Henry Edmunds parvint enfin à organiser une rencontre au sommet. Le lieu, le Midland Hotel de Manchester, un haut bâtiment en briques, toujours élégant de nos jours. Winston Churchill, plus tard, y eut ses habitudes et laissa le souvenir de son appétit d'ogre. Le 4 mai 1904, donc, les deux R se retrouvent dans la salle à manger de l'établissement. Et là, coup de foudre amical ! Henry Royce découvrit un passionné de mécanique, capable de parler comme personne des voitures, prêt à entrer dans les moindres détails de conception ou de fabrication. Charles Rolls tomba en admiration devant le génie industriel de son aîné et devant la qualité de la Decauville remastérisée. Le soir, il confia à un ami : « J'ai rencontré le plus grand ingénieur du monde. » Tope là ! La société Rolls-Royce fut créée. À Henry, la construction des voitures ; à Charles, la promotion et la vente. Et aussi la définition du produit, car le jeune aristocrate connaissait intimement les exigences des « *beautiful people* ». Magnifique association qui fit rapidement des étincelles : la 40/50 HP Silver Ghost, en 1907, bluffa le public.

Dans le même temps, Charles Rolls vivait son autre passion, l'avion. Avec une intensité totale. On lui doit la première traversée de la Manche dans le sens Angleterre-France, le 2 juin 1910. Bravade comprise… Plutôt que de se poser chez nous, il fit demi-tour et retraversa la Manche. Auréolé de son triomphe, il participa un mois plus tard à un grand meeting aérien. Le drame l'y attendait. La queue de son appareil se brisa, l'appareil piqua, le héros fut tué. Royce se retrouva seul à la tête de la firme.

Une charge écrasante, à laquelle le patron se consacra à corps perdu. En 1911, il tomba gravement malade à cause du surmenage et des séquelles de la malnutrition subie pendant sa jeunesse. Son système digestif était affecté. En 1912, il dut subir une lourde opération à l'issue de laquelle les médecins ne cachèrent pas leur pessimisme. Ils ne lui donnaient que quelques mois à vivre. Royce s'en releva pourtant et ignora les injonctions des blouses blanches. Au lieu de se reposer, il replongea dans le boulot. D'une manière quasi compulsive. Prenant à peine le temps de se soigner ou même de se restaurer convenablement. Ses médecins se fâchèrent et l'obligèrent à s'installer au calme, loin de ses usines. Dans la campagne du Sussex pendant les beaux jours ; au Canadel, dans le midi de la France, pendant l'hiver.

Une étonnante logistique s'était mise en place. Une grande partie de l'état-major et des bureaux d'études suivait le patron dans ses déplacements. Et devait se soumettre à ses horaires, commandés par les lourdes contraintes médicales qui pesaient sur lui. Royce ne lâchait rien et se montrait parfois tyrannique. « Malgré cette transhumance, qui nuisait à leur vie de famille, les collaborateurs étaient subjugués, raconte la dynamique association Rolls-Royce Enthusiasts' Club (RREC), qui réunit des milliers de propriétaires de Rolls. Ils étaient conscients de travailler avec un concepteur d'exception. »

De fait, Royce, sur son lit de douleur, arriva à améliorer encore la Silver Ghost, puis à lancer les Phantom I et II. Des monuments de luxe et de confort, adoptés aussitôt par les têtes couronnées et les grandes fortunes de la planète.

Son coup de génie fut aussi le développement du moteur d'avion R, qui permit à un appareil, en 1929, de battre le record du monde de vitesse, à 576 km/h. Henry Royce, à 66 ans, fut alors anobli par le roi George V.

En 1931, malgré sa santé défaillante, il prit le monde des affaires par surprise en rachetant la marque Bentley, alors en difficulté. Un pari gagnant qui a permis de dynamiser Rolls-Royce. Le polytechnicien et historien de l'automobile Paul Badré a développé une analyse très intéressante, reprise par l'association RREC. « La perfection de la Silver Ghost tenait à cette collaboration si réussie entre Charles Rolls l'inspirateur et Henry Royce le constructeur, tous deux remarquables dans leur partie. Privé de Rolls, Royce conçoit les modèles suivants selon ses propres critères, presque exclusivement techniques. D'excellentes voitures, mais il leur manque ce panache, cette étincelle qu'apportait Rolls. Progressivement, les Rolls-Royce ont évolué en Royce-Royce. Il leur manque quelque chose. » Le rachat de Bentley, selon Paul Badré, fut l'alchimie qui permit de redonner aux Rolls « ce chic, ce côté sportif, cette allure qui leur manquaient et de refaire des voitures exceptionnelles ».

Royce décéda le 22 avril 1933 dans sa maison du Sussex. Quelques heures auparavant, il s'acharnait encore à concevoir le futur système de réglage des amortisseurs arrière commandé depuis le volant. Une plaque commémorative posée à Canadel rappelle que « dans cette propriété a séjourné de 1911 à 1931 sir Henry Royce, mécanicien ». Modestie magnifique d'un homme hors du commun dont l'héritage a prospéré jusqu'à nos jours, y compris sous les bannières de BMW, qui a racheté Rolls, et de Volkswagen, propriétaire de Bentley.

Depuis la première Silver Ghost, les Phantom, Silver Cloud, Silver Shadow, Corniche, Silver Spirit, Spur et autres Spectre ont défilé sur le tapis rouge avec leur silhouette insensible aux outrages du temps, leur intérieur de luxueux boudoir et leurs mécaniques toujours à l'avant-garde de l'innovation. Au bout des longs capots Rolls, la statuette *Spirit of Ecstasy* n'a pas pris une ride. Commandée en 1911 au sculpteur Charles Sykes par réaction aux fantaisies de mauvais goût qui proliféraient sur les calandres de l'époque, elle veille à la solidité du temple. Certains jurent même l'avoir vue sourire quand David et Victoria Beckham, dans le documentaire Netflix qui leur est consacré, rendent hommage avec un humour très *British* à l'icône Rolls-Royce. Le joueur demande avec insistance à sa femme, qui ne veut pas avouer que ses parents étaient aisés : « Sois honnête, dans quelle voiture ton père t'emmenait à l'école ? »

Ronds-points

Une rumeur attribue aux Anglais la paternité du rond-point. Médisance ! Certes, nos voisins d'outre-Manche ont perfectionné le principe du carrefour avec le « *round-about* », qui donne la priorité aux conducteurs déjà engagés dans le cercle et non aux entrants. Mais c'est bien à vous, amis français, que le monde doit l'invention du rond-point, dont la simplicité apparente a bouleversé notre façon de nous déplacer. Vous en avez fait une spécialité nationale et un sujet quasi passionnel.

Remontons à François Ier. Pour ouvrir de vastes perspectives et magnifier le spectacle offert par ses chasses, le bâtisseur de Chambord fit aménager de grandes places vers lesquelles devaient converger les allées forestières. La tendance était lancée. La noblesse, dans les siècles qui suivirent, parsema jardins à la française et bois giboyeux de ces ronds-points aux dimensions majestueuses. En leur centre poussaient souvent statues du roi ou monuments à sa gloire. Comme une mise en scène de la centralisation du pouvoir.

La deuxième naissance du rond-point peut être datée de 1906. Cette année-là, l'architecte et urbaniste Eugène Hénard proposa de restructurer la place de l'Étoile, aujourd'hui place Charles-de-Gaulle, autour de l'Arc de triomphe. L'idée, ensuite appliquée à d'autres carrefours, était de faire circuler les voitures dans un seul sens pour fluidifier le trafic et adoucir le sort des piétons. Révolutionnaire ! Il y avait urgence. Les embouteillages se multipliaient, la cohabitation entre les véhicules à chevaux et ceux à chevaux-vapeur tournait au vinaigre, l'anarchie menaçait.

Dans les décennies suivantes, la France perdit son sceptre de reine des ronds-points au profit des États-Unis, où la progression exponentielle du trafic automobile imposait des règles nouvelles. Simple parenthèse, car, dès les années 1970, l'Hexagone reprenait goût à la chose. Et de quelle manière ! S'inspirant du giratoire à l'anglaise, l'État autorisa certaines collectivités, notamment dans l'ouest de la France, à expérimenter les ronds-points avec priorité à gauche. Le but était d'éviter leur blocage par les véhicules entrants. Le premier spécimen a été inauguré à Quimper en 1976. Succès immédiat. Des dizaines d'autres projets suivirent. C'est à partir de 1983 et des lois de décentralisation que le rythme s'est emballé. Pas un maire qui ne souhaitait avoir ses ronds-points monumentaux, comme une affirmation de son pouvoir nouveau face à Paris. Comme une preuve évidente de dynamisme et de modernité. Multiplier ces ouvrages d'art allait de pair avec l'extension, guère contrôlée à l'époque, des cités, des centres commerciaux et des zones pavillonnaires. En peu de temps, le pays est ainsi devenu le champion mondial de la discipline.

Combien de giratoires aujourd'hui ? Aucune statistique officielle, seulement des estimations. Les plus sérieuses évoquent un nombre de 60 000. C'est-à-dire plus de la moitié de tous ceux installés sur la planète et six fois plus qu'en Allemagne ! Deux villes se disputent la première marche de ce drôle de podium. Toulouse et Nantes. Selon la passionnée de cartographie Yasmine Bouzid, qui a mouliné les données du site OpenStreetMap, la première en comptait 499 en 2018, et la seconde 383. Mais, rapporté au nombre d'habitants, c'est Saint-Herblain (Loire-Atlantique) qui décroche la coupe avec 3,90 installations pour 1 000 habitants contre 1,29 pour Nantes et 1,07 pour la Ville rose.

Autant d'amour pour les ronds-points a fini par faire jaser. On disait qu'ils finançaient les campagnes électorales grâce à de juteuses rétrocommissions. Aucun scandale d'importance n'a pourtant jamais éclaté. Et, depuis, les lois successives sur le financement de la vie politique empêchent les tripatouillages.

Reste que l'addition semble salée. En 2014, dans son livre *Éloge de l'anormalité* (Plon), le banquier Matthieu Pigasse, alors responsable mondial des fusions-acquisitions chez Lazard, en dénonçait la folie. Il estimait que « 6 milliards d'euros étaient engloutis chaque année dans les ronds-points, dont près de 2 consacrés à la seule décoration de ces magnifiques ouvrages publics ». Pour arriver à cette somme, le financier additionnait les coûts de construction (400 000 à 1 million d'euros la pièce) et ceux de l'entretien (10 000 à 70 000 euros par an). Et de conclure : « C'est le triomphe de la France des ronds-points, celle qui tourne en rond. » Certains, il est vrai, plantés dans une zone calme où un simple panneau « Stop » suffirait à réguler la circulation, ne sont pas d'une utilité flagrante. D'autres trahissent une forme avancée de mégalomanie. Il y a quatre ans, l'association Contribuables associés a organisé le « concours des pires ronds-points de France ». Parmi les « gagnants », le cadran solaire fixé sur une immense place de Perpignan : 30 m de long, 22 m de haut, 298 000 euros de budget de construction. Problème : pour pouvoir lire l'heure, il fallait survoler le monument. Pas mal non plus, voici « l'arbre en ciel » à Cugnaux (Haute-Garonne). Une sculpture abstraite de 7 m de haut se voulant « trait d'union entre la vieille ville et le nouveau quartier ». Coût : 68 600 euros. Bon, arrêtons là, la liste est longue...

Faut-il sortir les tractopelles et détruire ces symboles de gaspillages publics ? Pas si simple... D'abord, rendons-leur justice, ils sont arrivés à dompter partiellement le très impulsif automobiliste français. À pacifier ses mœurs. À lui faire lever le pied avant d'entrer dans la danse. À lui inculquer un minimum de fair-play. « Dans la douceur de ses formes, le rond-point dissimule un grand nombre de contraintes, décrit joliment l'écrivain Jean-Michel Espitallier. Son autorité se transmet sans violence. Il est une forme de démocratie directe régulée par une série de prescriptions intégrées par les usagers qui en appliquent la rigueur avec une subtile impression de faire agir leur libre arbitre. » Les nombreux rapports sur la sécurité routière le confirment : le nombre des accidents corporels baisse lorsqu'un rond-point est implanté intelligemment. Argument supplémentaire, cet ouvrage permet de faire des économies d'énergie : pas de feux tricolores, pas d'arrêt-redémarrage des voitures.

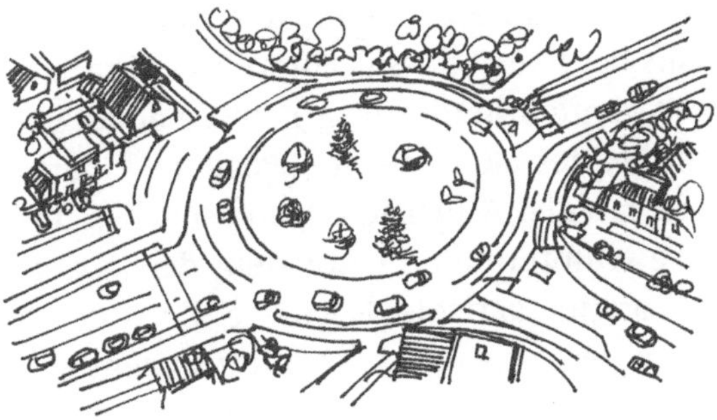

Pour se convaincre, par l'absurde, de l'utilité du giratoire, il suffit d'affronter la place de l'Étoile, où la priorité reste classiquement à droite, c'est-à-dire aux véhicules entrants. Chaque fois, la même impression de pénétrer dans une arène ou de grimper sur un ring. L'Étoile, pour un étranger, est une épreuve initiatique. Des amis parisiens m'avaient prévenu : « Tant que tu n'auras pas conduit autour de l'Arc de triomphe à 19 heures, tu n'auras pas tout compris de notre psychologie. » J'ai pris mon courage à deux mains et j'ai donc plongé dans la *furia francese*. Un intense gymkhana, un remake de *La Fureur*

de vivre (qui va céder et freiner ou dévier sa trajectoire au dernier moment ?), une jungle. Contre toute attente, malgré quelques sueurs froides, j'en suis sorti indemne, enfin parisien !

Le carrefour giratoire, facteur de lutte contre « l'ensauvagement » de la société ? On peut le dire ainsi. En cela, il s'oppose radicalement à sa version américaine ou chinoise, l'échangeur. Un lieu monstrueux et agressif où la moindre erreur d'aiguillage vous condamne à faire un détour de plusieurs dizaines de kilomètres. Une construction inhumaine, verticale, toute de béton ou de métal.

À côté, notre rond-point ressemblerait presque à une place de village. Il l'est devenu dans un certain sens avec ses massifs de fleurs et ses décorations qui racontent une histoire et vantent le terroir. À l'entrée de Rugles (Eure), par exemple, des clous géants évoquent l'industrie historique de la ville. À Plan-d'Orgon (Bouches-du-Rhône), l'immense sculpture d'un cultivateur derrière sa charrue rappelle l'origine agricole du village. Il y a une forme de poésie dans ces cartes postales qui résument le lieu pour l'automobiliste de passage. Vus du ciel, les giratoires sont même d'une beauté à couper le souffle quand le peloton du Tour de France s'enroule autour comme un long serpent ondulant.

Au fil des ans, ils sont devenus les cœurs battants de notre territoire. Qu'ils viennent à s'arrêter, le pays est bloqué. Les « gilets jaunes » en ont fait la démonstration en les occupant. Ils ont braqué la lumière sur la France des campagnes et des petites villes, celle pour qui l'usage d'une voiture reste vital, celle qui achète ses baguettes à prix cassé chez Marie Blachère, Ange ou Louise, surnommées les « boulangeries du rond-point ». Ces enseignes en plein développement quadrillent l'entrée des agglomérations, en bordure de giratoire. Très faciles d'accès, souvent positionnées à côté d'un Grand Frais, elles font de l'ombre aux commerces de centre-ville aussi bien qu'aux grandes zones commerciales.

Ainsi ce vilain appendice routier est-il, au fil des ans, entré doucement, presque par effraction, dans votre patrimoine culturel. Sans que, pour autant, l'énigme de son nom ait été résolue… Rond-point. Pourquoi l'adjectif est-il placé avant le substantif ? Dit-on « rouge-feu » ou « clouté-passage » ? Vous objecterez que, côté anglais, ce n'est pas mieux. *Roundabout* se traduit par « rond à propos de ». De quoi ?

Les ingénieurs des Ponts et Chaussées seraient-ils moins cartésiens qu'on ne le supposait ?

Route 66

Qu'importe que l'on rentre sur la Route 66 par Los Angeles, Flagstaff, Albuquerque ou par un trou comme Texola (Oklahoma). Le sentiment est le même, celui de frapper à la porte d'un monument classé, de franchir le seuil d'une légende. Au fil des kilomètres, qui ne s'égrènent pas si vite que ça (vitesse limitée à 65 mph, environ 100 km/h, et le shérif ne rigole pas), on feuillette le grand livre d'histoire des États-Unis. Ce n'est pas un hasard si ce long ruban de 3 942 km qui relie Chicago à Santa Monica (Californie) a été surnommé « the Mother Road », « la route mère ». Celle qui raconte la conquête de l'Ouest, traverse les hauts lieux de la construction du pays et illustre l'essor fulgurant de l'automobile. On a tous dans le cœur un petit bout de la 66, réellement vécu ou fantasmé. Dans tous les cas, elle est très intimidante. Aucune autre voie dans le monde n'a autant inspiré la littérature, le cinéma et la musique. Les romans de John Steinbeck (*Les Raisins de la colère*) et de Jack Kerouac. Les films *Easy Rider*, *Bagdad Café*, *Thelma et Louise*, *Forrest Gump*, *Cars*. Le jazz de Nat King Cole, les Rolling Stones, Chuck Berry, Bruce Springsteen... ainsi se construisent les mythes. Et la réalité ? Elle fut dure, impitoyable, homérique, comme très souvent aux États-Unis.

L'idée d'un grand axe transcontinental Est-Ouest germa au début du XXe siècle. Pour relier les deux océans, il n'y avait alors que le chemin de fer, inauguré en 1869. Il fallait deux jours et trois nuits. Le réseau routier, lui, était balbutiant et chaotique. Il allait de ville en bourgade sans plan d'ensemble. Peu de chemins étaient goudronnés, beaucoup partaient à l'assaut du désert, des plaines ou des montagnes et y finissaient en cul-de-sac. Chaque jour, pourtant, l'automobile prenait un peu plus d'importance. Ford inventait l'assemblage à la chaîne et lançait son modèle T, ouvrant le chemin au transport individuel de masse. En 1910, les États-Unis ne comptaient que 180 000 véhicules à moteur. Dix ans plus tard, il y en avait 17 millions. Vertigineux.

En 1916 – enfin ! –, l'État fédéral se décida à agir. Le président Woodrow Wilson ébaucha une véritable politique globale de transports. En perspective, il y avait la création du premier réseau inter-États.

Ce projet pharaonique fut confié à un entrepreneur de Tulsa (Oklahoma), Cyrus Avery, et validé en 1925. L'année suivante, le chantier de la Route 66 commençait. Au fait, pourquoi ce nom ? Logiquement, elle aurait dû porter le numéro 60 selon un ordre croissant d'ouest en est et du sud au nord. Les routes impaires suivant un axe nord-sud, les paires un axe est-ouest. *Damned !* 60 fut pris peu de temps auparavant par une route traversant le Kentucky et la Virginie. Alors 62 ? Non, Cyrus Avery préféra 66, qui claquait bien et dont le double 6 portait bonheur, disait-on. Et pourquoi « Route » et pas « *Road* » ? Pas par francophilie, mais comme on dirait « route des Indes » ou « route de la soie ». Le terme évoque la découverte, le voyage au long cours, l'épopée.

Et de fait, les débuts furent épiques. Des milliers d'ouvriers ont été à la peine pour progresser kilomètre après kilomètre sur le trajet qui suivait, en gros, celui du chemin de fer. Beaucoup de tronçons étaient encore en terre battue. Les jours de forte pluie, la piste se transformait en torrent de boue.

Pour faire connaître la nouvelle route, ses promoteurs organisèrent en 1928 une course à pied géante qui s'inspirait de notre Tour de France cycliste. Une démesure totale, avec des étapes de 26 à 130 km et des caravanes d'accompagnateurs style barnum. La direction vantait « l'exploit athlétique le plus prodigieux de toute l'histoire ». Les sportifs dormaient dans des campements de tentes, ils traversèrent des chaleurs extrêmes et des froids mordants. Évidemment, leurs rangs furent décimés par les abandons : 275 concurrents au départ ; 55 à l'arrivée. Après quatre-vingt-sept jours de calvaire, le gagnant, un certain Andy Payne, empocha la prime de 25 000 dollars (une très grosse somme à l'époque) qu'il décida d'investir dans la ferme familiale. L'événement, commencé dans une grande indifférence, gagna en notoriété au fil des semaines. À la fin, l'Amérique tout entière s'enflammait pour les bagnards de la Route. En quelques semaines, la 66 était devenue célébrissime.

Ce qui n'empêcha pas la crise de 1929 de contraindre à stopper les travaux. Et la route se couvrit de longues processions de familles ruinées qui partaient vers l'ouest dans l'espoir d'une vie meilleure. Mêmes images, quelques années plus tard, quand une impitoyable sécheresse puis de monstrueuses tempêtes de sable chassèrent de leurs terres des milliers de familles du Middle West. Direction la Californie. La 66, que John Steinbeck appelait « la route des réfugiés », entra alors un peu plus dans l'imaginaire collectif du pays. Mais elle n'était toujours pas entièrement goudronnée !

Il faudra attendre 1938 pour qu'elle le soit et qu'elle devienne cette puissante artère qui allait irriguer toute l'économie du pays pendant deux décennies.

Elle s'imposa très vite comme le symbole de la modernité, de la liberté, de la mobilité, du voyage, des changements de vie faciles. Et, par-dessus tout, un hymne à la voiture. Ou à la moto. Ou au camion. Ou au camping-car. Bref, à tout ce qui avait des roues et un moteur.

Épiceries, stations-service, *diners*, drive-in, motels (contraction de *motor* et de *hotel*) surgirent tout du long comme des champignons après la pluie. La spéculation y allait fort, de nouvelles villes naissaient, les enseignes au néon rivalisaient dans le clinquant. Pour attirer l'attention dans cette jungle si vite poussée, les commerçants érigèrent des personnages publicitaires de 5 à 10 m de haut en fibre de verre, appelés « *muffler men* » (*muffler* pour « pot d'échappement »). Ces colosses, selon leur look ou selon ce qu'ils tenaient dans les mains, symbolisaient l'activité de leur propriétaire. Ils sont devenus des icônes, portant toutes un petit nom. Parmi mes préférés, Tall Paul et son hot dog géant, Paul Bunyan et sa hache de bûcheron, Chicken Boy et sa tête de poulet. La 66 connut ainsi un boom exceptionnel dans une certaine anarchie. Les dollars coulaient à flots.

Et puis soudain, aussi vivement qu'elle avait décollé, la route commença à décliner. Le mauvais coup fut donné par le président Dwight Eisenhower, admiratif des autoroutes allemandes, qui lança en 1956 le National Highway Program. Un très ambitieux chantier de voies rapides inter-États, larges, bien entretenues et directes. Elles devaient contourner les villes pour éviter leur centre. Elles se révélèrent infiniment plus sûres que la 66, devenue de plus en plus dangereuse au fil des ans. Au point d'être surnommée « Bloody Highway » ou « Death Alley ». En cause, son étroitesse, des signalisations défaillantes, peu de passages protégés pour les piétons, des embouteillages monstres... Ainsi fut-elle progressivement déclassée. Jusqu'à l'être complètement, en 1985, quand elle perdit son statut de route nationale. Aujourd'hui, certains tronçons sont envahis par les herbes folles, les publicités sont devenues des « *ghost signs* » (« panneaux fantômes »), le nombre de motels abandonnés est estimé à 3 000. Parfois, des carcasses de belles américaines jonchent les bas-côtés et des ruines de pompes à essence, de tripots ou de *general stores* hantent le paysage.

Et pourtant, invincible, la puissance d'évocation de la 66 est telle que des milliers de passionnés continuent chaque année à l'emprunter. Les villes fantômes deviennent même comme un décor au romantisme fou. On se plonge avec bonheur dans l'ambiance vintage que des municipalités et des entrepreneurs cultivent avec astuce.

La 66 garde donc le record de la route la plus sentimentale du monde. Laissant des rivales étrangères lui ravir d'autres superlatifs. Comme la route nationale la plus longue du monde. Il s'agit de la Highway 1 en Australie : 14 500 km, pour relier Perth, Brisbane, Sydney, Melbourne. La palme de la voie carrossable la plus haute revient à l'Inde. Elle passe par le col du Khardung La, à 5 602 m d'altitude, après des routes escarpées en lacets à faire frémir les équipes de *Mission impossible*. Et pourtant, elle n'est pas la plus dangereuse du monde… Cette distinction revient à la route des Yungas, en Bolivie, perchée à 4 000 m d'altitude ; 60 km d'épingles à cheveux, de bas-côtés défoncés surplombant l'abîme, de chauffeurs décidés à forcer le passage malgré l'étroitesse des lieux. Chaque année, des dizaines d'accidents confortent son surnom de « route de la mort ». Infiniment plus sûr, évidemment, est l'axe qui relie la ville saoudienne de Harad et la frontière avec les Émirats arabes unis : il remporte le prix de l'itinéraire le plus rectiligne du monde, 263 km bordés à l'infini par le désert sans un virage. Changement de perspective avec la route la plus aérienne du globe : elle est en Chine, dans la province du Guizhou, sur le pont à haubans de Beipanjiang, à 565 m du sol. Vertige garanti. Et la plus chère du monde ? J'hésite à le dire, selon plusieurs enquêtes, elle serait… française. Baptisée « nouvelle route du Littoral », elle se trouve sur l'île de la Réunion et a été gagnée sur la mer. Ses nombreux ouvrages d'art, digues et viaducs, doivent permettre d'éviter les éboulements de rochers qui bloquaient fréquemment la circulation. Un immense progrès et une prouesse technique. Mais la facture a fait tiquer la Cour des comptes et certains élus : 2,5 milliards d'euros pour 12 km. Les constructeurs de la 66 n'en croiraient pas leurs yeux…

S

Sagan, Françoise

En dessous de 200 ch, Françoise Sagan ne discutait pas. Jaguar XK140 (achetée grâce au succès de son premier livre), Type E, Aston Martin DB2, AC Bristol, Ferrari 250 GT California, Mercedes SL... l'auteure de *Bonjour tristesse* aimait passionnément la cavalerie lourde. Elle la cravachait, roulait à tombeau ouvert, accompagnée de sa bande d'amis de Saint-Germain-des-Prés. Malgré son petit 1 m 65, elle maniait avec une poigne de fer les grands volants (pas d'assistance à l'époque) et les leviers de vitesses revêches (pas de synchronisation). Elle célébrait la conduite rapide et l'adrénaline qu'elle procurait : « Qui n'a jamais aimé la vitesse n'a jamais aimé la vie, n'a jamais aimé personne. »

On était au lendemain de la guerre, on avait réchappé à tant d'horreurs, on voulait rattraper le temps perdu, on brûlait la vie, on se sentait invincibles. Avec un tel cocktail, la sortie de route était inévitable. Elle survint en avril 1957, près de Milly-la-Forêt (Essonne) à plus de 150 km/h. Deux tonneaux, l'Aston Martin sur le toit, Sagan s'en tire avec des fractures multiples, mais a la vie sauve. Une chance que n'ont pas eue James Dean et Albert Camus, tous deux tués alors qu'ils roulaient à fond. Le premier, en 1955, au volant de sa Porsche 956. Le second, en 1960, à bord de la Facel Vega conduite par son éditeur Michel Gallimard.

« Quand je conduis, je veux faire corps avec la machine », disait la jeune prodige de la littérature. Et encore : « Une automobile n'est pas seulement un instrument de transport, mais aussi un élément mythique, l'instrument possible de notre Destin, capable de vous perdre et de vous sauver [...]. » À son propos, François Mauriac, qui l'appelait son « charmant petit monstre », disait : « Le diable n'est-il pas envoyé sur terre en voiture de sport ? » À l'inverse, malheur à celui qui ne pouvait pas partager ces plaisirs. Un des personnages de son roman *Dans un mois, dans un an* est décrit comme « un conquérant désarmé », parce qu'il ne possédait pas lui-même un bolide. Au long de ses pages, Françoise Sagan aimait filer la métaphore mécanique. Et décrivait avec précision ces petits moments que nous sommes beaucoup à avoir connus en voiture. « Il retrouvait des gestes d'homme seul au volant. [...] La manière d'allumer une cigarette en conduisant d'une main, le jeu des phares sur la route et des codes, ces signaux de crainte et d'amitié que s'envoient les conducteurs de la nuit [...]. »

Son apologie des drogues et de l'alcool la disqualifiait bien sûr pour devenir une icône de la sécurité routière. Mais les *gentlemen drivers* lui pardonnaient tout.

N'avait-elle pas produit la plus belle des preuves d'amour en sauvant de la faillite l'entreprise d'Amédée Gordini ? En 1956, elle lui racheta l'un des deux exemplaires de la 24S huit cylindres, spectaculaire barquette de compétition. Le prix : exactement le montant des dettes qui pesaient sur ce génial motoriste que l'on surnommait « le Sorcier ». Celui-ci, remis à flot, commencera en 1957 son association avec Renault, qui donnera naissance aux célèbres Dauphine et R8 Gordini.

Plus tard, en mai 1968, la romancière amie de la gauche se rend à un meeting au théâtre de l'Odéon au volant de son bolide du moment. Les étudiants l'accueillent fraîchement : « La camarade Sagan est venue dans sa Ferrari pour encourager la révolution ? – Non, c'est une Maserati », répond-elle, superbe.

En revanche, elle mettra du temps à démentir l'information d'un journaliste de *Paris Match* selon laquelle elle conduisait pieds nus pour mieux sentir le contact avec la machine. C'était une pure invention, mais l'idée devait lui plaire assez.

Sans permis

On les entendait arriver de loin. Pétaradantes et crachotantes. Avec leur moteur deux temps, les voitures sans permis signalaient souvent le conducteur par défaut, privé de tous ses points ou maintes fois recalé. C'est aujourd'hui moins vrai. Le marché de la voiturette est en grande forme et a perdu son côté un peu ringard. Quinze mille ventes en France en 2010, 61 000 en 2023. Jolie progression, dopée par l'arrivée de modèles électriques plutôt fun, comme la Citroën Ami et la Renault Twizy, bientôt remplacée par la Duo. À leur volant, de plus en plus d'adolescents dont les parents voient dans la voiturette un substitut, beaucoup plus sûr, aux deux-roues.

Les sans-permis, une famille qui s'agrandit de jour en jour... Tout y concourt. Examen jugé trop cher, délais à rallonge, efficacité diabolique des radars (voir l'entrée « PV »), désintérêt pour la voiture de certaines familles habitant dans les centres-villes. Le phénomène ne peut pas être ignoré par les professionnels de l'automobile. Est-il durable ? Va-t-il remettre en cause la place du véhicule individuel dans nos sociétés ?

Un signe. Le nombre de candidats au permis ne fluctue plus guère. Il augmente une année, il baisse la suivante. Mais on n'est plus dans la progression régulière et récurrente que l'on connaissait autrefois. Son étiage habituel est de 1,2 million de candidats par an environ, toutes catégories confondues, dont 1 million pour le seul permis B. Les taux de réussite ? Légèrement en baisse : 56,8 % en 2022, 58,3 % en 2019. Pas terrible. Preuve que le permis est plus sélectif que le bac (plus de 90 %). Avec, soit dit en passant, de grands écarts entre les régions. Il vaut mieux tenter sa chance à Saint-Pierre-et-Miquelon ou en Corse, qui détiennent le record de réussite (83,1 % et 70,6 %), plutôt qu'en Guadeloupe (37,5 %). Quant à l'Île-de-France (53,2 %), elle se révèle un peu plus sévère que la moyenne nationale.

Cette bouderie à l'égard du permis, autrefois considéré comme le symbole de la liberté, s'exprime particulièrement chez les jeunes de moins de 30 ans. Ils ont été 663 834 à avoir obtenu le précieux sésame en 2022 contre 880 729 en 2017. La tendance s'est enclenchée il y a une dizaine d'années. Elle s'explique d'abord par la désaffection des jeunes urbains à l'égard de la voiture, dans laquelle beaucoup voient l'incarnation d'une époque révolue, celle de la surconsommation et de la destruction programmée de la planète. Leurs convictions écologiques l'emportent sur toutes autres considérations. Et puis, s'interrogent-ils, à quoi bon prétendre conduire des autos, alors qu'elles sont bannies des villes au profit des deux-roues et des transports en commun ? Reste que la première des raisons est budgétaire : passer le permis est jugé trop cher par un nombre croissant de familles. Rappelons que ce sont les parents, pour 85 %, qui paient encore l'examen de leurs enfants. Il faut compter 1 800 euros au minimum pour arriver jusqu'à l'examen. Une très grosse somme, comparable d'ailleurs à celle relevée chez nos voisins européens. Sauf l'Espagne, moins chère, et l'Allemagne, plus chère. Passer le permis est devenu un tel investissement, en argent et en temps, que 16 % des jeunes Français disent ne pas vouloir tenter l'examen, de peur d'être recalés.

Et pourtant... Étonnant paradoxe, derrière ce désamour apparent se cache une autre réalité : le permis de conduire est jugé essentiel par 86 % des 18-25 ans, car il conditionne leur avenir professionnel et social, selon deux récentes enquêtes Harris Interactive et Gojob. Ils considèrent à 85 % que le permis est une clé pour décrocher un premier emploi, presque au même titre qu'un diplôme reconnu (86 %) ou une expérience professionnelle (90 %) ; 54 % d'entre eux déclarent que ne pas posséder le permis les a déjà empêchés de décrocher un job. Sur ce sujet comme sur beaucoup d'autres, une ligne de fracture se dessine entre la France des grandes villes et la France périphérique. Dans celle-ci, la vie au quotidien se résume ainsi : pas de permis, pas de boulot. En moyenne, en région parisienne, 45 % des 18-24 ans détiennent le carton rose. Mais ils sont 77 % en zone rurale. Et quand on évoque les contraintes qui pèsent sur le permis de conduire, on entend les régions reprocher à Paris d'enterrer un peu vite la voiture et d'ignorer son absolue nécessité.

Dans une étude publiée en 2022, l'Institut Montaigne, think tank d'inspiration libérale, a fait plusieurs propositions originales pour faciliter l'accès des jeunes au permis. D'abord, élargir le vivier de fonctionnaires autorisés à faire passer l'épreuve pratique en procédant, par exemple, à des détachements ponctuels. Ensuite, l'institut a calculé le coût des retards dus à l'insuffisance des créneaux disponibles pour l'examen. Chaque mois qui passe est estimé à 200 euros, à la charge du candidat. D'une manière contre-intuitive, le rapport préconise donc d'instaurer une redevance de 50 euros qui permettrait de recruter des agents supplémentaires et faire passer les délais de passage d'un mois et demi à deux semaines. La facture pour le candidat serait allégée de 300 euros. Troisième proposition : favoriser le recours au simulateur de conduite, dont l'utilisation est deux fois moins chère que l'heure de conduite. Cette mesure, couplée à la promotion du permis sur boîte automatique, permettrait de réduire de 46 % le coût moyen d'un examen.

Parmi les millions de sans-permis, la majorité se tient heureusement éloignée d'un volant. Mais il y a aussi ceux qui bravent la loi et conduisent sans la carte rose. Ils seraient même de plus en plus nombreux. La sécurité routière les estime à 800 000. Sachant que 150 000 d'entre eux seulement se font prendre et verbaliser chaque année.

Cette situation vire vite au drame. Elle favorise les délits de fuite et plonge les victimes d'accident dans des soucis d'assurance inextricables. En 2019, 6 % des conducteurs impliqués dans un accident mortel circulaient sans permis. Les explications de ce phénomène sont connues : l'explosion des retraits de permis, le coût des examens, comme on l'a vu plus haut, et la peur de perdre son travail. On estime que près du tiers des conducteurs à qui on a retiré le permis ont dû quitter leur emploi dans la foulée.

Un souci inconnu des nombreuses stars qui font l'impasse sur leur permis, par choix ou par contrainte. Elles peuvent, elles, utiliser les services d'un chauffeur. Voire d'une doublure lorsqu'il s'agit d'un acteur obligé de se mettre à la place du conducteur pour les besoins d'un film. Eddy Mitchell, par exemple, a tenté en vain de passer son permis. Notamment pendant son service militaire. Il a échoué à cause d'un problème de myopie, dit-il. Alors, pour le tournage du film à succès *Le bonheur est dans le pré*, un cascadeur caché dans le compartiment moteur dirigeait la voiture. Jean-Luc Mélenchon ne possède pas non plus le permis. Il ironise sur sa distraction : « J'épargne aux autres ma présence sur la route. » L'animateur Nikos Aliagas, lui, aurait aimé l'avoir. Mais il a toujours retardé le moment de le passer, au point d'en abandonner l'idée. Thierry Ardisson n'a jamais tenté l'examen, « pour ne pas faire comme les autres », alors qu'il est passionné de voitures anciennes. Bizarre.

Et puis il y a ceux qui ont perdu leur permis. Comme Bill Gates, à qui cela est arrivé très jeune. À 20 ans, il avait une Porsche et collectionnait les excès de vitesse. Depuis, il est rentré dans le rang. David Guetta aussi, qui s'est vu retirer son permis à vie en 2011. Le DJ star a pris cela avec philosophie : « Cela ne fait rien. Je ne suis de toute façon pas un mec qui a le garage plein de voitures onéreuses. »

S'il faut rassurer certains, Einstein non plus n'avait pas son permis.

Sécurité

par Jean Todt,
envoyé spécial du secrétaire général de l'ONU

J'ai commencé ma carrière automobile à un moment où la compétition était très dangereuse. Au fil des années, la sécurité a fait partie des avancées très importantes. Je m'en suis préoccupé assez rapidement au point d'en faire un des piliers de mon action.

Le halo a été introduit dans toutes les catégories de voiture monoplace sous ma présidence à la FIA (Fédération internationale de l'automobile). J'ai cependant dû faire face à de nombreuses réticences, mais quand on est persuadé qu'une chose est positive et peut sauver de vies, il faut se battre pour. La sécurité est en outre aujourd'hui également le cœur de mandat dans mon rôle d'envoyé spécial du secrétaire général des Nations unies pour la sécurité routière.

Au début, lorsque j'étais coéquipier en rallyes, j'ignorais le danger, je ne le mesurais pas. Mais petit à petit, j'ai pris conscience des risques et j'ai commencé à me protéger. Quand je suis ensuite devenu patron d'équipe chez Peugeot ou chez Ferrari, une des priorités de mon cahier des charges a été de faire des voitures et des équipements les plus sûrs possible. J'ai malheureusement été encore le témoin d'accidents parfois très graves. J'ai considéré qu'il était important d'agir.

Avec mon ami le professeur Gérard Saillant, un chirurgien orthopédique réputé, nous avons décidé de créer l'ICM, l'Institut du cerveau et de la moelle épinière, qui rassemble 1 000 chercheurs sur le site de l'hôpital parisien de la Pitié-Salpêtrière. Au moment où je suis arrivé chez Ferrari en 1993, nous avons décidé de prendre à bras-le-corps la question des accidents sur la piste. La sécurité est devenue une priorité absolue. Conséquence : entre 1994 et 2023, il y a eu un seul mort sur la piste, un mort de trop cependant, le jeune Français Jules Bianchi, décédé au Grand Prix du Japon en 2015. Aujourd'hui, avec les mesures prises depuis, cet accident n'aurait probablement pas eu les mêmes conséquences. Cela ne veut pas dire que la Formule 1 est 100 % sûre, mais quand un accident survient, quelle que soit la vitesse, on n'est pas surpris de voir le pilote sortir de la voiture. Des progrès spectaculaires ont donc été effectués dans le domaine de la course automobile.

Après avoir quitté Ferrari, j'ai été élu président de la FIA. Là aussi j'ai mis la sécurité au centre, en course mais aussi sur les routes, en tête de mes priorités. Surtout lorsque j'ai appris qu'il y avait à l'époque 1,3 million de tués tous les ans dans le monde, que c'était la principale cause de décès pour les jeunes entre 5 et 29 ans et qu'il y avait entre 40 et 50 millions de blessés, dont certains restaient handicapés jusqu'à la fin de leur vie. Ça a réveillé quelque chose en moi. J'étais à un stade de ma vie où j'avais envie de donner quelque chose en retour. On ne peut le faire que dans son domaine de compétence.

En 2015, j'ai été nommé par le secrétaire général des Nations unies, Ban Ki-moon, comme son envoyé spécial pour la sécurité routière. J'ai ensuite été renommé dans ces fonctions par António Guterres.

Aujourd'hui, parmi les choses que je fais en priorité, je voyage avec un bâton de pèlerin en tant qu'envoyé spécial du secrétaire général des Nations unies : je parle avec les gouvernements, avec le secteur public comme avec le secteur privé, afin que l'on s'attaque à cette pandémie silencieuse que sont les accidents de la route.

Certains pays ne m'ont pas attendu : dans les cinquante dernières années, les pays européens ont divisé par cinq le nombre de victimes, alors que le nombre de véhicules a été multiplié par trois. Les meilleurs de la classe sont les petits pays très éduqués, comme le Danemark, la Suède, la Suisse ou les Pays-Bas. L'Angleterre a fait aussi un très bon travail. Comme l'Australie, la Corée du Sud ou le Japon. Malheureusement, 92 % des victimes se trouvent dans les pays en voie de développement, qui cumulent les handicaps : pas d'éducation, pas de respect des lois, des véhicules anciens, des routes en mauvais état, peu de transports publics et des secours de mauvaise qualité.

Dans ces pays, les habitants ne mesurent pas la vulnérabilité que l'on peut avoir sur la route en tant que piéton, conducteur de véhicule sur deux ou quatre roues ou passager d'un mode de transport ; 70 à 75 % des accidents concernent des piétons et des deux-roues. Souvent, mes interlocuteurs sont surpris quand je leur présente ces chiffres. Certains, pas tous, ont envie de s'engager pour cette cause. D'autres prennent les devants et nous contactent pour nous demander de les accompagner.

Le premier enjeu, c'est de travailler sur la perception du problème. Je suis allé récemment au Salvador, en Amérique centrale, où j'ai rencontré le président en place depuis bientôt cinq ans. Il m'a dit que c'était le deuxième plus grand fléau de son pays après celui des gangs. Après avoir mis 60 000 personnes en prison, il veut maintenant faire de la sécurité routière sa nouvelle priorité. Autre exemple : dans le pays africain de la Sierra Leone, on recense 33 morts pour 100 000 habitants (près de sept fois plus qu'en France). Les autorités du pays m'ont assuré qu'elles allaient s'engager pour changer les choses.

Le coût de cette insécurité routière mondiale est terrible : 2 trillions d'euros par an à l'échelle planétaire. En France, le ministère de l'Économie estime que les 3 200 morts et 20 000 blessés annuels coûtent 52 milliards d'euros à la collectivité. Les États-Unis ne sont pas épargnés, comme les accidents de la route qui sont la première cause de décès chez les moins de 54 ans. On y recense trois fois plus de victimes que dans l'Hexagone, le prix à payer est de 340 milliards de dollars par an. La facture s'élève entre 2 % et 7 % du PIB de chaque pays.

Une fois que l'on a pris la mesure du problème, comment agir ? Nous allons d'abord faire passer quelques idées simples et fortes auprès des opinions publiques grâce à une campagne de publicité mondiale réalisée avec le concours de l'afficheur JCDecaux. Dans les deux prochaines années, dans 1 000 villes et 80 pays, 14 célébrités, dont mon épouse actrice et UNDP Goodwill Ambassador Michelle Yeoh, la chanteuse Kylie Minogue, l'actrice Julie Gayet, le tennisman Novak Djokovic, le comédien Patrick Dempsey, le chanteur Youssou N'Dour, les pilotes Charles Leclerc et Mick Schumacher, le top model Naomi Campbell ou encore les footballeurs Didier Drogba et Ousmane Dembélé vont militer pour le port de la ceinture de sécurité, à l'avant et à l'arrière, pour celui du casque à moto, pour la limitation de la vitesse, contre l'usage du téléphone, de l'alcool et de la drogue au volant. En agissant sur ces pratiques, on diviserait immédiatement au moins par deux le nombre de victimes dans tous les pays en développement. Ces idoles font rêver, je mise sur le fait que l'on va les écouter. La campagne a été lancée les 2 et 3 mars 2024, à l'invitation de la Côte d'Ivoire et pour la première fois en Afrique, qui demeure la région la plus affectée par les accidents de la route.

Dans les pays riches, il y a aussi des actions à mener. On ne peut pas se contenter des progrès déjà effectués. Un pays comme la France devrait viser rapidement le chiffre maximal de 1 500 morts par an sur les routes. Pour y parvenir, on devrait plus miser sur la peur du gendarme. L'exemple à suivre est celui de la Suisse, où je vis : un petit dépassement de vitesse (52 au lieu de 50 km/h) entraîne une suspension de permis immédiate de deux mois et le paiement d'une amende de 1 000 à 2 000 francs suisses. La vigilance et le respect des lois sont les deux attitudes à promouvoir impérativement.

On me questionne souvent : comment « Mister Speed » peut-il être devenu « Mister Road Safety » ? J'adore la vitesse, en effet. Mais pas sur la route. Si on veut rouler vite, il faut aller sur un circuit adapté. Le débat sur la limitation à 80 km/h a été un mauvais débat. Si on peut sauver des vies grâce à cette mesure, appliquons-la. À vitesse constante pendant une heure, on ne perd que six minutes en passant de 90 à 80 km/h ! Dans les villes, il convient également de légiférer sur toutes les nouvelles mobilités : vélo, vélo électrique, trottinettes… Il est important que chacun soit responsable, même si l'on n'a pas besoin d'obtenir un permis pour utiliser ces modes de déplacement. Les gens font souvent n'importe quoi. Ils doivent prendre conscience qu'ils sont dangereux non seulement pour eux, mais aussi pour les autres.

Dans ce combat pour la sécurité, les constructeurs automobiles ont aussi un rôle à jouer. Ils ont fait un travail remarquable avec, par exemple, l'ABS, mais ils peuvent faire mieux. Le problème, c'est notamment que, selon le pays dans lequel ils produisent ou vendent une voiture, celle-ci ne dispose pas des mêmes équipements de sécurité. Un Français est privilégié par rapport à un Péruvien ou à un Colombien qui n'aura pas, par exemple, de contrôle de stabilité électronique.

Autre problème, l'âge du véhicule. Comme il est limité dans les pays développés, les vieilles voitures en mauvais état sont expédiées en Afrique, en Asie ou en Amérique latine. Cela fait malheureusement des victimes. Même s'il vaut mieux rouler dans une voiture très fatiguée qu'à quatre sans casque sur une moto ! Au passage, j'insiste sur la qualité des équipements de sécurité disponibles. Au Rwanda, où la population est très disciplinée, tout le monde porte des casques. Mais, très peu chers, ceux-ci se brisent comme du verre en cas d'accident. C'est pourquoi nous avons développé des casques à moins de 20 dollars ventilés respectant les normes les plus exigeantes des Nations unies en la matière. Utiliser un casque de qualité réduit de 69 % le risque de blessures graves. Notre enjeu est donc d'encourager les pays à acheter ces casques et de trouver des fabricants capables de les produire. Nous savons déjà que le potentiel de production est de 7 millions d'unités.

L'objectif des Nations unies est de réduire de moitié le nombre des victimes sur les routes avant 2030. Selon moi, les accidents sur la route sont une pandémie endormie. Je veux la réveiller. Est-ce que l'on en fait assez ? La réponse est non, mais c'est mieux que de ne rien faire. Est-ce que l'on peut faire plus et mieux ? C'est essentiel. On ne peut pas se contenter d'attendre la voiture autonome qui, effectivement, réduira les risques, mais qui n'arrivera pas avant trente ou cinquante ans et sans doute seulement dans les pays les plus développés. D'ici là, des dizaines de millions de personnes risquent de perdre la vie.

Bien sûr, la propagation des guerres dans plusieurs pays risque d'entraver cette démarche. Mais un jour, au Forum de Davos, le président d'Afghanistan a demandé à me voir. Il m'a interpellé : « Comment pouvez-vous nous aider ? Chez nous, la route tue beaucoup plus que la guerre. » Un terrible constat.

Semi-conducteurs

Sans eux, il n'y aurait plus de voitures ! Les semi-conducteurs sont devenus des composants essentiels dans les modèles modernes bourrés d'électronique embarquée. On s'en est rendu compte quand, à la sortie de la pandémie du Covid-19, des pénuries ont perturbé, voire stoppé, la production pendant de longs mois. En moyenne, on en recense autour de 1 000 dans une voiture. Mais une Mercedes Classe S en compte près de 2 500, un modèle hybride électrique jusqu'à 3 000. Avec l'arrivée des voitures autonomes, ce chiffre progressera encore.

Qu'est-ce qu'un semi-conducteur ? Comme son nom l'indique, il s'agit d'un matériau qui peut à la fois isoler et conduire l'électricité. À ce titre, il joue un rôle central dans la fabrication des composants électroniques. C'est le silicium qui est aujourd'hui le plus couramment utilisé. Où les trouve-t-on dans une automobile ? Un peu partout. Dans le moteur, ils permettent de communiquer des informations clés, comme la vitesse du véhicule ou la température extérieure. Ils assurent le contrôle des niveaux de tous les fluides (liquide de frein et de refroidissement, lave-glace). Dans l'habitacle, les capteurs gèrent la climatisation, d'autres améliorent le fonctionnement des rétroviseurs. Les semi-conducteurs sont aussi omniprésents dans les systèmes de sécurité. Par exemple, pour activer les airbags quand un siège passager est occupé, vérifier que les ceintures de sécurité sont bouclées ou même pour les retendre, en une fraction de seconde, en cas d'accident. Enfin, ils jouent un rôle majeur dans les innombrables dispositifs d'assistance à la conduite qui se sont développés rapidement dans les automobiles. À l'image de celui qui, placé au niveau du volant, corrige automatiquement la trajectoire de la voiture en cas d'inattention du conducteur.

Ce foisonnement d'usages ne va pas sans poser quelques problèmes. D'abord, ce sont les fournisseurs de semi-conducteurs qui sont propriétaires du software qui permet aux semi-conducteurs de fonctionner. Chaque fois qu'il faut faire une modification, il faut les appeler pour qu'ils le fassent évoluer. Ensuite, les softwares de plusieurs entreprises doivent être interconnectés, ce qui crée de la complexité. La solution, déjà mise en œuvre par Tesla et par quelques constructeurs chinois, passe par la mise en place d'une architecture centralisée dans les véhicules. Elle permettra au constructeur automobile de devenir propriétaire de son software et de piloter tous les semi-conducteurs à partir d'une unité centrale. Connectées, les voitures pourront ainsi être upgradées à distance.

Une révolution qui a un prix : le software va représenter 40 % de la valeur d'un véhicule.

Enfin, il y a un enjeu de souveraineté économique. L'Europe doit se doter d'un outil industriel performant et réduire sa dépendance à l'égard des acteurs américains et asiatiques qui dominent le marché. La maîtrise du futur est à ce prix.

Stationnement

Un objet qui coûte plus cher à son propriétaire au repos qu'en fonctionnement, c'est assez rare. C'est devenu le cas de la voiture dans les villes qui ont hissé le prix du stationnement au niveau de celui du caviar. En 2022, derniers chiffres connus, il fallait compter en moyenne 43,10 dollars pour deux heures à New York, record mondial, 32,65 dollars à Sydney, 16,64 à Londres, 12,73 à Amsterdam. Et 11,50 dollars à Paris, à la 23e place. Sans compter la surtaxe SUV mise en place par la maire de la capitale, Anne Hidalgo : avec elle, l'heure est passée à 18 euros dans les 11 premiers arrondissements de la capitale pour un véhicule thermique de plus de 1,6 tonne et pour un véhicule électrique de plus de 2 tonnes, la journée à 396 euros, la semaine à 1 980 euros, le mois à plus de 8 000 euros ! L'équivalent d'un appartement très luxueux...

À l'achat aussi, les compteurs s'affolent. À Hong Kong, un parking de quelques mètres carrés s'est arraché à 1,3 million de dollars. À New York, les plus gros chèques ont atteint 1 million de dollars, avant que l'immobilier se calme quelque peu. Winston Churchill avait raison : « Sous le capitalisme, les gens ont davantage de voitures. Sous le communisme, ils ont davantage de parkings. »

À cause de ces pénuries, les historiens de l'automobile sont formels : autrefois, l'obsession des conducteurs était de ne pas tomber en panne, aujourd'hui, elle est de pouvoir se garer. Le phénomène ne touche pas que les métropoles, il gagne les villes de taille moyenne où prolifèrent zones calmes et semi-piétonnes. Ce qui ne va pas améliorer cet indicateur amusant : un automobiliste français passerait en moyenne deux mois et demi de son existence à dénicher une place pour se garer. Et 20 % du trafic en agglomération serait dû aux voitures qui tournent et retournent dans l'espoir de pouvoir s'immobiliser enfin.

La réglementation du stationnement est une affaire très ancienne. On la fait remonter au roi assyrien Sennachérib, grand bâtisseur et urbaniste avant l'heure. Durant son règne, de 705 à 681 avant J.-C., l'arrêt des chars fut interdit le long de l'artère principale de la capitale, Ninive, afin de laisser la place nécessaire aux défilés de troupes et aux cortèges. L'histoire ne nous dit pas comment fonctionnait la fourrière. On peut la supposer assez musclée. Les mêmes dispositions furent prises plus tard à Rome pour tenter de réguler la circulation dans des rues très étroites. Enjambons les siècles. En décembre 1607, un édit d'Henri IV impose de laisser certaines voies libres de « coches, charrettes, chariots ». Sous Louis XV, les chaises à porteurs à leur tour sont priées de ne pas stationner n'importe où. Accélérons, et nous voilà en août 1928, début de nos malheurs d'automobilistes : le décret du 21 août reconnaît pour la première fois la légalité du stationnement payant. Les zones bleues sont créées en 1960, accompagnées du disque bleu, afin d'organiser le partage de l'espace public et la rotation des véhicules stationnés. En 1971, les premiers parcmètres, inventés aux États-Unis dans les années 1920, débarquent en France. Ils vont s'y sentir très bien et pousser partout. Jusqu'à leur remplacement, il y a six ou sept ans, par les tickets dématérialisés et leur contrôle par les voitures-radars.

Tout cela met une certaine pression sur le conducteur. D'autant que l'art du créneau a été élevé au rang de discipline olympique. Le rater est toujours humiliant. Et il reste l'épreuve redoutée des examens de conduite. Mais pour combien de temps encore ? L'aide électronique au stationnement (« *park assist* »), qui équipe de plus en plus de véhicules, prend déjà la main. Demain, la conduite autonome se chargera de tout le boulot, y compris de détecter la place libre. Mais cela ne résoudra pas le problème du manque de places. Comme disait l'humoriste Jean Yanne : « Le mieux, c'est encore d'acheter une voiture déjà garée. »

SUV (*sport utility vehicle*)

Plus on les montre du doigt, plus les consommateurs semblent les aimer. Décriés par les écologistes, les SUV caracolent en tête des ventes dans tous les pays européens.

Au point que cet anglicisme (SUV signifie « *sport utility vehicle* ») est entré dans le langage commun. Et dans les dictionnaires depuis 2018. Le *Larousse* les décrit comme « des véhicules automobiles volumineux caractérisés par une carrosserie surélevée et une motorisation puissante, à mi-chemin entre un tout-terrain et un monospace ». Une définition attrape-tout qui peine à représenter la diversité de l'offre. Petits, moyens ou grands, urbains ou tout-terrain, bon marché ou très chers, à chaque segment de marché son type de SUV. Il y a plus de 1 tonne d'écart entre les plus légers et les plus lourds. Le plus gros bataillon, et de loin, est constitué de voitures familiales à deux roues motrices qui se rapprochent des monospaces les plus sages. Ce qui fait leur succès auprès des classes moyennes : un sentiment de sécurité, une meilleure vision de la route et plus de place pour les bagages à longueur identique. C'est le rêve du Range Rover à la portée de tous.

La mode des SUV est venue, comme souvent, des États-Unis. La Jeep Wagoneer, lancée en 1963, a ouvert la route, suivie par de nombreux modèles dérivés des pick-up. Mais il a fallu attendre le milieu des années 1990 pour que cette nouvelle catégorie émerge en Europe. Les japonais Toyota, avec le RAV4, et Honda, avec le CRV, ont été les premiers à lancer des véhicules compacts à quatre roues motrices. Les allemands Mercedes et BMW leur ont emboîté le pas en présentant les fameuses Classe M et X5, des voitures puissantes et très haut de gamme. Mais c'est à partir de 2010 que la vague est arrivée avec les Dacia Duster, Peugeot 3008 ou Volkswagen Tiguan. Les nouveaux entrants sur le marché, comme les coréens Kia ou Hyundai, ont amplifié cette tendance grâce aux Sportage ou aux Tucson. Moins sportifs, renonçant pour la plupart au système de traction intégrale, mais très bien équipés, tous ces modèles ont séduit une clientèle plus large. Les constructeurs en ont rapidement pris acte : leurs designers ont décliné ce format sur l'ensemble des gammes. X1, X2, X3 et X4 chez BMW. Q2, Q3 ou Q5 chez Audi, 2008, 3008, 5008 chez Peugeot. Tous les modèles sont désormais proposés avec des moteurs hybrides, certains sont déjà passés au 100 % électrique. À l'exemple du Renault Scenic E-Tech.

Les SUV sont-ils plus polluants ? Les études montrent que l'écart est faible avec les autres catégories. Leur efficacité énergétique est inférieure de 5 à 15 % à celle des berlines classiques selon leur taille. En revanche, ils sont plus aérodynamiques que les monospaces qui ne sont pas remis en cause. Abstenons-nous de jugements trop hâtifs... La chasse fiscale que certains rêvent de lancer risque d'être injuste socialement et dangereuse économiquement : comment faire la distinction entre petits, moyens et grands SUV ? D'autant que le passage à l'électrique n'est pas sans conséquence sur la taille des voitures. Les batteries doivent être placées sous l'habitacle sur une hauteur de 20 cm, ce qui les fait grandir, en hauteur et même en longueur. Je parie donc que l'on verra encore longtemps des SUV de toutes sortes sur les routes. Un signe, c'est dans ce segment que Tesla a positionné son modèle Y.

T

Taxis de la Marne

En ce temps-là, le marketing n'existait pas. Sinon nul doute que l'opération « Taxis de la Marne », en septembre 1914, aurait remporté haut la main le prix de l'année du coup médiatique. Car contrairement à ce que l'on croit souvent, cet épisode n'a guère été décisif sur le plan militaire. Mais il le fut d'un point de vue psychologique. Il a permis de forger dans l'imaginaire collectif un geste héroïque associant les civils et les combattants du front. L'Union sacrée, en somme. Cette action est tout de suite devenue le symbole du sursaut national et d'un certain génie français de l'improvisation. Elle reste aussi comme l'un des actes fondateurs de l'histoire de l'automobile… et de Renault, puisque la majorité des 1 100 véhicules réquisitionnés étaient nés à Billancourt.

Remettons-nous dans l'ambiance de ce 6 septembre 1914. L'avancée allemande est fulgurante, les troupes ennemies bivouaquent en Seine-et-Marne, à 50 km au nord-est de Paris, la situation est alarmante. L'état-major décide de contre-attaquer et d'envoyer au front un maximum de troupes en renfort. En camion et par le train, pour l'essentiel. À Paris, néanmoins, stationnent quelques milliers de soldats au repos, épuisés par les précédents combats, réservistes pour la plupart. Pas la fine fleur des combattants, pour tout dire. D'ailleurs, ils resteront en seconde ligne. Le gouvernement, prévoyant, avait déjà envisagé la réquisition des taxis parisiens pour évacuer, dans une hypothèse extrême, les archives du ministère de la Guerre. C'est ce dispositif que le gouverneur militaire de Paris, le général Gallieni, décide alors d'utiliser en urgence. Et cela ne traîne pas ! Les véhicules sont rassemblés sur l'esplanade des Invalides. À leur bord s'entassent cinq hommes et leurs paquetages. Entre 3 000 et 5 000 soldats (les chiffres divergent) au total. La colonne se lance. Comme une longue chenille, elle progresse à la vitesse moyenne de 25 km/h. Une épopée pour ces Renault modèle AG, guère prévus pour une telle épreuve. Ils s'en sortiront brillamment. Ce n'est pas pour rien qu'ils étaient utilisés depuis longtemps par la Compagnie française des automobiles de place, la future G7 que nous connaissons bien aujourd'hui. Ils furent même sacrés « meilleurs fiacres automobiles » lors d'un concours organisé en 1905. Il n'empêche, on était à la préhistoire de la conduite. Pour démarrer le deux cylindres en ligne de 9 ch et espérer avancer, il fallait manipuler toutes sortes de commandes. Comme un rituel énigmatique.

Ouvrir le robinet d'essence, régler la molette de l'accélérateur juste au-dessus des pédales, redescendre, ouvrir le capot, actionner la pompe d'amorçage du carburant, tourner la manivelle. Ensuite, essayer de démarrer sans caler, c'était tout l'art d'un bon chauffeur. Pas de boîte synchronisée bien sûr, aucune progressivité, la voiture s'ébranle par soubresauts. Pas de freins sur les roues, mais un système de ralentisseur sur la transmission et sur l'essieu arrière.

Bref, il fallait du métier. Et une certaine résistance, car le conducteur était assis à l'extérieur, comme dans une diligence. Deux qualités que nos vaillants chauffeurs possédaient. La mission fut donc réussie et les soldats transportés près du front sans dommages. Et c'est ainsi que les taxis de la Marne devinrent le symbole de la contre-offensive et de la future victoire. Précision : la société de taxis factura ce transport exceptionnel 70 102 francs, soit 24 millions d'euros environ. Et les chauffeurs, comme pour n'importe quel client, touchèrent 27 % du montant inscrit sur le compteur. Une belle course, comme on le dit de nos jours.

Tesla

Ma première rencontre avec une Tesla tenait presque de la pochade. C'était en 2011, je dirigeais le marketing de Volkswagen. Un soir, dans l'hôtel où le groupe organisait un séminaire, le responsable de la stratégie produit, Matthias Müller, qui deviendra ensuite patron de Porsche, puis du groupe Volkswagen, nous a présenté, comme il le faisait toujours, un nouveau modèle de la concurrence. Cette fois, nous avons eu le droit à un drôle d'engin assez improbable, la première Tesla ! Il s'agissait en fait d'un roadster Lotus Elise, bourré de batteries à l'arrière. Nous avons fait le tour du quartier, surpris par les accélérations et la vivacité de la « chose ». Pétris de culture Volkswagen, nous avons examiné avec attention l'assemblage, le confort, la finition. On ne se refait pas... Nos jugements furent assez condescendants et nos commentaires un peu ironiques. Pour tout dire, l'objet nous semblait exotique.

Deux ans plus tard seulement, en 2013, on ne plaisantait plus. Changement complet de décor. Je suis curieux de nature et avide d'innovations. J'ai donc commencé à regarder Tesla de près lorsque le Model S est sorti. Une alarme s'est déclenchée dans ma tête. Et lors d'une réunion annuelle du top management, j'ai averti de l'importance du phénomène qui se préparait.

Je n'étais pas le seul à le penser. En 2014, j'étais parti chez Audi comme directeur des ventes et du marketing. Un jour où se tenait le board, Ferdinand Piëch, alors président du conseil du groupe Volkswagen, a surpris son monde en arrivant à bord d'une Tesla. Au lieu de son habituel coupé R8 à moteur V10. Dans la meute des grosses cylindrées allemandes alignées sur le parking, le Model S semblait clignoter de mille feux. Piëch ne parlait pas beaucoup, il fonctionnait beaucoup par symbole. Là, il voulait dire à ses équipes : « Faites attention ! » J'ai ainsi eu la confirmation qu'un truc se passait et qu'il allait être énorme.

Et cela n'a pas manqué. La progression de Tesla a été fulgurante. Voilà une gamme sortie quasiment de nulle part qui s'est taillé en quelques années la part du lion sur le marché de l'électrique. La marque créée par Elon Musk a été un électrochoc pour toute l'industrie automobile. Elle a démontré qu'il pouvait encore y avoir un nouveau concept de voiture offrant une forte rentabilité. Nous étions tranquillement installés dans une technologie qui était grosso modo la même depuis cent vingt-cinq ans quand – badaboum ! – un type en apparence fantasque a décidé de défier une industrie entière. Quand on me dit qu'il n'est plus possible de faire de l'argent dans l'automobile, je réponds que l'un des hommes les plus riches du monde fait des autos. Le véhicule le plus vendu en Europe en 2023, toutes énergies confondues, a été la Tesla Model Y.

Ce score extraordinaire symbolise l'approche disruptive du business propre à la Silicon Valley, et ce qu'elle est capable de produire. Elon Musk n'a pas essayé d'adapter d'une manière plus ou moins réussie des batteries sur des modèles thermiques, il est parti d'une page blanche. Il n'a pas implanté un logiciel dans une voiture, il a conçu une voiture autour d'un smartphone. Acheter une Tesla, c'est entrer dans un univers, dans un système complet, comme celui construit par Apple. À la fois ludique et simplissime d'utilisation. À bord, le système d'exploitation se met à jour automatiquement à distance, le planificateur de trajet indique avec une extrême précision la localisation et la disponibilité des superchargeurs, la consommation est anticipée en fonction de la charge de la voiture et du mode de conduite, une fonction Sentinelle permet de filmer et d'enregistrer autour de la voiture comme une alarme de maison, les options peuvent s'acheter en ligne à tout moment, les recharges sont facturées automatiquement par prélèvement... Bref, Tesla a su tout de suite parler au cœur des conducteurs technos. Mais aussi des automobilistes soucieux de l'avenir de la planète, mais pas disposés à sacrifier le plaisir de conduite – Tesla en procure beaucoup, il faut le reconnaître – ni à se prendre la tête avec la recharge des batteries. Pour beaucoup d'entre eux, rouler en Tesla consiste à intégrer une communauté de passionnés. Comme celle des motards. Comme celle des fans de Mac.

Mais Elon Musk est un ingénieur et pas seulement un as du marketing. C'est pourquoi il a révolutionné aussi les process industriels et a gagné énormément en productivité. Il a réussi, par exemple, à réduire drastiquement le nombre de calculateurs qui gèrent le châssis et les aides à la conduite. Il a remplacé la myriade de petites pièces habituellement soudées entre elles par des modules qu'il suffit d'assembler. Pour assurer son approvisionnement en batteries, il a été le premier à bâtir des « gigafactories ». À des vitesses record. Deux ans seulement pour celle inaugurée en 2022 près de Berlin. Là, il suffit de dix heures pour sortir une voiture. Deux à trois fois moins que chez les constructeurs traditionnels. Ces derniers regardent ces grandes manœuvres avec stupeur mais aussi avec envie : ils ne peuvent pas, eux, convertir leurs usines historiques d'un claquement de doigts pour les dédier au dieu Watt.

Cette création ex nihilo de Tesla n'aurait pas été possible sans les dizaines de milliards de dollars injectés sans relâche. La personnalité de Musk et sa force de conviction ont permis de faire patienter les actionnaires même lorsqu'ils étaient au bord de la mutinerie à la fin des années 2010, quand la firme était proche du naufrage. Le premier bénéfice, 721 millions de dollars, n'est tombé qu'en 2020. On touche là à la supériorité absolue de l'économie américaine, et de la Silicon Valley en particulier. Quand les marchés financiers croient en une technologie disruptive, ils sont capables d'un soutien indéfectible. Cela crée pour les constructeurs traditionnels une forme d'asymétrie concurrentielle (voir l'entrée « Uber »).

La question peut se poser : Elon Musk mérite-t-il cet engouement de la part des investisseurs ? Le fait est qu'il surfe avec génie sur cette tendance sociétale en faveur du véhicule électrique. Ce dernier est présenté comme la solution à tous les problèmes, comme la réponse à tous les maux engendrés par les transports. Ce qui n'est pas aussi simple. Le tout-électrique bouleverse l'ensemble de la chaîne de valeur, la géopolitique des matières premières, les filières de recyclage, etc. En attendant un futur bilan, Elon Musk incarne parfaitement le rêve américain, sa culture du progrès, sa foi dans l'avenir. Il est le *game changer* dont la marque s'est imposée comme la référence.

Jusqu'à quand ? Est-il encore possible d'offrir une résistance à ce rouleau compresseur ? Je le crois profondément. Les constructeurs chinois sont les premiers à en administrer la preuve. Leurs modèles ont fait des progrès spectaculaires et certains donnent même un coup de vieux aux Tesla. Quand on se promène à Shanghai, Pékin ou Canton, les américaines ont déjà un petit air de déjà-vu par rapport à la production locale. Elles semblent avoir perdu une partie de leur avance et de leur côté exclusif. Elles paraissent presque basiques. Un comble ! Cette tendance pourra-t-elle toucher l'Europe ? Sans nul doute. Chez nous aussi la banalisation des Tesla risque de leur nuire. Quand Elon Musk dit « la demande pour Tesla est infinie », j'en doute. D'ailleurs, pour faire du volume, il a dû baisser ses tarifs. Ce qui a écorné sa marge, tombée de 20 % à 7 %.

C'est vrai que le tic de la tech est que « *the winner takes it all* ». De fait, pour justifier sa valorisation boursière extravagante, il faudrait que Tesla vende à terme 20 millions de voitures (soit 25 % du marché mondial) chaque année. Infiniment plus que le chiffre de 1,8 million atteint en 2023. Mais le secteur automobile est différent : il compte des dizaines de protagonistes. Quand on verra trop de Tesla dans sa rue, on aura peut-être envie d'acheter une autre marque. Celle qui est porteuse d'une histoire, qui a du style, un design, du charme. Bref, celle qui surprend. Ce qui ne sera pas forcément le cas des futures Tesla.

Tintin

Chaque fois que je me replonge dans les albums de Tintin, j'ai l'impression de visiter le Salon des plus belles automobiles de collection. Je suis ébloui, je ne sais pas où donner de la tête, incapable de me décider entre les dizaines et les dizaines de voitures, toutes plus belles et plus réalistes les unes que les autres, dont Hergé a rempli ses aventures. Un festival de puissantes berlines, de roadsters sportifs, de breaks élégants. Un défilé de camionnettes, de motos, de dépanneuses, de torpédos, de camions, de véhicules blindés... Tous magnifiés par le talent et la minutie de l'auteur belge. Nulle autre bande dessinée n'a autant mis la voiture à l'honneur, aucune ne lui a conféré ce statut de personnage central. Et je parierai volontiers qu'elle a donné la vocation de la mécanique et du design à des milliers de jeunes lecteurs.

Les experts en tintinophilie se disputent sur le décompte précis des modèles reproduits dans l'ensemble de l'œuvre. 214, 208, 198 ? Qu'importe. Le travail est magistral. Du premier recueil, en 1929, au dernier, en 1983, il nous fait vivre en direct le grand chambardement de la civilisation de l'automobile. Des marques montent en puissance, d'autres s'effacent. La crise de l'énergie (déjà !) sert de trame à *Tintin au pays de l'or noir*. L'augmentation exponentielle du trafic et les problèmes de recyclage des épaves (re-déjà !) apparaissent dans *Tintin en Amérique*. Les embouteillages et la goujaterie naissante du conducteur moderne sont dénoncés dans la scène finale de *Coke en stock*... Auteur du livre référence *Tintin, Hergé, les autos* (Éditions Moulinsart, 2004), l'avocat Charles-Henri de Choiseul Praslin écrit que, chez Tintin, l'automobile demeure le protagoniste le plus puissant : « C'est un accessoire mécanique élevé, par la grâce de l'auteur, à une dignité – tout imaginaire – d'instrument du destin. Elle est le médium de l'enfance qui se glisse, de case en case, pour garder les adultes immortels. Avec elle, Hergé, venant après le séisme de la guerre 14-18, témoigne à sa manière [...] qu'il faut, le plus souvent, une fée, en l'occurrence tout à fait moderne, pour que les héros échappent à la mort qui les menace constamment. »

Revenons à cette question cornélienne. Et si, dans cette fantasia de voitures, il fallait n'en choisir qu'une seule ? Alors j'avouerai une affection particulière pour la Lancia Aurelia B20 GT, lancée dans *L'Affaire Tournesol* à la poursuite des ravisseurs du professeur. Ce bondissant coupé rouge vif est conduit par le signore Arturo Benedetto Giovanni Giuseppe Pietro Archangelo Cartofolli dé Milano. L'élégance de celui-ci, nœud papillon et gants de conduite en cuir, n'a d'égale que sa maestria au volant. « Ma qué, je vais vous montrer que les voitures et les condouctirés italiens, ils sont les meilleurs du monde. Avanti ! À la poursouite dé Tournesolé moi ! » Les Italiens, meilleurs conducteurs du monde ? Ce n'est pas moi qui le dis, c'est Hergé. Et il s'y connaissait en pilotage. La mécanique a très vite été une passion dévorante. Même s'il lui a fallu attendre ses 31 ans, en 1938, pour s'offrir ses premières clés. Celles d'une puissante et confortable Opel Olympia Cabriolet Coach, qu'il représentera avec beaucoup de soins dans *Le Sceptre d'Ottokar*. Un des modèles les plus réussis de la filiale allemande de General Motors, décrit ainsi par le dessinateur : « C'était une excellente petite voiture qui, à l'époque, se tapait facilement le 140 ! Ultramoderne... » Deux autres sportives possédées par Hergé eurent l'honneur de se retrouver dessinées. Une divine Porsche 356 bleue, discrètement croquée dans la dernière vignette de *Coke en stock*. Et une Lancia Aprilia, qualifiée un jour par l'auteur de « vraie automobile », qui fait la joie de l'émir Ben Kalish Ezab dans *Tintin au pays de l'or noir*. L'un des biographes de Hergé, Benoît Peeters, confirme : « Il aimait conduire très vite, parfois sur des anneaux ou sur des pistes de performance. »

Le brio et le goût de la vitesse apparaissent dès le premier volume, *Tintin au pays des Soviets*, en 1929. C'est même à eux que le jeune reporter doit son look. Il mène avec autorité une Amilcar, authentique voiture de course capable d'atteindre les 115 km/h. Puis il vole une vrombissante voiture de police. Soudain, au détour d'un dessin, une accélération plus vive que les autres. Et voilà les cheveux du maître de Milou qui se dressent sous l'effet de la vitesse : la célèbre houppette est née. Elle caractérisera le jeune héros pour toujours.

Très vite, Hergé va passer maître dans l'art de mettre en scène le ballet des voitures. Il est le père de cette orchestration millimétrée des courses-poursuites, dérapages, sorties de route, tête-à-queue... Bien avant que le cinéma ne s'y mette. Les tintinophiles ont calculé : au cours des 17 premiers albums, 22 accidents violents ! Dont le héros sort évidemment indemne chaque fois. Ironie de l'histoire, l'ami collant de Tintin et du capitaine

Haddock, l'assureur Séraphin Lampion, ne cesse de leur proposer un contrat alors qu'ils se révèlent clairement être les pires casse-cous de la terre...

La reproduction des voitures, passé les premiers volumes où le trait est flou, se fait avec un luxe de détails inouï. Hergé multiplie les sources, consulte les documentations techniques, met de côté les photos de presse, multiplie les observations directes. Son but est de reproduire avec une extrême fidélité la moindre jante ou le moindre tableau de bord. Il se fera assez vite aider par de talentueux collaborateurs, futurs dessinateurs vedettes eux-mêmes, Jacques Martin (*Alix*, *Lefranc*) et Bob De Moor. Celui-ci, par exemple, fut envoyé en mission dix jours en Grande-Bretagne, en 1965, pour préparer la réactualisation de *L'Île Noire*. Il reviendra avec des caisses de croquis et de catalogues. La caravane de marque Eccles qui figure dans l'album, attelée à une sympathique Triumph Herald 1200, provient directement de cette façon de travailler. Avec une transgression quand même : pour les besoins du dessin, la porte de la roulotte est située à droite, côté route, donc, puisque l'on y roule à gauche. Impensable et dangereux !

Le nombre de modèles ainsi dessinés au fil des ans par Hergé donne le tournis. C'était un studio de création à lui tout seul. Il a d'ailleurs mis un point d'honneur à ne quasiment jamais reproduire le même véhicule dans deux aventures différentes. Rares entorses à cette règle : la Jeep traverse *Tintin au pays de l'or noir* et *Objectif Lune*. La 2 CV apparaît à la fois dans *L'Affaire Tournesol* et dans *Les Bijoux de la Castafiore*. Il faut dire que Tintin, malgré de longues heures passées au volant, n'a jamais possédé de voiture. À deux exceptions près : il achète une Amilcar dans *Tintin au pays des Soviets* et une Ford T dans *Tintin au Congo*. Le choix de la T n'est pas innocent. Il symbolisait aux yeux du dessinateur belge la voiture mythique qui ouvrit la voie à l'industrie automobile moderne. « Hergé, note son biographe Charles-Henri de Choiseul Praslin, la célèbre avec éclat en lui offrant la couverture de *Tintin au Congo* et une représentation où elle manifeste la joie de vivre et de voyager sans oublier son caractère indestructible. »

À propos de Ford, Tintin entretenait des relations particulières avec l'ex-géant de Détroit. Il collabora, dans les années suivant 1930, à la *Revue Ford*, un luxueux magazine auquel il livra de nombreux dessins. Ceci expliquant peut-être cela, la marque américaine est surreprésentée dans les aventures. Notamment le très velouté V8, décliné en de nombreuses versions (taxi, cabriolet, etc.), la dépanneuse Matford (*Le Crabe aux pinces d'or*), la Custom, la Zephir… À l'inverse, des modèles pourtant admirés par Hergé manquent à l'appel ou ne font qu'une brève apparition. C'est le cas de la Coccinelle, de la DS et des Jaguar, illustrés par la Mk I et la Mk X, moins célèbres que les coupés XK et Type E. Que les fans de ces marques se rassurent : les exégètes ne voient dans ces choix aucune signification particulière. Contrairement à d'autres décisions de Hergé, lourdes de sens, comme celle de faire de

Mercedes une marque longtemps hostile, exclusivement utilisée par les ennemis de Tintin. Il y a la Mercedes SK de la police allemande au début de *Tintin au pays des Soviets*. Puis la lourde et puissante Mercedes 24/100/140 de la Guépéou, la terrifiante police d'État soviétique. Ensuite la 220 et la 300 des agents bordures qui tentent d'enlever Tournesol.

Au fait, quel est le constructeur qui se cache derrière la somptueuse limousine officielle du dictateur Tapioca dans *Tintin et les Picaros*, en 1976 ? Il s'agit en réalité du croisement d'une Mercedes 600, symbole de la puissance économique de la République fédérale, et d'une Zil 114, allégorie de la bureaucratie soviétique inconsciente de son déclin et de la chute à venir. Dans son livre référence, Charles-Henri de Choiseul note avec beaucoup de justesse ceci : « Ce syncrétisme automobile, entre le culte rendu par le capitalisme à l'une de ses créations majeures et la religion séculière du communisme, exprime parfaitement le message politique qui est si clair dans *Tintin et les Picaros*. Dans les dernières images, le bidonville reste exactement le même quand le général Alcazar prend le pouvoir au général Tapioca ! Ces dictatures s'affrontent en apparence, se valent et ne font que se substituer l'une à l'autre pour un résultat identique ! »

Hergé avait une autre règle visuelle bien à lui – une « syntaxe du mouvement », disent ses admirateurs – pour stigmatiser les méchants : le sens de la circulation. Quand Tintin ou un héros positif conduisent, le véhicule se déplace de gauche à droite, c'est-à-dire dans le sens de la lecture. Quand les bandits sont au volant, ils roulent de droite à gauche, dans le sens contraire de la lecture. Ce qui donne spontanément le sentiment au lecteur que les choses ne vont pas comme elles le devraient. Les biographes de Hergé ont relevé une autre règle : l'auto, conduite par les héros positifs, doit être vue de face.

« L'avant peut faire penser à un visage, les phares évoquant les yeux ; et la calandre, un sourire. Au contraire, la voiture des mauvais est montrée, autant que possible, de dos. Cette position exprime la fuite et la lâcheté. »

Ainsi, les autos de Hergé « aboutissent à quelque chose qui n'est pas de l'anthropomorphisme, mais qui n'en est pas très éloigné ».

Je me pose parfois cette question : quels modèles Hergé mettrait-il aujourd'hui en vedette si, par extraordinaire, il revenait faire un ultime album ? Gageons qu'ils seraient hybrides ou électriques, plus souvent conduits par des femmes, moins agressifs et moins chamboule-tout pour les piétons. Et quelles marques ? J'ai ma petite idée...

Toyota

C'est le problème des premiers de la classe, dès qu'on croit déceler chez eux une petite baisse de forme, on adore leur tomber dessus. Voyez Toyota, qui collectionne les palmes : premier constructeur mondial avec 10,45 millions de véhicules vendus en 2022 en incluant Daihatsu et sa marque de luxe Lexus ; premier ou deuxième producteur de voitures *made in* France, selon les années, grâce à son usine de Valenciennes (Nord) ; premier dans la plupart des palmarès de fiabilité...

Las ! Au premier trimestre 2023, l'inoxydable Corolla s'est fait ravir sa couronne de voiture la plus vendue au monde par l'insolente Tesla Model Y. Dans la foulée, on a commencé à entendre une petite musique : le géant japonais, pionnier de la motorisation hybride, se serait reposé sur ses lauriers et pourrait rater la plus grande révolution jamais connue par l'automobile depuis sa création, le passage à l'électrique. De fait, selon l'indice de préparation à la transition énergétique en Europe établi par l'ONG Transport & Environnement, Toyota obtient une note de 35 sur 100 seulement quand les meilleurs décrochent 70. Et alors que les grands constructeurs, de Renault à Volkswagen, en passant par Stellantis et Mercedes, ont annoncé qu'ils ne commercialiseraient plus en Europe de moteurs thermiques dès 2030, le Japonais semblait vouloir attendre 2035, date couperet imposée par l'Union européenne.

Baisse de régime ? Bien sûr que non... Comme d'habitude avec Toyota, il faut se méfier de l'eau qui dort, comme je peux en témoigner pour y avoir passé cinq années pleines de passion et d'enseignements. J'étais basé à Bruxelles pour diriger le lancement de la Yaris en Europe. Je n'ai donc été qu'à moitié étonné quand, en juin 2023, coup de théâtre, le groupe a annoncé l'arrivée prochaine d'une nouvelle génération de batteries : on atteindrait 1 000 km d'autonomie (Paris-Parme ! Lyon-Rome !) dès 2026, 1 500 km quelques années après, et recharge de 10 à 80 % en dix minutes.

On a alors appris que le bureau d'études planchait depuis plusieurs années sur les batteries à semi-conducteurs, aussi appelées « à électrolyte solide », censées offrir une densité énergétique supérieure à celle des batteries lithium-ion utilisées par presque tous les acteurs du marché. Problème, les électrolytes solides se dilatent et se contractent dans les phases de chargement et de déchargement. « Ce qui peut créer des fissures qui entravent le mouvement des ions entre la cathode et l'anode », a expliqué Keiji Kaita, le patron du centre de recherche et développement pour la neutralité carbone, lors de la présentation du projet. Ce sont ces difficultés que les ingénieurs auraient réussi à surmonter.

Cette remontada spectaculaire, qui reste à confirmer bien sûr, illustre une fois de plus la singularité de la saga Toyota. Elle a débuté à la fin du XIXe siècle avec Sakichi Toyoda, inventeur génial qui, pour améliorer le rendement de son usine textile, conçut une machine à tisser capable de s'arrêter automatiquement en cas d'incident. Mine de rien, il posa ainsi deux principes qui allaient façonner le futur Toyota, mais aussi révolutionner l'industrie tout entière : la possibilité de détecter les problèmes pendant le processus de fabrication, ce qui limite les risques de défauts ; la diminution du nombre de salariés affectés à la surveillance de la machine, ce qui réduit les coûts. C'est son fils Kiichiro Toyoda qui, en 1933, après être allé chercher l'inspiration en Europe et aux États-Unis, propulsa l'entreprise familiale dans un autre univers. Fini le textile, l'avenir était à l'automobile. Après quelques prototypes et pas mal de tâtonnements, la première voiture de série sortit enfin. Elle s'appelait AA. Au passage, le nom de Toyoda sonnant mal, il fut remplacé par Toyota après un vote organisé dans tout l'archipel. Il y eut 27 000 réponses. Une des raisons de ce « d » transformé en « t » est qu'en japonais il faut huit caractères pour écrire Toyota. Or ce nombre apporte chance et prospérité. La AA sera produite à 2 000 exemplaires.

Mais la Seconde Guerre mondiale va anéantir tous les projets de Kiichiro Toyoda. En 1950, la Toyota Motor Corporation est même mise en redressement judiciaire. Elle est sauvée sur le fil par le gouvernement japonais, qui l'abreuve de subventions, et par l'armée américaine engagée en Corée, qui lui commande des milliers de camionnettes et de Jeep sous licence. La firme redémarre en trombe, enchaînant les best-sellers. Premiers d'entre eux, les 4 × 4, baptisés Land Cruiser à partir de 1960. Moins chers que les Land Rover, mais réputés aussi performants et plus fiables, ils vont cartonner. Merci la mécanique rustique et infatigable, les pare-chocs de camion, le pédalier assez espacé pour pouvoir conduire avec des bottes épaisses... Suivra la compact Corolla, qui en est aujourd'hui à sa douzième génération et dont plus de 50 millions d'exemplaires au total ont été produits. Ce qui en fait le modèle le plus vendu dans l'industrie automobile. En 1967, voici la très sexy 2000 GT, croisement heureux d'une Jaguar Type E et d'une Ferrari 250 GTO. Consécration, elle joua le rôle de la « James Bond *car* » dans *On ne vit que deux fois*. Débarquent ensuite la Celica coupé, inspirée de la Ford Mustang, le RAV4, ancêtre de tous les SUV actuels, la révolutionnaire Prius qui ouvrit la voie à l'hybridation électrique, la Yaris... Et bien d'autres encore, toutes marquées par le mantra Toyota : fiabilité, qualité de service, prix abordable.

Derrière ce succès, une forme de simplicité apparente. On pourrait dire de ce constructeur qu'il est « bien sous tous rapports ». Pas de foucades ni de crises passionnelles. Or cette banalité est trompeuse car, dès les années 1950, la firme nipponne a mis au point l'une des organisations les plus perfectionnées et les plus efficaces de la planète. Je l'ai vue à l'œuvre lorsque j'étais directeur de Toyota Europe, elle est stupéfiante. J'ai compris combien l'humilité y régnait en maître et j'ai appris que l'art d'écouter et de respecter le client devait tout surpasser. J'ai passé des heures sur les parkings pour aller à la rencontre d'automobilistes anonymes et recueillir leurs avis. J'ai pris le volant de dizaines de voitures de la concurrence pour en tirer l'inspiration nécessaire à l'amélioration de nos propres modèles. Le mot d'ordre était de quitter sa bulle pour aller sur les lieux de l'action. Les dirigeants japonais m'ont appris à oser poser cinq fois la même question, sans honte, pour être sûr d'avoir compris tous les aspects d'un sujet et d'être allé au fond des choses.

Pas étonnant donc si la méthode Toyota est étudiée dans les écoles de management du monde entier, objet de dizaines de livres, décortiquée par des générations de cadres dirigeants. Elle repose sur le Toyota Production System (TPS) imaginé pour favoriser la production à la demande. Celle-ci se fait au rythme des commandes, en juste-à-temps. Le TPS inclut aussi le *jidoka* destiné à rendre visibles les défauts lors de la fabrication. Chacun des salariés est autorisé à arrêter le processus dès qu'un dysfonctionnement surgit. Le principe est d'aller à la source du problème, d'en trouver rapidement l'origine pour pouvoir le résoudre. Cette démarche, qui recherche l'amélioration continue, s'appelle *kaizen*.

Difficile de résumer en quelques lignes une construction aussi ambitieuse que le TPS. Pour en comprendre l'essence, je conseille souvent un article de la *Harvard Business Review* (*HBR*) écrit en 2008 (il n'a pas pris une ride !) par trois universitaires auteurs de *Extreme Toyota : Radical Contradictions That Drive Success at the World's Best Manufacturer* (Ed. John Wiley & Sons, 2010) : « Aucune entreprise ne pratique le taylorisme mieux que Toyota, expliquent-ils. Ce qui est différent, c'est qu'elle considère les employés non seulement comme des paires de mains, mais aussi comme des travailleurs du savoir qui accumulent la sagesse de l'expérience sur les lignes de front de l'entreprise. Toyota recueille des idées de tout le monde et de partout : l'atelier, le bureau, le terrain. » Cette firme, expliquent les trois auteurs, encourage délibérément des points de vue contradictoires et met les employés au défi de trouver des solutions en transcendant les différences plutôt qu'en recourant à des compromis. Une telle culture des tensions génère des idées innovantes.

« Les employés doivent garder un langage simple lorsqu'ils communiquent entre eux. Lors des présentations, ils résument les informations, les objectifs, l'analyse et les plans d'action sur une seule feuille. Mais en même temps, la direction favorise un réseau complexe de réseaux sociaux car elle veut "que tout le monde sache tout". » Cette communication ouverte encourage aussi à parler de ses erreurs ou de ses difficultés. Ainsi, Toyota a rendu sa culture remarquablement tolérante à l'égard de l'échec.

« Le numéro un mondial de la voiture a une hiérarchie stricte mais donne la liberté de s'opposer, expliquent les universitaires dans leur contribution à la *HBR*. Exprimer des opinions contraires, ne pas suivre aveuglément les ordres des patrons sont des comportements autorisés. » À l'inverse, lorsque la direction promeut des employés, elle ne les félicite pas. « Elle leur dit : "Bravo pour votre promotion, mais beaucoup d'autres étaient à un cheveu d'être sélectionnés. Ne l'oubliez pas lorsque vous faites votre travail." Il s'agit d'inculquer aux salariés l'humilité en rappelant que leur succès est dû en partie aux efforts de collègues tout aussi accomplis. »

De nombreux objectifs assignés aux employés restent par ailleurs délibérément vagues afin de leur permettre d'orienter leurs énergies dans plusieurs directions et d'obliger les spécialistes à collaborer entre eux et à sortir de leurs silos. Par exemple, il y a bien longtemps, l'ancien président du groupe, Katsuaki Watanabe, déclara que l'objectif était de construire une voiture qui allait purifier l'air, prévenir les accidents, emmener les gens d'un océan à l'autre avec un seul plein d'essence. C'est ainsi que la Prius, malgré les premiers échecs, a pu connaître la carrière qu'on lui connaît. Selon Toyota, disent les auteurs de l'article publié par la *HBR*, il faut proposer des défis fous et qui semblent inatteignables. Mais ensuite avancer à petits pas. Le toyotisme décompose ainsi un grand objectif en de nombreux défis gérables. Il multiplie les expérimentations et les initiatives pour surmonter les passages les plus difficiles de chacun de ces défis. Une illustration de ce cheminement original est la création de la marque Lexus, décrétée en 1983 après le voyage du président de l'époque, Eiji Toyoda, à Los Angeles. Pour l'y accueillir avec les honneurs qui convenaient, il avait fallu mobiliser une Mercedes, faute de modèle premium dans la gamme Toyota. Camouflet ! Affront ! Le big boss décida aussitôt de lancer le projet F1 (F pour *flagship*, « vaisseau amiral »). Dans le viseur : les marques allemandes haut de gamme. Six ans plus tard sortait la Lexus LS 400 ! Le début d'un grand succès commercial.

Le plus étonnant dans ce management est sa capacité à s'adapter aux nombreux pays étrangers dans lesquels Toyota est implantée. Y compris les plus compliqués à gérer, ceux qui possèdent 258 variétés de fromages... Exemple avec l'usine de Valenciennes, qui a assemblé 274 000 Yaris et Yaris Cross en 2023. Le groupe fondé par Kiichiro Toyoda a donc réussi à vaincre la « malédiction du segment B » selon laquelle il serait devenu impossible de fabriquer d'une manière rentable une citadine dans l'Hexagone. Certes, les moteurs de la Yaris Cross arrivent de Pologne, les systèmes hybrides et l'électronique du

Japon. Au total, l'usine du Nord ne réalise que 10 à 15 % de la valeur ajoutée du véhicule. Mais soyons sport, Toyota-Valenciennes est bien devenue la première usine automobile de France.

Trabant

L'histoire de la Trabant est un cas d'école. Sans doute l'un des plus convaincants pour mettre en évidence la supériorité du modèle capitaliste et libéral sur son homologue communiste. La « Trabi », comme la surnommaient avec affection les habitants de la RDA (République démocratique allemande), a connu une longue carrière puisqu'elle a été fabriquée à près de 3 millions d'exemplaires entre 1957 et 1991. Au fil des années, plusieurs versions ont été mises sur le marché. Mais, à la différence des automobiles mises sur le marché de l'autre côté du rideau de fer, sans jamais marquer de réel progrès. À la fin de sa vie, elle était toujours ce qu'elle était dès sa création : une automobile dépassée sur le plan technologique. Ce qui ne l'a pas empêchée d'être vivement désirée, puisque les clients étaient prêts à attendre dix ans pour en avoir une. Preuve qu'à l'est les citoyens avaient aussi envie de se déplacer librement ! Il leur suffisait d'être très, très patients...

La Trabant est née d'une décision politique prise au milieu des années 1950. À cette époque, les industriels européens de l'automobile sont en plein boom et multiplient les lancements. Les familles commencent à s'équiper d'une voiture, notamment pour partir en vacances. En France, la Dauphine succède à la 4 CV, par exemple. En Italie, la Fiat 600 apparaît en 1955, rapidement suivie par l'emblématique Fiat 500 en 1957. Surtout, en Allemagne de l'Ouest, Volkswagen a relancé la production de la Coccinelle, inventée par Ferdinand Porsche en 1938 avec la bénédiction de Adolf Hitler. Elle rencontre un grand succès. Cela aiguillonne le régime de Berlin-Est, qui veut aussi sa « voiture du peuple ». Le Mur n'est pas encore érigé, les Allemands de l'Est partagent les mêmes aspirations que leurs alter ego de l'Ouest avec lesquels ils communiquent encore facilement. Sauf que, dans cette partie du pays, l'économie a été soviétisée : toutes les entreprises sont passées sous le contrôle total de l'État. L'injonction ne peut venir que d'en haut. Elle arrive en 1954. Le ministère de la Mécanique donne des directives. Il demande que soit lancée la fabrication d'une petite voiture à deux portes, dotées (comme la Coccinelle) de deux sièges principaux et de deux sièges passagers. Elle devra être légère (autour de 600 kg) et en plastique, car le pays ne dispose pas des capacités permettant de produire les volumes d'acier suffisants. Dirigisme oblige, le prix est fixé d'avance : 4 000 Ostmarks. Un prix dérisoire si on le convertit en devises occidentales.

La RDA ne part pas de zéro, car elle dispose à Zwickau, au cœur de la Saxe, d'une grande usine implantée avant la guerre par le groupe Auto Union, le futur Audi. L'entreprise, qui s'appelle VEB Sachsenring Automobilwerk, était spécialisée dans la production de petites voitures pour la marque DKW. À partir de 1948, elle a recommencé à en assembler, cette fois sous les marques Zwickau et Sachsenring. Un prototype est rapidement mis au point dans l'usine, mais il est bourré de défauts. Les ingénieurs doivent revoir leur copie de A à Z.

La première voiture, la P50, sort donc seulement de l'usine le 7 novembre 1957, mais sa production en série commence réellement en août 1958. Elle respecte, point par point, le cahier des charges fixé par le ministère quatre ans plus tôt. Mais pour y parvenir, les ingénieurs ont fait appel au système D. Ils se sont résignés à faire un châssis en acier, car ils n'arrivaient pas à coller les éléments de carrosserie sur le bois, la matière envisagée initialement avec le soutien des autorités. De fait, la carrosserie est, comme prévu, en plastique : elle est composée d'un audacieux mélange de résines phénoliques et de fibres de coton. La Trabant est propulsée par un moteur deux temps de 500 cm^3 développant une puissance lilliputienne de 18 ch. Il a été installé à l'avant contrairement à la Coccinelle qui est une traction arrière. Comble du bricolage, le réservoir à essence est placé au-dessus du moteur, ce qui permet au carburant de s'écouler naturellement sans recourir à une pompe. Pour faire le plein, il faut donc soulever le capot ! Une fois assemblée, la voiture n'est ni longue (3,36 m) ni lourde. Avec un peu d'élan, elle peut atteindre la vitesse maximale de 95 km/h. Mais gare aux accidents, certaines des matières utilisées dégagent des matières toxiques en cas d'incendie.

Reste à lui trouver un nom. Ce sont les dirigeants de l'entreprise qui choisissent la marque Trabant, qui veut dire « satellite » en allemand. Sans doute en référence à la conquête spatiale qui commence : l'Union soviétique, le grand frère communiste, vient de mettre le premier satellite artificiel *Spoutnik 1* en orbite.

La Trabant est de qualité très moyenne, pour ne pas dire plus. Mais elle n'est pas chère. Et son design simple et très reconnaissable séduit les Allemands de l'Est. Au premier regard, elle ne paraît pas si en retard que cela par rapport à certaines de ses rivales de l'Ouest. Faute d'alternative, ils adoptent donc cette voiture du pauvre. Pendant ce temps-là, leurs dirigeants se déplacent dans de grosses berlines confortables, des Volga venues d'Union soviétique ou des Tatras importées de Tchécoslovaquie. Le communisme n'a pas aboli tous les privilèges !

Imitant leurs collègues de l'Ouest, les ingénieurs de la RDA vont faire évoluer leur bébé par petites touches. Ils lancent très vite une version Kombi qui fait office de fourgonnette et même un break bicolore un peu plus luxueux doté d'un toit ouvrant. Ils se concentrent toutefois sur le moteur, dont la puissance est portée à 20 ch en 1960, puis à 23 ch en octobre 1962. À cette occasion, une nouvelle version baptisée P60 est mise sur le marché. Avec son châssis allégé et une boîte de vitesses améliorée, elle est désormais capable de passer la barre des 100 km/h. Sa durée de vie est courte. Dès le mois de mars 1964, la P601, aux lignes plus arrondies et aux surfaces vitrées agrandies, lui succède. Mais pour l'essentiel, il s'agit de la même voiture déclinée une nouvelle fois en plusieurs versions, dont une à usage strictement militaire.

La P601 va tenir vingt-six ans. Au cours de cette période, la demande progresse plus vite que la capacité de production. Les délais de livraison vont atteindre jusqu'à quinze années dans les années 1980 ! Les plus malins, et les plus fortunés, n'hésitent pas à payer un pot-de-vin pour bénéficier d'un délai de livraison plus court… De son côté, le marché de la pièce détachée prospère : on estime que 35 % des pièces fabriquées sont destinées à remplacer celles qui sont défectueuses. Chez les constructeurs occidentaux, ce chiffre ne dépasse jamais 10 %.

Fataliste, la population est-allemande préfère en rire. Les blagues qui fustigent la Trabi se multiplient. Exemples : quand une Trabi atteint-elle sa vitesse maximale ? Quand elle est remorquée ! Combien de personnes faut-il pour fabriquer une Trabi ? Deux, une qui plie et une qui colle. Qu'est-ce qu'une Trabi sur une montagne ? Un miracle !

Structurellement inefficace, incapable de s'organiser, l'industrie est-allemande s'affaisse. À Moscou, Gorbatchev arrive au pouvoir et lance l'opération Perestroïka (la reconstruction) en 1985. À Berlin, le régime d'Erich Honecker résiste à cette tentation d'ouverture. Mais il accepte la main tendue par la République fédérale d'Allemagne pour opérer des transferts de technologie. Un accord est même signé pour greffer un moteur de Polo Volkswagen, un quatre cylindres de 1 litre, dans la Trabant en 1984. Une catastrophe : les nombreux changements qu'il faut opérer sur la voiture n'ont pas été anticipés. Le projet est abandonné, soulignant une nouvelle fois les dysfonctionnements de l'appareil industriel est-allemand.

La fin est proche. Quand le Mur tombe, en 1989, les images des Trabant qui passent librement à l'Ouest font le tour du monde. Elles deviennent le symbole de la liberté retrouvée. Un chant du cygne. L'Allemagne se réunifie. Certes, des voitures sortent encore des chaînes de Zwickau, mais elles prennent la poussière sur un grand parking à côté de l'usine. La décision historique du chancelier Helmut Kohl de convertir les Ostmarks en deutsche Marks avec une parité de 1 pour 1 offre aux Allemands de l'Est les moyens d'acheter enfin des VW Golf et des Opel Kadett fabriquées à l'Ouest. Entre elles et la Trabant, il y a un tel gouffre ! La production s'interrompt définitivement en mai 1991. Mais il y a tout de même une vie après la mort. À l'ouest, la voiture devient un objet culte. Certains la collectionnent, d'autres proposent de la transformer en voiture électrique. Un musée de la Trabi ouvre dans le quartier de Checkpoint Charlie à Berlin. Que reste-t-il de la Trabant ? Rien sur le plan technologique, mais beaucoup sur le plan émotionnel. À sa façon, elle a écrit l'une des pages les plus extraordinaires de l'histoire de l'automobile.

Twingo

En ce 5 octobre 1992, c'est la foule des grands jours au Salon de l'auto. Surtout au stand Renault où trône une petite nouvelle, la Twingo. On joue des coudes, on se hisse sur la pointe des pieds, on veut la toucher. Sa ligne monocorps, ses quatre roues rejetées aux extrémités, son intérieur hype, sa banquette arrière coulissante, son habitabilité record... tout concourt à faire d'elle la vedette de cette grand-messe du moteur à explosion. Les ventes le confirment : plus de 2 000 bons d'achat signés en une semaine d'exposition.

La machine est lancée, elle ne va plus s'arrêter. En trente et un ans d'existence, cette drôle de voiture s'est vendue à 2,5 millions d'exemplaires.

Pourtant, « la grenouille », comme on l'a affectueusement surnommée à cause de sa calandre barrée d'un large sourire encadré par deux phares en demi-lune, a eu un processus de création chaotique. Elle a même failli ne jamais exister. C'est peut-être pour cela, en plus de ses immenses qualités, qu'elle est à mes yeux une des voitures les plus attachantes des dernières décennies. Elle symbolise la ténacité des équipes, le rôle déterminant de l'intuition dans le management d'une entreprise et le courage d'un patron,

Raymond Lévy, qui décida d'appuyer sur le bouton malgré l'hostilité d'une bonne partie de ses collaborateurs. C'est simple, beaucoup à Billancourt ne croyaient tout simplement pas au projet X06. Sauf peut-être la CGT, qui militait en interne depuis les années 1980 pour que Renault lance « une petite voiture, simple, fiable et pas chère ».

Tout avait donc (mal) commencé dans les années 1970 avec l'étude d'une petite Renault populaire, destinée à remplacer la R4 sans concurrencer pour autant la R5. Son nom : VBG pour « voiture bas de gamme ». Pas très folichon. Des dizaines de prototypes sortirent des cartons... pour y retourner bien vite, car aucun ne laissait entrevoir une quelconque rentabilité. Idem lors de la décennie suivante, les études se succédèrent pour se perdre dans les sables. Dans le lot, pourtant, il y avait bien une maquette qui tapa dans l'œil de plusieurs managers. Elle affichait des formes très originales et un style disruptif. Mais les finances en berne de la Régie ne permirent pas d'aller plus loin. Retour au placard, donc. Dans un garage, plus précisément, situé près de Versailles, dont seulement deux personnes détenaient la clé, le P-DG et le responsable du design.

Jusqu'à l'arrivée de Patrick Le Quément à la tête du style de Renault en 1988. Très vite, Raymond Lévy en fit l'un des piliers du redressement de Renault, en le nommant directeur du design industriel et de la qualité de Renault. Directement rattaché au président. Une manière d'affirmer que le style devenait la priorité et ne devait plus se contenter, comme on disait à l'époque, « d'habiller le bossu ». C'est-à-dire d'emballer tant bien que mal les choix techniques retenus par la direction de l'ingénierie. Et pour que le message soit bien clair, Raymond Lévy avait interdit à quiconque de juger d'un design avant... le responsable du design. L'objectif était de libérer la créativité et de permettre d'avancer sans être sans cesse contestés par les services industriels ou marketing.

Une véritable révolution, dont le premier bénéficiaire fut la future Twingo. Parmi tous les projets qui prenaient la poussière, Patrick Le Quément repéra vite le potentiel de cette petite voiture insolente et sympathique. Il en présenta la maquette à Raymond Lévy qui donna le go, contre l'avis général, pour creuser le dossier. Quelques mois plus tard, en novembre 1988, un projet plus abouti et à la personnalité plus affirmée fut de nouveau présenté. Même réaction : le P-DG aimait, une partie de son état-major n'aimait pas. Quant aux tests, très clivants, ils n'étaient guère rassurants. Une minorité adorait, une majorité détestait. Raymond Lévy faisait toujours partie de la première catégorie... Le Quément racontera plus tard qu'il était venu avec un petit croquis montrant l'avenir radieux de la Twingo avec « un conducteur très souriant et la voiture qui souriait aussi. C'est comme ça que cette thématique du sourire, de la voiture un peu espiègle est arrivée ». Et quand on débâcha la maquette, « celle-ci sourit au président et le président sourit à la maquette ». Gagné ! Enfin, provisoirement... Le P-DG renouvela son accord, à une condition de taille : raboter de 20 % le prix de revient du projet pour espérer atteindre la rentabilité.

La mission fut confiée au directeur des achats de l'époque, Yves Dubreil, entouré d'une équipe de choc directement rattachée à la présidence pour accélérer les prises de décision. Et aussi pour contourner le comité de direction dont une fraction était plus que jamais hostile au projet. L'homme n'avait pas la main qui tremblait. Il abandonna le principe de développer une gamme pour se concentrer sur un modèle unique. Pourquoi ? Parce que, traditionnellement, une voiture supporte une partie des coûts de conception des versions premium : la caisse et les châssis sont calibrés pour recevoir des motorisations et des équipements plus lourds. Donc, pour simplifier son industrialisation, X06 ne devait avoir qu'un seul moteur, une seule finition et très peu d'options. Naturellement, le service commercial fut effaré de ce choix iconoclaste et prédit un fiasco. En réponse, Yves Dubreil martelait : « Ce projet de monocorps est clivant. Soit la clientèle adhère. Soit elle est effrayée. Dans ce dernier cas, ce n'est pas une palette d'options qui va rassurer. » En revanche, il fallait retenir les amoureux du concept en leur offrant en série le maximum pour un prix contenu. La Twingo ne fut donc pas une voiture au rabais. Au contraire, elle était bourrée d'astuces et de petits plus. Compteur digital, vitres teintées, appuie-tête avant... D'ailleurs, quand il le fallait, Renault concédait des choix plus coûteux. Par exemple, l'instrumentation placée au centre de la planche de bord fut jugée déterminante pour typer la voiture, malgré son surcoût de 120 francs par rapport à une installation classique. Une décision validée en l'occurrence par le P-DG lui-même. Autre exemple qui révèle l'obsession du détail dont faisait preuve l'équipe : contre toute attente, l'allume-cigares était de série. « Il coûtait 1 franc, expliquera Yves Dubreil dans une interview. Mais c'était un référentiel de non-mesquinerie. Si, tous les matins, le client qui voit un trou dans son tableau de bord se rappelle qu'il est un pauvre qui n'a pas pu s'acheter d'allume-cigares, il est dévalorisé... Le mettre d'office est donc rentable. »

C’est ainsi que la Twingo, avant le phénomène Dacia, inaugura le « design-to-cost ». Cette méthode consiste à intégrer le coût de revient dans la conception même du véhicule, puis à y associer en amont les fournisseurs. Quelques exemples. Le poste chauffage était estimé à 257 francs dans le dossier X06. La Régie demanda aux équipementiers d’imaginer un système à 210 francs au maximum. Parmi eux, deux y parvinrent. Pour les fauteuils, fini l’armature, la mousse et le tissu. À la place, un nouveau procédé, rapide et économique, basé sur le moulage. Quatre couleurs de carrosserie seulement au choix. Il fut aussi décidé, pour simplifier, de faire l’impasse sur le volant à droite et par conséquent sur le marché britannique.

Avec un tel traitement de choc, le budget de développement est resté dans les clous, à 3,7 milliards de francs. Une jolie performance. À l’époque, il fallait compter le double. Malheureusement, le style extérieur continuait à faire des remous et à se faire éreinter aux tests. La moitié des personnes interrogées critiquaient son côté jouet et pas sérieux. Elles le rejetaient de « façon violente », selon Patrick Le Quément, qui avoue s’être senti ce jour-là « extrêmement seul ». Jamais le verdict d’un test de marché n’avait été aussi mauvais, rappelaient à qui voulait entendre certains membres de la direction. Le débat est même devenu freudien à cause du capot très court, lié au concept de monocorps. Or, petit capot voulait forcément dire petit moteur. Et donc voiture peu virile, réservée aux femmes. Le bateau tanguait tellement que Patrick Le Quément envoya ce courrier à Raymond Lévy : « Le plus grand risque pour l’entreprise, c’est de ne pas prendre de risque. Je vous demande de choisir un design instinctif plutôt qu’un marketing extinctif. » Réponse du boss : « Tout à fait d’accord. On y va. » Et le 10 juillet 1989, le design définitif était figé. Dans la foulée, le projet X06 était baptisé Twingo, fusion de twist, swing et tango.

Et voilà comment, trois ans plus tard, en ce mois d'octobre 1992, la sympathique grenouille a fait battre les cœurs. Prête pour une carrière à succès. « Pour une fois, sur un projet, dira Patrick Le Quément, on peut dire que l'émotion a joué un rôle déterminant. » Après le lancement, quatre générations de Twingo se sont succédé. Désormais aussi proposée dans une version électrique, la plus petite des Renault fait de la résistance. C'est notre *kei car*, ces minivoitures que les Japonais favorisent dans leurs grandes villes.

U

Uber

Pas de fiesta jusqu'au bout de la nuit, ce 3 août 2023. Depuis que son fondateur, Travis Kalanick, a été écarté en 2017 à cause d'un management jugé toxique et d'un goût avéré pour les bacchanales, Uber fait profil bas. Il y a pourtant de quoi sabler le champagne : pour la première fois depuis sa création en 2010, le champion du VTC a pu annoncer un bénéfice net trimestriel : 394 millions de dollars. Rien d'himalayen certes, mais une divine surprise quand même, comparée aux 31,5 milliards de dollars de pertes cumulées en treize ans. Peu d'entreprises ont fait patienter aussi longtemps leurs actionnaires. Mais peut-on reprocher quelque chose à Uber, devenue l'icône absolue des technologies de rupture ? Le croisé des nouvelles mobilités. Le symbole, pour le meilleur et pour le pire, des bouleversements économiques et sociaux induits par les applications mobiles. Le promoteur de la « gig economy » (économie à la tâche), où le salarié est remplacé par un travailleur indépendant. Combien d'entreprises dans l'histoire ont fait basculer en si peu de temps des pans entiers du business ? Combien sont entrées aussi vite dans le langage commun ?

Uberiser : un verbe conceptualisé pour la première fois en 2014 par Maurice Lévy, le président de Publicis, dans une interview au *Financial Times* : « Tout le monde commence à craindre de se faire uberiser. C'est l'idée qu'on se réveille soudainement en découvrant que son activité historique a disparu… » Le principe de la plateforme numérique est de mettre en relation directement un fournisseur et un client. Elle a ainsi rendu uberisables une somme considérable d'activités. Le transport, la livraison rapide de courses, l'informatique, le design, le bricolage, la rencontre amoureuse.

L'épopée Uber a commencé à Paris, en décembre 2008, très prosaïquement. Par une froide soirée enneigée, Travis Kalanick et son associé Garrett Camp battaient la semelle sans trouver de taxi. Une punition alors partagée par des millions de citadins dans le monde entier. Surtout dans les pays développés, où les chauffeurs étaient organisés en puissantes corporations promptes à bloquer les rues. On leur prêtait aussi une forte influence électorale. Impossible, sous leur pression, d'engager la moindre réforme du secteur et d'augmenter le nombre de licences. Je lis avec amusement cet article du *Monde* daté du… 5 décembre 1949 : « Les représentants du Syndicat des chauffeurs de taxi parisiens ont été reçus ce matin au ministère du Travail […]. Ils ont obtenu l'assurance qu'un arrêté serait pris prochainement en vue de limiter à 10 000 le nombre de taxis autorisés à circuler dans le département de la Seine (Paris et environ 80 communes proches, NDLR). Avant la guerre, ce nombre était de 14 000. » Et en décembre 2008, le jour où le futur fondateur d'Uber se gelait les pieds sur nos trottoirs ? On était péniblement à 18 500 plaques. Voilà le paysage figé dans lequel Travis Kalanick a soudain posé une bombe à fragmentation.

Dès son retour en Californie, il se met au boulot et concrétise son illumination parisienne : créer une plateforme capable de géolocaliser et de mettre en relation clients et chauffeurs indépendants. Cela ne traîne pas. En 2010, à San Francisco, UberCab, ensuite raccourci en Uber, embarque son premier passager. Le service est lancé l'année suivante à Paris. Il devient le héros du déplacement facile et bon marché. Celui grâce à qui, à n'importe quelle heure du jour et de la nuit, d'un simple tapotement sur notre smartphone, nous étions délicatement cueillis par une voiture noire bien propre, bouteille d'eau et bonbons offerts. Quelle revanche sur les arrogants chauffeurs de taxi ! En 2015, il quadrille déjà 253 villes dans 51 pays. L'entreprise est alors valorisée 41 milliards de dollars. En 2019, elle entre en Bourse. Sa capitalisation dépasse les 80 milliards de dollars. Aujourd'hui, Uber revendique 25 millions de trajets par jour en moyenne dans le monde. Plus de 5 millions de chauffeurs et de livreurs travaillent sous ses couleurs. Leader incontesté, il verrouille ses marchés principaux : 74 % des VTC américains, par exemple. Ses diversifications en rafales le font ressembler à une hydre. Transport de colis, livraison de repas avec Uber Eats, location de vélos, réservation d'avion, voyage en bateau, trajet en hélicoptère ou en ballon... L'ex-start-up pose une à une les briques d'une super-application capable de réunir toutes les mobilités. Son ambition semble sans limites, résumée par cette déclaration de son directeur général, Dara Khosrowshahi, en août 2023 : « La rentabilité n'est pas une fin en soi, c'est un moyen d'accomplir notre mission, de construire une entreprise qui marquera les générations. »

Cette percée au son du canon ne s'est pas faite sans casse sociale ni polémiques. De libérateur, le champion du VTC est devenu progressivement dominateur. Un sentiment conforté par la publication des « Uber Files », en 2022, révélant que le fondateur de l'entreprise était prêt à tout pour imposer son business à la planète entière. Comme le Dark Vador d'un nouveau monde ultra-flexible. « La combinaison des mégadonnées, des algorithmes et des effets de réseau nous transforme en fossoyeurs involontaires du salariat, décrit l'entrepreneur du numérique et chercheur en sciences cognitives Bruno Teboul. Un monde où fournisseurs et clients se notent en permanence, où chacun devient son Big Brother. » Dès le mitan des années 2010, l'opinion publique a commencé à se retourner contre Uber, et les municipalités à lui faire la guerre. Le géant californien a été contraint, souvent par voie de justice, de reconnaître certains droits à ses chauffeurs, de régler de lourdes amendes ou d'indemniser des taxis pour « concurrence déloyale ». Ce fut le cas à New York, Londres, Genève, Paris, Lyon, Rome, Milan, Barcelone...

Ces mésaventures peuvent-elles compromettre son avenir ? Probablement pas. D'abord parce que la nouvelle direction a pris la mesure des dégâts médiatiques causés par le cynisme des premiers dirigeants. Ensuite parce que toutes les diversifications engagées devraient permettre de compenser une éventuelle baisse de rentabilité de l'activité VTC. Faute d'avoir pris cette voie, justement, son grand concurrent aux États-Unis, Lyft, a dû annoncer une perte nette de 1,2 milliard de dollars en 2022 et des licenciements massifs. Enfin, il y a une dernière raison qui conforte Uber et qui devrait faire réfléchir l'Europe sur ses propres faiblesses : il peut financer son développement à marche forcée grâce à l'écosystème propre à la Silicon Valley. Les investisseurs y sont capables d'injecter des milliards de dollars sans faiblir lorsqu'ils sont convaincus du caractère disruptif d'une start-up et de son potentiel. L'objectif est alors de conquérir une position inexpugnable et d'écœurer ses rivales. L'entreprise peut perdre de l'argent pendant des années, ce n'est pas un problème, tant que sa croissance se maintient et que ses actionnaires peuvent espérer revendre leurs participations un jour avec de grosses plus-values. Ce contexte provoque des combats titanesques entre des jeunes boîtes gavées de financements. Seules celles qui ont les poches les plus profondes survivent. Malheur à celles qui faiblissent ! En 2016, la plateforme belge de livraison de repas Take Eat Easy est allée au tapis quand ses actionnaires ont refermé brutalement le chéquier ! Ils anticipaient que les concurrents Uber Eats et Deliveroo allaient encore miser des sommes de folie pour conquérir le marché. Stop ou encore. Ainsi soutenu par un financement patient, Uber a épuisé les uns après les autres de nombreux VTC européens.

En revanche, et ce fut une incroyable surprise, le géant californien n'a pas réussi à tuer les taxis traditionnels. Il leur a même redonné une nouvelle jeunesse en les forçant à s'adapter. Le meilleur exemple en est la compagnie française G7, dont on ne donnait pas cher de la peau lors du débarquement des VTC. Or, elle s'est totalement remise en cause, adoptant bien sûr la géolocalisation et choisissant de monter en gamme. Paradoxe, G7 est saluée aujourd'hui pour la qualité de son service et le style de ses chauffeurs, alors que les prestations d'Uber se sont dégradées. S'il fallait une seule preuve que la concurrence a souvent du bon...

U

Volant

Certains conducteurs commencent à s'inquiéter ou à se réjouir, c'est selon, de la disparition programmée du volant. Ils n'ont pas tort. Les futures voitures autonomes ne lui laisseront pas beaucoup de place. Créneaux serrés, bouchons accordéons, longues traites sur autoroute... l'intelligence artificielle va prendre la main et nous pourrons occuper la nôtre à tout autre chose. Jusqu'au jour où le volant disparaîtra peut-être complètement. Un séisme ! Car aucun accessoire ne symbolise mieux que lui la conduite et le plaisir que celle-ci donne. Aucun n'établit un lien aussi direct entre nous, la voiture et la route.

L'histoire de ce rond presque parfait n'est pas rectiligne. Il a été inventé en 1894 par le Français Alfred Vacheron à l'occasion de la course Paris-Rouen, en lieu et place des systèmes de guidons et de poignées alors en cours. Il représentait un gros progrès, mais sa manipulation demandait des bras de déménageur. Pour réduire l'effort, on a augmenté son diamètre et sa démultiplication à mesure que les voitures prenaient du poids. Ainsi, à la fin des années 1940, le volant ressemblait à un immense cerceau. La mode a voulu qu'on le double d'un cercle intérieur qui servait de klaxon. La Ford Vedette étrenna le système en France, en 1949, suivie par la Simca Aronde, la Renault Frégate, la Peugeot 403... Pour revenir à des diamètres plus raisonnables, il a fallu le secours de la direction assistée. Or, cette formidable innovation est longtemps restée un privilège qui s'est diffusé avec lenteur. Premier brevet déposé en 1932. Première voiture à en être équipée, la Chrysler Imperial, en 1951. Et elle n'est en série sur la quasi-totalité des modèles que depuis une quinzaine d'années. Mais on peut dire qu'elle a bouleversé la manière de tenir son volant et la gestuelle qui l'accompagne. Avec l'assistance, plus besoin de s'agripper au volant comme à la roue d'un bateau par force 8. Elle autorise une conduite nonchalante, décontractée, l'avant-bras négligemment posé sur la portière, voire pendant à l'extérieur. La position des mains en dit long sur la personnalité du conducteur. Cool, provocateur, appliqué, nerveux... Les femmes, beaucoup plus prudentes et meilleures conductrices (les statistiques le prouvent) appliquent ce que l'on apprend à l'auto-école : les mains en position 10 h 10 ou 9 h 15. Les « mecs », eux, montrent leur maîtrise du sujet en tenant autant que possible le volant d'une seule main. Voire avec trois doigts. Avec la direction assistée, on a vu apparaître la position un brin « kéké » : siège très reculé, conducteur presque allongé faisant ses manœuvres à basse vitesse en tournant le volant du plat de la main.

Avec la fin du volant, beaucoup d'hommes vont avoir l'impression de perdre un de leurs totems. Un de plus, après le levier de vitesses, chassé par la progression rapide des boîtes automatiques, liée en grande partie à la montée en puissance des véhicules électriques et hybrides. Le levier de vitesses, affirmation d'une certaine virilité, vous diront naturellement les psychologues, était bien utile pour se donner une contenance et exprimer une forme de souveraineté domestique.

Alors, plus que jamais, les hommes au volant – pardon, sans volant – ressembleront à la description qu'en a faite la romancière Christiane Collange en 1981 : « Seuls dans leurs voitures, les doigts dans le nez, les hommes peuvent s'imaginer ce qu'ils feraient s'ils étaient des héros. Mais ils n'en sont pas. » On pourrait aussi la parodier gentiment : « Seules dans leurs voitures, le pinceau de maquillage dans la main, les femmes... »

Un jour, on ne dira plus : « Qui veut prendre le volant ? »

Voyages

Il y a peu de mots que j'aime autant que celui-ci. Le voyage est à la fois vénérable – il descend en droite ligne du latin *via* – et d'une modernité totale. Il épouse les époques et surfe sur les révolutions technologiques. Il est rempli de promesses et fait autant pour la culture que beaucoup de livres. Il est comme une boîte à fantasmes, car chacun y met ce qui lui plaît. Pour certains, voyager autour de leur chambre est le plus grand des bonheurs. Pour d'autres, un voyage ne se conçoit pas sans mille aventures.

La route fut son terrain de jeux principal durant des siècles. La mer aussi dans une certaine mesure. C'était un art réservé à une minorité : marchands, guerriers, aventuriers... Le chemin de fer puis l'avion l'ont rendu accessible à un plus grand nombre. Mais c'est la voiture qui l'a installé dans notre vie quotidienne. En France, selon les dernières statistiques du ministère des Transports, 50 % des voyages se font sur une distance inférieure à 200 km, 30 % entre 200 et 500 km, 20 % au-delà de 500 km. Or, l'automobile s'en adjuge presque les trois quarts, loin devant le train (14 %) et l'avion (2,5 %). Hors motifs professionnels, les Français voyagent au total et en moyenne durant trente-deux jours par an et parcourent 6 600 km.

Au fait, quand un simple déplacement devient-il un voyage ? C'est une affaire très personnelle. L'administration l'a néanmoins codifié. Selon l'Insee, un déplacement est digne de s'appeler « voyage » à partir d'une nuit passée hors du domicile habituel. Ce qui aurait fait sourire nos ancêtres pour lesquels le moindre déplacement prenait des allures d'expédition et impliquait des jours et des jours d'absence. Rappelons que les départements français, créés en 1790, ont été organisés afin que leur chef-lieu soit accessible de n'importe quel point de la circonscription en moins d'une journée de cheval. Ce qui, dans le pire des cas, obligeait à dormir sur place pour repartir chez soi le lendemain. Un progrès considérable pour l'époque.

L'avion a bouleversé le rythme du voyage en permettant d'aller très loin très rapidement. Mais seule la voiture permet ce long cheminement qui part du rêve pour arriver à la réalité. Le voyage commence souvent dès le choix de sa voiture. Chez le concessionnaire, au Salon de l'auto ou devant le configurateur en ligne. Chaque modèle construit notre imaginaire : au volant d'une Alfa Romeo, on se projette sur les routes vallonnées de la Toscane ; en s'installant dans un Land Rover, on traverse un paysage de dunes.

Qui ne s'est pas, un jour, imaginé au volant, en route pour le travail, le week-end ou les vacances, anticipant les milliers de kilomètres à partager avec sa future voiture ? Un long voyage, puisque les Français gardent leur véhicule en moyenne 9,8 années, deux de plus qu'en 2006.

Autrefois, le voyage se préparait : pression des pneus, usure des freins, niveau d'huile... Aujourd'hui, les problèmes mécaniques ont quasiment disparu. Et l'improvisation peut commander. Sauf peut-être certains jours de grands départs ou de tempêtes de neige. Et sauf, parfois, lorsqu'on conduit une voiture électrique. Celle-ci redonne un peu de piment au voyage. Il faut prévoir les meilleurs itinéraires en fonction de l'autonomie, anticiper les étapes pour recharger, relâcher un peu le pied droit si le niveau de la batterie descend trop vite... Dans tous les cas, comme dit ce grand écrivain, « la rapidité excessive des moyens de transport ôte tout charme à la route : vous êtes emporté comme dans un tourbillon, sans avoir le temps de ne rien voir. Si l'on arrive tout de suite, autant rester chez soi. Pour moi, le plaisir du voyage est d'aller et non d'arriver. » Qui ? Théophile Gautier. Quand ? En 1859 !

W

Waze

Je suis fan de Waze. Sans cette application, je me serais perdu mille fois au cours de mes déplacements ou de mes séjours à l'étranger. Je ne serais jamais arrivé à l'heure, la tête haute, à mes rendez-vous dans des lieux parfois improbables. J'ai une affection particulière pour la version française, car elle offre le choix entre une bonne quinzaine de voix de guidage. Dont les accents cht'i, toulousain, provençal... Je ne me lasse pas de passer de l'un à l'autre, j'ai l'impression d'apprendre un peu de votre terroir et de votre humour potache. Cette blagounette, par exemple, qui accueille le conducteur ayant sélectionné la voix chat : « Pourquoi les chats n'aiment pas l'eau ? Parce que dans l'eau minet râle. Allez, suivez ma patte ! »... À côté, le Waze italien fait presque triste figure avec seulement trois voix différentes.

Derrière cette légèreté apparente se cache une redoutable machine de guerre. En quinze ans, Waze est devenu la référence absolue des applications de navigation, utilisée gratuitement par 140 millions d'automobilistes dans le monde, dont 20 millions en France, son troisième marché après les États-Unis et le Brésil. Ce succès est fascinant, car il s'est construit sans avoir eu besoin de recruter des armées de cartographes. Le travail titanesque de collecte et de mise à jour en temps réel des informations est l'œuvre d'une communauté de bénévoles, passionnés et entièrement dévoués à la cause Waze. Les millions de données qu'ils transmettent à chaque instant sont malaxées par un algorithme complexe qui évalue le meilleur trajet possible selon les critères choisis par le conducteur – le plus court, le plus rapide, le plus vert, etc. Ce principe collaboratif est unique dans le business. Le magazine *Capital* l'a résumé il y a quelques années par ce titre : « Comment Waze brasse des millions grâce à vous. » Bien vu.

L'histoire a commencé en 2006 à Tel-Aviv, où se trouve toujours le siège de l'entreprise, quand Ehud Shabtai, jeune diplômé en philosophie et en informatique, en a eu marre de se faire flasher sur les voies rapides. Le GPS, hors de prix à l'époque, que venait de lui offrir sa compagne, ne lui était pas d'un grand secours. Il entreprit alors de le bidouiller pour permettre aux usagers de se signaler les uns aux autres la position des radars. En deux semaines, la quasi-totalité des boîtes à flasher d'Israël était répertoriée... En retour, tous ceux qui avaient collaboré à l'opération recevaient une alerte sur leur GPS quand ils s'en approchaient. Le petit génie de la programmation venait d'inventer l'application qui allait révolutionner notre façon de conduire.

L'affaire est devenue sérieuse en 2008 quand Shabtai fut rejoint par deux de ses amis, ingénieurs et entrepreneurs, forts de leur expérience dans un incubateur militaire de start-up. En se basant sur les déplacements de ses premiers utilisateurs, la petite équipe a mis au point un algorithme capable de tracer automatiquement les routes sur une carte vierge. Ensuite, pour compléter ce fond de carte, Waze misa tout sur le travail collaboratif. À l'échelle planétaire ! Un système de jeux avec des gratifications et des cadeaux (un iPad, par exemple) a alors été mis au point pour inciter un maximum d'automobilistes à enrichir en permanence la base de données. Les informations ont commencé à pleuvoir : ralentissements, bouchons, accidents, état des routes, magasins, prix des carburants dans les stations-service, présence de policiers... Les membres de la grande famille Waze sont prolifiques et, en plus, se corrigent entre eux. Impossible de raconter des bobards, ils seraient démentis aussitôt par une flopée d'autres utilisateurs. C'est magique ! L'appli, déchargée de la recherche d'infos, peut se concentrer sur les aspects techniques et commerciaux. Dans le flot de données remontées par les contributeurs, surnommés Wazers, beaucoup sont en effet utilisées pour vendre des publicités très ciblées et donc très lucratives. C'est ainsi que la firme israélienne gagne de l'argent.

Son talent consiste aussi à entretenir la flamme des millions de bénévoles. Les plus engagés d'entre eux avouent travailler au moins dix heures par semaine pour leur « Église ». Et même jusqu'à quinze heures durant les vacances. Ils ne rechignent pas aux boulots les plus ingrats, comme le relevé des péages autoroutiers. Ces accros se recrutent parmi les passionnés de voitures bien sûr, mais aussi parmi les mordus de l'open source. Il y a une forme d'autogestion chez eux. Mais nulle anarchie. L'organisation est solidement hiérarchisée en six niveaux, du débutant au champion. Seuls les plus gradés peuvent déverrouiller et modifier les cartes des grands axes comme les autoroutes. Une prérogative que n'ont même pas la plupart des salariés de Waze !

Pour motiver les troupes et cultiver l'esprit de groupe, l'appli organise régulièrement des événements locaux appelés « meetups ». C'est l'occasion de se rencontrer et de bosser sur des sujets particuliers. Par exemple, le traitement d'une ville mal couverte. Ou la gestion de crise.

Du sérieux. Tous les deux ans, la crème des contributeurs mondiaux est invitée à un « mega meetup » à Tel-Aviv.

Cette passion dévorante aurait pu s'éteindre en 2013 lorsque l'appli a été rachetée par Google. Travailler bénévolement pour une start-up, même très rentable, d'accord. Mais pour une multinationale aux insolents profits ? Beaucoup de pionniers ont voulu arrêter leur collaboration. La plupart en définitive sont restés après que le géant de Mountain View se fut engagé à ne rien toucher aux principes fondateurs. Et jusqu'à présent, promesse tenue ! Waze et Google restent deux entreprises indépendantes. Le premier a conservé sa propre carte et n'utilise aucune donnée de Google Maps hormis son imagerie satellite. Quant au second, il se contente de picorer de temps en temps des informations livrées par Waze. Guère plus.

waze

Au fil des ans, il est étonnant de voir comment Waze le flibustier est devenu une quasi-institution. Il s'est, par exemple, attaqué aux nuisances provoquées par ce qu'on appelle « l'effet Waze » : pour éviter les encombrements, l'appli conseille un itinéraire de délestage sur lequel, par contrecoup, se retrouve un monde fou. Le problème est donc déplacé sur des petites voies peu habituées à supporter un tel trafic. L'entreprise, longtemps accusée d'arrogance, a pris langue avec les associations de riverains excédés et avec les municipalités pour tenter de limiter ces excès. Elle a aussi passé des accords avec des offices régionaux de tourisme pour les aider à réduire les thromboses estivales dans les parcs nationaux, les calanques ou les petits villages de charme. Quand le haut de la jauge est proche, l'appli alerte les conducteurs, propose la visite de lieux alternatifs, préconise de se garer et de prendre une navette, etc. Pas bête.

Un autre signe ne trompe pas sur la montée en gamme de Waze. Pour la première fois, il a été directement intégré dans le système multimédia d'une voiture. Et c'est chez Renault que cela se passe, j'en suis très fier et heureux. Le conducteur n'a plus besoin d'utiliser son smartphone, il a accès à toutes les informations sur l'écran vertical du tableau de bord, à hauteur des yeux. L'Austral et la Megane E-Tech inaugurent cette exclusivité. Le reste de la gamme suivra.

À ce rythme, l'appli ne risque-t-elle pas de perdre son âme ? s'interrogent certains de ses fidèles. Pas d'inquiétude, répond-on au siège de Tel-Aviv, son succès repose sur la communauté d'utilisateurs, rien ne peut se faire contre elle. Une anecdote récente le prouve : la police britannique, finaude, a indiqué de faux radars pour inciter les automobilistes à lever le pied. Il n'a fallu que dix minutes aux Wazers pour découvrir la supercherie et les supprimer de la carte. Trop forts !

Wolfsburg

Bienvenue à « Volkswagen Town » ! À Wolfsburg, une ville isolée du centre de l'Allemagne, la majorité des 125 000 habitants travaillent directement ou indirectement pour le géant allemand de l'automobile. Le site de l'entreprise s'étend sur 8 ha. C'est une ville dans la ville :

45 000 salariés sont employés au siège social, dans l'usine gigantesque, l'une des plus grandes du monde, ou dans le parc de loisirs dédié à la voiture Autostadt, ouvert en l'an 2000. Celui-ci accueille plus de 2 millions de visiteurs par an, ce qui en fait un des lieux touristiques les plus visités d'Allemagne. Preuve, si besoin était, de l'amour de ce peuple pour leur marque. Nombreux sont ceux qui optent même pour la possibilité qui leur est offerte d'y réceptionner leur Golf, leur Passat ou leur Tiguan et de rentrer à la maison avec. Pour raffiner ce moment solennel, ils séjournent au Ritz-Carlton, un hôtel 5 étoiles, situé au cœur du site. Il offre une vue imprenable sur les cheminées de l'usine des années 1930.

Cela dit, ce n'est pas l'endroit le plus fun de la planète automobile. On y travaille et on y dort ! J'y ai passé trois ans quand j'ai été nommé directeur du marketing du groupe Volkswagen en 2009. Heureusement, mon job me permettait de m'échapper très souvent... Mais c'est un lieu où on respire l'automobile.

À ma grande surprise, je n'étais pas le seul Italien de la ville. Très loin de là. Mes compatriotes et leurs descendants sont omniprésents à Wolfsburg. Dans l'usine de Volkswagen, dans les instances syndicales ou dans les commerces. Il y avait même un quartier appelé « Little Italy ». Comme à New York !

Une présence que l'on doit d'abord au Troisième Reich. Quand, à la fin des années 1930, Adolf Hitler a décidé de créer une usine automobile pour fabriquer la voiture du peuple, celle qui allait devenir la Coccinelle, il a choisi un lieu éloigné de tout. Il s'agissait de protéger au maximum cet équipement stratégique dans l'optique des conflits qui menaçaient d'éclater. À la demande du dictateur, la ville nouvelle entourant l'usine a d'abord été baptisée « *Stadt des Kdf-Wagens* » (« ville de la voiture "*Kraft dürch Freude*" », « la force par la joie »), en référence au nom que portait l'une des organisations du parti hitlérien. Problème, les concepteurs du projet manquaient cruellement de main-d'œuvre à cet endroit. Hitler s'est alors tourné vers Mussolini. Il lui a demandé de lui envoyer des ouvriers, ce que son allié s'est empressé de faire. En remerciement, il lui a offert l'édifice néoclassique de l'ambassade d'Italie situé dans le parc du Tiergarten, à Berlin.

La production de voitures n'a pas eu le temps de démarrer. Avec la guerre, la jeune usine s'est immédiatement reconvertie dans la fabrication de matériel militaire et de munitions. Entre 1940 et 1945, les seules voitures produites ont été des VW82 Kübelwagen (des « voitures baquet ») destinées à l'armée allemande, celles que l'on voit dans les films qui racontent la guerre. Lorsque la paix est revenue, le site s'est retrouvé sous tutelle britannique. Il avait été détruit aux deux tiers par des bombardements. C'est le major britannique Ivan Hirtz qui a été chargé de la faire redémarrer. Dans l'Allemagne désorganisée de l'après-guerre, rien n'était simple. Mais il s'est acquitté de cette tâche à merveille. Dès Noël 1945, 55 voitures

Type 1 sont ainsi sorties des ateliers. Au même moment, la ville a également été rebaptisée Wolfsburg, le nom d'un petit village voisin. Volkswagen a ensuite pris son envol, boostée par le boom économique de la reconstruction. Entre 1945 et 1955, 1 million de Coccinelle sont sorties des chaînes. Pour faire face à cette croissance, de nouvelles vagues de main-d'œuvre immigrée sont arrivées régulièrement dans la ville. L'usine est devenue une sorte de point de rencontre des peuples du monde. En août 1961, une nouvelle secousse de l'histoire l'a stoppé dans son élan. La guerre froide a entraîné la mise en place soudaine d'une frontière infranchissable entre les deux Allemagne. Et elle passait juste à côté de Wolfsburg, restée à l'ouest. De nombreux salariés qui habitaient côté est ont été pris au piège.

Heinrich Nordhoff, le patron de VW, a été contraint de chercher de la main-d'œuvre en urgence. Les temps avaient changé, mais les réflexes étaient restés les mêmes : la solution est une nouvelle fois venue d'Italie. Nordhoff étant catholique, il a eu l'idée de demander à son importateur transalpin de mobiliser l'Action catholique pour qu'elle envoie plus de 2 000 Italiens avec leur famille à Wolfsburg. Ils sont arrivés en Allemagne, en provenance de régions très pauvres comme la Calabre, la Sicile ou le Veneto au cœur de l'hiver 1962. Il faisait un froid polaire, un couvre-feu leur était imposé après 18 heures. Mais ils ont réussi à s'intégrer. En 2012, j'ai organisé le jubilé de la communauté italienne de Wolfsburg pour célébrer le cinquantième anniversaire de cet événement. Un juste retour des choses : Volkswagen leur doit beaucoup.

X

XM

J'ai une affection particulière pour Citroën, une marque innovante qui a toujours eu le courage de faire des choses un peu décalées. Quitte à risquer l'échec. La XM représente à mes yeux ce que la France peut produire de meilleur dans l'automobile... et, malheureusement, de pire. Un étonnant gâchis que cette belle voiture, promise à un brillant avenir. Elle devait permettre à la marque aux chevrons de renouer avec l'esprit de la DS, perdu, malgré ses qualités, par la CX. Or tout est parti de travers. Un vrai mélodrame.

Il commence dans l'allégresse à la fin des années 1980 avec le projet d'un modèle haut de gamme et avant-gardiste. Beaucoup de moyens lui sont donnés. Le bureau de design interne est mis en compétition avec le studio Bertone. Ce dernier l'emporte, même si son designer, dit une méchante rumeur, a dessiné la voiture sur un coin de table. Sous le capot, on ne mégote pas et la version haute a le droit aux six cylindres PRV de 170 ch. L'objectif est d'en finir avec la sous-motorisation chronique des modèles bleu, blanc, rouge. Pour les qualités routières, Citroën renoue avec sa tradition d'audace et d'innovation.

Suspension hydractive gérée par l'électronique, réglage sport ou confort, direction à assistance variable, etc. Résultat ? En plein dans le mille ! Lors de son lancement, au printemps 1989, l'accueil est enthousiaste. Confort Pullman, tenue de route impériale, design emballant. Le « M » de XM n'est pas innocent : il évoque la SM dont la dernière-née reprend certains codes stylistiques, comme le décroché de la vitre de custode ou l'avant effilé. L'habitacle est truffé de trouvailles qui rappellent les plus belles heures de la marque ; un digicode, situé derrière le levier de vitesses, pour démarrer ; une vitre arrière fixe qui isole des courants d'air quand le hayon est ouvert ; un ordinateur avec clavier infrarouge aux places arrière (sur certaines versions seulement, il ne faut pas exagérer)...

Tout cela produit un effet cocorico, les Français sont fiers de ce prestige retrouvé. Les carnets de commandes se remplissent. La XM est élue voiture de l'année. Le directeur de Citroën, sur un plateau de télévision, jubile et affirme que le haut de gamme français n'a rien à envier à l'allemand. Et puis patatras ! C'est la sortie de route. La fiabilité de la XM se révèle calamiteuse. Fuites diverses, surchauffe moteur, fusibles qui sautent, essuie-glaces en rade, électronique de suspension capricieuse, tout bugge. Lors des essais presse, des modèles tombent en panne. Évidemment, le réseau est dépassé, la direction se confond en excuses, mais le mal est fait. Les corrections apportées rapidement et le retour à une certaine normalité ne feront pas oublier ce départ chaotique. Explication de cette précipitation : une rivalité fratricide. Dans la famille PSA, Peugeot préparait de son côté la 605. Pour la doubler, Citroën a avancé de plusieurs mois la sortie de sa nouveauté. Quitte à sacrifier les dernières mises au point.

Les conséquences ont été lourdes. La XM ne s'est vendue qu'à 333 000 exemplaires (30 % de plus que la très classique 605, tout de même) contre 1 million pour la CX, le modèle Citroën qui l'avait précédé. Et le rêve de rivaliser avec les prestigieuses berlines allemandes a été cassé pour longtemps. Dommage, car c'était l'une des dernières tentatives de l'industrie française de lutter contre les Allemands avec des ingrédients différents. Après la XM, tous les constructeurs français ont échoué en s'attaquant au segment haut de gamme. Que ce soit avec des modèles très sages comme la 605 et la 508 de Peugeot ou la Safrane et la Talisman de Renault ; ou avec des voitures plus audacieuses comme l'Avantime et la Vel Satis de Renault. Quant à Citroën, son audace créative s'est progressivement effacée, victime de la volonté du groupe PSA d'utiliser les mêmes composants dans tous ses modèles. Dommage pour les amoureux de la marque !

Y

Yeux (de Sophia Loren)

Il y a dans la 504 tout ce que j'admire chez Peugeot. Une culture de la tradition, un classicisme assumé... Et soudain, un grain de folie, un coup d'audace qui transfigurent la voiture. Illustration avec la 504, bien née, bien vendue (plus de 4 millions d'exemplaires). Grâce, entre autres, à un design très réussi et peu conventionnel. Le point d'orgue en est la face avant, au dessin trapézoïdal avec des projecteurs biseautés. Comme un regard troublant et pénétrant. Qui évoquait... Sophia Loren, bien sûr. La comédienne, sex-symbol du cinéma italien depuis sa célèbre scène de strip-tease dans *Hier, aujourd'hui et demain* de Vittorio De Sica, était alors au sommet de sa gloire. On prête cette flatteuse comparaison au designer vedette Sergio Pininfarina. Ce qui était fair-play de sa part, car il avait dessiné toute la 504... sauf l'avant justement, signé du bureau d'études Peugeot.

Une étonnante histoire qui prouve, s'il en était besoin, les bienfaits de la concurrence et de l'émulation. Pininfarina œuvrait pour la firme de Sochaux depuis 1955 et le lancement de la 403. Tout naturellement, donc, son agence fut sollicitée pour la future remplaçante de la 404. Non sans être mise en rivalité avec le bureau de style Peugeot, dirigé par Paul Bouvot, assisté d'un certain Gérard Welter qui fera plus tard parler de lui avec la 205. L'équipe française proposa un dessin classique, voire banal, excepté la calandre, moderne, dynamique et très typée, dotée de phares ressemblant à des sourcils froncés. En face, la *squadra* italienne remit une œuvre plus sophistiquée, plus travaillée. Sauf l'avant, assez massif, moins réussi, pour tout dire. La direction de Peugeot ne cachait pas sa préférence pour Pininfarina. Mais Paul Bouvot ne désarma pas. Il se battit comme un beau diable et obtint un mélange des deux projets : la partie avant à lui, le reste à Pininfarina. La direction dit « banco » à ce brillant compromis. Les yeux de Sophia Loren marqueront durablement le style de Peugeot, puisqu'ils seront repris sur les 304 et les 505.

L'autre marque de fabrique de la 504 est le décroché de son couvercle de coffre. Son origine serait due à une cassure involontaire subie par une maquette en plâtre. Mais comme tout le monde trouva ce signe distinctif génial, il fut conservé. Le nom du maladroit à l'origine du choc ne nous est malheureusement pas parvenu.

Z

Z, Génération

Les nouvelles générations se détourneraient de l'automobile. Je n'en suis pas si sûr. Je ne le crois pas. Ce sont surtout des facteurs matériels qui retardent leur arrivée sur le marché. En premier lieu, leurs études sont souvent plus longues. Ensuite ils se marient et font des enfants plus tard. Mais surtout, le prix des voitures s'est envolé. Le budget annuel d'une automobile a été multiplié par trois en quinze ans, passant de 3 500 euros à 10 000 euros. Leurs assurances sont très chères, les amendes pleuvent... Comme le pouvoir d'achat n'a pas suivi la même tendance, nombreux sont ceux qui renoncent provisoirement à cet achat.

Mais le nombre de personnes qui ont le permis de conduire à l'âge de 25 ans ne baisse pas en proportion. Il s'approche toujours de 80 %. Cela contredit le storytelling des écologistes. À Paris, à Berlin ou à Stockholm, on peut se passer d'une voiture, pas à Carcassonne ou à Varèse. Je ne crois pas au désamour des jeunes. Un signe, la série de Netflix consacrée à la Formule 1 a fait un carton auprès d'eux. Le succès de la compétition de Formule 4 organisée sur le circuit du Mans par le youtubeur Squeezie en est un autre indice. À charge pour nous, les constructeurs, de faire des produits aussi avant-gardistes ou surprenants à leurs yeux que leurs ordinateurs ou leurs smartphones. Nous devons les faire rêver.

Inventons des produits incroyables et moins chers. Ils reviendront vers nous.

Zagato, Ugo

Posséder une Maserati ou une Aston Martin suffirait au bonheur du commun des mortels. Mais pour une poignée d'esthètes très (très) fortunés, il en faut plus encore : leur bolide doit être signé d'un Z qui veut dire « Zagato ». Du nom de l'un des carrossiers indépendants les plus talentueux du monde, pionnier de cet art typiquement italien qui consiste à embellir et à sublimer les voitures de luxe. Une grande famille qui compte les Bertone, Pininfarina, Ghia, Anderloni (inventeur du concept Touring)... Parmi eux, Ugo Zagato a toujours fait entendre une musique particulière. D'abord par son goût des petites séries, proches de l'artisanat de prestige. Ensuite par l'influence que l'industrie aéronautique a eue sur lui. Jusqu'à ses 28 ans, en 1919, il travaille pour l'Officine Aeronautiche Pomilio, sur les ailes et les empennages des biplans de l'époque. La guerre terminée, l'entreprise licencie en masse. Zagato ouvre alors son premier atelier de carrosserie automobile, près de Milan, avec l'intention d'y appliquer les fondamentaux appris au contact des avions : légèreté, aérodynamisme, rapidité. Partant de zéro dans la voiture, il peut bousculer les habitudes de l'époque, très inspirées encore des techniques hippomobiles. Les innovations pleuvent : ossatures en profilés d'acier à la place du bois, nombreux éléments en alliage d'aluminium, assemblage par rivets, centre de gravité placé très bas, etc. Fiat puis Alfa Romeo font appel à son talent. Ses voitures rayonnent en course, notamment lors des Mille Miglia (Mille Milles), célèbre course d'endurance entre Rome et Brescia. L'édition 1928 est gagnée par une Alfa 1 500 Sport. Celle de 1929 par une 1750. Jolis scores aussi des Fiat Topolino et Balilla marquées du désormais célèbre Z. En 1938, 36 voitures au départ sont signées du maestro.

Au lendemain de la guerre, Ugo Zagato transforme des modèles Fiat, Aston Martin, Lancia, Jaguar... Plus tard viendront Maserati et Porsche. Avec des fulgurances comme la Fiat 1400 Panoramica, dont le vitrage empiète sur la carrosserie pour accroître la luminosité de l'habitacle. Ou la Maserati A6G 54 en 1954, l'Aston Martin DB4 GTZ en 1960, et tant d'autres monstres sacrés dont la cote atteint aujourd'hui des sommets. Sur certains d'entre eux, on note le toit à double bossage, clin d'œil à l'origine aéronautique de la marque. Au décès de Ugo Zagato, en 1968, son fils prend la relève. Puis ce sera son petit-fils, toujours aux commandes aujourd'hui. Après une parenthèse moins inspirée, dans les années 1970, l'atelier est revenu à ses fondamentaux. Il régale les riches amateurs avec des personnalisations phénoménales opérées sur des voitures déjà elles-mêmes phénoménales... La Raptor, par exemple, en 1996 : moteur V12 Lamborghini et habitacle entouré de verre. Ou la Porsche Carrera GT V10 610 ch. Le clou du catalogue est cette Aston Martin DBS, sur une base de Superleggera, sortie en 2020. Son capot long comme une journée sans conduire cache un V12 porté à 760 ch. Dix-neuf exemplaires produits seulement. Petite coquetterie marketing : ce monument était livré d'office avec une deuxième Aston Martin Zagato, la DB4 GT Continuation, sublime réplique du modèle de 1959. Prix global : 7 millions d'euros. Déraisonnable ? Peut-être. Inoubliable ? À coup sûr. Ces modèles exclusifs s'arrachent. Cette démesure a-t-elle un sens ? La question est légitime. Mais cette manière de repousser sans cesse les limites s'observe aussi dans la haute couture, dans la Formule 1 et dans d'autres disciplines d'exception. Elle favorise la recherche et les innovations. Nombre d'entre elles se retrouvent plus tard sur les voitures de M. Tout-le-Monde.

Remerciements

Ce livre n'aurait pas vu le jour sans la contribution éditoriale essentielle de Rémy Dessarts. Qu'il soit assuré de ma gratitude.

J'adresse également mes remerciements à ceux qui ont participé au travail d'écriture et d'enquête :
François Genthial
Patrick Meney
Victor Demiaux

Aux personnalités du monde de l'automobile qui signent un article :
Jean Alesi, ancien pilote de F1
Oliver Blume, président de Volkswagen AG
Luc Chatel, président de la Plateforme automobile (PFA)
Stefano Domenicali, directeur général de la Formule 1
Luc Donckerwolke, président de Hyundai Motor Group
Jim Farley, directeur général de Ford
Jacky Ickx, ancien pilote
Jean-Michel Jarre, compositeur
Maurice Lévy, ex-président de Publicis
Frédéric Mazzella, président-fondateur de BlaBlaCar
Florent Menegaux, président du groupe Michelin

Richard Mille, fondateur de Richard Mille
Michèle Mouton, ancienne pilote de rallye
Sundar Pichai, directeur général de Google
Wolfgang Porsche, président du conseil de surveillance de Porsche
Jean Todt, envoyé spécial du secrétaire général de l'ONU
Makoto Uchida, directeur général de Nissan

À mes collègues de Renault qui ont apporté leur expertise et leurs contributions :
Nicolas Fremau, Ahmed Ketfi-Cherif et Antoine Vignon
Gilles Le Borgne
Thierry Charvet
Denis Le Vot
Laurens van den Acker
Luc Julia
Jean-Philippe Bahuaud
Robert Lassartesses
Virginie Sauvet-Goichon
Patrick Bastard
Catherine Gros

Table

DANS LA MÊME COLLECTION

Ouvrages parus

Mohammed AÏSSAOUI
Dictionnaire amoureux d'Albert Camus

Philippe ALEXANDRE
Dictionnaire amoureux de la politique

Albert ALGOUD
Dictionnaire amoureux de Tintin

Claude ALLÈGRE
Dictionnaire amoureux de la science

Metin ARDITI
Dictionnaire amoureux de la Suisse
Dictionnaire amoureux de l'esprit français
Dictionnaire amoureux d'Istanbul

Pierre ASSOULINE
Dictionnaire amoureux des écrivains et de la littérature

Jacques ATTALI
Dictionnaire amoureux du judaïsme

Alain BARATON
Dictionnaire amoureux des jardins
Dictionnaire amoureux des arbres

Christophe BARBIER
Dictionnaire amoureux du théâtre

Jean-Baptiste BARONIAN
Dictionnaire amoureux de la Belgique

Alain BAUER
Dictionnaire amoureux de la franc-maçonnerie
Dictionnaire amoureux du crime

Anne-Laure BÉATRIX
Dictionnaire amoureux des musées

Frédéric BEIGBEDER
Dictionnaire amoureux des écrivains français d'aujourd'hui

Olivier BELLAMY
Dictionnaire amoureux du piano
Dictionnaire amoureux de Chopin

Tahar BEN JELLOUN
Dictionnaire amoureux du Maroc

Yves Berger
Dictionnaire amoureux de l'Amérique (épuisé)

Laurent Binet et Antoine Benneteau
Dictionnaire amoureux du tennis

Adam Biro
Dictionnaire amoureux de l'humour juif

Patrice Blanc-Francard
Dictionnaire amoureux du jazz

Denise Bombardier
Dictionnaire amoureux du Québec

Allain Bougrain Dubourg
Dictionnaire amoureux des oiseaux

Éric Bouhier
Dictionnaire amoureux de San-Antonio

Hervé Bourges
Dictionnaire amoureux de l'Afrique

Jean-Claude Carrière
Dictionnaire amoureux de l'Inde
Dictionnaire amoureux du Mexique

Jean des Cars
Dictionnaire amoureux des trains
Dictionnaire amoureux des monarchies

Michel del Castillo
Dictionnaire amoureux de l'Espagne

Antoine de Caunes
Dictionnaire amoureux du rock

Patrick Cauvin
Dictionnaire amoureux des héros (épuisé)

Jacques Chancel
Dictionnaire amoureux de la télévision

Malek Chebel
Dictionnaire amoureux de l'Algérie
Dictionnaire amoureux de l'islam
Dictionnaire amoureux des Mille et Une Nuits

Jean-Loup Chiflet
Dictionnaire amoureux de l'humour
Dictionnaire amoureux de la langue française

Catherine Clément
Dictionnaire amoureux des dieux et des déesses

Richard Collasse
Dictionnaire amoureux du Japon

André Comte-Sponville
Dictionnaire amoureux de Montaigne

Gérard de Cortanze
Dictionnaire amoureux des Sixties

Bruno Corty
Dictionnaire amoureux de la littérature américaine

Xavier Darcos
Dictionnaire amoureux de la Rome antique
Dictionnaire amoureux de l'école

Bernard Debré
Dictionnaire amoureux de la médecine

Jean-Louis Debré
Dictionnaire amoureux de la République

Alain Decaux
Dictionnaire amoureux d'Alexandre Dumas

Didier Decoin
Dictionnaire amoureux de la Bible
Dictionnaire amoureux des faits divers

André Deledicq et Mickaël Launay
Dictionnaire amoureux des mathématiques

Jean François Deniau
Dictionnaire amoureux de la mer et de l'aventure

Bertrand Dicale
Dictionnaire amoureux de la chanson française

Alain Duault
Dictionnaire amoureux de l'opéra

Alain Ducasse
Dictionnaire amoureux de la cuisine

Vincent Duluc
Dictionnaire amoureux de la Coupe du monde

Benoît Duteurtre
Dictionnaire amoureux de la Belle Époque et des Années folles

Jean-Paul et Raphaël Enthoven
Dictionnaire amoureux de Marcel Proust

Nicolas d'Estienne d'Orves
Dictionnaire amoureux de Paris
Dictionnaire amoureux du mauvais goût

Vladimir FÉDOROVSKI
Dictionnaire amoureux de Saint-Pétersbourg

Dominique FERNANDEZ
Dictionnaire amoureux de la Russie
Dictionnaire amoureux de l'Italie
(deux volumes sous coffret)
Dictionnaire amoureux de Stendhal

Franck FERRAND
Dictionnaire amoureux de Versailles

Luc FERRY
Dictionnaire amoureux de la philosophie

Élisabeth DE FEYDEAU
Dictionnaire amoureux du parfum

Jean-Louis FOURNIER
Dictionnaire amoureux du Nord

Patrice FRANCESCHI
Dictionnaire amoureux de la Corse

José FRÈCHES
Dictionnaire amoureux de la Chine

Max GALLO
Dictionnaire amoureux de l'histoire de France

Adrien GOETZ
Dictionnaire amoureux de la Toscane

Jean-Marie GOURIO
Dictionnaire amoureux des cafés

René GUITTON
Dictionnaire amoureux de l'Orient

Claude HAGÈGE
Dictionnaire amoureux des langues

Hervé HAMON
Dictionnaire amoureux des îles
Dictionnaire amoureux du plaisir

Daniel HERRERO
Dictionnaire amoureux du rugby
Dictionnaire amoureux du rugby des temps modernes
Dictionnaire amoureux de l'Ovalie

HOMERIC
Dictionnaire amoureux du cheval

Francis HUSTER
Dictionnaire amoureux de Molière

Gilles Jacob
Dictionnaire amoureux du Festival de Cannes

Régis Jauffret
Dictionnaire amoureux de Flaubert

Vincent Jauvert
Dictionnaire amoureux de l'espionnage

Daniel Jouanneau
Dictionnaire amoureux de la diplomatie

Serge July
Dictionnaire amoureux du journalisme
Dictionnaire amoureux de New York

Alain Juppé
Dictionnaire amoureux de Bordeaux

Josée Kamoun
Dictionnaire amoureux de la traduction

Christian Laborde
Dictionnaire amoureux du Tour de France

Jacques Lacarrière
Dictionnaire amoureux de la Grèce
Dictionnaire amoureux de la mythologie (épuisé)

André-Jean Lafaurie
Dictionnaire amoureux du golf

Pierre et Olivier de Lagarde
Dictionnaire amoureux du patrimoine

Mathieu Laine
Dictionnaire amoureux de la liberté

Jack Lang
Dictionnaire amoureux de François Mitterrand

Gilles Lapouge
Dictionnaire amoureux du Brésil

François Laroque
Dictionnaire amoureux de Shakespeare

Michel Le Bris
Dictionnaire amoureux des explorateurs

Nicole Le Douarin
Dictionnaire amoureux de la vie

Bernard Lecomte
Dictionnaire amoureux des papes

Anne LEHOËRFF
Dictionnaire amoureux de l'archéologie

Jean-Yves LELOUP
Dictionnaire amoureux de Jérusalem

Pierre LEMAITRE
Dictionnaire amoureux du polar

Évelyne LEVER
Dictionnaire amoureux des reines

Mathilde LEVESQUE
Dictionnaire amoureux de l'éloquence

Paul LOMBARD
Dictionnaire amoureux de Marseille

Peter MAYLE
Dictionnaire amoureux de la Provence

Luca DE MEO
Dictionnaire amoureux de l'automobile

Michel MEYER
Dictionnaire amoureux de l'Allemagne

Christian MILLAU
Dictionnaire amoureux de la gastronomie

Richard MILLET
Dictionnaire amoureux de la Méditerranée

Alain MINC
Dictionnaire amoureux du pouvoir

François et Valentin MOREL
Dictionnaire amoureux de l'inutile

Pierre NAHON
Dictionnaire amoureux de l'art moderne et contemporain

Alexandre NAJJAR
Dictionnaire amoureux du Liban

Henri PENA-RUIZ
Dictionnaire amoureux de la laïcité

Gilles PERRAULT
Dictionnaire amoureux de la Résistance

Jean-Christian PETITFILS
Dictionnaire amoureux de Jésus

Loïck PEYRON
Dictionnaire amoureux de la voile

Jean-Robert Pitte
Dictionnaire amoureux de la Bourgogne

Bernard Pivot
Dictionnaire amoureux du vin

Gilles Pudlowski
Dictionnaire amoureux de l'Alsace

Yann Queffélec
Dictionnaire amoureux de la Bretagne
Dictionnaire amoureux de la mer

Christiane Rancé
Dictionnaire amoureux des saints

Alain Rey
Dictionnaire amoureux des dictionnaires
Dictionnaire amoureux du diable

François Rollin
Dictionnaire amoureux de la bêtise

Pierre Rosenberg
Dictionnaire amoureux du Louvre

Jean-Marie Rouart
Dictionnaire amoureux de Jean d'Ormesson

Élisabeth Roudinesco
Dictionnaire amoureux de la psychanalyse

Marcel Rufo
Dictionnaire amoureux de l'enfance et de l'adolescence

Ève Ruggieri
Dictionnaire amoureux de Mozart

Danièle Sallenave
Dictionnaire amoureux de la Loire

Elias Sanbar
Dictionnaire amoureux de la Palestine

Jérôme Savary
Dictionnaire amoureux du spectacle (épuisé)

Jean-Noël Schifano
Dictionnaire amoureux de Naples

Alain Schifres
Dictionnaire amoureux des menus plaisirs (épuisé)
Dictionnaire amoureux du bonheur

Robert Solé
Dictionnaire amoureux de l'Égypte

Philippe SOLLERS
Dictionnaire amoureux de Venise

Sébastien SPITZER
Dictionnaire amoureux de Victor Hugo

Michel TAURIAC
Dictionnaire amoureux de De Gaulle

Frédéric THIRIEZ
Dictionnaire amoureux de la montagne

Bernard THOMASSON
Dictionnaire amoureux de la Maison de la radio et de la musique

Trinh Xuan THUAN
Dictionnaire amoureux du ciel et des étoiles

Denis TILLINAC
Dictionnaire amoureux de la France
Dictionnaire amoureux du catholicisme
Dictionnaire amoureux du Général

André TUBEUF
Dictionnaire amoureux de la musique

Jean TULARD
Dictionnaire amoureux du cinéma
Dictionnaire amoureux de Napoléon

Mario VARGAS LLOSA
Dictionnaire amoureux de l'Amérique latine

Hubert VÉDRINE
Dictionnaire amoureux de la géopolitique

Dominique VENNER
Dictionnaire amoureux de la chasse

Jacques VERGÈS
Dictionnaire amoureux de la justice

Pascal VERNUS
Dictionnaire amoureux de l'Égypte pharaonique

Frédéric VITOUX
Dictionnaire amoureux des chats

Olivier WEBER
Dictionnaire amoureux de Joseph Kessel
Dictionnaire amoureux de l'aventure

Jean-Michel WILMOTTE
Dictionnaire amoureux de l'architecture

Denis Zervudacki
(sous la direction de)
Dictionnaire amoureux de l'entreprise et des entrepreneurs

À paraître

Allain Bougrain Dubourg
Dictionnaire amoureux de la vie sauvage

Éric Fottorino
Dictionnaire amoureux du vélo

Alain Gardinier
Dictionnaire amoureux du Pays basque

Achevé d'imprimer en septembre 2024
par Normandie Roto Impression s.a.s.
61250 Lonrai
N° d'impression : 2403926

Imprimé en France